Huber Die patentrechtliche Zwangslizenz auf dem Prüfstand: Effektivität, Effizienz und Reformoptionen

Heymanns Schriften zum Patentrecht (HSP)

Herausgegeben von

Prof. Dr. Maximilian Haedicke
Professor an der Albert-Ludwigs-Universität Freiburg

Prof. Dr. jur. Dipl.-Biol. Herbert Zech
Professor an der Humboldt-Universität zu Berlin

Band 29

Carl Heymanns Verlag 2025

Dr. iur. Hannes Huber

Die patentrechtliche Zwangslizenz auf dem Prüfstand: Effektivität, Effizienz und Reformoptionen

Carl Heymanns Verlag 2025

Zitiervorschlag: *Huber*, Die patentrechtliche Zwangslizenz auf dem Prüfstand (HSP Bd. 29), Rn. 1

Bibliografische Information der Deutschen Nationalbibliothek
Die Deutsche Nationalbibliothek verzeichnet diese Publikation in der Deutschen Nationalbibliografie; detaillierte bibliografische Daten sind im Internet über http://dnb.d-nb.de abrufbar.

ISBN 978-3-452-30606-7

www.wolterskluwer.com

Umschlagkonzeption: Martina Busch, Grafikdesign, Homburg-Kirrberg
Satz: R. John + W. John GbR, Köln
Druck und Weiterverarbeitung: SDK Systemdruck Köln GmbH & Co. KG

Gedruckt auf säurefreiem, alterungsbeständigem und chlorfreiem Papier.

Meinem Großvater Andreas

Vorwort

Die Zwangslizenz im Patentrecht fristet seit jeher ein Schattendasein und kommt nur in Ausnahmefällen zur Anwendung. Doch jüngste Entwicklungen und Diskussionen über den Einsatz von Zwangslizenzen, wie zuletzt während der COVID-19-Pandemie, verleihen dem Thema neue Relevanz. In dieser Arbeit untersuche ich – sowohl aus rechtlicher als auch ökonomischer Perspektive – die Möglichkeiten und Grenzen der patentrechtlichen Zwangslizenz. Anschließend diskutiere ich mögliche Anpassungen des nationalen und europäischen Rechtsrahmens für Zwangslizenzen. Dabei unterziehe ich insbesondere den Vorschlag der EU-Kommission vom April 2023 für eine Verordnung über unionsweite Zwangslizenzen einer kritischen Prüfung und stelle alternative Ansätze zur Vereinheitlichung der nationalen Zwangslizenzregelungen vor.

Diese Arbeit wurde im Sommersemester 2025 von der Rechtswissenschaftlichen Fakultät der Albert-Ludwigs-Universität Freiburg als Dissertation angenommen. Rechtsprechung und Literatur wurden bis Mai 2025 berücksichtigt.

Mein besonderer Dank gilt meinem Doktorvater, *Herrn Professor Dr. Maximilian Haedicke, LL.M. (Georgetown)*, für die hervorragende Unterstützung und den nötigen Freiraum bei der Anfertigung dieser Arbeit sowie für die bereichernde Zeit an seinem Lehrstuhl. Herzlich danken möchte ich auch *Herrn Professor Dr. Hanno Merkt, LL.M. (Chicago)*, für die zeitnahe Erstellung des Zweitgutachtens.

Des Weiteren danke ich *Frau Dr. Anja Lunze, LL.M., und Herrn Dr. Gisbert Hohagen, Lic. en droit (Paris II/Assas)*, für die gewinnbringenden Diskussionen zu diesem Thema und die lehrreiche promotionsbegleitende Tätigkeit bei *Taylor Wessing*. Für hilfreiche Anstöße bei der Themenfindung bedanke ich mich vielmals bei *Herrn Rechtsanwalt Thomas Fröhlich.*

Dank gebührt auch meinen ehemaligen Kolleginnen und Kollegen am Lehrstuhl, *Paula Grüßenmeyer* und *Julien Feurer*, für den regelmäßigen Austausch und wertvolle inhaltliche Anregungen zu meiner Arbeit.

Für die Gewährung eines großzügigen Druckkostenzuschusses sei außerdem der Studienstiftung *ius vivum* und deren Stifter, *Herrn Professor Dr. Haimo Schack, LL.M. (Berkeley)*, gedankt.

Nicht zuletzt möchte ich mich von ganzem Herzen bei meiner Familie und meinen Freunden – insbesondere meinen Eltern und meiner Freundin *Johanna* – für den einzigartigen Rückhalt und die bedingungslose Unterstützung während meines gesamten Studiums bedanken.

Meinem Großvater *Andreas*, der mich bis zuletzt auf meinem Bildungsweg stets fördernd begleitet hat, sei diese Arbeit in bleibender Dankbarkeit gewidmet.

München, im Mai 2025 *Hannes Leonard Huber*

Inhaltsübersicht

Inhalt

Teil 1 Einführung und Grundlagen

Kapitel 1 Einleitung

A. Anlass und Gegenstand der Untersuchung

Die Zwangslizenz führt im deutschen Patentrecht seit jeher ein Schattendasein 1 und kommt nur in seltenen Ausnahmefällen zur Anwendung. Doch jüngste Entwicklungen und Diskussionen rund um den Einsatz von Zwangslizenzen zur Bekämpfung von Notlagen verleihen dem Thema neue Relevanz und verlangen nach einem genaueren Blick auf die Möglichkeiten und Grenzen der patentrechtlichen Zwangslizenz.

Den Anstoß zur Untersuchung der patentrechtlichen Zwangslizenz gab der 2 Vorschlag der EU-Kommission vom 27.4.2023 für eine Verordnung über die Vergabe von EU-weiten Zwangslizenzen.[1] Durch ein grenzüberschreitendes Zwangslizenzsystem soll in Krisenzeiten der Zugang zu krisenrelevanten Produkten sichergestellt werden.[2] Diesem Vorschlag gingen während der COVID-19-Pandemie intensive Debatten über den Patentschutz im Allgemeinen und dessen Einschränkbarkeit in Notsituationen voraus. In diesem Zusammenhang geriet das Institut der patentrechtlichen Zwangslizenz vermehrt in den Blickpunkt. Zur flächendeckenden und raschen Versorgung der Bevölkerung mit Medikamenten und Impfstoffen wurde weltweit neben der pauschalen Aussetzung des Patentschutzes die zwangsweise Lizenzierung der relevanten Patente gefordert.[3]

1 Vorschlag für eine Verordnung des Europäischen Parlaments und des Rates über die Vergabe von Zwangslizenzen für das Krisenmanagement sowie zur Änderung der Verordnung (EG) Nr. 816/2006, COM(2023) 224 final, 2023/0129 (COD). Dieser Arbeit liegt die deutschsprachige Fassung des Vorschlags zugrunde.

2 COM(2023) 224 final, 2.

3 So etwa *Perehudoff/'t Hoen/Boulet*, BMJ Global Health 2021, 1 (1); *Wong*, J. Glob. Health 2020, 1 (1); zum Ganzen *Bühling*, in: FS Rojahn, 2020, 141; *Metzger/Zech*, GRUR 2020, 561 (562 f.); *Richter*, GRUR Pat. 2024, 69 Rn. 2; *Stierle*, JZ 2021, 71; *Weiden*, GRUR 2021, 1036; zum sog. »TRIPS Waiver« *Foss-Solbrekk*, JIPP 2021, 1347; *Hilty u. a.*, Covid-19 and the Role of Intellectual Property, 2021, Stellungnahme des Max-Planck-Instituts für Innovation und Wettbewerb v. 7.5.2021, www.ip.mpg.de/fileadmin/ipmpg/content/stellungnahmen/2021_05_25_Position_statement_Covid_IP_waiver.pdf (zuletzt abgerufen am 18.5.2025); *Mercurio*, IIC 2021, 983; *Yu*, in: Intellectual Property Rights in Times of Crisis, 2024, 1.

Gleichzeitig wurden die Schwächen von Zwangslizenzen in ihrer praktischen Umsetzung offengelegt.

3 Die COVID-19-Pandemie ist nur ein aktuelles Beispiel unter vielen, das die Frage hervorhebt, ob und unter welchen Voraussetzungen der Zugang zu dringend benötigten Patenten durch eine Zwangslizenz im Interesse der Allgemeinheit erzwungen werden kann. In Anbetracht der gegenwärtigen geopolitischen Verwerfungen, des Klimawandels sowie der demografischen und wirtschaftlichen Herausforderungen sind in Zukunft auch in anderen Bereichen als der öffentlichen Gesundheit Ausnahmezustände denkbar, in denen der Einsatz der Zwangslizenz eingefordert werden könnte.[4] Man denke z.B. an Patente für eine kritische Sicherheitstechnologie zur Verteidigung der nationalen Sicherheit oder an eine Technologie zur Linderung der Folgen des Klimawandels.

4 Vor dem Hintergrund dieser Entwicklungen ist eine aktuelle Untersuchung der patentrechtlichen Zwangslizenz im Hinblick auf ihre praktische Wirksamkeit und ökonomische Sinnhaftigkeit angezeigt. Ziel dieser Arbeit ist es, mithilfe eines interdisziplinären Ansatzes eine ganzheitliche Beurteilung der Zwangslizenz als Instrument zur Bewältigung von Krisen und Notsituationen vorzunehmen und basierend darauf möglichen Anpassungsbedarf zu eruieren. Im Kern geht es um die Frage, ob die Zwangslizenz in ihrer jetzigen Ausgestaltung ein effektives und ökonomisch effizientes Mittel zur Krisenbewältigung darstellt und ob bzw. inwieweit Reformbedarf besteht.

B. Forschungsstand und Forschungsfragen

I. Rechtswissenschaftliche Arbeiten zu Zwangslizenzen

5 Die patentrechtliche Zwangslizenz war bereits mehrfach Gegenstand rechtswissenschaftlicher Literatur. Einige wenige, ältere Monografien befassen sich eingehend mit der Zwangslizenz im deutschen Patentrecht. Dazu gehören die Arbeiten von *Bußmann*[5] und *Pohl*,[6] welche jeweils den Zweck, die Voraussetzungen und Wirkungen des § 24 PatG[7] unter besonderer Berücksichtigung der historischen Entwicklung ausführlich untersuchen sowie die Arbeit von *Jabbusch*,[8] bei

4 Vgl. *Matthews/van Zimmeren/Minssen*, in: Improving Intellectual Property, 2023, 61 (74); *McManis/Contreras*, in: TRIPS and Developing Countries, 2014, 109 (127).

5 *Bußmann*, Die patentrechtliche Zwangslizenz, 1975.

6 *Pohl*, Die Voraussetzungen der patentrechtlichen Zwangslizenz, 2000.

7 Bzw. der Vorgängerregelung des § 11 PatG a.F.

8 *Jabbusch*, Begrenzung der konzentrationsfördernden Wirkungen des Patentschutzes durch Erweiterung des Instituts der Zwangslizenz, 1977 zur Vorgängerregelung des § 15 PatG a.F.

dem die patentrechtliche Zwangslizenz als ein Mittel zur Wettbewerbsförderung im Vordergrund steht. Eine wettbewerblich geprägte Untersuchung der patentrechtlichen Zwangslizenz findet sich auch bei *Viniol*.[9] Weitere Beiträge aus jüngerer Zeit nähern sich der Zwangslizenz aus einer international[10] oder europäisch[11] geprägten Perspektive an. Die Rolle von Zwangslizenzen in entwicklungspolitischen Zusammenhängen, insbesondere unter Berücksichtigung des TRIPS-Abkommens,[12] ist bereits in einer Vielzahl von Veröffentlichungen diskutiert worden[13] und wird in dieser Arbeit ausgeklammert.

In der vorliegenden Arbeit liegt der Fokus auf der nationalen Zwangslizenz- 6
regelung (§ 24 PatG) und der geplanten EU-Zwangslizenz, jeweils im Kontext von außergewöhnlichen Notsituationen. Als ein Mittel zur Bewältigung von Notlagen hat die Zwangslizenz zuletzt während der COVID-19-Pandemie gesteigerte Aufmerksamkeit in juristischen Fachbeiträgen erfahren.[14] Soweit ersichtlich, existiert jedoch keine aktuelle Arbeit, die sich tiefergehend mit der patentrechtlichen Zwangslizenz in ihrer praktischen Anwendung und ihrer Funktion als Krisenbewältigungsinstrument befasst.

9 *Viniol*, Zwangslizenzen an Patenten, 2013.

10 *Harnisch*, Die Zwangslizenz im südafrikanischen und deutschen Patentrecht, 2006 (rechtsvergleichend zum südafrikanischen und deutschen Patentrecht); *Karres*, Das Spannungsfeld zwischen Patentschutz und Gesundheitsschutz aufgezeigt am Beispiel der patentrechtlichen Zwangslizenz, 2007 (unter besonderer Berücksichtigung völker- und menschenrechtlicher Vorgaben zum Gesundheitsschutz).

11 *Koikkara*, Der Patentschutz und das Institut der Zwangslizenz in der Europäischen Union, 2010; siehe auch die länderübergreifenden Studien von *van Zimmeren/Minssen/Liesbet*, Compulsory licensing for expensive medicines – Legal Study, 2022, 10 ff. (doi.org/10.57598/R356C, zuletzt abgerufen am 18.5.2025) und *Vandermeulen u. a.*, Compulsory licensing of intellectual property rights, 2023 (doi.org/10.2873/514, zuletzt abgerufen am 18.5.2025).

12 Übereinkommen über handelsbezogene Aspekte der Rechte des geistigen Eigentums v. 15.4.1994, BGBl. 1994 II, 1438, 1730.

13 Siehe etwa *DeRoo*, Mich. J. Int. L. 2011, 347; *Feldman*, JIBL 2009, 137; *Halajian*, Brooklyn J. Int. L. 2013, 1191; *Harris*, JIPP 2011, 367; *Ho*, in: Research Handbook on Patent Law and Theory, 2. Aufl. (2019), 419; *Igbokwe/Tosato*, Fordham L. Rev. 2023, 1791; *Lamping*, in: Herausforderung Innovation, 2012, 119; *Reichman*, J. L., Med. & Ethics 2009, 247; *Scherer/Watal*, JIEL 2002, 913; *Vaughan*, Hastings Int. & Comp. L. Rev. 2001, 87; *Vincent*, Gonzaga J. Int. L. 2020, 1; *Zheng/Wang*, in: Intellectual Property Rights in Times of Crisis, 2024, 26.

14 *Bühling*, in: FS Rojahn, 2020, 141 (146 ff.); *Lunze/Rektorschek*, PharmR 2021, 629 (631 ff.); *Metzger/Zech*, GRUR 2020, 561 (564 ff.); *Oser*, GRUR Int. 2021, 846; *Schmidt*, Mitt. 2022, 320 (321 f.); *Stierle*, GRUR 2024, 419; *ders.*, JZ 2021, 71 (74 ff.).

II. Wirtschaftswissenschaftliche Arbeiten zu Zwangslizenzen

7 Auch die wirtschaftlichen Auswirkungen von Zwangslizenzen wurden bereits in zahlreichen (vorwiegend englischsprachigen) Publikationen thematisiert[15] und zum Teil grundlegend auf modelltheoretischer[16] oder empirischer[17] Basis analysiert. Darin werden die ökonomischen Effekte von Zwangslizenzen häufig in Bezug auf das TRIPS-Abkommen und dessen Folgen für Entwicklungsländer erörtert.[18] Die dort gefundenen Ergebnisse können, soweit verallgemeinerbar, für den hier zu interessierenden deutschen bzw. europäischen Kontext herangezogen werden. Eine umfassende, von entwicklungspolitischen Zusammenhängen losgelöste Gegenüberstellung des wirtschaftlichen Nutzens und Schadens patentrechtlicher Zwangslizenzen ist für den deutschsprachigen Raum bislang ausgeblieben.

III. Forschungslücken und offene Forschungsfragen

8 Trotz gewisser Überschneidungen können die genannten Veröffentlichungen die hier vorgenommene interdisziplinäre Untersuchung der Zwangslizenz im Lichte der aktuellen krisenhaften Entwicklungen und der jüngsten Reformbestrebungen nicht ersetzten.

9 Erstens bietet sich die gegenwärtige, von massiven (geo-)politischen und wirtschaftlichen Spannungen sowie einer Vielzahl von Krisen geprägte Zeit an,

15 *Abbas*, IJSSH 2013, 254; *Borowski*, Fla. St. U. L. Rev. 2009, 275 (292 ff.); *Gillat*, Food & Drug L. J. 2003, 711 (715 ff.); *Goyal*, in: Compulsory licensing, 2015, 437; *Guennif*, Appl. Health Econ. & Health Pol. 2017, 557; *Karres* (o. Fn. 10), 177 ff.; *Liebig*, Die internationale Regulierung geistiger Eigentumsrechte und ihr Einfluss auf den Wissenserwerb in Entwicklungsländern, 2007, 197 ff.; *Rozek*, JWIP 2000, 889; *ders./Rainey*, JWIP 2001, 463; *van Dyck u. a.*, Compulsory licensing for expensive medicines – Economic Consequences, 2022, 130 ff., doi.org/10.57598/R356C (zuletzt abgerufen am 18.5.2025); *Vandermeulen u. a.* (o. Fn. 11), 128 ff.

16 *Bond/Saggi*, JDE 2014, 217; *Brebeck*, The failure of compulsory licensing of pharmaceuticals in least developed countries, 2014, 87 ff.; *McManis/Contreras*, in: TRIPS and Developing Countries, 2014, 109 (121 ff.); *Seifert*, J. Regul. Econ. 2015, 317; *Sarmah/De Giovanni/De Giovanni*, EJOR 2020, 1053; *Stavropoulou/Valletti*, Eur. J. Health Econ. 2015, 83.

17 *Baten/Bianchi/Moser*, Does Compulsory Licensing Discourage Invention?, 2015; *Bird/Cahoy*, Am. Bus. L. J. 2008, 283; *Chien*, Berk. Tech. L. J. 2003, 853; *Moser/Voena*, Am. Econ. Rev. 2012, 396; *Qunaj/Kaltenboeck/Bach*, Milbank Quarterly 2022, 284; *Scherer*, The Economic Effects of Compulsory Patent Licensing, 1977, 35 ff.; *Urias/Ramani*, J. Int. Business Pol. 2020, 367.

18 Siehe etwa *Bird*, J. L., Med. & Ethics 2009, 209; *Bond/Saggi*, JDE 2014, 217; *Guennif*, Appl. Health Econ. & Health Pol. 2017, 557; *Stavropoulou/Valletti*, Eur. J. Health Econ. 2015, 83.

die Zwangslizenz in ihrer Funktion als Krisenbewältigungsinstrument einem aktuellen »Stresstest« zu unterziehen. Zweitens wurde, soweit ersichtlich, zum jetzigen Zeitpunkt noch keine eingehende Analyse der patentrechtlichen Zwangslizenz unter zwei verschiedenen fachlichen Blickwinkeln – einem juristischen und einem ökonomischen – vorgenommen. Drittens ist bislang eine vertiefte Auseinandersetzung mit der vorgeschlagenen EU-Zwangslizenzverordnung einschließlich möglicher Alternativen zur Harmonisierung des Zwangslizenzrechts[19] ebenso wenig erfolgt wie mit möglichen Reformoptionen für die nationale Zwangslizenzregelung.[20]

Die vorliegende Arbeit schließt diese Forschungslücken und adressiert gezielt 10
die folgenden, noch nicht abschließend geklärten Fragestellungen:

1. Effektivität von Zwangslizenzen

Als erstes stellt sich die Frage nach der Wirksamkeit von Zwangslizenzen in 11
ihrer praktischen Anwendung zur Bewältigung von Krisen und Notsituationen.[21] Gegenstand dieser Forschungsfrage ist, ob und inwieweit die nationale Zwangslizenzregelung des § 24 PatG dazu geeignet ist, konkrete Missstände in besonderen Problemlagen effektiv zu beseitigen.

§ 24 PatG bietet in außergewöhnlichen Notlagen die Möglichkeit, dem drin- 12
genden Bedarf in der Bevölkerung an einer patentgeschützten Technologie Rechnung zu tragen und ausnahmsweise das mit dem Patent verbundene Ausschließlichkeitsrecht im öffentlichen Interesse einzuschränken. Ob Zwangslizenzen jedoch tatsächlich die Versorgung mit krisenkritischen Produkten, wie z.B. einem dringend benötigten Arzneimittel, sicherstellen können, ist aufgrund einiger praktischer Probleme, die sich (auch außerhalb des Patentrechts) an die Erteilung der Zwangslizenz anschließen und die erfolgreiche Herstellung und Vermarktung des betreffenden Produkts zumindest erheblich erschweren, in Frage zu stellen.

2. Ökonomische Effizienz von Zwangslizenzen

Die zweite Forschungsfrage bezieht sich auf die ökonomische Sinnhaftigkeit 13
der Zwangslizenz. Zur Beantwortung dieser Frage werden der volkswirtschaftliche Nutzen und Schaden, der mit der Erteilung einer Zwangslizenz einher-

19 Siehe nur die Aufsätze von *Janssen*, IWRZ 2023, 265 (267 f.); *Krimphove*, InTer 2023, 123 (127 f.); *Metzger*, in: FS Hilty, 2024, 527; *Stierle*, GRUR Pat. 2024, 2; *von Falck*, GRUR Pat. 2023, 74.

20 Siehe nur *Stierle*, GRUR 2024, 419.

21 Freilich sind Krisen und Notsituationen nur ein mögliches Anwendungsgebiet von § 24 PatG. Das aktuelle krisenbehaftete Umfeld und der auf Krisenfälle beschränkte Verordnungsvorschlag der Kommission rechtfertigen indessen den hier vorgenommenen Zuschnitt auf außergewöhnliche Notlagen.

gehen kann, gegenübergestellt und in die aktuelle gesamtwirtschaftliche Lage Deutschlands eingeordnet. Die ökonomische Analyse der Zwangslizenz soll Aufschluss darüber geben, ob und unter welchen Bedingungen die Zwangslizenz ein ökonomisch effizientes und sinnvolles Instrument zur Krisenbewältigung darstellt.

14 Ökonomische Effizienz ist in diesem Zusammenhang im Sinne des Begriffs der allokativen Effizienz zu verstehen, der die Maximierung der gesamtwirtschaftlichen Wohlfahrt und eine optimale Ressourcenallokation beschreibt.[22] Die Erteilung einer Zwangslizenz ist demzufolge effizient, wenn sie die Gesamtwohlfahrt bei minimalen gesamtwirtschaftlichen Kosten[23] erhöht. Anders ausgedrückt fragt die hier angestellte Untersuchung danach, inwieweit der Einsatz von Zwangslizenzen den Nutzen für die Allgemeinheit erhöhen kann, ohne unerwünschte wirtschaftliche Nebenwirkungen zu verursachen.

3. Reformoptionen für das Zwangslizenzrecht und Alternativen

15 Aufbauend auf den Erkenntnissen zu den ersten beiden Forschungsfragen wird in einem letzten Schritt nach möglichen gesetzgeberischen Anpassungen des nationalen und europäischen Rechtsrahmens für Zwangslizenzen gefragt, die der Zwangslizenz zu mehr Effektivität und Effizienz verhelfen könnten. Insbesondere ist zu diskutieren, ob der Vorschlag der Kommission für eine Verordnung über unionsweite Zwangslizenzen im Einzelnen stimmig ausgestaltet ist und konzeptionell den richtigen Ansatz zur Vereinheitlichung der divergierenden nationalen Zwangslizenzregelungen wählt. Des Weiteren sind Reformoptionen für das nationale Zwangslizenzrecht sowie ergänzende Krisenmechanismen auf freiwilliger Basis zu erörtern.

C. Gang der Untersuchung

16 Die Gliederung dieser Arbeit mit insgesamt vier Teilen und neun Kapiteln orientiert sich an den soeben herausgestellten Forschungsfragen.

17 Nach dieser Einführung in die Thematik folgt im ersten Teil ein Überblick über die rechtlichen (Kapitel 2) und ökonomischen Grundlagen (Kapitel 3). Im zweiten Teil wird die patentrechtliche Zwangslizenz umfassend hinsichtlich

22 Vgl. zum Begriff der allokativen Effizienz und zu den einzelnen ökonomischen Effizienzkonzepten *Fechner*, Regulierungsprinzip Effizienz, 2020, 71 ff.; *Scheufen*, Angewandte Mikroökonomie und Wirtschaftspolitik, 2020, Kap. 2, 10 ff.; zu den ökonomischen Effizienzkriterien in Abgrenzung zum juristischen Effizienzverständnis *Eidenmüller*, Effizienz als Rechtsprinzip, 4. Aufl. (2015), 47 ff.

23 Der Begriff der »Kosten« umfasst hierbei nicht nur monetäre Kosten, sondern alle negativen volkswirtschaftlichen Auswirkungen des Einsatzes von Zwangslizenzen.

ihrer Effektivität (Kapitel 4) und Effizienz (Kapitel 5) untersucht. Hierzu werden in Kapitel 4 nach einer kurzen Darstellung des Zwecks, der Voraussetzungen und bisheriger Anwendungsfälle des § 24 PatG die Probleme, die sich an die Erteilung einer Zwangslizenz in der Praxis anschließen, herausgearbeitet und entsprechende Lösungsansätze besprochen. Kapitel 5 behandelt die ökonomischen Auswirkungen von Zwangslizenzen und stellt den erstrebten Nutzen von Zwangslizenzen dem potenziellen Schaden gegenüber. Außerdem werden die ökonomischen Effekte von Zwangslizenzen differenziert je nach Umfeld, Art und Weise ihrer Erteilung und konkreten Ausgestaltung betrachtet und in den aktuellen wirtschaftlichen Kontext eingeordnet. Ausgehend von den Befunden dieser ganzheitlichen Untersuchung der praktischen und ökonomischen Bedeutung von Zwangslizenzen werden im dritten Teil dieser Arbeit mögliche Ansatzpunkte für Verbesserungen des Zwangslizenzrechts diskutiert. Ein besonderes Augenmerk gilt dabei dem jüngsten Vorschlag der Kommission zu unionsweiten Zwangslizenzen, der unter Berücksichtigung des bisherigen Gesetzgebungsverfahrens kritisch beleuchtet und mit alternativen Harmonisierungsansätzen verglichen wird (Kapitel 6). Anschließend sind Reformoptionen für das nationale Zwangslizenzregime sowie ergänzende Mechanismen und Maßnahmen zur Krisenbekämpfung auf Basis freiwilliger Kooperationen in den Blick zu nehmen (Kapitel 7). Im vierten und letzten Teil folgt eine Zusammenfassung der wesentlichen Ergebnisse (Kapitel 8), die in einer abschließenden Beurteilung des Instituts der Zwangslizenz münden (Kapitel 9).

Kapitel 2 Rechtliche Grundlagen

18 Dieses Kapitel liefert einen Überblick über die Hintergründe des Patents als Ausschließlichkeitsrecht (A.) und die gesetzlichen Mechanismen zur Einschränkung dieses Ausschließlichkeitsrechts, insbesondere über die Regelungen zu Zwangslizenzen an Patenten (B. und C.).

A. Das Ausschließlichkeitsrecht des Patentinhabers

19 Die patentrechtliche Zwangslizenz steht im Spannungsverhältnis zwischen dem Recht des Patentinhabers, über Benutzungshandlungen seiner Erfindung frei entscheiden zu können und dem Interesse der Allgemeinheit an der Teilhabe am technischen Fortschritt und der Nutzbarmachung der patentgeschützten Technologie.[24] In besonderen Problemlagen, in denen ein überragendes öffentliches Interesse an der Benutzung einer Erfindung besteht, kann mit der Zwangslizenz in das ausschließliche Recht des Patentinhabers zur Verwertung seiner Erfindung eingegriffen werden, um die Balance zwischen den Interessen des Patentinhabers und den Bedürfnissen der Allgemeinheit zu wahren.

I. Grundsätzliche Ausschlusswirkung des Patents

20 Die Rechtsordnung gewährt dem Erfinder das Patent als subjektives Recht an der Erfindung, das dem Rechtsinhaber die Erfindung zuordnet und die Befugnis verleiht, andere von der Benutzung auszuschließen.[25] Von dieser Rechtsposition umfasst ist die alleinige Befugnis zur Herstellung, Benutzung, zum Verkauf und zur Einfuhr von patentgeschützten Erzeugnissen, die Benutzung eines patentierten Verfahrens sowie die Herstellung, Benutzung und der Verkauf der durch das patentierte Verfahren erlangten Erzeugnisse.[26] Das Ausschließlichkeitsrecht gewährt dem Patentinhaber während der Dauer seines Patents das Recht, gegen jeden gerichtlich vorzugehen, der ohne seine Genehmigung die durch das ausschließliche Recht ihm vorbehaltenen Handlungen vornimmt, mit dem Ziel, die Unterlassung dieser Handlungen und ggf. Schadenersatz nach § 139 PatG zu erlangen.[27]

24 *Osterrieth*, Patentrecht, 6. Aufl. (2021), Teil 4 Rn. 597.
25 *Haedicke*, Patentrecht, 7. Aufl. (2025), Kap. 1 Rn. 22.
26 *Pfanner*, GRUR Int. 1985, 357 (357).
27 *Pfanner*, GRUR Int. 1985, 357 (357).

In erster Linie fungiert das Ausschließlichkeitsrecht des Patentinhabers als Ansporn und Belohnung für Investitionen in erfinderische Tätigkeit. Die Gewährung des Ausschließlichkeitsrechts dient als Anreiz für technische Entwicklungen und deren Bekanntgabe.[28] Die ausschließliche Verwertungsbefugnis sichert dem Erfinder die Aussicht auf die mit der Erfindung verbundenen wirtschaftlichen Vorteile und verhindert den unkontrollierten Zugriff Dritter auf seine Innovation. Das Patentrecht dient aber nicht nur den Interessen des Patentinhabers, sondern ist in seiner Gesamtheit auch am Gemeinwohl ausgerichtet. Das Ausschließlichkeitsrecht wird insofern auch als eine Art Gegenleistung der Allgemeinheit an den Erfinder für die Offenbarung seiner Erfindung und die Förderung des technischen Fortschritts gesehen.[29] Konkret spiegeln sich die Belange des Gemeinwohls in den gesetzlichen Beschränkungen des Patentschutzes wider, die einen Ausgleich zwischen dem Interesse des Patentinhabers an einer umfassenden Verwertung seiner Erfindung und dem Zugriffs- und Nutzungsinteresse Dritter oder der Allgemeinheit herstellen. 21

II. Einschränkungen der Ausschlusswirkung zugunsten der Allgemeinheit

Im Spannungsfeld zwischen Innovationsschutz und Gemeinwohl entstehen Situationen, in denen die strikte Durchsetzung des Ausschließlichkeitsrechts des Patentinhabers im Hinblick auf gewichtige öffentliche Interessen unangemessen sein kann. Das Patentrecht enthält an verschiedenen Stellen Vorkehrungen, die eine Reduzierung des Patentschutzes oder eine (temporäre) Durchbrechung der patentrechtlichen Ausschlusswirkung im Interesse der Allgemeinheit bewirken. 22

Die Verleihung eines Patents als Ausschließlichkeitsrecht kommt überhaupt nur für Erfindungen auf Gebieten der Technik in Betracht, die neu sind, auf erfinderischer Tätigkeit beruhen und gewerblich anwendbar sind (§ 1 Abs. 1 PatG). Nach erfolgreicher Erteilung ist das Ausschließlichkeitsrecht auf eine Dauer von 20 Jahren nach Anmeldung des Patents (§ 16 PatG) beschränkt. Danach steht die Erfindung der Allgemeinheit zur freien Benutzung zur Verfügung. Zu keinem Zeitpunkt wird die Patenterteilung »rechtskräftig«; Schutzhindernisse und Nichtigkeitsgründe können während der gesamten Schutzdauer im Nichtigkeitsverfahren geltend gemacht werden.[30] Den Interessen der Allgemeinheit wird ferner dadurch Rechnung getragen, dass das Ausschließlichkeits- 23

28 *Bacher*, in: Benkard, PatG, 12. Aufl. (2023), § 1 Rn. 1b im Zusammenhang mit der zugrundeliegenden »*Anspornungstheorie*«. Zu den weiteren »klassischen« Patentrechtstheorien grundlegend *Machlup*, GRUR Int. 1961, 373 (377 ff.).

29 Vgl. *Ann*, Patentrecht, 8. Aufl. (2022), § 3 Rn. 11; *Osterrieth* (o. Fn. 24), Teil 1 Rn. 18 im Zusammenhang mit der sog. *Offenbarungs*- oder *Vertragstheorie*; grundlegend dazu *Machlup*, GRUR Int. 1961, 373 (377).

30 *McGuire*, GRUR 2021, 775 (776).

recht nach dem ersten berechtigten Inverkehrbringen des patentgeschützten Gegenstands erschöpft ist.[31]

24 In Krisenzeiten gerät das Ausschließlichkeitsrecht des Patentinhabers in besonderem Maße in Konflikt mit Gemeinwohlbelangen. Mit dem gesellschaftlichen Bedarf an dringend benötigten Produkten zur Überwindung einer Notlage nehmen die Forderungen nach einem möglichst raschen und flächendeckenden Zugang der Allgemeinheit zu patentgeschützter Technologie unter Einschränkung der patentrechtlichen Ausschlusswirkung zu. Das Patentrecht hält ein umfangreiches Instrumentarium bereit, um in Notfällen gewichtigen Allgemeininteressen angemessen zu begegnen und etwaigen Zugangsproblematiken entgegenzuwirken. Einer der Mechanismen zur Beschränkung des Ausschließlichkeitsrechts im Sinne des Gemeinwohls ist die patentrechtliche Zwangslizenz.

III. Die Zwangslizenz als besonders einschneidende Einschränkung der Ausschlusswirkung

25 § 24 PatG enthält den wohl stärksten Eingriff in die ausschließliche Verwertungsbefugnis des Patentinhabers.[32] Gegenstand der ausschließlichen Verwertungsbefugnis ist nicht nur das exklusive Benutzungsrecht, sondern auch die alleinige Befugnis darüber, Lizenzen nach Belieben zu erteilen oder zu verweigern.[33] Eine Lizenz ist die entgeltliche oder unentgeltliche, durch den Schutzrechtsinhaber einem Dritten eingeräumte Benutzungsbefugnis.[34] Die ausschließliche Lizenz beinhaltet je nach Vertragsinhalt ein alleiniges Benutzungs- und Verbietungsrecht, das zugunsten des Lizenznehmers gegen jeden Dritten wie auch gegen den Patentinhaber wirkt.[35] Die nicht ausschließliche Lizenz ist ein schuldrechtlicher Anspruch auf Benutzung der Erfindung ohne Verbietungsbefugnis gegenüber Dritten.[36] Lizenzen stellen in der Praxis eine weit verbreitete und besonders bedeutsame Form der wirtschaftlichen Verwertung des Patents dar.[37]

26 Verweigert der Patentinhaber unter Gebrauch seines Ausschließlichkeitsrechts einem Dritten die Nutzung seiner Erfindung, kann dem Dritten unter den Voraussetzungen des § 24 PatG hoheitlich eine Benutzungserlaubnis – eine Zwangslizenz – zugesprochen werden. Die Zwangslizenz entsteht gerade nicht, wie bei der freiwilligen Lizenzvergabe, durch autonomen und freien Willen der

31 *Haedicke* (o. Fn. 25), Kap. 1 Rn. 24.
32 § 13 PatG als den stärkeren Eingriff einordnend *Metzger/Zech*, GRUR 2020, 561 (565); näher dazu Kap. 2 C. III. 3.
33 Vgl. *Wolff*, Zwangslizenzen im Immaterialgüterrecht, 2005, 20.
34 *Loth/Hauck*, in: BeckOK PatR, 34. Aufl. (2024), PatG, § 15 Rn. 38.
35 BGH GRUR 2008, 896 Rn. 35 – Tintenpatrone.
36 BGH GRUR 1974, 463 (464) – Anlagengeschäft.
37 Vgl. *Haedicke* (o. Fn. 25), Kap. 15 Rn. 32; *Osterrieth* (o. Fn. 24), Teil 5 Rn. 632 ff.

Parteien, sondern durch staatliche Intervention.[38] Dieser massive Eingriff in die Privatautonomie und die Freiheit, eigenständig über die Nutzung und Verwertung einer patentgeschützten Erfindung zu entscheiden, ist nur in besonders gelagerten Ausnahmefällen gerechtfertigt. Die Benutzung der Erfindung gegen den Willen des Patentinhabers stellt einen Eingriff in das Patent als Teil des grundrechtlich geschützten Eigentums nach Art. 14 Abs. 1 GG dar, der nur aus besonderen Gründen des öffentlichen Interesses gerechtfertigt sein kann.[39] Seinen materiellen Grund findet dieser Eingriff im Überwiegen des öffentlichen Interesses an der Zwangslizenz gegenüber dem Interesse des Patentinhabers an seinem Ausschließlichkeitsrecht.[40] In solchen eng begrenzten Ausnahmefällen kann mit der Zwangslizenz vom Grundsatz der (Lizenz-)Vertragsfreiheit abgewichen und kraft hoheitlichen Eingriffs korrigierend in das Marktgeschehen eingegriffen werden.

B. Rechtsrahmen für Zwangslizenzen

Im folgenden Abschnitt wird der gegenwärtige Rechtsrahmen für patentrecht- 27
liche Zwangslizenzen auf nationaler und internationaler Ebene vorgestellt.

I. Multilaterale Abkommen

1. Art. 5 A PVÜ

Die Pariser Verbandsübereinkunft zum Schutz des gewerblichen Eigentums 28
(PVÜ)[41] enthält in Art. 5 A Vorgaben zu Zwangslizenzen, die Eingang in das nationale Zwangslizenzrecht der Mitgliedstaaten gefunden haben. Um einen Missbrauch des Patents zu verhindern, erlaubt Art. 5 A Abs. 2 PVÜ den Verbandsmitgliedern, Zwangslizenzen zur Beschränkung des Patentschutzes vorzusehen. In Art. 5 A Abs. 4 PVÜ findet die Zwangslizenz eine detaillierte Regelung. Die Zwangslizenz darf keine ausschließliche sein (Art. 5 A Abs. 4 S. 2 PVÜ) und ist frühestens drei Jahre seit Erteilung des Patents oder frühestens vier Jahre nach der Anmeldung zulässig (Art. 5 A Abs. 4 S. 1 Hs. 1 PVÜ). Sie

38 *Koikkara* (o. Fn. 11), 69.
39 *Haedicke/Wollenschlaeger*, in: Haedicke/Timmann, Hdb. PatR, 2. Aufl. (2020), § 16 Rn. 261; vgl. BGH GRUR 1996, 190 (192) – Interferon-gamma/Polyferon.
40 *Wilhelmi*, in: BeckOK PatR, 34. Aufl. (2021), PatG, § 24 Rn. 6; vgl. *Mes*, PatG, 6. Aufl. (2024), § 24 Rn. 2.
41 Übereinkunft v. 20.3.1883, zuletzt revidiert in Stockholm am 14.7.1967 und geändert am 2.10.1979.

ist ferner ausgeschlossen, wenn der Patentinhaber seine Untätigkeit mit berechtigten Gründen entschuldigt, Art. 5 A Abs. 4 S. 1 Hs. 2 PVÜ.

29 Aus der Nennung der unterlassenen Ausübung in Art. 5 A Abs. 2 PVÜ als ein Beispiel des Missbrauchs folgt, dass es den Mitgliedstaaten freisteht, eine Zwangslizenz auch aus anderen Gründen zu erteilen, z.B. aus Gründen der öffentlichen Gesundheit.[42] Diese Zwangslizenzen unterfallen dann nicht den Einschränkungen des Art. 5 A PVÜ.[43]

2. Art. 31 TRIPS

30 Neben der PVÜ enthält das TRIPS-Übereinkommen weitere Vorgaben für die nationalen Bestimmungen zu Zwangslizenzen.

31 Nach Art. 31 TRIPS können die Mitgliedstaaten unter engen Voraussetzungen Zwangslizenzen für patentgeschützte Erfindungen erteilen. Art. 31 TRIPS enthält hauptsächlich formelle Voraussetzungen für die Erteilung einer Zwangslizenz. Die Erteilung einer Zwangslizenz ist nur nach einer Einzelfallprüfung möglich (Art. 31 lit. a TRIPS). Zuvor muss sich der Lizenzsucher innerhalb einer angemessenen Frist bemüht haben, die Zustimmung des Patentinhabers zu angemessenen geschäftsüblichen Bedingungen zu erhalten, es sei denn, es handelt sich um einen nationalen Notstand oder sonstige Umstände von äußerster Dringlichkeit (Art. 31 lit. b TRIPS). Die erteilte Zwangslizenz darf nur eine nicht ausschließliche sein (Art. 31 lit. d TRIPS), Umfang und Dauer sind auf ihren Zweck zu begrenzen (Art. 31 lit. c TRIPS). Dem Patentinhaber ist gem. Art. 31 lit. h TRIPS eine nach den Umständen des Falles angemessene Vergütung zu leisten, wobei der wirtschaftliche Wert der Zwangslizenz in Betracht zu ziehen ist.[44]

3. Art. 31bis TRIPS

32 Nach Art. 31 lit. f TRIPS kann eine Zwangslizenz nur erteilt werden, um vorwiegend die Versorgung des eigenen Landes zu gewährleisten. Demnach könnten Zwangslizenzen für Arzneimittel in Ländern ohne ausreichende Fertigungskapazitäten nicht wirksam genutzt werden.[45] Um den Export notwendiger Arzneimittel in hilfsbedürftige Entwicklungsländer nicht zu behindern, wurde

42 *Koikkara* (o. Fn. 11), 74 f.; ausführlich zu Art. 5 A PVÜ *Pfanner*, GRUR Int. 1985, 357 (366 ff.).

43 *Koikkara* (o. Fn. 11), 75. § 24 PatG genügt den Anforderungen des Art. 5 A Abs. 2 PVÜ, *Ann* (o. Fn. 29), § 34 Rn. 96; *Wilhelmi*, in: BeckOK PatR, 34. Aufl. (2021), PatG, § 24 Rn. 24.

44 Eingehend zu Art. 31 TRIPS *Harnisch* (o. Fn. 10), 53 ff.

45 Vgl. *Ann* (o. Fn. 29), § 7 Rn. 53; *Haedicke* (o. Fn. 25), Kap. 4 Rn. 29.

auf Grundlage der sog. *Doha-Erklärung*[46] das TRIPS-Abkommen um ein Änderungsprotokoll[47] ergänzt und in Art. 31bis Abs. 1 TRIPS eine Ausnahme von Art. 31 lit. f TRIPS für Zwangslizenzen zur Herstellung und Ausfuhr von Arzneimitteln in Entwicklungsländer implementiert.[48]

In Krisenzeiten kann Art. 31bis TRIPS relevant werden, wenn Arzneimittel oder andere essenzielle Produkte in Entwicklungsländern nicht ausreichend zur Verfügung stehen. Bisher ist Art. 31bis TRIPS in nur einem Fall zur praktischen Anwendung gekommen.[49] 33

II. Europäisches Recht

Nachfolgend werden die in europäischen Rechtsakten enthalten Vorschriften zu Zwangslizenzen überblicksartig dargestellt. Die geplante EU-weite Zwangslizenzverordnung sowie frühere (gescheiterte) Harmonisierungsbestrebungen werden ausführlich in Kapitel 6 behandelt. 34

1. Euroatomvertrag

Der Euroatomvertrag (EAGV)[50] enthält in Art. 17–23 – ohne den Begriff der Zwangslizenz zu nennen – der Sache nach zwangslizenzrechtliche Regelungen, die sich auf Patente für Erfindungen auf dem Gebiet der Kernenergie und benachbarten Gebieten beziehen.[51] Dabei geht es um die Beschaffung von Kenntnissen in 35

46 WTO-Dok. WT/MIN(01)/DEC/2. Darin wurde mittels einer temporären Verzichtserklärung sichergestellt, dass die WTO-Mitglieder gegen ein Land, in dem entgegen Art. 31 lit. f TRIPS Zwangslizenzen zum Export in Entwicklungsländer erteilt werden, nicht vorgehen werden, *Harnisch* (o. Fn. 10), 66 f. Am 30.8.2003 nahm der Allgemeine Rat der WTO einen Beschluss zur Durchführung der einschlägigen Ziff. 6 der *Doha-Erklärung* an, WTO-Dok. WT/L/540.

47 Das Änderungsprotokoll wurde vom Allgemeinen Rat der WTO am 6.12.2005 verabschiedet, WTO-Dok. WT/L/641. Seit Inkrafttreten des Änderungsprotokolls am 23.1.2017 (WTO-Dok. WT/Let/1236) gilt Art. 31bis TRIPS für diejenigen WTO-Mitglieder, die das Protokoll angenommen haben, darunter die EU und ihre Mitgliedstaaten. Die WTO-Mitglieder, die das Protokoll noch nicht angenommen haben, können sich weiterhin auf die inhaltsgleiche *Doha-Erklärung* stützen, *Kampf*, in: Krenzler/Herrmann/Niestedt, EU-Außenwirtschafts- und Zollrecht, 24. Aufl. (2024), Zwangslizenz-VO, ErwGr. Rn. 1, 25.

48 Gem. Art. 31bis Abs. 2 TRIPS ist dem Patentinhaber im Ausfuhrstaat eine angemessene Vergütung zu zahlen.

49 Kanada gewährte 2008 dem Generikahersteller *Apotex* eine Zwangslizenz für die Ausfuhr von drei HIV-Medikamenten nach Ruanda, dazu *Igbokwe/Tosato*, Fordham L. Rev. 2023, 1791 (1823) m.w.N.

50 Vertrag zur Gründung der Europäischen Atomgemeinschaft v. 25.3.1957, ABl. 2010 C 84, 1, ABl. 2012 C 327, 1, ABl. 2016 C 203, 1.

Form einer Lizenz gegen den Willen des Patentinhabers, die nicht zur freien Verfügung stehen, für die Erreichung politischer Ziele aber nützlich sind.[52]

36 Art. 17 EAGV enthält formelle Voraussetzungen für die Erteilung einer Zwangslizenz. Nach Art. 17 Abs. 1 EAGV kann eine nicht ausschließliche Lizenz im Wege des Schiedsverfahrens oder von Amts wegen durch einen Mitgliedstaat auf Antrag der Kommission erteilt werden, wenn ein gütliches Einvernehmen nicht erzielt wird. Sie darf nicht erteilt werden, wenn der Patentinhaber berechtigte Gründe geltend machen kann (Art. 17 Abs. 2 EAGV). Der Patentinhaber ist berechtigt, für die Zwangslizenz eine volle Entschädigung zu verlangen (Art. 17 Abs. 3 EAGV). Materiellrechtlich werden zwei Gründe zur Erteilung einer Zwangslizenz genannt. Zum einen die Notwendigkeit für die Fortführung der Forschung oder den Betrieb der Anlagen (Art. 17 Abs. 1 lit. a EAGV), zum anderen die Ausübung des Patents durch den Patentinhaber, die nicht die Bedürfnisse der erwünschten Entwicklung der Kernenergie in einem Mitgliedstaat deckt (Art. 17 Abs. 1 lit. b ii EAGV).

2. Biopatentrichtlinie

37 Die Biopatentrichtlinie (RL 98/44/EG)[53] regelt in Art. 12 das Abhängigkeitsverhältnis eines Sortenschutzrechts zu einem Patent (Abs. 1) und eines Patents zu einem Sortenschutzrecht (Abs. 2).[54]

38 Ein Pflanzenzüchter kann eine nicht ausschließliche Zwangslizenz beantragen, wenn er ein Sortenschutzrecht nicht erhalten oder verwerten kann, ohne ein früher erteiltes Patent zu verletzen (Art. 12 Abs. 1 S. 1 RL 98/44/EG). Entsprechendes gilt für den Inhaber eines Patents für eine biotechnologische Erfindung, der seine Erfindung nicht verwerten kann, ohne ein früher erteiltes Sortenschutzrecht zu verletzen (Art. 12 Abs. 2 S. 1 RL 98/44/EG). Im Gegenzug ist jeweils eine angemessene Vergütung zu zahlen; zudem hat der Inhaber des Patents bzw. Sortenschutzrechts ein Anspruch auf eine gegenseitige Lizenz zu angemessenen Bedingungen (Art. 12 Abs. 1 S. 2, Abs. 2 S. 2 RL 98/44/EG). Der jeweilige Antragsteller hat sich zuvor um eine vertragliche Lizenz zu bemühen (vgl. Art. 12 Abs. 3 lit. a RL 98/44/EG). In Umsetzung der Biopatentrichtlinie wurde § 24 Abs. 2 PatG im Jahr 2005 neu gefasst und § 24 Abs. 3 PatG eingeführt.[55]

51 *Koikkara* (o. Fn. 11), 79 f.

52 *Koikkara* (o. Fn. 11), 79 f.

53 Richtlinie 98/44/EG des Europäischen Parlaments und des Rates v. 6.7.1998, ABl. L 213, 13.

54 Das Sortenschutzgesetz sieht in §§ 12, 12a der Zwangslizenz vergleichbare Eingriffsbefugnisse vor.

55 Gesetz zur Umsetzung der Richtlinie über den rechtlichen Schutz biotechnologischer Erfindungen v. 21.1.2005, BGBl. 2005 I, 146.

3. Verordnung über Ausfuhr-Zwangslizenzen

Infolge der zwischen 2001 und 2005 eingeleiteten Ergänzung des TRIPS-Abkommens[56] erging auf EU-Ebene am 17.5.2006 die VO 816/2006 betreffend Zwangslizenzen zum Zwecke der Ausfuhr in Länder mit Problemen im Bereich der öffentlichen Gesundheit.[57] Die VO 816/2006 ermöglicht den Mitgliedstaaten die Vergabe von Zwangslizenzen für die Herstellung und den Vertrieb pharmazeutischer Erzeugnisse, die in Drittländer ausgeführt werden sollen, die über keine oder unzureichende Fertigungskapazitäten im Arzneimittelsektor verfügen und diese Medikamente benötigen (vgl. Art. 1 VO 816/2006). Insofern kann sie auch für die pandemiebezogene Arzneimittelproduktion relevant werden.[58] Bislang ist sie, soweit ersichtlich, noch nicht angewendet worden.[59] 39

Bei den in Art. 4 VO 816/2006 bestimmten anspruchsberechtigten Einfuhrländern handelt es sich um die am wenigsten entwickelten Länder, die als solche im Verzeichnis der Vereinten Nationen aufgeführt sind. Hinzu kommen WTO-Mitglieder und Nicht-WTO-Mitglieder mit einem Pro-Kopf-BIP unter 745 US-Dollar, die jeweils ihre Absicht angezeigt haben, das Zwangslizenzsystem als Einführer zu nutzen. Der Antragsteller muss sich gem. Art. 9 Abs. 1 VO 816/2006 erfolglos darum bemüht haben, die Zustimmung des Rechteinhabers zu einer Lizenzerteilung zu erlangen, außer im Fall eines nationalen Notstands oder sonstigen Umständen äußerster Dringlichkeit (Art. 9 Abs. 2 VO 816/2006). Dem Rechteinhaber ist eine angemessene Entschädigung zu zahlen, die anhand des wirtschaftlichen Wertes des Benutzungsrechts für das einführende Land und der humanitären oder nichtkommerziellen Umstände festgesetzt wird und im Falle eines nationalen Notstands, sonstiger äußerster Dringlichkeit oder einer nichtkommerziellen öffentlichen Nutzung im Sinne von Art. 31 lit. b TRIPS maximal 4 % des von dem einführenden Land zu zahlenden Gesamtpreises betragen darf (vgl. Art. 10 Abs. 9 VO 816/2006). 40

III. Nationales Recht: Die Zwangslizenz nach § 24 PatG

Nach § 24 PatG kann im Einzelfall die nicht ausschließliche Befugnis zur gewerblichen Benutzung einer Erfindung (legaldefiniert als Zwangslizenz) erteilt werden. § 24 PatG gilt für deutsche Patente, europäische Patente nach dem EPÜmit Wirkung für Deutschland (Art. 2 Abs. 2, 74 EPÜ), ergänzende Schutzzertifikate (§ 16a Abs. 2 PatG) und Gebrauchsmuster (§ 20 GebrMG). 41

56 Siehe oben Kap. 2 B. I. 3.

57 Verordnung (EG) Nr. 816/2006 des Europäischen Parlaments und des Rates über Zwangslizenzen für Patente an der Herstellung von pharmazeutischen Erzeugnissen für die Ausfuhr in Länder mit Problemen im Bereich der öffentlichen Gesundheit, ABl. L 157, 1.

58 *Stierle*, JZ 2021, 71 (76).

59 *Haedicke*, in: Haedicke/Timmann, Hdb. PatR, 2. Aufl. (2020), § 1 Rn. 102.

42 Die Zwangslizenz nach § 24 Abs. 1 PatG setzt voraus, dass sich der Lizenzsucher binnen eines angemessenen Zeitraums erfolglos um die Zustimmung des Patentinhabers zur Benutzung der Erfindung zu angemessenen geschäftsüblichen Bedingungen bemüht hat (Nr. 1) und das öffentliche Interesse die Erteilung einer Zwangslizenz gebietet (Nr. 2). Unabhängig vom Kriterium des öffentlichen Interesses besteht gem. § 24 Abs. 2 PatG die Möglichkeit, eine Zwangslizenz für die Verwertung einer Erfindung zu erlangen, die nicht ohne Benutzung eines älteren Patents möglich ist, das jüngere Patent von diesem also abhängt und die abhängige Erfindung im Vergleich zum älteren Patent einen wichtigen, wirtschaftlich bedeutsamen technischen Fortschritt aufweist. Entsprechend dazu kann nach § 24 Abs. 3 PatG ein Pflanzenzüchter eine Zwangslizenz an einem Patent erlangen, wenn er ein Sortenschutzrecht nicht erhalten oder verwerten kann, ohne das Patent zu verletzen. Für Erfindungen auf dem Gebiet der Halbleitertechnologie darf gem. § 24 Abs. 4 PatG eine Zwangslizenz nach Abs. 1 nur erteilt werden, wenn dies zur Behebung einer gerichtlich festgestellten wettbewerbswidrigen Praxis des Patentinhabers erforderlich ist. Nach § 24 Abs. 5 S. 1 PatG können Zwangslizenzen unter den Voraussetzungen des Abs. 1 erteilt werden, um eine ausreichende Versorgung des Inlandsmarktes mit patentgemäßen Erzeugnissen sicherzustellen, wenn der Patentinhaber die Erfindung nicht oder nicht überwiegend im Inland ausübt.[60] Aus anderen als den in § 24 PatG aufgeführten Gründen kann eine Zwangslizenz nicht erteilt werden.[61]

C. Weitere Einschränkungen des Ausschließlichkeitsrechts

43 Neben der Zwangslizenz existieren weitere Instrumente, die in Notsituationen zur Beschränkung des Ausschließlichkeitsrechts im Interesse der Allgemeinheit herangezogen werden können.

I. Handlungen zu Versuchszwecken

44 § 11 Nr. 2 PatG erlaubt Handlungen zu Versuchszwecken, die den patentierten Gegenstand als solchen näher erforschen und sich auf die patentierte Erfindung beziehen.[62] Diesem sog. Versuchsprivileg unterfallen dagegen keine Versuche, bei denen die patentierte Erfindung als Forschungsmittel zur Gewinnung von Erkenntnissen über einen anderen Gegenstand eingesetzt wird.[63]

60 Näher zum Tatbestand des § 24 PatG siehe unten Kap. 4 A.
61 *Kober-Dehm*, in: Benkard, PatG, 12. Aufl. (2023), § 24 Rn. 3.
62 *Mes* (o. Fn. 40), § 11 Rn. 6; *Scharen*, in: Benkard, PatG, 12. Aufl. (2023), § 11 Rn. 7. Näher zu diesem Kriterium BGH GRUR 1996, 109 (113) – Klinische Versuche I.
63 *Haedicke* (o. Fn. 25), Kap. 7 Rn. 32.

§ 11 Nr. 2 PatG räumt forschenden Pharma- und Biotech-Unternehmen in einer gesundheitlichen Notlage den notwendigen Freiraum ein, auf der Grundlage des bisherigen Forschungsstandes angepasste Arzneimittel zu entwickeln. In dringlichen Notfällen kann es anstatt der langwierigen Entwicklung neuer Wirkstoffe von Vorteil sein, bereits bekannte Wirkstoffe zu anderen Behandlungszwecken einzusetzen. Auf Basis bereits erforschter Wirkstoffe können durch klinische Studien weitere medizinische Indikationen zur Behandlung anderer (neuartiger) Krankheiten entdeckt werden. 45

II. Marktzulassungsprivileg

Das Versuchsprivileg wird durch das sog. Marktzulassungsprivileg in § 11 Nr. 2b PatG ergänzt. Demgemäß erstreckt sich die Wirkung des Patents nicht auf Studien und Versuche und die sich daraus ergebenden praktischen Anforderungen, die der Erlangung einer arzneimittelrechtlichen Genehmigung oder Zulassung dienen. Bereits vor Ablauf des Patentschutzes an einem Arzneimittel erhalten Generikahersteller so die Möglichkeit, die arzneimittelrechtliche Zulassung ihrer Produkte vorzubereiten.[64] § 11 Nr. 2b PatG reicht über § 11 Nr. 2 PatG hinaus, da keine Einschränkung besteht, dass sich die Studien und Versuche auf den Gegenstand der Erfindung beziehen müssten.[65] 46

Im Falle einer Pandemie könnte das Marktzulassungsprivileg die Entwicklung und Zulassung neuer krisenrelevanter Arzneimittel erleichtern, wenngleich deren Vermarktung ausgeschlossen bliebe und nicht von § 11 Nr. 2b PatG (auch nicht von § 11 Nr. 2 PatG) umfasst wird.[66] Denkbar wären klinische Studien an bereits vorhandenen Wirkstoffen, in denen bereits existierende, zum Teil für andere Krankheiten zugelassene Medikamente auf ihre Wirksamkeit in der Pandemie getestet werden (sog. *Repurposing*-Verfahren).[67] 47

III. Staatliche Benutzungsanordnung

Während die Bestimmungen in § 11 PatG auf bestimmte Handlungen begrenzt sind und deshalb eine relativ geringe Eingriffsintensität aufweisen, beinhaltet § 13 PatG eine umfassende, der Zwangslizenz vergleichbare Beschränkung der Wirkung des Patents im öffentlichen Interesse. 48

64 *Bühling*, in: FS Rojahn, 2020, 141 (146).
65 *Scharen*, in: Benkard, PatG, 12. Aufl. (2023), § 11 Rn. 10.
66 *Bühling*, in: FS Rojahn, 2020, 141 (146).
67 *Stierle*, JZ 2021, 71 (75). Ein prominentes Beispiel hierfür ist die von der WHO angestoßene *Solidarity*-Studie während der COVID-19-Pandemie, dazu *Gadebusch Bondio/Marloth*, N.T.M. 2020, 219.

1. Voraussetzungen und Wirkung

49 Nach § 13 Abs. 1 S. 1 PatG kann die Bundesregierung (nicht ein einzelner Bundesminister)[68] anordnen, dass eine patentierte Erfindung im Interesse der öffentlichen Wohlfahrt benutzt werden soll. In Betracht kommen nur besonders wichtige Belange des Gemeinwohls, z.B. der Gesundheitsschutz, die Vermeidung erheblicher Umweltbeeinträchtigungen oder die Sicherung der Energie- und Wasserversorgung.[69] Die Anordnung hat zur Folge, dass die angeordnete Benutzung durch staatliche Einrichtungen oder private Unternehmen[70] der Wirkung des Patents nicht unterliegt.[71] Entsprechend dazu kann nach § 13 Abs. 1 S. 2 PatG die Benutzung einer patentierten Erfindung angeordnet werden, soweit das Interesse der Sicherheit des Bundes berührt ist.

50 Auch wenn in § 13 PatG nicht ausdrücklich erwähnt, muss die Benutzungsanordnung zur Verfolgung der genannten Interessen erforderlich[72] bzw. notwendig[73] sein. Daran fehlt es, wenn das mit der Anordnung verfolgte Ziel auch auf andere Weise, z.B. durch freiwillige Gestattung der Nutzung durch den Patentinhaber, erreicht werden kann.[74] Gegen den Bund hat der Patentinhaber einen Anspruch auf angemessene Vergütung (§ 13 Abs. 3 S. 1 PatG).

2. Praktische Relevanz

51 Die Bedeutung des § 13 PatG liegt vor allem in seiner psychologischen Wirkung zur Stärkung der Verhandlungsposition des Staates.[75] Das zeigte sich während der COVID-19-Pandemie, als das Bundesministerium für Gesundheit oder eine nachgeordnete Behörde nach § 5 Abs. 2 S. 1 Nr. 5 Infektionsschutzgesetz (IfSG)[76] dazu ermächtigt wurde, eine Benutzungsanordnung nach § 13 Abs. 1 PatG für krisen-

68 *Ensthaler*, in: BeckOK PatR, 34. Aufl. (2024), PatG, § 13 Rn. 8; *Gräwe*, in: Schulte, PatG, 12. Aufl. (2025), § 13 Rn. 8.

69 *Ann* (o. Fn. 29), § 34 Rn. 137.

70 Fraglich ist, ob Adressat der Anordnung nur staatliche Stellen oder auch Private sein können, dazu *Lunze/Rektorschek*, PharmR 2021, 629 (630 f.); *Richter*, Mitt. 2021, 1 (2); *Schmidt*, Mitt. 2022, 320 (323); *Stierle*, JZ 2021, 71 (76); *Scharen*, in: Benkard, PatG, 12. Aufl. (2023), § 13 Rn. 7.

71 *Ann* (o. Fn. 29), § 34 Rn. 137.

72 *Ensthaler*, in: BeckOK PatR, 34. Aufl. (2024), PatG, § 13 Rn. 11; *Keukenschrijver*, in: Busse/Keukenschrijver, PatG, 9. Aufl. (2020), § 13 Rn. 9.

73 *Haase*, InTer 2021, 154 (157); *Scharen*, in: Benkard, PatG, 12. Aufl. (2023), § 13 Rn. 4.

74 *Ensthaler*, in: BeckOK PatR, 34. Aufl. (2024), PatG, § 13 Rn. 11; *Scharen*, in: Benkard, PatG, 12. Aufl. (2023), § 13 Rn. 4.

75 *Gräwe*, in: Schulte, PatG, 12. Aufl. (2025), § 13 Rn. 4; *Richter*, Mitt. 2021, 1 (2). Seit 1945 ist nur ein Fall bekannt, der eine von der Vorgängerbestimmung nicht erfasste Maßnahme eines Besatzungsoffiziers beinhaltet: OLG Frankfurt BlPMZ 1949, 330.

76 Gesetz zur Verhütung und Bekämpfung von Infektionskrankheiten beim Menschen v. 20.7.2000, BGBl. 2000 I, 1045.

relevante Erfindungen wie Arzneimittel oder Impfstoffe zu erlassen, sofern der Bundestag gem. § 5 Abs. 1 S. 1 IfSG eine epidemische Lage von nationaler Tragweite feststellt.[77] Damit sollte im Krisenfall Versorgungsengpässen bei lebenswichtigen Arzneimitteln begegnet werden.[78] Rückblickend war die Versorgung mit COVID-19-Impfstoffen in Deutschland ausreichend sichergestellt und es bedurfte insofern keines staatlichen Eingriffs. Insgeheim ging es dem Staat eher darum, die psychologische Drohwirkung des § 13 PatG auszuspielen und zu signalisieren, dass er – falls notwendig – von der Benutzungsanordnung Gebrauch machen wird.[79]

3. Vergleich und Verhältnis zu § 24 PatG

§ 13 PatG und § 24 PatG ähneln einander in ihrer übergeordneten Zielsetzung 52
und grundlegenden Funktionsweise. Um innovative Technologien im Interesse des Gemeinwohls möglichst frei nutzen zu können, kann der Patentschutz jeweils kraft hoheitlicher Entscheidung im Einzelfall eingeschränkt werden. In ihrer konkreten Ausgestaltung bestehen jedoch gewisse Unterschiede. So bedarf die Benutzungsanordnung im Unterschied zu § 24 Abs. 1 Nr. 1 PatG keiner vorausgehenden Verhandlungen mit dem Patentinhaber.[80] Dagegen wird die öffentliche Wohlfahrt im Sinne des § 13 Abs. 1 PatG ganz überwiegend enger ausgelegt als das öffentliche Interesse im Sinne von § 24 Abs. 1 PatG.[81]

Auf den ersten Blick scheint die Benutzungsanordnung noch stärker als die 53
Zwangslizenz in das Recht des Patentinhabers einzugreifen, weil sie die Wirkung des Patents für die Dauer der Anordnung und im Rahmen ihres Umfangs aufhebt, während bei der Zwangslizenz eine Einschränkung nur gegenüber einem oder mehreren Lizenznehmern besteht.[82] Deshalb dürfe die Benutzungsanordnung nur als *ultima ratio* dann in Betracht kommen, wenn die Zwangslizenz als milderes Mittel nicht mehr greift.[83] Der Umfang der Benutzungsanordnung ist jedoch – ebenso wie in § 24 Abs. 6 PatG vorgeschrieben – nach den Umständen der Situation durch die Behörde inhaltlich zu begrenzen, um dem Verhältnismäßigkeitsgrundsatz zu genügen.[84] Die ermächtigte Stelle kann die

77 So geschehen am 25.3.2020, BT-PlPr. 19/154, 19169; verlängert am 8.11.2020, 4.3.2021, 11.6.2021 und 25.8.2021.

78 BT-Drs. 19/18111, 21.

79 Vgl. auch *Richter*, Mitt. 2021, 1 (2); *Stierle*, JZ 2021, 71 (75).

80 Vgl. *Bühling*, in: FS Rojahn, 2020, 141 (148 f.); *Harnisch* (o. Fn. 10), 217.

81 *Gräwe*, in: Schulte, PatG, 12. Aufl. (2025), § 13 Rn. 7; *Lenz/Kieser*, NJW 2002, 401 (402); *Mes* (o. Fn. 40), § 13 Rn. 3; *Scharen*, in: Benkard, PatG, 12. Aufl. (2023), § 13 Rn. 4.

82 So *Bühling*, in: FS Rojahn, 2020, 141 (151); *Lenz/Kieser*, NJW 2002, 401 (402); *Metzger/Zech*, GRUR 2020, 561 (565).

83 *Bühling*, in: FS Rojahn, 2020, 141 (151); *Lenz/Kieser*, NJW 2002, 401 (402); *Metzger/Zech*, GRUR 2020, 561 (565).

84 Vgl. *Bühling*, in: FS Rojahn, 2020, 141 (149); *Lunze/Rektorschek*, PharmR 2021, 629 (630).

Benutzungsanordnung einseitig und dementsprechend zügig wieder aufheben, wenn sich die Bedürfnisse der Allgemeinheit ändern.[85] Demgegenüber kann sich der Patentinhaber von einem Zwangslizenzverhältnis nur unter strengen Voraussetzungen einseitig lösen.[86]

54 Somit führt § 13 PatG im Vergleich zu § 24 PatG nicht *per se* zu einem stärkeren Eingriff in das Ausschließlichkeitsrecht des Patentinhabers. Eine daraus abgeleitete generelle Subsidiarität des § 13 PatG gegenüber § 24 PatG wäre auch in praktischer Hinsicht problematisch. Ein gerichtliches Zwangslizenzverfahren würde trotz der Möglichkeit des einstweiligen Rechtsschutzes länger dauern als eine behördliche Anordnung.[87] Vielmehr sollte je nach den konkreten Umständen flexibel reagiert werden können. Richtig bleibt freilich die Maßgabe, dass vor dem Erlass einer Benutzungsanordnung vorrangig andere Maßnahmen, einschließlich weniger umfassendere Zwangslizenzen oder vertragliche Lösungen, zu prüfen sind.[88]

IV. Beschränkung des Unterlassungsanspruchs

55 Ein im Vergleich zu § 13 und § 24 PatG weniger einschneidendes Mittel zur Einschränkung des Ausschließlichkeitsrechts liegt in der Beschränkung des Unterlassungsanspruchs.

1. Berücksichtigung von Drittinteressen über den Unverhältnismäßigkeitseinwand

56 Der Patentinhaber kann einen Eingriff in das Ausschließlichkeitsrecht durch widerrechtliche Nutzung der patentierten Erfindung grundsätzlich durch den Unterlassungsanspruch nach § 139 Abs. 1 PatG für die Zukunft unterbinden. Besonders in Krisenzeiten wird aber die Forderung nach Einschränkungen des Unterlassungsanspruchs laut, da die Gefahr unbeabsichtigter Patentverletzungen steigt, wenn Unternehmen in fremden Industriesektoren tätig sind und unter Zeitdruck dringend benötigte Produkte zugunsten der Allgemeinheit herstellen.[89]

85 *Scharen*, in: Benkard, PatG, 12. Aufl. (2023), § 13 Rn. 8.

86 Selbst wenn der Zwangslizenznehmer die Vergütung nicht zahlt, wird dem Patentinhaber die Möglichkeit abgesprochen, sich einseitig vom Vertrag zu lösen, näher dazu unten Kap. 4 A. III. 4.

87 *Stierle*, JZ 2021, 71 (76).

88 So etwa *Stierle*, JZ 2021, 71 (75).

89 Vgl. *Stierle*, JZ 2021, 71 (77 f.). Zur allgemeinen Diskussion über die Einschränkbarkeit des »quasi-automatischen« Unterlassungsanspruchs siehe *Ohly*, GRUR Int. 2008, 787; *Osterrieth*, GRUR 2009, 540; *Sonnenberg*, Die Einschränkbarkeit des patentrechtlichen Unterlassungsanspruchs im Einzelfall, 2014; *Stierle*, GRUR 2019, 873.

Über den Einwand der Unverhältnismäßigkeit (§ 139 Abs. 1 S. 3 PatG)[90] kann neuerdings im Falle einer unverhältnismäßigen, nach Treu und Glauben nicht gerechtfertigten Härte für den Verletzer oder für Dritte der Unterlassungsanspruch (zeitweise) ausgeschlossen werden. Als »Dritte« kommen einzelne Personen, Personengruppen oder die Allgemeinheit in Betracht.[91] Eine ungerechtfertigte Härte für Dritte kommt nur dann in Betracht, wenn deren Grundrechte beeinträchtigt sind und diese Beeinträchtigung eine solche Härte darstellt, die ausnahmsweise die Interessen des Patentinhabers zurücktreten lässt.[92] 57

2. Verhältnis zu § 24 PatG

Mit der Berücksichtigungsfähigkeit von Drittinteressen im Rahmen des § 139 Abs. 1 S. 3 PatG gewinnt die Einschränkung des Unterlassungsanspruchs als ein Mittel zur Reaktion auf Notfälle an Bedeutung und reiht sich in das bisherige Kriseninstrumentarium ein. Eine besondere Nähe besteht augenscheinlich zu § 24 PatG und dessen Rekurs auf das öffentliche Interesse. In bestimmten Konstellationen können sowohl die Geltendmachung des Unverhältnismäßigkeitseinwands als auch die Erteilung einer Zwangslizenz in Betracht kommen.[93] Man denke insoweit an Fälle, in denen die Versorgung von Patienten mit lebenswichtigen Arzneimitteln nicht mehr gewährleistet zu sein droht oder in denen wichtige Infrastrukturen erheblich beeinträchtigt werden.[94] In solchen Fällen stellt sich die Frage nach dem Verhältnis zwischen der Zwangslizenz und dem Unverhältnismäßigkeitseinwand. 58

a) Subsidiarität des Unverhältnismäßigkeitseinwands

Bereits vor Einführung des Unverhältnismäßigkeitseinwands lehnte die Rechtsprechung die Berücksichtigung von Drittinteressen zur Einschränkung des Unterlassungsanspruchs ab.[95] Mit der Berücksichtigung von Drittinteressen würde 59

90 Eingeführt durch das Zweite Gesetz zur Vereinfachung und Modernisierung des Patentrechts v. 10.8.2021, BGBl. I, 3490.

91 *Ohly/Stierle*, GRUR 2021, 1229 (1232); ähnlich *Plagge*, GRUR-Prax 2022, 599 (600); restriktiver *McGuire*, GRUR 2021, 775 (781 f.); *Voß*, in: Schulte, PatG, 12. Aufl. (2025), § 139 Rn. 80.

92 Bloße Nachteile für Dritte reichen dagegen nicht aus, sondern stellen eine regelmäßige, grundsätzlich hinzunehmende Folge der Unterlassungsverfügung dar, BT-Drs. 19/25821, 55.

93 *Grabinski/Zülch/Tochtermann*, in: Benkard, PatG, 12. Aufl. (2023), § 139 Rn. 32k.

94 Vgl. *Grabinski/Zülch/Tochtermann*, in: Benkard, PatG, 12. Aufl. (2023), § 139 Rn. 32k.

95 LG Düsseldorf GRUR-RS 2017, 104657 Rn. 131 ff. – Herzklappen; LG Mannheim, Urt. v. 18.1.2011 – 2 O 75/10, zit. nach *Werner*, in: Busse/Keukenschrijver, PatG, 9. Aufl. (2020), § 139 Rn. 92; zustimmend *Grabinski*, GRUR 2021, 200 (202 f.); *ders./Zülch/Tochtermann*, in: Benkard, PatG, 12. Aufl. (2023), § 139 Rn. 32c; *Kessler*, Mitt. 2020, 108 (111 f.); ablehnend *Stierle*, GRUR 2019, 873 (879); *ders.*, GRUR 2020, 262 (266).

§ 24 Abs. 1 PatG unterlaufen.[96] Nach Kodifizierung des Unverhältnismäßigkeitseinwands ging das LG Düsseldorf weiterhin von einer Subsidiarität des § 139 Abs. 1 S. 3 PatG gegenüber dem Zwangslizenzverfahren aus.[97] Eine Berücksichtigung von Drittinteressen im Rahmen des Unterlassungsanspruchs komme nur im äußersten Einzelfall und allenfalls subsidiär nach Durchführung eines Zwangslizenzverfahrens in Betracht.[98] § 139 Abs. 1 S. 3 PatG dürfe nicht dazu führen, dass § 24 PatG und die Zuständigkeit des BPatG unterlaufen werden und an sich unzuständige und technisch nicht fachkundig besetzte Verletzungsgerichte inzident die Voraussetzungen der Zwangslizenz zu prüfen hätten, was tiefgehende technische und ggf. pharmakologische Fragestellungen betreffe.[99]

b) Kein Subsidiaritätsverhältnis

60 Demgegenüber lehnen weite Teile der Literatur ein striktes Subsidiaritätsverhältnis zwischen Zwangslizenzverfahren und Unverhältnismäßigkeitseinwand ab.[100] Beide Konzepte seien bereits auf völlig unterschiedlichen Ebenen verankert: die Zwangslizenz auf Ebene der Verletzungsprüfung, der Verhältnismäßigkeitsvorbehalt auf Ebene der Rechtsdurchsetzung.[101] Auch in ihrer Wirkung unterscheiden sich Zwangslizenz und Unverhältnismäßigkeitseinwand dadurch, dass die Zwangslizenz ein volles Benutzungsrecht gewähre und jegliche Benutzungshandlungen unter Ausschluss aller Verletzungsansprüche rechtfertige.[102] Der Unverhältnismäßigkeitseinwand hingegen schließe die Durchsetzung des Anspruchs in Einzelfällen nur temporär aus; der Beklagte bleibe Verletzer und könne weiterhin zur Zahlung von Schadensersatz verurteilt werden.[103]

c) Differenzierender Ansatz

61 *Kühnen* differenziert und sieht die Gefahr widersprüchlicher Ergebnisse darin, dass dem im Zwangslizenzverfahren obsiegenden Patentinhaber über allgemeine Verhältnismäßigkeitserwägungen eine inhaltlich gleiche faktische Benutzungsgestattung durch Aberkennung seines Unterlassungsanspruchs abverlangt

96 LG Düsseldorf GRUR-RS 2017, 104657 Rn. 131 ff. – Herzklappen.
97 LG Düsseldorf GRUR 2022, 1665 Rn. 42 ff. – Sofosbuvir; zustimmend LG München I GRUR-RS 2023, 29781 Rn. 110 – Nachweis von Analyten.
98 LG Düsseldorf GRUR 2022, 1665 Rn. 42 – Sofosbuvir.
99 LG Düsseldorf GRUR 2022, 1665 Rn. 45 – Sofosbuvir.
100 *Nieder/Kabisch*, Mitt. 2024, 188 (188); *Ohly/Stierle*, GRUR 2021, 1229 (1232); *Osterrieth*, GRUR 2018, 985 (988); *Plagge*, Der patentrechtliche Unterlassungsanspruch, 2022, 463, 505; *Schnetzer*, Mitt. 2023, 102 (103 ff.); *Stief*, PharmR 2024, 685 (687); *ders.*, PharmR 2023, 61 (64 f.); *Stierle/Hofmann*, GRUR Int. 2022, 1123 (1133 ff.); *Voß*, in: Schulte, PatG, 12. Aufl. (2025), § 139 Rn. 81.
101 *Stierle*, GRUR 2020, 262 (266).
102 *Plagge* (o. Fn. 100), 463, 505; vgl. BT-Drs. 19/25821, 55.
103 *Ohly*, SIPLR 2022, 58 (62); *Plagge* (o. Fn. 100), 463.

wird.[104] Bei der Unverhältnismäßigkeit aufgrund entgegenstehender Drittinteressen könne es im Fall eines erfolglosen Zwangslizenzverfahrens nur darum gehen, weniger einschneidend in die Rechte des Verletzten einzugreifen, um z.B. eine behutsame Umstellung von Patienten zu ermöglichen.[105] Gestützt auf den Unverhältnismäßigkeitseinwand komme deshalb wegen solcher Umstände, die Gegenstand des Zwangslizenzverfahrens sind, keine dauerhafte, sondern allenfalls eine vorübergehende Versagung des Unterlassungsanspruchs in Betracht.[106]

d) Stellungnahme

Die erschwerte Geltendmachung grundrechtlich geschützter Drittinteressen 62
durch die Hürde eines vorrangig durchzuführenden Zwangslizenzverfahrens widerspricht dem Zweck der Neuregelung, Drittinteressen nunmehr im Rahmen der Verhältnismäßigkeitsprüfung zu berücksichtigen.[107] Dieser Normzweck hat über § 139 Abs. 1 S. 3 PatG ausdrücklich Eingang in die Prüfung des Unterlassungsanspruchs gefunden. Der Gesetzgeber entschied sich im Wege der Neuregelung gegen ein Subsidiaritätsverhältnis und sieht Zwangslizenz und Unverhältnismäßigkeitseinwand als zwei »unterschiedliche Rechtsinstitute«[108] an.

Gute Gründe sprechen für einen differenzierenden Ansatz. Wertungswider- 63
sprüche würden weitestgehend vermieden und der Normzweck (die Berücksichtigung von Drittinteressen) würde beachtet. Diesem Normzweck, der in aller Deutlichkeit vom Gesetzgeber hervorgehoben wurde,[109] sollte jedoch vollumfänglich Geltung verschafft werden. Es drohten seinerseits Wertungswidersprüche, würde man in einem Fall derart gravierend betroffener Drittinteressen, die eine dauerhafte Anspruchsversagung rechtfertigen, von einer dauerhaften Versagung des Unterlassungsanspruchs mit Verweis auf das nicht durchgeführte Zwangslizenzverfahren absehen, obwohl eigentlich aufgrund der Stärke der Betroffenheit der (öffentlichen) Interessen sogar die strengeren Voraussetzungen des § 24 PatG erfüllt sein dürften.

104 *Kühnen*, Hdb. Patentverletzung, 16. Aufl. (2024), Kap. D Rn. 639.
105 *Kühnen* (o. Fn. 104), Kap. D Rn. 640.
106 *Kühnen* (o. Fn. 104), Kap. D Rn. 640. Insoweit ist es missverständlich, wenn das LG Düsseldorf (GRUR 2022, 1665 Rn. 44 – Sofosbuvir) ausführt, dass »in der Literatur […] die Ansicht vertreten [wird], dass die Durchführung eines Zwangslizenzverfahrens erforderlich ist, bevor entgegenstehende Drittinteressen in (sic) Rahmen der Verhältnismäßigkeitsprüfung geprüft werden« und dabei ausdrücklich auf *Kühnen* verweist; so auch *Schnetzer*, Mitt. 2023, 102 (105 f.); *Stief*, PharmR 2023, 61 (64) Fn. 52.
107 So auch *Stief*, PharmR 2023, 61 (64).
108 BT-Drs. 19/25821, 55.
109 Die Bedeutung dieses Normzwecks wird durch den Gesetzgeber mit der Aufnahme von Drittinteressen in den Wortlaut der Begründung unterstrichen, siehe BT-Drs. 19/25821, 54; vgl. auch *Schnetzer*, Mitt. 2023, 102 (104).

64 Konsequenter wäre es nach alledem, ein Subsidiaritätsverhältnis generell abzulehnen und die beiden Instrumente nebeneinander auf ihre jeweilige Art und Weise wirken zu lassen. Nicht zuletzt ginge damit ein Stück weit mehr Rechtssicherheit einher. Die durch die Reform ohnehin schon einzelfallbezogener und flexibler gewordene Prüfung des Unterlassungsanspruchs würde durch eine Subsidiaritätsprüfung nicht noch weiter ausgedehnt. Dieses Verständnis zweier unabhängig nebeneinanderstehender Instrumente wird der weiteren Untersuchung der – insoweit eigenständigen – Zwangslizenz zugrunde gelegt.

Kapitel 3 Ökonomische Grundlagen

65 Um die volkswirtschaftlichen Auswirkungen von Zwangslizenzen im weiteren Verlauf dieser Arbeit analysieren zu können,[110] bedarf es einer kurzen Einordnung der grundlegenden ökonomischen Bedeutung des Patentschutzes sowie der damit zusammenhängenden Spannungen (A.). Danach sind die gesamtwirtschaftlichen Zusammenhänge zwischen Patentschutz, Innovation und Wirtschaftswachstum herauszuarbeiten (B.). Abschließend werden diese grundlegenden Überlegungen auf den Spezialfall einer Krise oder Notsituation übertragen (C.).

A. Die Rolle des Patentschutzes in einer Innovationsökonomie

66 Der rechtliche Schutz von Erfindungen dient in einer auf technischen Fortschritt basierenden Marktwirtschaft in erster Linie als Anreiz, neue technische Lösungen hervorzubringen. Mit dem ausschließlichen Recht zur Verwertung der Erfindung schränkt der Patentschutz gleichzeitig die freie Verfügbarkeit von Innovationen ein.

I. Öffentliche Güter und Versagen auf Informationsmärkten

67 Öffentliche Güter werden durch die beiden Charakteristika der Nicht-Rivalität und der Nicht-Exklusivität definiert.[111] Zu einem gewissen Grad weisen auch Immaterialgüter im Gegensatz zu physischen Gütern diese Charakteristika auf: Erstens schließt die Nutzung durch eine Person die Nutzung desselben Immaterialgutes durch eine andere Person für gewöhnlich nicht aus (Nicht-Rivalität im Konsum) und zweitens ist es für die Eigentümer von Immaterialgütern schwierig oder gar unmöglich, andere Personen vom Konsum des Immaterialgutes auszuschließen (Nicht-Exklusivität).[112]

110 Siehe unten Kap. 5.

111 *Gordon*, Col. L. Rev. 1982, 1600 (1611); *Kieff*, Minn. L. Rev. 2001, 697 (727); *Wielsch*, Zugangsregeln, 2008, 13.

112 *Gordon*, in: Ökonomische Analyse der rechtlichen Organisation von Innovation, 1994, 328 (329 f.); *Maskus*, Intellectual Property Rights in the Global Economy, 2000, 28 f.; *Wielsch* (o. Fn. 111), 13. Zum Teil werden Erfindungen (so *Tönnies*, GRUR 2013, 796 (796)) bzw. das dahinter stehende Wissen (so *Kaufer*, Patente, Wettbewerb und technischer Fortschritt, 1970, 11; *Pretnar*, GRUR Int. 2004, 776 (777); *Scotchmer*, Innovation and incentives, 2005, 31) auch als öffentliche Güter

68 Diese Charakteristika führen zu einem angebotsseitigen Versagen auf Informationsmärkten. Das Grundproblem besteht darin, dass Erfindungen mit den soeben beschriebenen Eigenschaften in unzureichendem Maße bereitgestellt werden, weil der Aufwand für die Erfindung nicht wiedererlangt werden kann, wenn die aus der Erfindung resultierende Information allgemein verfügbar ist.[113] Die ursprünglichen Kosten zur Schaffung der Erfindung sind versunkene Fixkosten, die in den Grenzkosten der Güterproduktion für jede weitere produzierte Einheit – den Imitationskosten für andere, nachahmende Unternehmen – nicht mehr enthalten sind.[114] Ohne entsprechenden rechtlichen Schutz könnten Dritte die Informationen so zu geringen oder gar keinen Kosten reproduzieren und verwenden.[115] Diese Möglichkeit des sog. Trittbrettfahrens (»*free-riding*«) würde zu einem fehlenden Anreiz zu Investitionen in die Produktion immaterieller Güter und zu einer gesamtwirtschaftlich nachteiligen Unterproduktion der betreffenden Güter führen.[116]

II. Ökonomische Funktionen und Bedeutung des Patentschutzes

69 Das Patentrecht verhindert dieses »*free-riding*«-Problem durch die Verleihung von Patenten in Form von *property rights* und fördert auf diese Weise Investitionen in Forschung und Entwicklung (F&E).[117] *Property rights* beinhalten das Recht, andere von der Nutzung eines Gutes auszuschließen und es auf andere zu übertragen.[118] Das patentrechtliche Ausschließlichkeitsrecht schützt als *property right* eine Erfindung für einen gewissen Zeitraum vor der Imitation durch Konkurrenten.[119] Der Patentinhaber erhält so einen Anreiz, Investitionen zu tätigen, ohne befürchten zu müssen, dass sich Wettbewerber die Früchte seiner Investi-

qualifiziert. Wie hier *Falvey/Foster/Greenaway*, Rev. Dev. Econ. 2006, 700 (701); *Landes/Posner*, The Economic Structure of Intellectual Property Law, 2003, 14; *Ohlhausen*, Harv. J. L. & Tech. 2016, 103 (147).

113 *Dam*, in: Ökonomische Analyse der rechtlichen Organisation von Innovation, 1994, 283 (283); *Lamping*, Patentschutz und Marktmacht, 2010, 43 ff.; *Landes/Posner* (o. Fn. 112), 294; *Lemley*, U. Chi. L. Rev. 2004, 129 (129).

114 *Lamping* (o. Fn. 113), 44 f.

115 *Arrow*, in: The Rate and Direction of Inventive Activity, 1962, 609 (615); *Kaufer* (o. Fn. 112), 11; *Pretnar*, GRUR Int. 2004, 776 (780).

116 *Landes/Posner* (o. Fn. 112), 11; *Wielsch* (o. Fn. 111), 14.

117 *Dam*, in: Ökonomische Analyse der rechtlichen Organisation von Innovation, 1994, 283 (283 f.); *Ohlhausen*, Harv. J. L. & Tech. 2016, 103 (147). Kritisch zu dieser Argumentation *Lemley*, U. Chi. L. Rev. 2004, 129 (142 ff.).

118 *Landes/Posner* (o. Fn. 112), 12; grundlegend zu *property rights Calabresi/Melamed*, Harv. L. Rev. 1972, 1089.

119 *Burr/Stephan/Soppe/Weisheit*, Patentmanagement, 2007, 38.

tionen aneignen.[120] Diese Anreizfunktion des Patentrechts soll gesamtwirtschaftlich dazu beitragen, dass Unternehmen in die Hervorbringung neuer Technologien investieren und damit die volkswirtschaftlichen Innovationsaktivitäten langfristig erhöhen.[121]

Neben dieser Anreizfunktion tragen Patente zum volkswirtschaftlichen Nutzen auch insoweit bei, als mit der Patenterteilung und dem Verkauf der Produkte die Offenlegung der Erfindung einhergeht, was Grundlage für neue Erfindungen sein kann (Offenlegungs- oder Informationsfunktion).[122] Durch die Veröffentlichung der Erfindung können andere Marktteilnehmer neue technische Informationen erschließen und so die gesamtwirtschaftliche Diffusion von Wissen und neuen Technologien zum Wohle der Allgemeinheit vorantreiben.[123] Des Weiteren können mehrere Parteien durch den Patentschutz miteinander kommunizieren, um eine patentierte Erfindung gemeinsam weiterzuentwickeln oder ohne Furcht vor sofortiger Imitation die Erfindung zu offenbaren und Transaktionen zu verabreden (Kommunikations- oder Transaktionsfunktion).[124] Letzteres hängt eng mit der Kommerzialisierungsfunktion (auch: Kommodifizierungsfunktion)[125] zusammen, wonach nicht schon die rein gedankliche Idee (Invention), sondern erst die spürbare wirtschaftliche Umsetzung – die Kommerzialisierung – der Erfindung (Innovation) durch das Patentrecht bezweckt und incentiviert wird.[126] Insoweit erfüllt das Patentrecht durch die marktbasierte Zuordnung subjektiver Rechte als handelbare Wirtschaftsgüter die Funktion einer marktwirtschaftlichen Koordination zum Zwecke der sozial wünschenswerten wirtschaftlichen Verwertung von Innovationen.[127] 70

120 *Kitch*, J. L. & Econ. 1977, 265 (276) der insofern von »*patent prospects*« spricht; vgl. *Engel*, in: Geistiges Eigentum und Innovation, 2008, 43 (48 ff.) unter spieltheoretischer Modellierung; *Landes/Posner* (o. Fn. 112), 13 f.

121 *Burr/Stephan/Soppe/Weisheit* (o. Fn. 119), 38; vgl. zur Anreizfunktion etwa *Haedicke*, GRUR 2010, 94 (96); *Kaufer* (o. Fn. 112), 110 ff.; *Stierle*, JZ 2021, 71 (72); grundlegend *Machlup/Penrose*, J. Econ. Hist. 1950, 1 (10, 21 ff.).

122 *Karres* (o. Fn. 10), 74; dazu auch *Beier*, GRUR 1977, 282 (284 ff.); *Dam*, in: Ökonomische Analyse der rechtlichen Organisation von Innovation, 1994, 283 (308); *Kaufer* (o. Fn. 112), 121 f.; grundlegend *Rich*, J. Pat. Off. Soc'y 1942, 159 (177); kritisch *Lemley*, Mich. L. Rev. 2012, 709 (745 ff.); *Machlup/Penrose*, J. Econ. Hist. 1950, 1 (26 ff.).

123 Vgl. *Burr/Stephan/Soppe/Weisheit* (o. Fn. 119), 39; *Mazzoleni/Nelson*, Res. Pol. 1998, 273 (278).

124 *Harhoff*, in: Geistiges Eigentum und Innovation, 2008, 73 (75); vgl. *Lamping* (o. Fn. 113), 112; grundlegend *Arrow*, in: The Rate and Direction of Inventive Activity, 1962, 609 (614 ff.).

125 So *Lamping* (o. Fn. 113), 109 ff.

126 Ausführlich *Lemley*, Mich. L. Rev. 2012, 709 (738 ff.); *Stierle*, Das nicht-praktizierte Patent, 2018, 215 ff.; grundlegend *Kieff*, Minn. L. Rev. 2001, 697; *Rich*, J. Pat. Off. Soc'y 1942, 159 (177 ff.).

127 Vgl. *Haedicke* (o. Fn. 25), Kap. 1 Rn. 22; *Kieff*, in: Patent Law and Theory, 2008, 3 (3 ff.).

71 Diese maßgeblichen ökonomischen Funktionen des Patentrechts lassen sich im Einzelnen (auch begrifflich) nur schwer trennscharf voneinander abgrenzen.[128] Jedenfalls lässt sich – wie im weiteren Verlauf dieses Kapitels noch deutlicher wird – an dieser Stelle bereits festhalten, dass die ökonomischen Funktionen in ihrer Gesamtschau dem Patentsystem eine unverzichtbare Bedeutung für eine wachsende, innovationsbasierte Marktwirtschaft verleihen.[129] Dies gilt es bei der Diskussion um Einschränkungen des Patentschutzes im Blick zu behalten.

III. Grundlegende ökonomische Kritik am Patentschutz

72 Trotz der wichtigen ökonomischen Funktionen des Patentschutzes gehen mit der Verleihung von *property rights* ökonomische Folgeprobleme einher, die sich zum Teil in der später anzustellenden ökonomischen Analyse von Zwangslizenzen widerspiegeln.

1. Wohlfahrtsverlust durch *property rights* – dynamische Effizienz vs. statische Ineffizienz

73 *Property rights* schränken die Verbreitung vorhandenen Wissens zulasten der gesamtwirtschaftlichen Wohlfahrt ein. Indem ein Patentinhaber andere von der Erfindung ausschließen kann, wird der Nachahmungswettbewerb eingeschränkt, was eine geringere Güterproduktion mit höheren Preisen und aus gesamtwirtschaftlicher Sicht einen Wohlfahrtsverlust verursacht.[130] Die Grenzkosten der Produktion für jede nachfolgende Nutzung der Erfindung sind sehr niedrig und gehen oftmals gegen Null.[131] Nach dem Prinzip der optimalen Allokation mit Gleichheit von Preis und Grenzkosten wären Erfindungen für sich genommen freie Güter und ohne Beschränkung unentgeltlich zu verteilen.[132] Eine effiziente Allokation des vorhandenen Informationsbestands würde einen solchen freien

128 Zu erwähnen sind noch die der Anreizfunktion ähnelnde *Prospect Theory* nach *Kitch*, J. L. & Econ. 1977, 265 (275 ff.) sowie die *Invent Around Theory* (dazu *Stierle* (o. Fn. 126), 233 f.) und die *Theorie des Patentrennens* (dazu *Lemley*, Mich. L. Rev. 2012, 709 (749 ff.)), die der *Kommerzialisierungstheorie* nahe stehen und daran anknüpfend auch die Anreize von Wettbewerbern des Patentinhabers in den Blick nehmen.

129 Ähnlich *Plagge* (o. Fn. 100), 119 f.; *Stierle* (o. Fn. 126), 239.

130 *Dam*, in: Ökonomische Analyse der rechtlichen Organisation von Innovation, 1994, 283 (284); *Schäfer/Ott*, Lehrbuch der ökonomischen Analyse des Zivilrechts, 6. Aufl. (2020), 746.

131 Erst das Ausschließlichkeitsrecht verleiht dem Patentinhaber die Möglichkeit, über den Grenzkosten liegende Preise zu verlangen, *Kieff*, Minn. L. Rev. 2001, 697 (728).

132 *Kaufer* (o. Fn. 112), 11; *Lamping* (o. Fn. 113), 63.

Zugang nahelegen, damit die Informationsgüter von möglichst verschiedenen Nutzern auf unterschiedliche Art genutzt werden können.[133]

Andererseits schaffen Patente durch die Möglichkeit, Kostenvorteile und Gewinne aus einer Erfindung zu erzielen, einen unverzichtbaren Anreiz für wohlfahrtssteigernde Innovationen und Investitionen.[134] Somit entsteht durch den Patentschutz ein Zielkonflikt zwischen der Anreizwirkung zur Erzielung von mehr Innovationen über die Zeit (dynamische Effizienz) und dafür in Kauf genommener temporärer Einschränkung der Nutzbarkeit innovativer Lösungen durch Dritte (statische Ineffizienz).[135] Das Patentrecht selbst sieht rechtsbeschränkende Mechanismen wie die Zwangslizenz vor, die statischen Ineffizienzen entgegenwirken und einen angemessenen Ausgleich zwischen Anreizen zur Generierung neuen Wissens und dessen Nutzung durch die Allgemeinheit schaffen.[136] 74

2. Rent seeking

Ein *property right* in Form eines Patents verschafft dem Patentinhaber gegenüber Wettbewerbern einen Kostenvorteil (eine *economic rent*) in der Höhe, in der das Patent die Produktionskosten eines bestimmten Produkts reduziert.[137] Im Streben um ein Patent und die damit verbundenen Kostenvorteile investieren Unternehmen und Einzelpersonen in die dafür notwendige F&E (sog. *rent seeking*).[138] So kommt es zu einem Wettlauf um die Erfindung, bei dem ein erheblicher Wohlfahrtsverlust entstehen kann.[139] In der Hoffnung auf Innovationsgewinne werden zu viele Ressourcen in F&E investiert, was zu einer ineffizienten Allokation von Produktionsfaktoren führt.[140] Nur derjenige, der als Erster zum Ziel gelangt, erhält Patentschutz; der Forschungsaufwand der übrigen Mitbewerber wird grundsätzlich nutzlos.[141] 75

133 *Wielsch* (o. Fn. 111), 16; vgl. *Kaufer* (o. Fn. 112), 12; *Lamping* (o. Fn. 113), 63.
134 So auch *Metzger/Zech*, GRUR 2020, 561 (568); *Wagner*, ifo Schnelldienst 2021, 6 (8).
135 *Metzger/Zech*, GRUR 2020, 561 (568); vgl. *Haedicke*, GRUR 2010, 94 (96); *Landes/Posner* (o. Fn. 112), 20 f.; *Lybecker/Fowler*, J. L., Med. & Ethics 2009, 222 (224).
136 Ähnlich *Metzger/Zech*, GRUR 2020, 561 (569); *Stierle*, JZ 2021, 71 (80); zu weiteren beschränkenden Mechanismen wie den Schutzvoraussetzungen oder der Schutzdauer siehe *Landes/Posner* (o. Fn. 112), 302 ff.; *Menell/Scotchmer*, in: Handbook of Law and Economics, 2007, 1473 (1483 ff.); *Schäfer/Ott* (o. Fn. 130), 747 ff.
137 *Dam*, in: Ökonomische Analyse der rechtlichen Organisation von Innovation, 1994, 283 (287).
138 *Dam*, in: Ökonomische Analyse der rechtlichen Organisation von Innovation, 1994, 283 (290).
139 *Engel*, in: Geistiges Eigentum und Innovation, 2008, 43 (63 f.) unter spieltheoretischer Modellierung; *Landes/Posner* (o. Fn. 112), 300 f.; ausführlich *Lemley*, Mich. L. Rev. 2012, 709 (749 ff.).
140 Produktionsfaktoren werden nicht ihrer produktivsten Verwendungsmöglichkeit zugeführt, *Lamping* (o. Fn. 113), 56.
141 *Schäfer/Ott* (o. Fn. 130), 751.

76 *Rent seeking* bildet als unvermeidbare Begleiterscheinung des Patentsystems gewissermaßen den Preis dafür, das Marktversagen auf Informationsmärkten mithilfe von *property rights* bestmöglich zu lösen und Investitionen in F&E anzureizen.[142] Entscheidend ist, dass die durch *rent seeking* verursachte Ressourcenverschwendung durch den sozialen Nutzen des dadurch hervorgebrachten technologischen Fortschritts wettgemacht wird.[143]

3. Transaktionskosten

77 Ein weiterer, häufig vorgebrachter Kritikpunkt liegt in den durch das Patentsystem verursachten Kosten. Bei der Übertragung von *property rights* entstehen Transaktionskosten, die bei geistigen Eigentumsrechten aufgrund von Schwierigkeiten bei der Identifizierung der entsprechenden (immateriellen) Rechte besonders hoch sein können.[144] Hohe Transaktionskosten können insbesondere dann entstehen, wenn eine Technologie durch eine Vielzahl von Patenten geschützt ist, die Eigentumsrechte gewissermaßen fragmentiert sind und Unternehmen, die die Technologie z.B. für die Entwicklung von darauf aufbauenden Technologien nutzen wollen, die Zustimmung aller Patentinhaber einholen müssen.[145] Diesen Kosten sind jedoch die Kostenersparnisse gegenüberzustellen, die in der Dezentralität des Patentsystems liegen. Anreize zur erfinderischen Tätigkeit entstehen durch das Patentsystem ganz automatisch, ohne aufwändige Verhandlungen zwischen dem Erfinder und einer Behörde.[146]

B. Patentschutz, Innovation und Wirtschaftswachstum

78 Nachdem soeben die grundlegende Bedeutung des Patentschutzes in einer auf Wissen und Innovation basierenden Marktwirtschaft erläutert wurde, ist nachfolgend der Blick auf die gesamtwirtschaftlichen Zusammenhänge zwischen Patent-

142 Vgl. *Dam*, in: Ökonomische Analyse der rechtlichen Organisation von Innovation, 1994, 283 (304).

143 *Lamping* (o. Fn. 113), 58.

144 *Landes/Posner* (o. Fn. 112), 16; vgl. *Maskus* (o. Fn. 112), 31.

145 *Neicu/Pénin*, J. Inn. Econ. & Man. 2018, 57 (73); *Schäfer/Ott* (o. Fn. 130), 757, die in diesem Zusammenhang jeweils auf das zugrundeliegende Problem der »*Tragedy of the Anticommons*« hinweisen, wonach eine knappe Ressource gesamtgesellschaftlich unzureichend genutzt und dadurch letztlich verschwendet wird, wenn zu viele Personen Eigentumsrechte daran halten, hierzu *Heller*, Harv. L. Rev. 1998, 621 (660 ff.) sowie *Heller/Eisenberg*, Science 1998, 698.

146 Dazu *Scotchmer* (o. Fn. 112), 38. *Hüttermann*, Mitt. 2013, 181 (183) beschreibt das Patentsystem insofern treffend als das »kostengünstigste Innovationsförderungssystem des Staates«.

schutz, Innovation und Wirtschaftswachstum zu richten. Um den Zusammenhang zwischen Patentschutz und Wachstum einer Volkswirtschaft beschreiben zu können, ist zunächst der Zusammenhang zwischen Innovation und Wirtschaftswachstum sowie der Einfluss von Patentschutz auf Innovation und Wirtschaftswachstum zu beleuchten.

I. Einfluss von Innovation auf Wirtschaftswachstum

Wirtschaftswachstum gilt nach wie vor als die wirtschaftspolitische Maxime zur 79
Erhöhung der gesamtwirtschaftlichen Wohlfahrt und zur Verbesserung der Lebensqualität.[147] Unter Wirtschaftswachstum wird gemeinhin der Anstieg der in einer Volkswirtschaft bereitgestellten Menge an Gütern und Dienstleistungen verstanden, gemessen an der jährlichen Veränderung des realen BIP.[148] Ergänzend lässt sich Wirtschaftswachstum anhand der Veränderung des Pro-Kopf-Einkommens interpretieren, das bei einer höheren Wachstumsrate der Inlandsproduktion im Vergleich zur Wachstumsrate der Bevölkerung ansteigt.[149] Die Zunahme des BIP bzw. des Pro-Kopf-Einkommens erfolgt insbesondere durch eine Steigerung der Produktivität, was wiederum technologische Innovationen voraussetzt, damit ein Land mit einer gegebenen Menge an Ressourcen mehr Waren und Dienstleistungen produzieren kann.[150]

Die wirtschaftliche Bedeutung von Innovation – d.h. der Entwicklung von 80
neuen oder besseren Produkten (Produktinnovationen) und effizienteren Produk-

147 Vgl. etwa *Aghion/Howitt*, Wachstumsökonomie, 2015, 1; *Lindner*, Wirtschaftsdienst 2023, 564 (565); *Mankiw/Taylor*, Makroökonomik, 9. Aufl. (2024), 709. Zum Zwecke der hier angestellten Untersuchung wird von dieser wachstumsorientierten Grundausrichtung ausgegangen und auf eine nähere Betrachtung der daran geäußerten Kritik verzichtet. Anstatt eines stetigen Wirtschaftswachtsums wird zunehmend unter dem Ziel ökologischer Nachhaltigkeit und geringerer Einkommensungleichheit ein Stagnieren oder Schrumpfen der Wirtschaft (»*degrowth*« oder »Postwachstum«) gefordert, so etwa *Akbulut*, Rethinking Marxism 2021, 98; *Jackson*, Wohlstand ohne Wachstum, 2017; *Lange*, Macroeconomics without growth, 2018, 87 ff.; *Schmelzer/Vetter*, Degrowth/Postwachstum, 3. Aufl. (2021); grundlegend bereits *Meadows/Maedows/Zahn/Milling*, Die Grenzen des Wachstums, 1972.

148 Vgl. *Bender/Frenkel*, in: Kompendium der Wirtschaftstheorie und Wirtschaftspolitik II, 2019, 279 (282); *Clement/Terlau/Kiy/Gehringer*, Angewandte Makroökonomie, 6. Aufl. (2023), 409. Zur Kritik am BIP als Wachstums- und Wohlstandsmaß siehe etwa *Petersen*, Wirtschaftsdienst 2019, 725 (727 ff.); *Stiglitz/Fitoussi/Durand*, Jenseits des BIP, 2020, 25 ff.; *van Suntum*, Zur Kritik des BIP als Indikator für Wohlstand und Wirtschaftswachstum, 2012, 49.

149 *Bender/Frenkel*, in: Kompendium der Wirtschaftstheorie und Wirtschaftspolitik II, 2019, 279 (282).

150 Vgl. *Rapp/Rozek*, J. World Trade 1990, 75 (75).

tionsverfahren (Prozessinnovationen) infolge zunehmenden technischen Wissens[151] – ist hiermit bereits angedeutet und wird gestützt durch namhafte Wachstumstheorien, die sich über viele Jahrzehnte hinweg auch empirisch bestätigen ließen und für die Untersuchung des Zusammenhangs zwischen Innovation, Patentschutz und Wirtschaftswachstum als Erklärungsansatz dienen.

1. Exogene neoklassische Wachstumstheorie nach *Solow*

81 Eine besonders prominente Erklärung wirtschaftlichen Wachstums aufgrund technologischen Fortschritts liefert *Solow* in seiner Nobelpreis-gekrönten neoklassischen Wachstumstheorie aus dem Jahr 1956.[152] Darin beschreibt er die Auswirkungen des Wachstums des Kapitalstocks und der Erwerbsbevölkerung sowie des technologischen Fortschritts auf das Wachstum einer Volkswirtschaft, gemessen in Pro-Kopf-Einkommen.

82 In diesem Modell wird ein Teil der Güterproduktion einer Volkswirtschaft stets konsumiert, der restliche Teil gespart und investiert.[153] Die Ersparnis (die Kapitalakkumulation) kann nach *Solow* wegen der Abschreibungen des Kapitalstocks ebenso wenig langfristiges Wachstum erzeugen wie ein Anstieg der Erwerbsbevölkerung, der zu einem Anstieg der Gesamtproduktion, nicht aber des Pro-Kopf-Einkommens führe.[154] In der Konsequenz könne nur der technologische Fortschritt für dauerhaftes und langfristiges Wachstum sorgen.[155] Keine Aussage trifft das Solow-Modell über die Ursache des technischen Fortschritts – es nimmt diesen vielmehr als exogen gegeben hin.[156]

2. Endogene Wachstumstheorien

83 Demgegenüber versuchen die (neuen) endogenen Wachstumstheorien, den technologischen Fortschritt aus dem Modell heraus selbst zu erklären.

151 *Bender/Frenkel*, in: Kompendium der Wirtschaftstheorie und Wirtschaftspolitik II, 2019, 279 (301); *Scherer/Ross*, Industrial Market Structure and Economic Performance, 3. Aufl. (1990), 614; instruktiv *Koppel*, in: Wachstumsfaktor Innovation, 2006, 29 (31 ff.).

152 *Solow*, QJE 1956, 65.

153 *Solow*, QJE 1956, 65 (66).

154 Vgl. *Jungmittag*, Internationale Innovationsdynamik, Spezialisierung und Wirtschaftswachstum in der EU, 2006, 170; *Mankiw/Taylor* (o. Fn. 147), 724. Das Pro-Kopf-Einkommen bleibt konstant, weil durch das Bevölkerungswachstum auch mehr Erwerbstätige mit dem bestehenden Kapital ausgestattet werden müssen, vgl. *Solow*, QJE 1956, 65 (70).

155 Implizit *Solow*, QJE 1956, 65 (85); vgl. *Aghion/Howitt* (o. Fn. 147), 25.

156 Vgl. *Mankiw/Taylor* (o. Fn. 147), 726; *Romer*, Advanced macroeconomics, 5. Aufl. (2019), 30.

Als erstes Modell der endogenen Wachstumstheorie gilt das sog. AK-Modell.[157] 84
Auf der Grundlage eines erweiterten Kapitalbegriffs, der Sach- und Humankapital einbezieht, wird durch Investitionen in Sachkapital neues technisches Wissen geschaffen, das nicht nur für das investierende Unternehmen, sondern für alle Unternehmen nutzbar ist.[158] Diese positiven Externalitäten (*spill-overs*) führen dazu, dass die Grenzerträge des Kapitals im Unterschied zum neoklassischen Wachstumsmodell nicht abnehmen.[159] Im Modell der Produktvariation nach *Romer*[160] führen Innovationen zu einem Produktivitätswachstum durch neue Varianten von Produkten.[161] Technologischer Fortschritt vollzieht sich hier dadurch, dass neuartige Produkte erfunden werden, die im Produktionsprozess eingesetzt werden können.[162] Neue Produktvarianten, die aus F&E-Investitionen von forschenden Unternehmen resultieren, fördern das Wachstum und wirken den abnehmenden Grenzerträgen des Kapitals entgegen.[163] Einen ähnlichen innovationsbasierten Ansatz verfolgt das sog. Schumpeterianische Modell, das Wachstum auf qualitätsverbessernde Innovationen zurückführt, die alte Produkte obsolet machen und die Kraft beinhalten, den Markteintritt neuer Innovatoren und den Marktaustritt ehemaliger Innovatoren herbeizuführen (»schöpferische Zerstörung«).[164]

Eine wichtige Erkenntnis der endogenen Wachstumstheorien lautet folglich, 85
dass technischer Fortschritt und Innovation nicht durch exogene Schocks entstehen, sondern meist das Ergebnis zielgerichteter F&E-Aktivitäten gewinnorientierter Unternehmen ist.[165]

3. Empirie und Schlussfolgerung

Sowohl die endogenen als auch die exogenen Wachstumstheorien kommen zu 86
dem gleichen, heute weithin anerkannten Ergebnis, dass technischer Fortschritt

157 Ausführlich dazu *Barro/Sala-i-Martin*, Economic Growth, 2. Aufl. (2004), 205 ff.; *Novales/Fernández/Ruiz*, Economic Growth, 3. Aufl. (2022), 279 ff.; grundlegend *Rebelo*, J. Pol. Econ. 1991, 500.

158 *Diebolt/Hippe/Jaoul-Grammare*, Bildungsökonomie, 2017, 67. Humankapital beschreibt in diesem Zusammenhang die Fähigkeiten und das Wissen, das in Personen verkörpert ist und durch Erziehung, Ausbildung, Weiterbildung und Erfahrung erworben wird, *Clement/Terlau/Kiy/Gehringer*, Angewandte Makroökonomie, 6. Aufl. (2023), 437.

159 *Clement/Terlau/Kiy/Gehringer* (o. Fn. 158), 438.

160 *Romer*, J. Pol. Econ. 1990, 71.

161 *Aghion/Howitt* (o. Fn. 147), 12.

162 Vgl. *Romer*, J. Pol. Econ. 1990, 71 (83 f.).

163 *Aghion/Howitt* (o. Fn. 147), 13, 73.

164 *Acemoglu*, Introduction to modern economic growth, 2009, 458; *Aghion/Howitt* (o. Fn. 147), 13 f.; Der Begriff der »schöpferischen Zerstörung« geht auf das 1942 veröffentlichte Werk »Kapitalismus, Sozialismus und Demokratie« *Joseph Schumpeters* zurück (daher auch die Bezeichnung als »Schumpeterianisches« Modell).

165 *Koppel*, in: Wachstumsfaktor Innovation, 2006, 29 (31).

und Innovation eine der wichtigsten Triebkräfte des Wirtschaftswachstums sind.[166] Trotz aller Schwierigkeiten, den realen Wachstumsprozess mit all seinen Zusammenhängen in einem einzigen Modell abzubilden,[167] findet dieses Ergebnis auch eine empirische Bestätigung.

87 Im Jahr 1957 bestätigte *Solow* seine Theorie vom Vorjahr und wies nach, dass knapp 90 % des Wirtschaftswachstums in den USA zwischen 1909 und 1949 auf den technologischen Fortschritt zurückzuführen sei und nicht auf den Anstieg von Kapital und Arbeit.[168] *Denison* erweiterte und verfeinerte diese Analyse und kam für den Zeitraum 1929–1982 zu ähnlichen Ergebnissen: 68 % des Produktivitätszuwachses seien auf Fortschritte in Wissenschaft und Technik zurückzuführen.[169] Eine Vielzahl weiterer, auch aktuellerer Studien bestätigt den Befund, dass sich Innovation förderlich auf wirtschaftliches Wachstum auswirkt.[170] Innovation bzw. technologischer Fortschritt wird in diesem Zusammenhang üblicherweise anhand der F&E-Aufwendungen (quantitativ), teilweise auch anhand der Anzahl angemeldeter oder erteilter Patente (qualitativ) gemessen.[171]

88 Zusammenfassend ist festzuhalten, dass Innovation einen wesentlichen Beitrag zur wirtschaftlichen Entwicklung und Leistungsfähigkeit eines Landes leistet. Der Prozess, durch den Investitionen in F&E neue Ideen hervorbringen und der Prozess ihrer Diffusion bildet das Herzstück des Wachstumsmechanismus moderner Volkswirtschaften.[172] Daran anknüpfend stellt sich die (für den weiteren

166 So etwa *Dereli*, Pressacademia 2019, 173 (173); *Jungmittag* (o. Fn. 154), 163; *Koppel*, in: Wachstumsfaktor Innovation, 2006, 29 (31); *Rapp/Rozek*, J. World Trade 1990, 75 (75).

167 Pointiert *Solow*, QJE 1956, 65 (65): »Jede Theorie beruht auf Annahmen, die nicht ganz richtig sind. Das ist es, was sie zur Theorie macht« (Übersetzung des Verfassers).

168 *Solow*, Rev. Econ. & Stat. 1957, 312 (320). Technologischer Fortschritt in diesem Sinne meint Verbesserungen in Produktionsverfahren und der Ausrüstung, *Scherer/Ross* (o. Fn. 151), 613.

169 *Denison*, Trends in American Economic Growth, 1985, 30.

170 Siehe etwa *Agénor/Neanidis*, J. Macroecon. 2015, 252 (253); *Andergassen/Nardini/Ricottilli*, J. Econ. Dynamics & Control 2009, 1779 (1791 f.); *Bayoumi/Coe/Helpman*, J. Int. Econ. 1999, 399 (424); *Cameron*, Innovation and economic growth, 1996, 10; *Galindo/Méndez*, J. Business Res. 2014, 825 (828); *Hasan/Tucci*, Res. Pol. 2010, 1264 (1273); *Jalles*, Res. Econ. 2010, 81 (93); *Kirchhoff/Newbert/Hasan/Armington*, ETP 2007, 543 (556); *Maradana u. a.*, IIMB Man. Rev. 2019, 268 (279); *Santacreu*, J. Monetary Econ., 2015, 1 (20).

171 Vgl. *Hasan/Tucci*, Res. Pol. 2010, 1264 (1273), die in beiderlei Hinsicht einen positiven Effekt auf das Wirtschaftswachstum feststellen. Gleichzeitig sind Patente als Maßstab für Innovation nicht unproblematisch, dazu *Hasan/Tucci*, Res. Pol. 2010, 1264 (1274) m.w.N; *Jalles*, Res. Econ. 2010, 81 (84); vgl. zur Messbarkeit von Innovation auch *Cameron* (o. Fn. 170), 3; *Ohlhausen*, Harv. J. L. & Tech. 2016, 103 (123 f.); *Scherer/Ross* (o. Fn. 151), 644.

172 Treffend *Bottazzi/Peri*, Eur. Econ. Rev. 2003, 687 (687).

Verlauf dieser Arbeit noch relevantere) Frage, wie sich der Patentschutz in dieses makroökonomische Gesamtbild einfügt und seinerseits wirtschaftliches Wachstum beeinflusst.

II. Einfluss von Patentschutz auf Innovation und Wirtschaftswachstum

Dem grundlegenden patentrechtlichen Anreizgedanken zufolge spornt die Aussicht auf Patentschutz zu innovativer Tätigkeit an: Umfassender Patentschutz führt zu höheren F&E-Investitionen und somit zu mehr Innovation.[173] Gleichzeitig trägt die Veröffentlichung des Patents zur Verbreitung neuer technologischer Erkenntnisse bei. Innovation bzw. technologischer Fortschritt ist wiederum, wie soeben gesehen, ein wesentlicher Treiber für Wirtschaftswachstum. Demzufolge müsste ein umfassender Patentschutz eigentlich zu starkem Wirtschaftswachstum führen. Empirisch lässt sich dieser Zusammenhang – vor allem derjenige zwischen Patentschutz und Innovation – jedoch nur schwer nachweisen.[174] 89

1. Zusammenhang zwischen Patentschutz und Innovation

Ob Patentschutz tatsächlich zur technischen Innovation in einem Land beiträgt, ist noch nicht abschließend geklärt. Die Studienlage hierzu ist umfangreich, aber alles andere als eindeutig. 90

a) Positiver Zusammenhang zwischen Patentschutz und Innovation

Zahlreiche Studien belegen eine (jedenfalls in Industrieländern bestehende) positive Korrelation zwischen F&E-Investitionen und der Stärke des Patentschutzes[175] bzw. des Schutzes geistiger Eigentumsrechte allgemein.[176] Die 91

173 Vgl. *Lamping* (o. Fn. 113), 64; *Lerner*, Patent Protection and Innovation, 2002, 5; *Maskus* (o. Fn. 112), 44; *Rozek*, JWIP 2000, 889 (894). Kritische Stimmen verweisen auf die wettbewerbliche Komponente als maßgeblichen Innovationsanreiz, so etwa *Karres* (o. Fn. 10), 74; *Pretnar*, GRUR Int. 2004, 776 (780); *Wielsch* (o. Fn. 111), 20.

174 *Hall*, Ox. Rev. Econ. Pol. 2007, 568 (573); *Wagner*, ifo Schnelldienst 2021, 6 (7 f.); *Karres* (o. Fn. 10), 74.

175 *Arora/Ceccagnoli/Cohen*, Int. J. Ind. Org. 2008, 1153; *Bound u. a.*, in: R&D, Patents, and Productivity, 1984, 21 (51); *Duguet/Lelarge*, Annals of Economics and Statistics 2012, 201 (221); *Hall/Griliches/Hausman*, Int. Econ. Rev. 1986, 265 (281); *Ifo-Institut für Wirtschaftsforschung*, Patentwesen und technischer Fortschritt, 1974, 114; *Kilchenmann*, Die Wirkung des Patentschutzes auf Innovation und Wachstum, 2005, 34; *Licht/Zoz*, Annales d'Économie et de Statistique 1998, 329 (350); *Pakes/Griliches*, Econ. Letters 1980, 377 (380); *Rothwell/Lobo/Strumsky/Muro*, Patenting Prosperity, 2013, 8.

Bedeutung von Patenten als Anreiz für Innovationen wird etwa durch eine länderübergreifende Analyse von Daten betreffend die F&E-Investitionen und das Maß an Patentschutz in 32 Ländern von 1981 bis 1990 belegt.[177] Länder, die einen stärkeren Patentschutz gewährten, wendeten tendenziell einen größeren Anteil ihres BIP für F&E-Aktivitäten auf.[178]

92 Ein besonders starker Einfluss von Patenten auf die Innovationstätigkeit von Unternehmen ist in der Pharmaindustrie zu beobachten.[179] Eine Schätzung von *Mansfield* unter Betrachtung von 100 US-Unternehmen in zwölf verschiedenen Branchen zwischen 1981 und 1983 kam zu dem Ergebnis, dass der Löwenanteil der Erfindungen, die ohne Patentschutz nicht hervorgebracht worden wären, mit 65 % in der Pharmabranche liegt.[180] Zu einem ähnlichen Ergebnis kommt das *ifo-Institut* in einer Studie von 1974, wonach 21 % der betrachteten Erfindungen in verschiedenen Branchen der Bundesrepublik Deutschland ohne Patentschutz nicht hervorgebracht worden wären und die chemische Industrie dabei mit 36 % den mit Abstand größten Anteil aufweist.[181] Ein prominentes Beispiel ist Italien, wo nach Einführung des Patentschutzes für pharmazeutische Produkte im Jahr 1978 die realen F&E-Ausgaben der italienischen Pharmaunternehmen bis 1993 um über 300 % anstiegen.[182]

b) Kein Zusammenhang zwischen Patentschutz und Innovation

93 Es gibt aber auch Studien, die einen fehlenden oder statistisch nicht signifikanten Zusammenhang zwischen Patenten und Innovation aufzeigen. In einer umfangreichen Studie aus dem Jahr 2002 untersuchte *Lerner* 177 Veränderungen in der Patentstärke in sechzig Ländern zwischen 1850 und 2000 und stellte dabei fest, dass die Erhöhung des Patentschutzes in einem Land die Patentanmeldungen ausländischer Unternehmen in diesem Land erheblich positiv beeinflusste, die Patentanmeldungen inländischer Unternehmen hingegen reduzierte.[183] Zu einem ähnlichen Ergebnis kommt *Jaffe*, der allenfalls geringe An-

176 *Falvey/Foster/Greenaway*, Rev. Dev. Econ. 2006, 700 (700); *Jalles*, Res. Econ. 2010, 81 (91 f.); *Kanwar/Evenson*, Ox. Econ. Papers 2003, 235 (249 f.); *Park/Ginarte*, Cont. Econ. Pol. 1997, 51 (60).

177 *Kanwar/Evenson*, Ox. Econ. Papers 2003, 235.

178 *Kanwar/Evenson*, Ox. Econ. Papers 2003, 235 (249 f.).

179 Siehe etwa *Arora/Ceccagnoli/Cohen*, Int. J. Ind. Org. 2008, 1153 (1173); *Cohen/Nelson/Walsh*, Man. Sc. 2002, 1 (16 f.); *Hall*, Ox. Rev. Econ. Pol. 2007, 568 (574 f.); *Korenko*, JWIP 1999, 47 (51 ff.); *Lanjouw/Cockburn*, World Development 2001, 265 (287); *Mansfield*, Man. Sc. 1986, 173 (174 ff.); *Rapp/Rozek*, J. World Trade 1990, 75 (86 ff.).

180 *Mansfield*, Man. Sc. 1986, 173 (174 f.).

181 *Ifo-Institut für Wirtschaftsforschung* (o. Fn. 175), 112 f.

182 *Korenko*, JWIP 1999, 47 (59); siehe auch *Karres* (o. Fn. 10), 73 f.; *Rozek/Rainey*, JWIP 2001, 463 (474).

183 *Lerner* (o. Fn. 173), 19 f., 27; bestätigend *Branstetter*, JIEL 2004, 359 (369).

haltspunkte dafür sieht, dass der sprunghafte Anstieg der Patentanmeldungen in den USA seit den 1980er Jahren auf die zu dieser Zeit erfolgte Stärkung des Patentschutzes zurückzuführen sei.[184] Eine weitere Untersuchung von *Challú* konnte selbst im pharmazeutischen Bereich Erfindungen in verschiedenen Ländern zwischen 1950 und 1989 nicht durch die Existenz eines Patentsystems erklären.[185]

c) Einordnung der Studienlage und Schlussfolgerung

In welchem Maße Patentschutz tatsächlich zu technischer Innovation in einem Land beiträgt, lässt sich trotz der zahlreichen empirischen Versuche kaum belastbar beantworten. Das liegt insbesondere an der schwierigen Messbarkeit von Innovation und der Stärke des Patentschutzes sowie der fehlenden Möglichkeit, die Auswirkungen gegensätzlicher Patentpolitiken in den einzelnen Ländern kontrafaktisch zu vergleichen.[186] 94

Jedenfalls finden sich keine Belege dafür, dass die Stärkung des Patentschutzes innovative Tätigkeiten im privaten Sektor verringert.[187] Die Studienlage deutet vielmehr auf einen verstärkenden Effekt von Patenten auf F&E-Ausgaben hin. Insofern wird zwar zu Recht darauf hingewiesen, dass ein positiver Zusammenhang zwischen der Stärke des Patentschutzes und den F&E-Ausgaben nicht gleichbedeutend mit einem positiven Zusammenhang zwischen der Stärke des Patentschutzes und der Innovationstätigkeit eines Landes ist.[188] Dennoch dient das Ausmaß an F&E-Aktivitäten als ein wichtiger Indikator für die Innovationstätigkeit in einer Volkswirtschaft.[189] Wie auch die endogenen Wachstumstheorien nahelegen,[190] entstehen Innovationen zumeist nicht zufällig, sondern zum größten Teil institutionalisiert durch organisierte F&E-Tätigkeiten.[191] 95

Insgesamt hält der dem Patentsystem zugrundeliegende Anreizgedanke einer empirischen Überprüfung stand. Auch wenn der Patentschutz nicht für jede Erfindung der entscheidende Faktor sein mag, zeigt sich doch, dass Patente tatsächlich einen positiven Effekt auf die Innovationstätigkeit von Unternehmen 96

184 *Jaffe*, Res. Pol. 2000, 531 (540).
185 *Challú*, World Competition 1991, 65 (68).
186 Ausführlich *Ohlhausen*, Harv. J. L. & Tech. 2016, 103 (122 ff.).
187 *Ohlhausen*, Harv. J. L. & Tech. 2016, 103 (149).
188 So *Challú*, World Competition 1991, 65 (65 f.); vgl. *Ohlhausen*, Harv. J. L. & Tech. 2016, 103 (123).
189 Vgl. *Bender/Frenkel*, in: Kompendium der Wirtschaftstheorie und Wirtschaftspolitik II, 2019, 279 (315); *Göcke*, Learning-by-doing und endogenes Wachstum, 2000, 6; *Rothwell/Lobo/Strumsky/Muro* (o. Fn. 175), 24.
190 Dazu oben Kap. 3 B. I. 2.
191 Vgl. *Koppel*, in: Wachstumsfaktor Innovation, 2006, 29 (31); *Scherer/Ross* (o. Fn. 151), 615.

in Industrieländern haben und dass ein schwacher Patentschutz zu weniger Investitionen in Innovation führen würde, insbesondere in der Pharmaindustrie.[192]

2. Zusammenhang zwischen Patentschutz und Wirtschaftswachstum

97 Noch nicht beantwortet ist damit die Frage, wie sich der Patentschutz auf das Wirtschaftswachstum eines Landes insgesamt auswirkt.

a) Studienlage

98 Aus historischen Daten wird teilweise gefolgert, dass es keinen klaren Zusammenhang zwischen Patentschutz und Wirtschaftswachstum gebe.[193] Skeptisch zeigt sich auch *Challú*, der in seiner Analyse mehrerer entwickelter Länder zwischen 1950 und 1989 zu dem Ergebnis kommt, dass die meisten von ihnen Patentsysteme als Höhepunkt ihrer wirtschaftlichen Entwicklung und nicht als Voraussetzung dafür entwickelt haben.[194]

99 Weit überwiegend belegt die Empirie aber einen positiven Zusammenhang zwischen Patenten und Wirtschaftswachstum, jedenfalls für Industriestaaten. So konnten etwa *Josheski* und *Koteski* einen langfristig positiven Zusammenhang zwischen dem Wachstum der Patente und dem Wachstum des BIP für die G7-Länder im Zeitraum von 1963 bis 1993 feststellen.[195] *Hu* und *Png* kommen in ihrer Analyse von 54 Fertigungsbranchen aus 72 Ländern zwischen 1981 und 2000 zu dem Ergebnis, dass vor allem in Industrieländern ein stärkerer Patentschutz zu schnellerem industriellen Wachstum führt.[196] Dieses Ergebnis konnte kürzlich in einer umfangreichen globalen Untersuchung insofern bestätigt werden, als unter 52 Ökonomien mit hohen oder mittleren Einkommen ein signifikanter Effekt von Patenten auf die wirtschaftliche Komplexität der Volkswirtschaft (als ein Maß der produktiven Fähigkeiten und damit auch des Entwicklungs-

192 Ähnlich *Lamping* (o. Fn. 113), 91 ff.; *Merges*, High Tech. L. J. 1992, 1 (12); *Ohlhausen*, Harv. J. L. & Tech. 2016, 103 (127, 143 ff.); zurückhaltender *Karres* (o. Fn. 10), 74 f.

193 *Myszczyszyn*, Eur. Res. Stud. J. 2020, 548 (560). Andere Stimmen messen Patenten hingegen einen starken Einfluss auf den technischen Fortschritt in der Frühphase der Industrialisierung bei, so etwa *Khan*, in: Understanding Long-Run Economic Growth, 2008, 205 (206).

194 *Challú*, World Competition 1991, 65 (115).

195 *Josheski/Koteski*, The Causal Relationship between Patent Growth and Growth of GDP, 2011, 1.

196 Deutlich weniger Einfluss auf das Wirtschaftswachstum hat ein starker Patentschutz demnach in ärmeren und weniger patentintensiven Volkswirtschaften, *Hu/Png*, Ox. Econ. Papers 2013, 675 (695).

standes einer Volkswirtschaft)[197] identifiziert werden konnte.[198] In einer weiteren Untersuchung konnte ein positiver Zusammenhang zwischen der Anzahl der Patente und dem Pro-Kopf-Einkommen für den Zeitraum von 1989 bis 2014 in vielen europäischen Ländern nachgewiesen werden.[199] Neben diesen länderübergreifenden Analysen kommen auch einige Untersuchungen einzelner Länder zu dem Ergebnis, dass sich Patente stimulierend auf wirtschaftliches Wachstum auswirken.[200]

b) Einordnung der Studienlage und Schlussfolgerung

Die empirischen Belege stützen die Annahme, dass Patente einen positiven Einfluss auf das Wirtschaftswachstum ausüben. Dass mit diesem Zusammenhang nicht zugleich eine kausale Beziehung zwischen Patentschutz und Wirtschaftswachstum bewiesen ist, versteht sich angesichts der auch hier auftretenden ökonometrischen Schwierigkeiten und den vielen anderen wachstumsfördernden Faktoren jenseits des Patentschutzes von selbst.[201] Einige dieser anderen Faktoren hängen aber ihrerseits positiv mit dem Patentschutz zusammen, was die hier getroffene Schlussfolgerung bestätigt. 100

So wird der Patentschutz als Voraussetzung für den Erhalt von Exportmärkten gesehen, da in Länder ohne Patentschutz für die exportierten Erzeugnisse kaum oder gar nicht exportiert würde.[202] Nahe liegt auch eine positive Wirkung eines starken inländischen Patentschutzes auf ausländische Direktinvestitionen,[203] da ausländische Unternehmen eher zu Investitionen in einem Land bereit sein werden, in dem ihre innovativen Produkte auch patentrechtlich geschützt sind.[204] 101

197 Darin wird die Menge an Wissen quantifiziert, die in der Produktionsstruktur eines Landes, seinen Exportfähigkeiten und seiner Verflechtung mit dem aktuellen Weltmarkt zum Ausdruck kommt, grundlegend *Hidalgo/Hausmann*, PNAS 2009, 10570.

198 *Nguyen/Schinckus/Su*, Int. Econ. 2020, 140 (148).

199 *Maradana u. a.*, IIMB Man. Rev. 2019, 268 (277 ff.).

200 So etwa *Dereli*, Pressacademia 2019, 173 (179) für die Türkei; *Korenko*, JWIP 1999, 47 (51 ff.) für Italien; *Rothwell/Lobo/Strumsky/Muro* (o. Fn. 175), 14 ff. für die regionale Wirtschaftsleistung in den USA; *Sinha*, Appl. Econ. & Int. Dev. 2008, 181 (187) für Japan und Südkorea.

201 Vgl. *Landes/Posner* (o. Fn. 112), 327; *Ohlhausen*, Harv. J. L. & Tech. 2016, 103 (144).

202 Außerdem führt der Export patentgeschützter Erzeugnisse in ein Land ohne entsprechenden Patentschutz in der Regel zu Handelsdefiziten, wenn das Erzeugnis dort nachgeahmt wird, siehe *Karres* (o. Fn. 10), 75 f. m.w.N.

203 Ausländische Direktinvestitionen sind langfristig angelegte Investitionen ausländischer Unternehmen in inländische Unternehmen oder Projekte, näher dazu unten Kap. 5 B. II. 2.

204 Vgl. *Rozek*, JWIP 2000, 889 (899 ff.); *ders./Rainey*, JWIP 2001, 463 (473); zurückhaltend *Karres* (o. Fn. 10), 77 f.

Nicht zu unterschätzen ist auch die Rolle des Patentschutzes für *Start-ups*, die aufgrund ihrer noch ungewissen Marktstellung besonders stark darauf angewiesen sind, ihre Innovationen vor Imitationen durch Wettbewerber zu schützen[205] und Patente als Zeichen ihrer Innovationskraft gegenüber potenziellen Investoren einsetzen, um so ihre Chancen auf eine Startfinanzierung zu erhöhen.[206]

III. Zusammenfassung

102 Patente, die intuitiv einleuchtend und empirisch vielfach belegt Innovationen anregen, stärken aufgrund des eindeutigen positiven Effekts von Innovationen auf Wirtschaftswachstum letztlich die wirtschaftliche Leistungsfähigkeit eines Landes. Wenngleich damit noch keine kausale Verkettung bewiesen ist, findet dieser Zusammenhang zwischen effektivem Patentschutz, Innovation und Wirtschaftswachstum doch überwiegend empirische Bestätigung.[207]

103 Alles in allem kann die volkswirtschaftliche Bedeutung von Patenten kaum überschätzt werden. Ein starker Patentschutz bildet das Fundament für Innovation und technologischen Fortschritt und damit für Wachstum und Wohlstand. Vor diesem Hintergrund wird in Kapitel 5 die Frage erörtert, wie sich Zwangslizenzen, welche auf den ersten Blick einem umfassenden Patentschutz und somit dem Wachstum einer innovationsbasierten Volkswirtschaft zuwiderlaufen, auf die gesamtwirtschaftliche Entwicklung auswirken.

C. Patentschutz in Krisenzeiten – die Zwangslizenz als geeigneter Krisenmechanismus?

104 In Krisen- und Notsituationen verschärfen sich die beschriebenen Spannungen zwischen dem Patentschutz als Mittel zur Innovationsförderung und der freien Nutzbarkeit von Innovationen im Sinne einer effizienten Allokation. Einerseits drängt die Allgemeinheit in einer Notsituation auf einen noch rascheren und breiteren Zugang zu patentgeschützten Produkten, die für die Bewältigung der Notlage erforderlich sind. Andererseits bedarf es dringlicher denn je Anreize zur Entwicklung innovativer Lösungen zur Bekämpfung akuter wie auch möglicher

205 *Lamping* (o. Fn. 113), 90; vgl. *Graham/Merges/Samuelson/Sichelman*, Berk. Tech. L. J 2009, (1297 f.); *Ohlhausen*, Harv. J. L. & Tech. 2016, 103 (140 f.).

206 Laut einer Studie des *EPA*, Patents, trade marks and startup finance, 2023, 13, www.epo.org/startup-finance (zuletzt abgerufen am 18.5.2025) haben *Start-ups* mit einer europäischen Patentanmeldung eine deutlich höhere Wahrscheinlichkeit, eine Startfinanzierung zu erhalten, als andere *Start-ups*.

207 So auch *Ohlhausen*, Harv. J. L. & Tech. 2016, 103 (149); kritischer dagegen *Karres* (o. Fn. 10), 80.

zukünftiger Notlagen. Die Balance zwischen Anreizwirkung (dynamische Effizienz) und Einschränkung der Gemeinfreiheit (statische Ineffizienz) sollte in diesen Fällen in Richtung freie Nutzung austariert werden, darf aber mit Blick auf künftige Krisen nicht zu einer Beeinträchtigung des langfristigen Anreizeffekts führen.[208] Besonders deutlich tritt dieser Konflikt in einer gesundheitlichen Notlage zu Tage, wie die jüngsten Forderungen nach Einschränkungen des Patentschutzes im Zuge der COVID-19-Pandemie zeigten: Während in der pharmazeutischen Industrie der Patentschutz einen besonders hohen Stellenwert genießt, besteht gleichzeitig ein gewichtiges Interesse an einer möglichst flächendeckenden Versorgung mit lebenswichtigen Medikamenten und Arzneimitteln.[209]

Innerhalb dieses verschärften Spannungsfeldes bewegt sich die patentrecht- 105
liche Zwangslizenz als ein möglicher Krisenmechanismus zur Beschränkung des Patentschutzes. Sie dient als Instrument zur Vermeidung statischer Ineffizienzen in Situationen, in denen ein öffentliches Interesse an der breiten Verfügbarkeit einer Erfindung besteht. Ob die Zwangslizenz diese Funktion tatsächlich effektiv und wirtschaftlich effizient erfüllen kann, ist Gegenstand des nächsten Teils dieser Arbeit.

208 *Metzger/Zech*, GRUR 2020, 561 (568).

209 Vgl. *Karres* (o. Fn. 10), 87. Zur Diskussion während der COVID-19-Pandemie siehe die Nachweise in Fn. 3.

Teil 2 Effektivität und Effizienz von Zwangslizenzen

Im Folgenden wird die patentrechtliche Zwangslizenz in zweierlei Hinsicht einem »Stresstest« unterzogen: Zum einen wird die praktische Wirksamkeit von Zwangslizenzen bei der Bewältigung von Krisen und Notlagen beleuchtet (Kapitel 4), zum anderen werden die ökonomischen Auswirkungen von Zwangslizenzen analysiert (Kapitel 5). Diese ganzheitliche Untersuchung trägt dazu bei, ein umfassendes Bild über die Bedeutung der Zwangslizenz im Patentsystem zu erhalten. 106

Kapitel 4 Praktische Wirksamkeit der Zwangslizenz

In diesem Kapitel wird nach einem Überblick über den Zweck und die Funktionsweise des § 24 PatG (A.) sowie dessen bisherige praktische Relevanz (B.) die Effektivität der patentrechtlichen Zwangslizenz in ihrer praktischen Anwendung eingehend untersucht (C.). 107

A. Ratio und Wirkungsweise der Zwangslizenz nach § 24 PatG

Bevor auf die praktische Bedeutung und Wirksamkeit der patentrechtlichen Zwangslizenz näher einzugehen ist, wird zunächst die grundsätzliche Funktion und Wirkungsweise des § 24 PatG dargestellt. 108

I. Sinn und Zweck der patentrechtlichen Zwangslizenz

Der Sinn und Zweck des § 24 PatG liegt im Allgemeinen darin, einen Ausgleich zwischen den Interessen des Patentinhabers an einem möglichst umfassenden Patentschutz und denen der Allgemeinheit an einem möglichst freien und breiten Zugang zu technischen Neuerungen zu schaffen. Die Zwangslizenz ermöglicht es, das Ausschließlichkeitsrecht des Patentinhabers zum Schutz der Allgemeinheit dort aufzubrechen, wo seine Ausübung zum Missbrauch wird, den technischen Fortschritt oder die wirtschaftliche Entwicklung in untragbarer Weise hemmt oder der Befriedigung wesentlicher sozialer Bedürfnisse entgegensteht.[210] 109

210 *Ann* (o. Fn. 29), § 34 Rn. 99; vgl. *Gräwe*, in: Schulte, PatG, 12. Aufl. (2025), § 24 Rn. 5.

110 Ausgehend von dieser grundlegenden Ratio lässt sich § 24 PatG in teleologischer Hinsicht in zwei Arten von Zwangslizenz einteilen: Zwangslizenzen aufgrund öffentlicher Interessen zur Befriedigung sozialer Bedürfnisse einerseits und Zwangslizenzen wegen Abhängigkeit zur Förderung des technischen Fortschritts andererseits.[211]

1. Befriedigung wesentlicher Bedürfnisse der Allgemeinheit

111 Erstens wird mit der Zwangslizenz der Ausübung von Patentrechten dort eine Grenze gesetzt, wo wesentliche Bedürfnisse der Gemeinschaft nicht mehr vom Patentinhaber gedeckt werden.[212] Übersteigt ein Interesse der Allgemeinheit an der Versorgung mit einem patentgeschützten Gegenstand das des Rechtsinhabers an der ungehinderten Nutzung seiner Erfindung, weil dieser den dringenden Bedarf der Allgemeinheit nicht decken kann oder will, so gebietet es das Gemeinwohl, interessierten Dritten gegen eine angemessene Vergütung des Rechtsinhabers zu ermöglichen, diese Lücke zu füllen.[213] Dies betrifft wesentliche Belange des Gemeinwohls, die dem »öffentlichen Interesse« in § 24 Abs. 1 Nr. 2 PatG zuzuordnen sind und besonders in Notsituationen zu Tage treten können. Dazu gehören insbesondere gesundheitliche Bedürfnisse wie die ausreichende Versorgung der Bevölkerung mit lebenswichtigen Medikamenten. Hinzu kommen wirtschafts- und sicherheitspolitische Interessen sowie der Klima- und Umweltschutz.[214]

112 Zu dieser ersten Fallgruppe gehört neben dem Tatbestand des § 24 Abs. 1 PatG auch § 24 Abs. 5 PatG, der den Sonderfall einer unzureichenden Versorgung des Inlandsmarktes mit dem patentierten Erzeugnis betrifft und auf die Voraussetzungen des Abs. 1 verweist.[215]

2. Förderung technischen Fortschritts

113 Zweitens dienen Zwangslizenzen der Diffusion von Innovation und der allgemeinen Nutzbarmachung patentgeschützter Technologien. Erfindungen, denen eine nicht unerhebliche Bedeutung für die Allgemeinheit zukommt, sollen nicht deshalb »brachliegen«, weil der Patentinhaber nicht gewillt oder nicht in der Lage ist, die Erfindung in einem Maße auszuüben, dass dem öffentlichen Interesse

211 Im Ergebnis auch *Karres* (o. Fn. 10), 169 f.; ähnlich *Böttger*, GRUR Int. 2008, 881 (882 ff.); anders *Pfanner*, GRUR Int. 1985, 357 (358), der eine Einteilung in drei Hauptarten von Zwangslizenzen – öffentliches Interesse, Abhängigkeit und Nichtausübung – vornimmt.

212 Vgl. *Beier*, GRUR 1998, 185 (189); *Melullis*, GRUR 2021, 294 (296); *Pfanner*, GRUR Int. 1985, 357 (364).

213 *Melullis*, GRUR 2021, 294 (296).

214 Vgl. *Beier*, GRUR 1998, 185 (189).

215 Zum Verhältnis zwischen § 24 PatG Abs. 1 und Abs. 5 siehe unten Kap. 4 A. II. 3.

Genüge getan wird.[216] Im Vordergrund steht hier das Interesse der Allgemeinheit an einer unbehinderten praktischen Verwirklichung des technischen Fortschritts.[217] Dieser Zweck manifestiert sich in den Spezialregelungen des § 24 Abs. 2 und Abs. 3 PatG zu Zwangslizenzen wegen Abhängigkeit. Die Blockade einer technologischen Weiterentwicklung soll durch eine Zwangslizenz zugunsten des Inhabers eines Patents, das von einer älteren patentgeschützten Erfindung abhängt, beseitigt werden können, um den technologischen Fortschritt zu fördern.[218]

II. Tatbestandliche Voraussetzungen der Zwangslizenz

Nachfolgend werden die materiellrechtlichen Tatbestandsvoraussetzungen der Zwangslizenz nach § 24 PatG aufgeführt. Anknüpfend an die soeben vorgenommene Unterteilung in zwei Arten von Zwangslizenzen sei vorab angemerkt, dass die Zwangslizenz aufgrund öffentlicher Interessen nach § 24 Abs. 1 PatG zum Zwecke der Beseitigung krisenspezifischer Missstände im Zentrum der weiteren Bearbeitung stehen wird. 114

1. Zwangslizenz im öffentlichen Interesse

a) Erfolgloses Bemühen um eine rechtsgeschäftliche Lizenz

Die Erteilung einer Zwangslizenz nach § 24 Abs. 1 PatG setzt als erstes voraus, 115 dass sich der Lizenzsucher innerhalb eines angemessenen Zeitraumes erfolglos bemüht hat, vom Patentinhaber die Zustimmung zu erhalten, die Erfindung zu angemessenen geschäftsüblichen Bedingungen zu benutzen (§ 24 Abs. 1 Nr. 1 PatG). Hierbei handelt es sich nicht um eine prozessuale, sondern um eine materiellrechtliche Voraussetzung.[219]

Ob sich der Lizenzsucher über einen angemessenen Zeitraum lang erfolglos 116 um eine Zustimmung des Patentinhabers bemüht hat, ist anhand der Umstände des Einzelfalls zu beurteilen.[220] Dabei ist eine wirtschaftliche und lebensnahe Betrachtung aus der Perspektive des Lizenzsuchers anzustellen.[221] Für den konkreten Umfang der Bemühungen des Lizenzsuchers spielt auch die Reaktion des

216 *Scheffler*, GRUR 2003, 97 (98).
217 *Pfanner*, GRUR Int. 1985, 357 (361); vgl. *Böttger*, GRUR Int. 2008, 881 (882 f.); *Harnisch* (o. Fn. 10), 45.
218 Vgl. BGH, GRUR 1996, 109 (114) – Klinische Versuche I.
219 BGH GRUR 2019, 1038 Rn. 19 – Alirocumab; BPatG GRUR 2017, 373 Rn. 31 f. – Isentress; zustimmend *Stierle*, GRUR 2017, 383 (383) unter 2.; anders noch BGH GRUR 1996, 190 (191 f.) – Interferon-gamma/Polyferon.
220 BGH GRUR 2019, 1038 Rn. 19 – Alirocumab; BGH GRUR 2017, 1017 Rn. 19 – Raltegravir.
221 BPatG GRUR 2017, 373 Rn. 37, 41 – Isentress.

Patentinhabers eine Rolle: So bedarf es weiterer Bemühungen in der Regel nicht, wenn der Patentinhaber die Zustimmung zur Benutzung der Erfindung schlechthin verweigert oder auf entsprechende Anfrage (und ggf. gebotene Erinnerung) nicht in angemessener Zeit reagiert.[222] Ferner kann es geboten sein, dem Patentinhaber nähere Informationen über das aufgrund der Lizenz herzustellende Produkt bereitzustellen.[223]

117 Zu den »angemessenen geschäftsüblichen« Bedingungen gehört insbesondere die Zahlung einer üblichen oder sonst angemessenen Vergütung.[224] Ein Angebot des Lizenzsuchers muss sich in einer nach wirtschaftlichen Gesichtspunkten vertretbaren Höhe halten, es braucht aber nicht aus Sicht des Patentinhabers oder objektiv nach Auffassung der später entscheidenden Stellen das Richtige zu treffen.[225] Eine Rolle können insofern auch die berechtigten Erwartungen an den Rechtsbestand des fraglichen Schutzrechts spielen.[226] Regelmäßig wird auch das Angebot einer Sicherheitsleistung erforderlich sein, obwohl dies nicht mehr ausdrücklich im Gesetz bestimmt ist.[227]

118 Maßgeblicher Zeitpunkt für die Beurteilung des Bemühens ist der Schluss der mündlichen Verhandlung, nicht der Zeitpunkt der Antragstellung beim Patentgericht.[228] Allerdings genügt es nicht, wenn sich der Lizenzsucher während des Verfahrens gewissermaßen in letzter Minute zur Zahlung einer angemessenen Vergütung bereit erklärt.[229]

b) Öffentliches Interesse

119 Als zweite zentrale Voraussetzung muss die Erteilung einer Zwangslizenz gem. § 24 Abs. 1 Nr. 2 PatG im öffentlichen Interesse geboten sein.

120 Der Begriff »öffentliches Interesse« ist ein von der Rechtsprechung auszufüllender unbestimmter Rechtsbegriff.[230] Die Frage, wann ein öffentliches Interesse

222 BGH GRUR 2019, 1038 Rn. 23 ff. – Alirocumab.

223 BGH GRUR 2019, 1038 Rn. 227 – Alirocumab.

224 *Kober-Dehm*, in: Benkard, PatG, 12. Aufl. (2023), § 24 Rn. 13a.

225 *Kober-Dehm*, in: Benkard, PatG, 12. Aufl. (2023), § 24 Rn. 13a; vgl. *Haedicke/Wollenschlaeger*, in: Haedicke/Timmann, Hdb. PatR, 2. Aufl. (2020), § 16 Rn. 271.

226 BGH GRUR 2017, 1017 Rn. 22 – Raltegravir; BPatG GRUR 2017, 373 Rn. 44 – Isentress.

227 *Haedicke/Wollenschlaeger*, in: Haedicke/Timmann, Hdb. PatR, 2. Aufl. (2020), § 16 Rn. 275; *McGuire*, in: Busse/Keukenschrijver, PatG, 9. Aufl. (2020), § 24 Rn. 23; *Wilhelmi*, in: BeckOK PatR, 34. Aufl. (2021), PatG, § 24 Rn. 22; *Wolff* (o. Fn. 33), 26 m.w.N.; a.A. *Mes* (o. Fn. 40), § 24 Rn. 11.

228 BGH GRUR 2017, 1017 Rn. 19 – Raltegravir.

229 Vielmehr muss der Lizenzsucher über einen gewissen Zeitraum hinweg versucht haben, sich mit dem Patentinhaber über die Erteilung einer Lizenz zu einigen, BGH GRUR 2017, 1017 Rn. 19 – Raltegravir.

230 BGH GRUR 1996, 190 (192) – Interferon-gamma/Polyferon; eingehend *Bußmann* (o. Fn. 5), 83 ff.

vorliegt, hängt von den Umständen des Einzelfalls ab und ist unter Abwägung der schutzwürdigen Interessen des Patentinhabers und aller die Interessen der Allgemeinheit betreffenden maßgeblichen Gesichtspunkte zu entscheiden.[231] Da die Zwangslizenz einen schwerwiegenden Eingriff in das Ausschließlichkeitsrecht des Patentinhabers darstellt, ist bei der Interessenabwägung der Grundsatz der Verhältnismäßigkeit zu wahren.[232] Eine Zwangslizenz muss deshalb versagt werden, wenn dem öffentlichen Interesse mit weitgehend gleichwertigen, nicht patentverletzenden Produkten Genüge getan werden kann.[233] Dem trägt auch der Wortlaut Rechnung, der es für die Einräumung der Zwangslizenz nicht genügen lässt, dass diese im öffentlichen Interesse liegt, sondern dass sie im öffentlichen Interesse geboten, d.h. dringend erforderlich oder zwingend erscheint.[234]

Die Bewertung der abzuwägenden Belange unterliegt wechselnden Anschau- 121
ungen, sodass sich das öffentliche Interesse nicht in allgemeingültiger Weise umschreiben lässt und nicht ohne weiteres auf die ältere Rechtsprechung zurückgegriffen werden kann.[235] Als besondere Umstände kommen bei der Prüfung des öffentlichen Interesses insbesondere wirtschaftliche, sozialpolitische und medizinische Gesichtspunkte in Betracht.[236] Im Gegensatz zu technischen Aspekten, die nunmehr besonders in § 24 Abs. 2 und Abs. 3 PatG geregelt sind,[237] dürften heute auch Fragen des Umweltschutzes eine erhöhte Bedeutung zukommen.[238]

aa) Wirtschaftliche Aspekte

Ob wirtschaftliche Gesichtspunkte wie die Verbesserung der Handelsbilanz[239] 122
oder die Förderung der Devisenlage[240] auch heute noch für die Erteilung einer Zwangslizenz sprechen, ist aufgrund des Umstandes, dass diese Erwägungen

231 BGH GRUR 1996, 190 (193) – Interferon-gamma/Polyferon; BGH GRUR 2017, 1017 Rn. 38 – Raltegravir.
232 BGH GRUR GRUR 1996, 190 (193) – Interferon-gamma/Polyferon; BPatG GRUR 2017, 373 Rn. 64 – Isentress.
233 BGH GRUR GRUR 1996, 190 (193) – Interferon-gamma/Polyferon.
234 Vgl. *Melullis*, GRUR 2021, 294 (296).
235 BGH GRUR 1996, 190 (192) – Interferon-gamma/Polyferon; BPatG GRUR 1994, 98 (100) – Zwangslizenz; vgl. *Bußmann* (o. Fn. 5), 83; *Horn*, Mitt. 1970, 184 (185 f.); *Pohl* (o. Fn. 6), 23 f.
236 BGH GRUR 1996, 190 (192 f.) – Interferon-gamma/Polyferon; BGH GRUR 2004, 966 (967) – Standard-Spundfass.
237 *Kober-Dehm*, in: Benkard, PatG, 12. Aufl. (2023), § 24 Rn. 18 mit Verweis auf die Rspr. des RG.
238 *Ann* (o. Fn. 29), § 34 Rn. 109; *Kober-Dehm*, in: Benkard, PatG, 12. Aufl. (2023), § 24 Rn. 20; skeptisch im internationalen Kontext *Heinze*, GRUR Int. 2021, 554 (561).
239 RG GRUR 1928, 705 (709).
240 RG GRUR 1938, 320 (323), dort allerdings verneinend.

heutzutage eine Regelung durch die freien Marktkräfte erfahren, zumindest in besonderem Maße erklärungsbedürftig.[241] Während bei der Interpretation des öffentlichen Interesses früher die Förderung der deutschen Volkswirtschaft im Vordergrund stand,[242] kann der Zwangslizenz unter der heutigen marktwirtschaftlichen Ordnung keine derart wirtschaftspolitische Funktion mehr entnommen werden.[243]

123 Ein öffentliches Interesse kann dadurch begründet werden, dass der Patentinhaber seine marktbeherrschende Stellung missbraucht.[244] Eine faktische Monopolstellung des Patentinhabers ohne weitere hinzutretende Umstände genügt nicht, da diese Stellung grundsätzlich vom Belohnungszweck des Patentrechts umfasst wird.[245] Umgekehrt kann ein öffentliches Interesse aber auch ohne den Missbrauch einer marktbeherrschenden Stellung durch den Patentinhaber bestehen.[246]

bb) Sozialpolitische Aspekte

124 Ein öffentliches Interesse unter sozialpolitischen Gesichtspunkten hat die ältere Rechtsprechung etwa bei der Verhinderung von Betriebsstilllegungen und Entlassungen in großem Umfang[247] oder der Sicherstellung der Stromversorgung[248] bejaht. Ob diese Umstände auch heute noch eine Rolle spielen können, ist zweifelhaft und hängt davon ab, ob sie dem freien Markt zu überlassen sind.[249] Gegen die Berücksichtigung sozialpolitischer Aspekte spricht, dass in dem heutigen System der sozialen Marktwirtschaft die Abmilderung sozialer Härten den bestehenden sozialen Sicherungssystemen und nicht der (patentrechtlichen) Rechtsprechung zuzuweisen ist.[250]

241 So *Haedicke/Wollenschlaeger*, in: Haedicke/Timmann, Hdb. PatR, 2. Aufl. (2020), § 16 Rn. 282; vgl. auch *Wilhelmi*, in: BeckOK PatR, 34. Aufl. (2021), PatG, § 24 Rn. 30.

242 Dazu *Pohl* (o. Fn. 6), 29.

243 Anders noch *Bußmann* (o. Fn. 5), 184.

244 *Kober-Dehm*, in: Benkard, PatG, 12. Aufl. (2023), § 24 Rn. 19; *Wilhelmi*, in: BeckOK PatR, 34. Aufl. (2021), PatG, § 24 Rn. 31. In solchen Fällen kann zugleich ein kartellrechtlicher Anspruch auf Einräumung einer Zwangslizenz nach §§ 19, 20 GWB begründet sein, BGH GRUR 2004, 966 (966 f.) – Standard-Spundfass.

245 BGH GRUR 1996, 190 (192) – Interferon-gamma/Polyferon; RGZ 83, 9 (14 f.).

246 BGH GRUR 2004, 966 (967) – Standard-Spundfass; a.A. *Pohl* (o. Fn. 6), 37 ff., der § 24 Abs. 1 PatG im Lichte der allgemeinen Rechtsmissbrauchslehre interpretieren will.

247 RGZ 113, 115 (118); RGZ 143, 223 (226); RG GRUR 1938, 320 (322 f.).

248 RG GRUR 1936, 604 (605).

249 Vgl. *Haedicke/Wollenschlaeger*, in: Haedicke/Timmann, Hdb. PatR, 2. Aufl. (2020), § 16 Rn. 283; *Wilhelmi*, in: BeckOK PatR, 34. Aufl. (2021), PatG, § 24 Rn. 32.

250 Im Ergebnis auch *Haedicke/Wollenschlaeger*, in: Haedicke/Timmann, Hdb. PatR, 2. Aufl. (2020), § 16 Rn. 283; *Melullis*, GRUR 2021, 294 (297 f.).

cc) Medizinische Aspekte

Im medizinischen Bereich kann ein öffentliches Interesse insbesondere darin liegen, dass bei schweren Erkrankungen den Betroffenen ein bestimmtes Arzneimittel weiterhin zur Verfügung steht, das therapeutische Eigenschaften aufweist, die andere erhältliche Mittel nicht oder nicht in gleichem Maße besitzen, oder dass durch das Medikament Nebenwirkungen der anderen verfügbaren Mittel vermieden werden.[251] Eine Zwangslizenz kann hingegen grundsätzlich nicht zugesprochen werden, wenn das öffentliche Interesse mit anderen, im Wesentlichen gleichwertigen Ausweichpräparaten befriedigt werden kann.[252] Ist nur eine relativ kleine Gruppe von Patienten betroffen, kann ein öffentliches Interesse gleichwohl zu bejahen sein, insbesondere wenn diese Gruppe einer besonders hohen Gefährdung ausgesetzt wäre, wenn das in Rede stehende Medikament nicht mehr verfügbar wäre.[253] Der Nachweis einer besseren therapeutischen Wirkung oder geringerer Nebenwirkungen des Medikaments kann vom Lizenzsucher durch statistisch signifikante Ergebnisse klinischer Studien, aber auch durch alle anderen zulässigen Beweismittel erbracht werden.[254] 125

dd) Insbesondere: hohe Preise medizinischer Produkte

In gesundheitlichen Notlagen wie einer Pandemie kann eine Zwangslizenz im öffentlichen Interesse geboten sein, wenn die zur Behandlung oder Eindämmung der Krankheit notwendigen Medikamente, Geräte oder Impfstoffe nicht, nicht in ausreichender Menge oder nicht schnell genug produziert und der Bevölkerung zur Verfügung gestellt werden.[255] Ob eine Zwangslizenz auch dann in Betracht kommt, wenn die medizinische Versorgung durch unangemessen hohe Preise gefährdet wird, erscheint indes zweifelhaft. 126

Das Interesse der Verbraucher an niedrigen Preisen der patentgemäßen Leistungen reicht im Allgemeinen für § 24 Abs. 1 PatG nicht aus.[256] § 24 PatG will die Versorgung der Allgemeinheit mit dringend benötigten Gütern sicherstellen und ist kein Mittel der Preiskontrolle.[257] Beruhen die hohen Preise auf bahnbrechenden, innovativen Lösungen, die einen hohen Entwicklungsaufwand erforderten, scheint es vor dem Hintergrund des patentrechtlichen Anreiz- und 127

251 BGH GRUR 1996, 190 (193 f.) – Interferon-gamma/Polyferon; BGH GRUR 2017, 1017 Rn. 39 – Raltegravir.
252 BGH GRUR 1996, 190 (193) – Interferon-gamma; BGH GRUR 2017, 1017 Rn. 39 – Raltegravir.
253 BGH GRUR 2017, 1017 Rn. 49 – Raltegravir.
254 BGH GRUR 2019, 1038 Rn. 46 – Alirocumab.
255 Vgl. *Bühling*, in: FS Rojahn, 2020, 141 (147); *Metzger/Zech*, GRUR 2020, 561 (564).
256 *Ann* (o. Fn. 29); vgl. *Bußmann* (o. Fn. 5), 180 ff.
257 *Melullis*, GRUR 2021, 294 (297).

Belohnungsgedankens nicht sachgerecht, mit dem Mittel der Zwangslizenz die Entlohnung des Erfinders zu unterminieren. Eine bahnbrechende Erfindung darf gerade nicht wegen ihrer Qualität zu einer Beschränkung der dem Entwickler durch die Rechtsordnung zugesicherten Vorteile führen.[258] Sinn des Patentrechts ist es gerade, solche herausragenden Erfindungen zu fördern.[259] Beruhen die hohen Preise auf anderen Gründen, ist ein korrigierender Eingriff nicht im Patentrecht, sondern ggf. im Kartellrecht zu suchen.[260]

2. Abhängige Erfindungen

128 § 24 Abs. 2 PatG regelt den Fall, dass der Lizenzsucher für eine weiterführende Erfindung ein eigenes Patent erlangt hat, durch das Patent eines anderen jedoch daran gehindert ist, seine eigene Erfindung auszuwerten.[261] In diesem Fall der Abhängigkeit zweier Erfindungen kann eine Zwangslizenz verlangt werden, wenn die Erfindung des Lizenzsuchers gegenüber der Erfindung eines älteren Patents einen – objektiv zu bestimmenden[262] – wichtigen technischen und wirtschaftlich bedeutsamen Fortschritt aufweist und der Lizenzsucher sich in angemessener Weise um eine vertragliche Lizenz bemüht hat (vgl. § 24 Abs. 2 S. 1 PatG). Nach § 24 Abs. 2 S. 2 PatG kann der Inhaber des älteren Patents verlangen, dass ihm der Lizenzsucher seinerseits eine Gegenlizenz an seinem jüngeren Patent einräumt.[263]

129 Seit Umsetzung der Biopatentrichtlinie im Jahr 2005[264] verzichtet § 24 Abs. 2 PatG auf das Erfordernis des öffentlichen Interesses.[265] Ist für die abhängige Erfindung kein Patent erteilt, kommt weiterhin die Erteilung einer Zwangslizenz nach § 24 Abs. 1 PatG in Betracht, dessen Anforderungen für die Annahme eines öffentlichen Interesses dann jedoch strenger sein müssen als diejenigen in § 24 Abs. 2 S. 1 Nr. 2 PatG.[266]

258 *Melullis*, GRUR 2021, 294 (297); vgl. *Bußmann* (o. Fn. 5), 181; *Pohl* (o. Fn. 6), 291.
259 *Bußmann* (o. Fn. 5), 180 f.; *Melullis*, GRUR 2021, 294 (296).
260 Zurückhaltend insofern *Melullis*, GRUR 2021, 294 (296 f.).
261 *Kober-Dehm*, in: Benkard, PatG, 12. Aufl. (2023), § 24 Rn. 22.
262 *Haedicke/Wollenschlaeger*, in: Haedicke/Timmann, Hdb. PatR, 2. Aufl. (2020), § 16 Rn. 288; *Kober-Dehm*, in: Benkard, PatG, 12. Aufl. (2023), § 24 Rn. 22; *Leitzen/Kleinevoss*, Mitt. 2005, 198 (202); *Timmann*, Das Patentrecht im Lichte von Art. 14 GG, 2008, 280 f.; a.A. *Nieder*, Mitt. 2001, 400 (401).
263 Dazu *Kober-Dehm*, in: Benkard, PatG, 12. Aufl. (2023), § 24 Rn. 24.
264 Dazu oben Kap. 2 B. II. 2.
265 *Leitzen/Kleinevoss*, Mitt. 2005, 198 (200); kritisch dazu *Holzapfel*, Mitt. 2004, 391.
266 *Haedicke/Wollenschlaeger*, in: Haedicke/Timmann, Hdb. PatR, 2. Aufl. (2020), § 16 Rn. 287; vgl. *Kober-Dehm*, in: Benkard, PatG, 12. Aufl. (2023), § 24 Rn. 23; *Wilhelmi*, in: BeckOK PatR, 34. Aufl. (2021), PatG, § 24 Rn. 36.

3. Unzureichende Inlandsausübung

Um eine ausreichende Versorgung des Inlandsmarktes mit dem patentierten Erzeugnis sicherzustellen, können gem. § 24 Abs. 5 S. 1 PatG Zwangslizenzen erteilt werden, wenn der Patentinhaber die patentierte Erfindung nicht oder nicht überwiegend im Inland ausübt. Nach § 24 Abs. 5 S. 2 PatG steht die Einfuhr der Ausübung (d.h. der Herstellung oder Verfahrensausübung) im Inland gleich. 130

Fraglich ist, ob die Erteilung einer patentrechtlichen Zwangslizenz auch dann noch in Betracht kommt, wenn der Patentinhaber seine Erfindung zwar vollständig oder überwiegend im Inland ausführt, aber dennoch eine ausreichende Inlandsversorgung mit der patentgemäßen Erfindung unterbleibt. Diese Konstellation könnte sich etwa in einer Gesundheitskrise in Bezug auf die komplexe Produktion von Impfstoffen oder Medikamenten ergeben, in der ein Patentinhaber seine Produktionskapazitäten vollständig ausnutzt, die nationale Nachfrage damit jedoch nicht (zeitnah) befriedigt werden kann.[267] Ob in solchen Fällen zur Sicherstellung einer ausreichenden Inlandsversorgung auf den Grundtatbestand des § 24 Abs. 1 PatG zurückgegriffen werden kann, ist bislang ungeklärt.[268] 131

a) Sperrwirkung des § 24 Abs. 5 PatG

Ein Rückgriff auf § 24 Abs. 1 PatG wird teilweise abgelehnt.[269] Wird der Inlandsmarkt nicht ausreichend versorgt, obwohl die Erfindung überwiegend im Inland ausgeführt wird, seien die Voraussetzungen des § 24 PatG nicht erfüllt und es bliebe nur die Möglichkeit einer kartellrechtlichen Zwangslizenz.[270] Demnach entfaltet § 24 Abs. 5 PatG eine gewisse Sperrwirkung, die bei vollständiger oder überwiegender Ausübung der Erfindung im Inland trotz unzureichender Versorgung des Inlands mit der patentgemäßen Erfindung die Erteilung einer patentrechtlichen Zwangslizenz zur Verbesserung der Inlandsversorgung nach § 24 PatG (insgesamt) ausschließt. 132

b) Keine Sperrwirkung des § 24 Abs. 5 PatG

Andere Stimmen lehnen eine derartige Sperrwirkung ab und lassen den Rückgriff auf § 24 Abs. 1 PatG zu, wenn die Inlandsversorgung mit dem patentierten 133

267 *Stierle*, JZ 2021, 71 (76).
268 Vgl. zum Problem *Haedicke/Wollenschlaeger*, in: Haedicke/Timmann, Hdb. PatR, 2. Aufl. (2020), § 16 Rn. 295.
269 So *Kober-Dehm*, in: Benkard, PatG, 12. Aufl. (2023), § 24 Rn. 27.
270 *Kober-Dehm*, in: Benkard, PatG, 12. Aufl. (2023), § 24 Rn. 27.

Erzeugnis trotz ausreichender Inlandsausübung nicht sichergestellt ist.[271] Andernfalls bestünde die Gefahr, eine Zwangslizenz nicht erteilen zu können, obwohl diese aufgrund zwingender öffentlicher Interessen geboten erscheint.[272] Vereinzelt wird für einen Rückgriff auf § 24 Abs. 1 PatG einschränkend ein »erhöhtes öffentliches Interesse« gefordert.[273]

c) Stellungnahme

134 Eine Sperrwirkung des § 24 Abs. 5 PatG ist dem Wortlaut des § 24 Abs. 5 S. 1 PatG nicht zu entnehmen. Dieser hebt die ausreichende Inlandsversorgung als eigenständigen materiellrechtlichen Grund unabhängig vom (einfachen) öffentlichen Interesse im Sinne des § 24 Abs. 1 Nr. 2 PatG hervor.

135 Gleichzeitig streitet der Wortlaut des § 24 Abs. 5 S. 1 PatG aber dafür, die unzureichende Inlandsversorgung als Folge der unzureichenden Inlandsausübung zu sehen. Die unzureichende Inlandsausübung wird an den Anfang der Norm gestellt und durch die Formulierung »[…] so können Zwangslizenzen […] erteilt werden […]« mit der Rechtsfolge verknüpft. Demnach muss die unzureichende Inlandsversorgung unmittelbar auf die unzureichende Inlandsausführung durch den Patentinhaber zurückzuführen sein.[274] Die unzureichende Inlandsausübung stellt mithin eine notwendige Voraussetzung für die Erteilung einer Zwangslizenz nach § 24 Abs. 5 PatG dar. Aus der ausdrücklichen Verweisung in § 24 Abs. 5 S. 1 PatG auf Abs. 1 folgt, dass die besondere Voraussetzung der unzureichenden Inlandsausübung neben die allgemeinen Erfordernisse des § 24 Abs. 1 PatG (erfolgloses Bemühen und öffentliches Interesse) tritt,[275] die für die Anwendung des § 24 Abs. 5 PatG ebenfalls erfüllt sein müssen.[276] Es wäre in-

271 So *Wilhelmi*, in: BeckOK PatR, 34. Aufl. (2021), PatG, § 24 Rn. 43, 46; *Stierle*, JZ 2021, 71 (76); *ders.*, GRUR 2017, 383 (384) unter 7.; wohl auch *McGuire*, in: Busse/Keukenschrijver, PatG, 9. Aufl. (2020), § 24 Rn. 37.

272 *Stierle*, GRUR 2017, 383 (384) unter 7.

273 So *Wilhelmi*, in: BeckOK PatR, 34. Aufl. (2021), PatG, § 24 Rn. 43, 46 ohne nähere Spezifizierung dieses Kriteriums.

274 *Kober-Dehm*, in: Benkard, PatG, 12. Aufl. (2023), § 24 Rn. 27; insoweit auch *Haedicke/Wollenschlaeger*, in: Haedicke/Timmann, Hdb. PatR, 2. Aufl. (2020), § 16 Rn. 294. Zur Verdeutlichung kann (übertragen auf die strafrechtliche Terminologie) die mangelhafte Inlandspraktizierung als »Tathandlung« und die unzureichende Inlandsversorgung als »tatbestandlicher Erfolg« bezeichnet werden, so *Stierle* (o. Fn. 126), 65 f.

275 *Kober-Dehm*, in: Benkard, PatG, 12. Aufl. (2023), § 24 Rn. 27; *Mes* (o. Fn. 40), § 24 Rn. 28.

276 *Gräwe*, in: Schulte, PatG, 12. Aufl. (2025), § 24 Rn. 26; *Haedicke/Wollenschlaeger*, in: Haedicke/Timmann, Hdb. PatR, 2. Aufl. (2020), § 16 Rn. 294; *Kober-Dehm*, in: Benkard, PatG, 12. Aufl. (2023), § 24 Rn. 27; *Mes* (o. Fn. 40), § 24 Rn. 28; *Stierle* (o. Fn. 126), 65; implizit *Wilhelmi*, in: BeckOK PatR, 34. Aufl. (2021), PatG, § 24 Rn. 42.

konsequent, eine dieser nebeneinander stehenden notwendigen – für sich genommen aber nicht hinreichenden – Voraussetzungen ohne triftigen Grund fallen zu lassen und *de facto* dasselbe Ergebnis, nämlich eine Zwangslizenz nach § 24 PatG, »durch die Hintertür« des § 24 Abs. 1 PatG herbeiführen zu wollen. Der Grund einer besseren Inlandsversorgung wurde durch nachträgliche Einfügung des § 24 Abs. 5 PatG (*ex* § 24 Abs. 4 PatG) gesetzlich anerkannt und konkretisiert.[277] Diese gesetzliche Konkretisierung mündete in den besonderen Voraussetzungen des § 24 Abs. 5 PatG, die nicht ohne weiteres über die Generalklausel des § 24 Abs. 1 PatG umgangen werden dürfen. Könnte auch in Fällen der mangelhaften Inlandsversorgung auf § 24 Abs. 1 PatG zurückgegriffen werden, der die unzureichende Inlandsausübung gerade nicht voraussetzt, wäre der nachträglich eingeführte § 24 Abs. 5 PatG praktisch überflüssig.

Überdies lässt sich ein Rückgriff auf § 24 Abs. 1 PatG trotz ausreichender In- 136
landsausübung nicht mit dem in § 24 Abs. 1 Nr. 1 PatG verankerten Grundgedanken der Zwangslizenz vereinbaren, dass diese nur gegen den lizenzunwilligen Patentinhaber nach erfolglosen Lizenzbemühungen zu erteilen ist. Führt der Patentinhaber seine Erfindung in ausreichendem Maße aus und trägt damit (freiwillig) im Rahmen seiner Möglichkeiten zur Versorgung des inländischen Bedarfs mit seiner innovativen Technologie bei, kann ihm eine Zwangslizenz über § 24 Abs. 1 PatG zur Verbesserung der Inlandsversorgung kaum zugemutet werden.

Die besseren Gründe sprechen gegen einen Rückgriff auf § 24 Abs. 1 PatG 137
bei mangelnder Inlandsversorgung trotz ausreichender Inlandsausführung. Einer außergewöhnlich hohen Nachfrage nach einem wichtigen krisenspezifischen Produkt bei begrenzten Produktionsmöglichkeiten kann daher zum Zwecke einer verbesserten Inlandsversorgung nicht in jedem Fall mit einer Zwangslizenz begegnet werden. Soweit dieses Verständnis in einzelnen Fällen zu unbefriedigenden Ergebnissen führen mag, ist dies als Konsequenz der (insoweit missglückten) gesetzlichen Konzeption des § 24 Abs. 5 PatG hinzunehmen. Im Übrigen können mit der Benutzungsanordnung oder dem Unverhältnismäßigkeitseinwand im Einzelfall besondere Härten abgemildert werden, denen mit der Zwangslizenz nicht vollumfänglich Rechnung getragen werden kann.

III. Erteilung und Rechtsfolgen der Zwangslizenz

1. Zuständigkeit und Verfahren

Zuständig für die Erteilung einer Zwangslizenz ist im ersten Rechtszug der 138
Nichtigkeitssenat des BPatG (§ 66 Abs. 1 Nr. 2 PatG), für die Berufung im zweiten Rechtszug der BGH (§ 110 Abs. 1 PatG). Das BPatG entscheidet über

277 *Kober-Dehm*, in: Benkard, PatG, 12. Aufl. (2023), § 24 Rn. 27; *Wilhelmi*, in: BeckOK PatR, 34. Aufl. (2021), PatG, § 24 Rn. 43.

die Erteilung der Zwangslizenz gem. § 84 Abs. 1 S. 1 PatG durch Urteil, das auf Antrag des Klägers gegen oder ohne Sicherheitsleistung für vorläufig vollstreckbar erklärt werden kann, wenn dies im öffentlichen Interesse liegt (§ 85 Abs. 6 PatG).

139 Auf Antrag des Klägers kann ihm die Benutzung der Erfindung auch durch einstweilige Verfügung gestattet werden, wenn er glaubhaft macht, dass die Voraussetzungen des § 24 PatG vorliegen und die alsbaldige Erteilung der Benutzungserlaubnis im öffentlichen Interesse dringend geboten ist (§ 85 Abs. 1 PatG). Letzteres ist der Fall, wenn ein längeres Zuwarten nicht verantwortet werden kann, um wesentliche Nachteile von der Öffentlichkeit abzuwenden.[278] Gegen das Urteil über die einstweilige Verfügung findet die Beschwerde an den Nichtigkeitssenat des BGH statt (§ 122 PatG).

2. Erteilung und Wirkung

140 Mit der Erteilung der Zwangslizenz durch Gestaltungsurteil des BPatG wird dem Lizenzsucher unmittelbar ein »Nutzungsrecht« an dem Streitpatent verliehen.[279] Erteilt wird eine einfache Lizenz (vgl. § 24 Abs. 1 PatG). Der Patentinhaber bleibt weiterhin dazu befugt, die Erfindung selbst zu nutzen, weitere Lizenzen einzuräumen und das Patent auf Dritte zu übertragen.[280] Die Zwangslizenz kann eingeschränkt erteilt und von Bedingungen abhängig gemacht werden (§ 24 Abs. 6 S. 2 PatG) und ist nach Umfang und Dauer auf ihren konkreten Zweck zu begrenzen (§ 24 Abs. 6 S. 3 PatG).

3. Angemessene Vergütung

141 Der Patentinhaber hat gegen den Inhaber der Zwangslizenz Anspruch auf eine Vergütung, die nach den Umständen des Falles angemessen ist und den wirtschaftlichen Wert der Zwangslizenz in Betracht zieht (§ 24 Abs. 6 S. 4 PatG).

142 Maßgebend für die Höhe der Vergütung ist, was ein vernünftiger Patentinhaber bei einer vertraglichen Einigung fordern und ein vernünftiger Lizenznehmer gewähren würde.[281] Einen Anhaltspunkt können die Vergütungen bieten, die von etwaigen vertraglichen Lizenznehmern des Patentinhabers zu entrichten

278 BGH GRUR 1952, 393 (394) – Paladon; BPatG GRUR 2017, 373 Rn. 106 – Isentress.

279 BGH GRUR 1996, 190 (195) – Interferon-gamma/Polyferon; BPatG GRUR 1994, 98 (101) – Zwangslizenz.

280 *Haedicke/Wollenschlaeger*, in: Haedicke/Timmann, Hdb. PatR, 2. Aufl. (2020), § 16 Rn. 320; *Wilhelmi*, in: BeckOK PatR, 34. Aufl. (2021), PatG, § 24 Rn. 83. Die Zwangslizenz bleibt bei Übertragung des Patents oder Lizenzerteilung bestehen (§ 99 PatG i.V.m. § 325 ZPO).

281 RGZ 171, 227 (239).

sind.[282] Zu den im Einzelfall zu berücksichtigenden Umständen gehören z.B. das Alter und die wirtschaftliche Bedeutung des Patents,[283] die aufgrund der Zwangslizenz erlangte Marktstellung[284] oder die technische Innovation des Patents.[285] Weiter kann das beim Patentinhaber verbleibende Risiko eines Widerrufs oder einer Nichtigerklärung des Patents zu berücksichtigen sein.[286] Während in der älteren Rechtsprechung Prozentsätze von 1–10 % des Verkaufspreises üblich waren,[287] liegen die Prozentsätze in der neueren Rechtsprechung üblicherweise zwischen 5 und 10 %, zum Teil auch bei 15 %.[288]

4. Übertragung, Rücknahme und Beendigung

Um Missbrauch vorzubeugen, erlaubt § 24 Abs. 7 S. 1 PatG die Übertragung 143
der Zwangslizenz nur zusammen mit dem Betrieb, der mit der Auswertung der lizenzierten Erfindung befasst ist.[289]

Das Zwangslizenzverhältnis kann von den Beteiligten jederzeit durch vertrag- 144
liche Einigung beendet werden.[290] Überwiegend wird dem Patentinhaber das Recht abgesprochen, sich bei nicht bezahlter Vergütung des Lizenznehmers einseitig durch Rücktritt (§ 323 BGB) oder Kündigung (§ 314 BGB) von der Zwangslizenz zu lösen.[291] Der Patentinhaber ist grundsätzlich auf die im Klagewege durchzusetzende Rücknahme der Zwangslizenz unter den Voraussetzungen des § 24 Abs. 6 S. 6 PatG zu verweisen.[292] Gegen eine einseitige Beendigung der Zwangslizenz durch den Patentinhaber spricht vor allem die Tatsache, dass die

282 BGH GRUR 2017, 1017 Rn. 28 – Raltegravir; BPatG GRUR 2018, 803 Rn. 37 – Isentress II.

283 *Wilhelmi*, in: BeckOK PatR, 34. Aufl. (2021), PatG, § 24 Rn. 58.

284 RG GRUR 1938, 836 (837).

285 *Kober-Dehm*, in: Benkard, PatG, 12. Aufl. (2023), § 24 Rn. 33 mit weiteren Beispielen; im Einzelnen *Haedicke/Wollenschlaeger*, in: Haedicke/Timmann, Hdb. PatR, 2. Aufl. (2020), § 16 Rn. 302.

286 BGH GRUR 2017, 1017 Rn. 28 – Raltegravir; BPatG GRUR 2018, 803 Rn. 43 ff. – Isentress II.

287 RGZ 92, 329 (331); *Kober-Dehm*, in: Benkard, PatG, 12. Aufl. (2023), § 24 Rn. 34 m.w.N.

288 BPatG GRUR 1994, 98 (103) – Zwangslizenz.

289 *Mes* (o. Fn. 40), § 24 Rn. 42.

290 *Haedicke/Wollenschlaeger*, in: Haedicke/Timmann, Hdb. PatR, 2. Aufl. (2020), § 16 Rn. 327.

291 *Haedicke/Wollenschlaeger*, in: Haedicke/Timmann, Hdb. PatR, 2. Aufl. (2020), § 16 Rn. 327; *Kober-Dehm*, in: Benkard, PatG, 12. Aufl. (2023), § 24 Rn. 46; *McGuire*, in: Busse/Keukenschrijver, PatG, 9. Aufl. (2020), § 24 Rn. 87; *Neumar*, in: Reimer, PatG, 3. Aufl. (1968), § 15 Rn. 21; *Wilhelmi*, in: BeckOK PatR, 34. Aufl. (2021), PatG, § 24 Rn. 70; für ein weitergehendes Lösungsrecht *Ann* (o. Fn. 29), § 34 Rn. 134.

292 Vgl. *Kober-Dehm*, in: Benkard, PatG, 12. Aufl. (2023), § 24 Rn. 45.

Zwangslizenz aufgrund öffentlichen Interesses hoheitlich verliehen wurde und dieses öffentliche Interesse unabhängig davon besteht, ob der Zwangslizenznehmer seine Verpflichtungen gegenüber dem Patentinhaber erfüllt.[293]

145 Von selbst endet das durch die Zwangslizenz begründete Nutzungsrecht des Zwangslizenznehmers und damit auch die Vergütungspflicht für die Zukunft mit dem Freiwerden der Erfindung, d.h. mit dem Erlöschen des Patents oder mit seiner Vernichtung im Nichtigkeitsverfahren.[294] Bereits erwachsene Lizenzgebühren bleiben trotz der rückwirkenden Vernichtung des Patents unberührt, ebenso die Verpflichtung des Lizenznehmers zur Entrichtung der bereits erwachsenen Lizenzgebühren.[295] Die Zwangslizenz wird gegenstandslos, wenn sich später herausstellt, dass die im Zwangslizenzverfahren unterstellte Benutzung der Erfindung durch den Lizenznehmer in Wahrheit nicht vorliegt.[296] In diesem Fall wird der Zwangslizenznehmer von der Vergütungspflicht auch für die Vergangenheit frei und kann die bereits entrichtete Vergütung als ungerechtfertigte Bereicherung zurückfordern.[297]

B. Bisherige Anwendungsfälle und praktische Relevanz

146 Vor dem Hintergrund des gesetzlichen Rahmens ist im Vorfeld einer Effektivitäts- und Effizienzanalyse die Relevanz der patentrechtlichen Zwangslizenz in der Praxis zu untersuchen. Ein Blick auf die bisherige höchstrichterliche Rechtsprechung deutet auf eine geringe praktische Relevanz des § 24 PatG hin (I.). Geltung erlangt die Zwangslizenz eher in ihrer mittelbaren Funktion als Druckmittel in freiwilligen Lizenzverhandlungen (II.). Auch in Krisenzeiten liegt die Bedeutung des § 24 PatG in erster Linie in der Androhung ihrer Inanspruchnahme und nicht in ihrer unmittelbaren Anwendung (III.).

293 Vgl. *Haedicke/Wollenschlaeger*, in: Haedicke/Timmann, Hdb. PatR, 2. Aufl. (2020), § 16 Rn. 327; *Kober-Dehm*, in: Benkard, PatG, 12. Aufl. (2023), § 24 Rn. 46; *Neumar*, in: Reimer, PatG, 3. Aufl. (1968), § 15 Rn. 21.

294 *Kober-Dehm*, in: Benkard, PatG, 12. Aufl. (2023), § 24 Rn. 46.

295 BPatG GRUR 2018, 803 Rn. 26 ff. – Isentress II; *Kober-Dehm*, in: Benkard, PatG, 12. Aufl. (2023), § 24 Rn. 46; näher dazu unten Kap. 7 A. III.

296 Vgl. RG GRUR 1934, 246 (248) – Tonaufnahmeverfahren; RG BlPMZ 1918, 20 (22) – Gleisrückmaschine I.

297 *Ann* (o. Fn. 29), § 34 Rn. 133; *Kober-Dehm*, in: Benkard, PatG, 12. Aufl. (2023), § 24 Rn. 46; *McGuire*, in: Busse/Keukenschrijver, PatG, 9. Aufl. (2020), § 24 Rn. 85; *Neumar*, in: Reimer, PatG, 3. Aufl. (1968), § 15 Rn. 22; offen lassend RG BlPMZ 1918, 20 (21) – Gleisrückmaschine I.

I. Unmittelbare Wirkung der Zwangslizenz: gerichtliche Entscheidungspraxis

Die Zahl der Anträge auf Erteilung einer Zwangslizenz vor dem BPatG und noch mehr die Zahl der erteilten Zwangslizenzen ist äußerst gering. Nur vereinzelt hatten sich bislang die obersten deutschen Gerichte mit Fällen zu § 24 PatG zu beschäftigen.[298] Seit Gründung der Bundesrepublik Deutschland kam es zwischen 1950 und 1979 zu 37 Zwangslizenzanträgen[299] und von 1980 bis 2007 nur zu acht Anträgen.[300] Im Jahr 1991 erteilte das BPatG erstmalig eine Zwangslizenz.[301] In der Berufungsinstanz verneinte der BGH aber ein öffentliches Interesse an der Erteilung einer Zwangslizenz und lehnte den Antrag ab.[302] Das öffentliche Interesse könne mit anderen, mehr oder weniger gleichwertigen Ausweichprodukten befriedigt werden.[303] In den letzten Jahren reihten sich in ungewohnter Häufigkeit zwei weitere Fälle in die Rechtsprechung des BGH ein. 147

1. BGH GRUR 2017, 1017 – Raltegravir

Im Jahr 2017 gestattete das BPatG erstmalig im Rahmen eines einstweiligen Verfügungsverfahrens die vorläufige Benutzung eines Patents gem. § 85 PatG, konkret den Vertrieb des Arzneimittels *Isentress* mit dem Wirkstoff *Raltegravir* zur Behandlung von HIV-Infizierten und AIDS-Kranken.[304] Die Entscheidung wurde auf Beschwerde der Patentinhaberin vom BGH bestätigt.[305] 148

Wie das Patentgericht kam auch der BGH zu dem Ergebnis, dass sich die Lizenzsucherin in der nach § 24 Abs. 1 Nr. 1 PatG erforderlichen Weise um einen Lizenzvertrag bemüht hatte.[306] Als unschädlich wurde insofern das im Vergleich zur Lizenzforderung der Patentinhaberin deutlich geringere Gegenangebot der Lizenzsucherin erachtet, da die Rechtsbeständigkeit des Streitpatents nicht hinreichend sicher zu beurteilen war und das Angebot der Patentinhaberin die Rücknahme aller Einsprüche der Lizenzsucherin gegen das Streitpatent vorsah, 149

298 Überblick über die Rspr. des BGH bei *Bacher*, in: FS Rojahn, 2020, 133; im Einzelnen *Haedicke/Stief/Wünsche*, Chemie-, Pharma-, Life-Sciences-Patente, 2024, § 9 Rn. 18 ff.

299 *Greif*, GRUR Int. 1981, 731 (733); *Jung*, ZWeR 2004, 379 (405) Fn. 160. Zur Anzahl der Zwangslizenzentscheidungen zwischen 1911 und 1950 *Preu*, in: FS 10 Jahre BPatG, 1971, 239 (239).

300 *Kraßer/Ann*, Patentrecht, 7. Aufl. (2016), § 34 Rn. 106. Zuletzt wurden im Jahr 2021 erfolglos Zwangslizenzanträge für fünf Patente betreffend Herzklappen gestellt: BPatG, Urt. v. 25.3.2021 – 6 Li 1-5/20 (unveröffentlicht).

301 BPatG GRUR 1994, 98 – Zwangslizenz.

302 BGH GRUR 1996, 190 (191) – Interferon-gamma/Polyferon.

303 BGH GRUR 1996, 190 (194 f.) – Interferon-gamma/Polyferon.

304 BPatG GRUR 2017, 373 – Isentress; eingehend *Holtorf/Traumann*, GRUR-Prax 2017, 105.

305 BGH GRUR 2017, 1017 – Raltegravir.

306 BGH GRUR 2017, 1017 Rn. 20 ff. – Raltegravir.

worauf sich die Lizenzsucherin nicht einlassen musste. [307] Weiter folgte der BGH dem BPatG darin, dass das nach § 24 Abs. 1 Nr. 2 PatG erforderliche öffentliche Interesse an der Erteilung einer Zwangslizenz glaubhaft gemacht worden sei.[308] Die Verfügbarkeit von *Raltegravir* zur Therapie von HIV bei bestimmten Patientengruppen (Säuglinge, Kinder, Schwangere, Infektionsgefährdete und Therapiewechsler) sei aufgrund geringerer Risiken und besonderer Vorteile im Vergleich zu Alternativen dringend erforderlich und im öffentlichen Interesse geboten.[309] Außerdem sei die alsbaldige Erteilung einer Zwangslizenz im Wege der einstweiligen Verfügung wegen der gravierenden Risiken für eine unbestimmte Anzahl von Patienten im Falle einer Zurückweisung des Antrags gem. § 85 Abs. 1 PatG im öffentlichen Interesse dringend geboten.[310]

2. BGH GRUR 2019, 1038 – Alirocumab

150 Nur knapp zwei Jahre später hatte der BGH erneut über einen Zwangslizenzantrag zu entscheiden und wies die Beschwerde der Lizenzsucherin gegen den vom BPatG[311] abgelehnten Antrag auf vorläufige Benutzungserlaubnis der patentgemäßen Lehre betreffend die Behandlung von Hypercholesterinämie durch den Abbau von Lipoproteinen mittels des Antikörpers *Evolocumab* ab.[312]

151 Der BGH schloss sich der Auffassung des BPatG an, dass sich die Lizenzsucherin nicht angemessen um eine vertragliche Lizenz bemüht habe, weil sie Verhandlungen zum Abschluss eines Lizenzvertrags erst spät mit einem inhaltlich wenig entgegenkommenden Angebot aufgenommen und vor der mündlichen Verhandlung nicht mehr auf das Antwortschreiben der Patentinhaberin geantwortet habe.[313] Zwar könne diese Voraussetzung auch erst nach Klageerhebung am Schluss der mündlichen Verhandlung erfüllt werden.[314] Je kürzer die verbleibende Zeit, umso größere Anstrengung bedürfe es dann aber von Seiten des Lizenzsuchers, um den gesetzlichen Anforderungen an ein der Situation und dem Zeitrahmen angemessenes Bemühen gerecht zu werden.[315]

152 Zudem verneinten beide Instanzen das Vorliegen eines öffentlichen Interesses, da keine überlegenen therapeutischen Eigenschaften des von der Lizenzsucherin vertriebenen Arzneimittels *Praluent* mit dem Antikörper *Alirocumab* im

307 BGH GRUR 2017, 1017 Rn. 20 ff. – Raltegravir.
308 BGH GRUR 2017, 1017 Rn. 36 ff. – Raltegravir; zustimmend *Stierle*, GRUR 2017, 383 (384) unter 6.
309 BGH GRUR 2017, 1017 Rn. 40 ff., 51 ff., 57 ff., 71 ff. – Raltegravir.
310 BGH GRUR 2017, 1017 Rn. 79 ff. – Raltegravir.
311 BPatG BeckRS 2018, 34096 – Praluent.
312 BGH GRUR 2019, 1038 – Alirocumab; vgl. zum Sachverhalt *Bacher*, in: FS Rojahn, 2020, 133 (136 f.); *Kopacek/Mowek*, GRUR 2019, 553 (568 f.).
313 BGH GRUR 2019, 1038 Rn. 24 – Alirocumab; a.A. *Stierle*, GRUR 2020, 30 (32 f.).
314 BGH GRUR 2019, 1038 Rn. 19 – Alirocumab.
315 BGH GRUR 2019, 1038 Rn. 22 – Alirocumab.

Vergleich zu dem Produkt der Patentinhaberin mit dem Wirkstoff *Evolocumab* glaubhaft gemacht wurden.[316] So sei nicht mit hinreichender Sicherheit auszuschließen, dass die in der herangezogenen Studie ausgewiesene numerisch niedrigere, aber statistisch nicht signifikante Gesamtmortalitätsrate bei der Behandlung mit *Alirocumab* nach den Grundsätzen evidenzbasierter Medizin auf Zufall beruhe.[317]

II. Mittelbare Wirkung der Zwangslizenz

Betrachtet man allein die Anwendungsfälle von Zwangslizenzen in Form von 153
Anträgen und Erteilungen vor Gericht, zeugt dies von einer geringen praktischen Relevanz des § 24 PatG.[318] Abgesehen von dieser unmittelbaren Wirkung entfaltet die Zwangslizenz aber mittelbar eine abschreckende Wirkung und fördert dadurch freiwillige Lizenzen.[319] So ist weitgehend anerkannt, dass allein ihre Existenz und die bloße Gefahr einer Zwangslizenzerteilung dem öffentlichen Interesse zuwiderlaufende Lizenzverweigerungen in nennenswertem Umfang verhindert und die Bereitschaft zur freiwilligen Lizenzerteilung zu angemessenen Bedingungen befördert.[320] Neben der Förderung freiwilliger Lizenzen kann die bloße Möglichkeit und Drohung mit der Erteilung einer Zwangslizenz den Patentinhaber zu Preissenkungen veranlassen.[321] Speziell im Arzneimittelbereich genügt in Notlagen häufig die bloße Gefahr eines hoheitlichen Eingriffs

316 BGH GRUR 2019, 1038 Rn. 30 ff. – Alirocumab.

317 BGH GRUR 2019, 1038 Rn. 33 ff. – Alirocumab; kritisch dazu *Stierle*, GRUR 2020, 30 (33 f.).

318 Vgl. *Ann* (o. Fn. 29), § 34 Rn. 105; *Viniol* (o. Fn. 9), 50. Selbiges gilt für den weltweiten Einsatz von Zwangslizenzen, siehe etwa *Correa*, in: Compulsory Licensing, 2015, 43 (50); *Matthews/van Zimmeren/Minssen*, in: Improving Intellectual Property, 2023, 61 (69).

319 Vgl. *Karres* (o. Fn. 10), 245 f. Diese mittelbare Wirkung der Zwangslizenz wird auch als »*fleet-in-being*-Wirkung« bezeichnet, so *Pfanner*, GRUR Int. 1985, 357 (371).

320 So *Ann* (o. Fn. 29), § 34 Rn. 107; *Beier*, GRUR 1998, 185 (189); *Buhrow/Nordemann*, GRUR Int. 2005, 407 (409); *Fuchs*, in: FS Büscher, 2018, 621 (629); *Holtorf/Traumann*, GRUR-Prax 2018, 295 (295); *Jabbusch* (o. Fn. 8), 54 f.; *Kanz*, in: Büscher/Dittmer/Schiwy, PatG, 3. Aufl. (2015), § 24 Rn. 3; *Kober-Dehm*, in: Benkard, PatG, 12. Aufl. (2023), § 24 Rn. 4; *Lunze/Rektorschek*, PharmR 2021, 629 (636); skeptisch *Timmann* (o. Fn. 262), 292; *Viniol* (o. Fn. 9), 50.

321 *Böttger*, GRUR Int. 2008, 881 (884); vgl. *Correa*, in: Compulsory Licensing, 2015, 43 (50).

in die Patentrechte, um Pharmahersteller dazu zu bewegen, ihre Preise erheblich zu senken.[322]

154 Auch wenn sich diese mittelbare Wirkung der Zwangslizenz zur Förderung freiwilliger Lizenzerteilungen zu angemessenen Konditionen empirisch nur schwer konsistent nachweisen lässt,[323] können doch einige (internationale) Beispiele angeführt werden, die diese Wirkung nahelegen. Um den kostenlosen und möglichst flächendeckenden Zugang zu HIV-Therapien zu ermöglichen, erreichte etwa Brasilien durch intensive Verhandlungen mit *Merck* und *Roche* zwischen 1999 und 2001 unter Androhung einer Zwangslizenz Preissenkungen von 59 % für das Medikament *Efavirenz* bzw. 40 % für *Nelfinavir*.[324] Wenig später konnte Brasilien *Abbott* und *Gilead* weitere gewichtige Preisnachlässe unter Androhung von Zwangslizenzen abringen (46 % für das Medikament *Kaletra* und 51 % für *Tenofovir*).[325] Auch während der Milzbrandanschläge im Jahr 2001 gelang es den USA und Kanada, das Pharmaunternehmen *Bayer* unter Androhung von Zwangslizenzen dazu zu bringen, ihr gegen Milzbrand eingesetztes Antibiotikum *Ciprofloxacin* zu einem deutlich niedrigeren Preis als dem ursprünglich geforderten zu verkaufen.[326] In Großbritannien wurde im Jahr 2019 nach dreijährigen Verhandlungen eine freiwillige Lizenz zwischen dem *NHS* und *Vertex Pharmaceuticals* für drei Mukoviszidose-Medikamente vereinbart, nachdem der *NHS* aus Kostengründen öffentlich eine Zwangslizenz für diese Medikamente gefordert hatte.[327]

155 Die Gründe für diese mittelbare Abschreckungswirkung liegen in der Risikoabwägung des Patentinhabers selbst. Ein Unternehmen hat regelmäßig ein Interesse daran, die Lizenzbedingungen mit dem Vertragspartner eigens auszuhandeln und nicht einer Behörde oder einem Gericht Geschäftsinterna zur Ermittlung einer angemessenen Lizenzgebühr offenzulegen und die festgesetzte Gebühr zu akzeptieren.[328] Zudem drohen Reputationsverluste, wenn ein Unternehmen auf Erteilung einer Zwangslizenz verklagt wird und damit gleichsam öffentlich an den Pranger gestellt wird, weil es sich nicht freiwillig zur Lizenzierung eines dringend benötigten Produkts bereit erklärt hat. Dieses Drohpotenzial in Lizenz-

322 *Lenz/Kieser*, NJW 2002, 401 (402); vgl. *Abbas*, in: Law and Economics of the Coronavirus Crisis, 2022, 265 (282 ff.); *Kumar*, Conn. L. Rev. 2022, 57 (76); *Son*, Globalization and Health 2019, 1 (5).

323 *Slowinski*, GRUR Int. 2018, 30 (31); *Viniol* (o. Fn. 9), 50.

324 *Guennif*, Developing World Bioethics 2017, 90 (96); dazu auch *Correa*, in: Compulsory Licensing, 2015, 43 (50 f.); *Feldman*, JIBL 2009, 137 (155).

325 *Abbas*, in: Law and Economics of the Coronavirus Crisis, 2022, 265 (283); *Guennif*, Developing World Bioethics 2017, 90 (96).

326 *Mullin*, ILSA J. Int. & Comp. L. 2002, 185 (201 f.); *Reichman*, J. L., Med. & Ethics 2009, 247 (250).

327 Dazu *Walsh u. a.*, IIC 2021, 379 (403); zu weiteren Beispielen *Abbas*, in: Law and Economics of the Coronavirus Crisis, 2022, 265 (282 ff.); *Karres* (o. Fn. 10), 246 f.

328 *Beier*, GRUR 1998, 185 (189) Fn. 33; vgl. *Goddar/Tönhardt*, Mitt. 2002, 337 (340).

verhandlungen führt dazu, dass es für den Patentinhaber oftmals günstiger ist, eine freiwillige Lizenz zu erteilen oder die geforderte Lizenzgebühr zu senken.

Die genannten Beispiele und theoretischen Erwägungen zeigen, dass die bloße 156 Drohung mit der Erteilung einer Zwangslizenz eine nicht zu unterschätzende Auswirkung auf die Preise und die Verfügbarkeit wichtiger patentierter Technologien haben kann.

III. Praktische Relevanz in Krisenzeiten

Aus den Gerichtsentscheidungen der letzten Jahre zu § 24 PatG lässt sich eine 157 zunehmende praktische Relevanz der Zwangslizenz nicht ableiten.[329] Die praktische Wirkung von Zwangslizenzen wird auch in künftigen Krisenlagen in erster Linie in der Androhung ihrer Inanspruchnahme als Verhandlungsmittel in Lizenzverhandlungen und nicht in ihrer tatsächlichen Erteilung liegen.[330]

Während der COVID-19-Krise wurde von § 24 PatG in Deutschland wie auch 158 in den allermeisten anderen Staaten entgegen zahlreicher Forderungen[331] kein Gebrauch gemacht.[332] Gegen eine zunehmende Bedeutung der Zwangslizenz in Krisenzeiten spricht auch die Kodifizierung des Unverhältnismäßigkeitseinwands in § 139 Abs. 1 S. 3 PatG. Damit wurde ein mit der Zwangslizenz konkurrierendes Instrument zum Ausgleich (auch) krisenbedingter Spannungen geschaffen, wodurch die praktische Relevanz des § 24 PatG auf Dauer weiter abnehmen dürfte. Unter der hier vertretenen Ansicht eines Nebeneinanderstehens von Unverhältnismäßigkeitseinwand und Zwangslizenz[333] können Drittinteressen (wie z.B. Patienteninteressen) im Falle einer Notlage ohne weiteres im Rahmen der Verhältnismäßigkeitsprüfung eines Unterlassungsanspruchs situationsgerecht berücksichtigt werden. Auf diese Weise kann ein angemessener

329 So aber *Holtorf/Traumann*, GRUR-Prax 2018, 295 (297); *McGuire*, in: Busse/Keukenschrijver, PatG, 9. Aufl. (2020), § 24 Rn. 8; *Stierle*, GRUR 2017, 383 (384) unter 8.; *Wilhelmi*, in: BeckOK PatR, 34. Aufl. (2021), PatG, § 24 Rn. 7; zurückhaltender wie hier *Ann* (o. Fn. 29), § 34 Rn. 106; *Bacher*, in: FS Rojahn, 2020, 133 (137); *Busche*, GRUR 2021, 157 (159); *Haedicke/Stief/Wünsche* (o. Fn. 298), § 9 Rn. 4 f.

330 So auch *Walsh u. a.*, IIC 2021, 379 (405); ähnlich *Kanz*, in: Büscher/Dittmer/Schiwy, PatG, 3. Aufl. (2015), § 24 Rn. 3; *Matthews/van Zimmeren/Minssen*, in: Improving Intellectual Property, 2023, 61 (71).

331 Siehe die Nachweise in Fn. 3.

332 *Matthews/van Zimmeren/Minssen*, in: Improving Intellectual Property, 2023, 61 (70); *Richter*, Mitt. 2021, 97 (100). Lediglich Israel hat während der COVID-19-Pandemie eine Zwangslizenz erteilt und am 18.3.2020 die Einfuhr einer generischen Version des HIV-Medikaments *Kaletra* zur Behandlung von COVID-19-Patienten angeordnet, siehe https://www.keionline.org/32503 (zuletzt abgerufen am 18.5.2025); siehe auch *Kumar*, Conn. L. Rev. 2022, 57 (88 f.).

333 Siehe oben Kap. 2 C. IV. 2.

Interessenausgleich im Einzelfall ebenso erreicht werden wie mit einer Zwangslizenz.

159 Die Krisenrelevanz des § 24 PatG wird weiter dadurch eingeschränkt, dass nach richtigem Verständnis der Tatbestand des § 24 Abs. 5 PatG die Erteilung einer Zwangslizenz nach § 24 Abs. 1 PatG zum Zwecke der Ausweitung der Inlandsversorgung in den Fällen sperrt, in denen trotz ausreichender Ausführung des Patents im Inland keine ausreichende Inlandsversorgung (z.B. mit einem krisenkritischen Produkt) besteht.[334]

160 Jedenfalls verfestigt sich der Eindruck, dass die Anwendungsfälle der Zwangslizenz, wenn überhaupt, vor allem den Grundtatbestand des § 24 Abs. 1 PatG betreffen und sich vorwiegend im Arzneimittelbereich abspielen. Diese Tendenz wird sich voraussichtlich fortsetzen und auch in künftigen Krisen zu beobachten sein. In Krisensituationen können öffentliche Interessen im Sinne von § 24 Abs. 1 PatG auf vielfältige Weise betroffen sein. In gesundheitlichen Notlagen kann ein öffentliches Interesse in der Behandlung oder Eindämmung einer Krankheit durch geeignete medizinische Produkte liegen. Doch auch andersartige Krisen, z.B. Naturkatastrophen, Bedrohungen der äußeren oder inneren Sicherheit oder Energieknappheit, legen einen Rückgriff auf den Grundtatbestand nahe.[335] Den Sonderregelungen in § 24 Abs. 2–5 PatG wird hingegen weiterhin eine untergeordnete Rolle zukommen. Während § 24 Abs. 5 S. 2 PatG die Einfuhr des betreffenden Erzeugnisses der Ausübung im Inland gleichstellt und sich allein deshalb die Anzahl an Zwangslizenzen nach § 24 Abs. 5 PatG nicht erhöhen wird, werden § 24 Abs. 2 und Abs. 3 PatG durch die strenge Voraussetzung des wichtigen technischen Fortschritts von erheblicher wirtschaftlicher Bedeutung auf wenige Ausnahmefälle beschränkt bleiben.[336]

161 In Krisenzeiten könnte die Relevanz des § 24 Abs. 2 PatG allenfalls in der pharmazeutischen Forschung nach neuartigen Anwendungen eines bereits bekannten Wirkstoffs gegen eine bestimmte (neuartige) Krankheit liegen. Werden auf Grundlage eines bekannten Wirkstoffs neue Indikationen entdeckt, könnte eine Zwangslizenz wegen Abhängigkeit in Betracht kommen.[337] Denn das jüngere Patent, das einen Verwendungsanspruch als Arzneimittel für die Behandlung einer spezifischen Erkrankung umfasst (zweite medizinische Indikation),

334 Dazu oben Kap. 4 A. II. 3.

335 Vgl. *Beier*, GRUR 1998, 185 (189).

336 *Scheffler*, GRUR 2003, 97 (98); ebenso in Bezug auf § 24 Abs. 2 PatG *Leitzen/Kleinevoss*, Mitt. 2005, 198 (205); *Pohl* (o. Fn. 6), 248 f.; *Timmann* (o. Fn. 262), 284; a.A. *Osterrieth* (o. Fn. 24), Teil 4 Rn. 595.

337 Vgl. *Metzger/Zech*, GRUR 2020, 561 (566 f.). Man denke insofern an die Erforschung passender Impfstoffe zur Bekämpfung einer Pandemie unter Rückgriff auf die Grundlagenforschung zu mRNA-basierten Impfstoffen, so geschehen während der COVID-19-Pandemie, vgl. dazu *Bohnet*, Wie Grundlagenforschung als Sprungbrett für Innovationen dient, 2.5.2022, https://www.helmholtz.de/newsroom/artikel/wie-grundlagenforschung-als-sprungbrett-fuer-innovationen-dient/ (zuletzt abgerufen am 18.5.2025).

würde den Inhaber dieses Patents grundsätzlich weiterhin an der Ausübung hindern, solange noch der absolute Stoffschutz des älteren Patents besteht.[338] Dieses Szenario erscheint wiederum weniger wahrscheinlich, wenn man sich die Dringlichkeit einer Notlage vor Augen führt: Zunächst müsste überhaupt ein solcher Wirkstoff aufgefunden und ein jüngeres Patent erteilt werden.[339] Ob all dies in einer akuten Notlage realisierbar ist, darf bezweifelt werden.[340] Insofern wird § 24 Abs. 2 PatG eher in längeren Zeitspannen bedeutsam sein, während kurzfristig zum Zwecke der Erforschung und Erprobung neuer Indikationen eines bekannten Wirkstoffs das Versuchs- bzw. Marktzulassungsprivileg[341] zum Tragen kommen könnte.

Zusammenfassend ist festzuhalten, dass der unmittelbare Einsatz von Zwangs- 162
lizenzen auch in Krisenzeiten im Vergleich zu ihrer mittelbaren Drohwirkung weiterhin eine untergeordnete Rolle spielen wird und – wenn überhaupt – unter Rekurs auf die »öffentlichen Interessen« des § 24 Abs. 1 PatG, insbesondere aufgrund gesundheitlicher Bedürfnisse, zu erwarten ist.[342]

C. Probleme in der praktischen Umsetzung von Zwangslizenzen

Die Ursachen der soeben beschriebenen geringen praktischen Relevanz der 163
Zwangslizenz in ihrer unmittelbaren Anwendung sind vielfältig.[343] So können die hohen Anforderungen an das öffentliche Interesse und das damit verbundene Prozessrisiko auf potenzielle Lizenzsucher abschreckend wirken.[344] Weiter könnte es für an der Benutzung Interessierte vorzugswürdig sein, die Gültigkeit des Patents anzugreifen.[345]

Ein anderer wesentlicher Grund besteht darin, dass mit einer Zwangslizenz 164
am Patent meist nicht viel gewonnen ist.[346] Aufgrund vielfältiger praktischer Probleme in ihrer Umsetzung ist der tatsächliche Nutzen einer Zwangslizenz oftmals überschaubar. Im folgenden Abschnitt werden diejenigen Problemfelder identifiziert, die sich an die Erteilung einer Zwangslizenz in der Praxis anschließen und zur Beantwortung der Frage beitragen, ob die patentrechtliche

338 *Bühling*, in: FS Rojahn, 2020, 141 (147).
339 *Bühling*, in: FS Rojahn, 2020, 141 (147).
340 Vgl. *Bühling*, in: FS Rojahn, 2020, 141 (147).
341 Dazu oben Kap. 2 C. I bzw. II.
342 In diese Richtung auch *Böttger*, GRUR Int. 2008, 881 (884); *Scheffler*, GRUR 2003, 97 (98).
343 Ausführlich *Scheffler*, GRUR 2003, 97 (99 ff.).
344 *Buhrow/Nordemann*, GRUR Int. 2005, 407 (409); vgl. *Bußmann* (o. Fn. 5), 284; *Holzapfel*, Mitt. 2004, 391 (392); *Leitzen/Kleinevoss*, Mitt. 2005, 198 (200).
345 *Scheffler*, GRUR 2003, 97 (100); dies bezweifelnd *Leitzen/Kleinevoss*, Mitt. 2005, 198 (200).
346 So *Tetzner*, GRUR 1973, 62 (62); vgl. auch *Beier*, GRUR 1972, 214 (225).

Zwangslizenz als Krisenbewältigungsinstrument tatsächlich wirksam ist oder insoweit eher einem »zahnlosen Tiger« gleicht.

I. Verhältnis zur arzneimittelrechtlichen Daten- und Marktexklusivität

165 Eine erste praktische Hürde, die sich an die Erteilung einer Zwangslizenz anschließt und ihre Effektivität zur Bewältigung von Krisen und Notlagen in Frage stellt, betrifft das Verhältnis der Zwangslizenz zu den arzneimittelrechtlichen Bestimmungen über die Daten- und Marktexklusivität.

1. Problematik

166 Die arzneimittelrechtliche Daten- und Marktexklusivität richtet sich in Umsetzung von Art. 10 RL 2001/83/EG[347] nach § 24b Abs. 1 AMG bzw. für zentral zugelassene Referenzarzneimittel nach Art. 14 Abs. 11 VO 726/2004.[348] Danach ist für einen Zeitraum von acht Jahren ab Zulassung des Arzneimittels die Nutzung der für die Zulassung erforderlichen Testdaten (sog. Unterlagenschutz oder Datenexklusivität) und für weitere zwei Jahre die Vermarktung eines entsprechenden Generikums (sog. Vermarktungsschutz oder Marktexklusivität) exklusiv dem Originalhersteller vorbehalten, mit der Möglichkeit der Verlängerung der Schutzdauer um einmalig ein Jahr im Falle einer nutzbringenden Indikationserweiterung (»8+2+1-Regel«).[349] Ein Unternehmen, das die Zulassung für ein Generikum beantragt, darf sich demzufolge während der achtjährigen Laufzeit des Unterlagenschutzes für die Zulassung seines eigenen Medikaments nicht auf die Unterlagen des Originalherstellers mit dessen Ergebnissen aus (prä-)klinischen Untersuchungen berufen. Anschließend darf es zwar unter Berufung auf die Unterlagen des Originalherstellers die Zulassung für ein Nachahmerprodukt beantragen und ggf. auch erhalten, muss jedoch weitere zwei Jahre mit der Vermarktung des betreffenden Medikaments warten.

167 Arzneimittelrecht und Patentrecht stehen unabhängig nebeneinander.[350] Der Zwangslizenznehmer benötigt neben der patentrechtlichen Benutzungserlaubnis

347 Richtlinie des Europäischen Parlaments und des Rates v. 6.11.2001 zur Schaffung eines Gemeinschaftskodexes für Humanarzneimittel, ABl. L 311, 67.

348 Verordnung des Europäischen Parlaments und des Rates v. 31.3.2004 zur Festlegung von Gemeinschaftsverfahren für die Genehmigung und Überwachung von Human- und Tierarzneimitteln und zur Errichtung einer Europäischen Arzneimittel-Agentur, ABl. L 136, 1.

349 Dieser Rechtsrahmen zum Unterlagen- und Vermarktungsschutz soll mit einer neuen Richtlinie (COM(2023) 192 final) grundlegend geändert werden, näher dazu unten Kap. 4 C. I. 3.

350 *Kortland*, in: Kügel/Müller/Hofmann, AMG, 3. Aufl. (2022), § 24b Rn. 8; *Valtere*, in: FS Hilty, 2024, 741 (749).

zusätzlich eine arzneimittelrechtliche Zulassung für die Herstellung und den Vertrieb eines patentgeschützten Arzneimittels.[351] Die Zwangslizenz knüpft ausschließlich am Patentschutz an und lässt die arzneimittelrechtlichen Bestimmungen zur Daten- und Marktexklusivität unberührt. Nach geltender Rechtslage besteht kein Gleichlauf zwischen der arzneimittelrechtlichen Daten- und Marktexklusivität und der patentrechtlichen Zwangslizenz.[352] Das Arzneimittelrecht sieht gegenwärtig für bestimmte Notfälle keine – der Zwangslizenz entsprechende – Ausnahme von der Daten- und Marktexklusivität vor.[353]

Der fehlende Gleichlauf zwischen Arzneimittelrecht und Zwangslizenzrecht 168
führt dazu, dass die Zwangslizenz in gesundheitlichen Notlagen das Problem einer unzureichenden Versorgung mit Impfstoffen oder Medikamenten nicht effektiv zu lösen vermag. Der Zwangslizenznehmer ist auf die Unterlagen des Originalherstellers angewiesen, um schnellstmöglich und unter finanziell vertretbarem Aufwand eine arzneimittelrechtliche Zulassung zu erhalten. In Ermangelung einer einschlägigen Ausnahmeregelung und einer Zustimmung des Zulassungsinhabers müsste der Zwangslizenznehmer sogar in Krisenzeiten eigene aufwändige Studien und Versuche durchführen.[354] Diesen Weg wird angesichts der dafür nötigen Kosten und des Aufwands praktisch niemand gehen.[355]

Alternativ müsste der Zwangslizenznehmer so lange mit dem Vertrieb des 169
Produkts zuwarten, bis der insgesamt zehnjährige Unterlagen- und Vermarktungsschutz abgelaufen wäre. Bis zu diesem Zeitpunkt ist der Zwangslizenznehmer ohne die Erlaubnis des Zulassungsinhabers also kaum in der Lage, eine eigene Zulassung zu beantragen und sein Arzneimittel auf den Markt zu bringen.[356] Insofern würde das Ziel der Zwangslizenz, die Erfindung tatsächlich rasch nutzen zu können, vereitelt.[357] So wurde etwa im Jahr 2016 von der rumänischen Regierung die Erteilung einer Zwangslizenz für das Hepatitis-C-Medikament *Sofosbuvir* erwogen, konnte aber nicht weiterverfolgt werden,

351 *Lunze/Rektorschek*, PharmR 2021, 629 (635); *Oser*, GRUR Int. 2021, 846 (850).

352 *Stierle*, JZ 2021, 71 (76). Dasselbe Problem ergibt sich bei der Benutzungsanordnung, *Metzger/Zech*, GRUR 2020, 561 (565).

353 *'t Hoen/Boulet/Baker*, JPPP 2017, 1 (3); *Valtere*, in: FS Hilty, 2024, 741 (747); *van Zimmeren/Minssen/Liesbet* (o. Fn. 11), 88.

354 *Mulder u. a.*, EIPR 2020, 556 (567).

355 *Lunze/Rektorschek*, PharmR 2021, 629 (635).

356 *Mulder u. a.*, EIPR 2020, 556 (567); vgl. *Gurgula/Hull*, JIPP 2021, 1242 (1260); *McMahon*, NI Legal Quarterly 2020, 331 (355). Der Vertrieb eines Arzneimittels ohne Zulassung sollte ebenso wenig eine ernstzunehmende Option darstellen, da das Arzneimittelzulassungsverfahren für die Überprüfung und Sicherstellung bestimmter Sicherheits- und Wirksamkeitsanforderungen wichtig ist, treffend *Valtere*, GRUR Int. 2024, 617 (623 f.).

357 *Metzger/Zech*, GRUR 2020, 561 (565); ebenso *'t Hoen*, in: Access to Medicines and Vaccines, 2022, 183 (189); *McMahon*, NI Legal Quarterly 2020, 331 (355); *Mulder u. a.*, EIPR 2020, 556 (568).

weil die EU-Daten- und Marktexklusivität erst 2022 bzw. 2024 ausgelaufen war.[358]

170 Vor dem Hintergrund dieser Problematik werden nachfolgend Lösungsansätze im geltenden Recht und mögliche gesetzgeberische Anpassungen dargestellt.

2. Lösungsvorschläge *de lege lata*

a) Rechtsanalogie zu Art. 18 VO 816/2006 (Ausfuhr-Zwangslizenzen)

171 Nach geltendem Recht könnte die Lösung dieses Problems in einer Analogie zu Art. 18 Abs. 2 VO 816/2006 liegen. Demnach gilt die Daten- und Marktexklusivität ausdrücklich nicht bei einer Zwangslizenz an Patenten, die sich auf die Herstellung von pharmazeutischen Produkten zum Export in Länder mit Problemen im Bereich der öffentlichen Gesundheit bezieht. Art. 18 VO 816/2006 gilt jedoch nur für das Inverkehrbringen außerhalb der EU, wie die in Abs. 1 genannten Verfahren zur Beurteilung der betreffenden Produkte verdeutlichen.[359] Es handelt sich dabei um eine Ausnahmevorschrift, die auf Inlandsfälle nicht analog anwendbar sein dürfte.[360]

172 Gegen eine planwidrige Regelungslücke spricht bereits der Umstand, dass dem Unionsgesetzgeber die grundsätzliche Problematik der Auswirkungen der Daten- und Marktexklusivität auf die patentrechtliche Zwangslizenz und das Fehlen einer vergleichbaren Ausnahmeregelung im Arzneimittelrecht bekannt war, als er im Jahr 2006 die Ausnahmevorschrift für den Fall der Ausfuhr-Zwangslizenz kodifiziert hat.[361] Überdies liegt keine vergleichbare Interessenlage vor: Art. 18 Abs. 2 VO 816/2006 betrifft den grundlegend anders gelagerten Fall der Ausfuhr-Zwangslizenz. Es geht dabei ausschließlich um den Spezialfall der Zwangslizenzierung für den Export von Arzneimitteln in außereuropäische Staaten mit Problemen im Bereich der öffentlichen Gesundheit und nicht um eine generelle Aussetzung der Daten- und Marktexklusivität während eines Notfalls in einem EU-Mitgliedstaat.

358 *Oser*, GRUR Int. 2021, 846 (851); dazu und zu weiteren Staaten außerhalb der EU, in denen entsprechende Ausnahmeregelungen bestehen *'t Hoen*, in: Access to Medicines and Vaccines, 2022, 183 (191 f.); *van Zimmeren/Minssen/Liesbet* (o. Fn. 11), 88 ff.

359 Vgl. *Mulder u. a.*, EIPR 2020, 556 (567).

360 Ebenso *Lunze/Rektorschek*, PharmR 2021, 629 (635 f.); ablehnend wohl auch *Valtere*, GRUR Int. 2024, 617 (627); offen für eine Analogie dagegen *Stierle*, JZ 2021, 71 (76).

361 Dies geht ausdrücklich aus dem Schreiben der EU-Kommission v. 20.2.2006 an *Greg Perry* zum Thema »*Tamiflu*-Anwendung und Datenexklusivität in einer Notfall-Zwangslizenzsituation« (www.cptech.org/ip/health/dataexcl/ec-de-tamiflu.pdf, zuletzt abgerufen am 18.5.2025) hervor.

b) Rechtsanalogie zu Art. 62 VO 1107/2009 (Pflanzenschutzmittelrecht) und Art. 28 REACH-VO (Chemikalienrecht)

Metzger und *Zech* schlagen eine Rechtsanalogie zu anderen zulassungsrechtlichen Ausnahmeregelungen, namentlich zu Art. 62 VO 1107/2009[362] und Art. 28 REACH-VO[363] vor.[364] 173

Die VO 1107/2009 regelt die Zulassung von Pflanzenschutzmitteln und sieht in Art. 62 die Weitergabe von Ergebnissen aus Versuchen und Studien mit Wirbeltieren vor, um die Wiederholung von Tierversuchen zu vermeiden. Scheitert eine freiwillige Weitergabe nach Art. 62 Abs. 3 VO 1107/2009, berechtigt Art. 62 Abs. 4 VO 1107/2009 die zuständige nationale Behörde zum Zugriff auf die entsprechenden Versuchsdaten zum Zwecke der Bewertung des Zulassungsantrags. Ebenso schreibt die REACH-VO im Chemikalienrecht in Art. 28 zur Vermeidung wiederholter Tierversuche die verpflichtende Übermittlung bestimmter Informationen betreffend technische Daten und Eigenschaften von chemischen Stoffen vor. 174

Auch diese Bestimmungen betreffen spezifische Sonderfälle, die sich kaum auf eine allgemeine, vergleichbare Interessenlage zurückführen und auf die patentrechtliche Zwangslizenz analog anwenden lassen.[365] 175

3. Lösungsvorschlag *de lege ferenda*

Die Vorschläge einer Rechtsanalogie zu anderen Vorschriften könnten ohnehin bald überholt sein, da zeitnah mit der Umsetzung des Vorschlags der EU-Kommission vom 26.4.2023[366] zu rechnen ist, der in Art. 80 Abs. 4 RL-Entwurf (RL-E) explizit eine Aussetzung des Unterlagen- und Marktschutzes für die Dauer einer Zwangslizenz vorsieht. Damit reagiert der europäische Gesetzgeber 176

362 Verordnung (EG) Nr. 1107/2009 des Europäischen Parlaments und des Rates v. 21.10.2009 über das Inverkehrbringen von Pflanzenschutzmitteln und zur Aufhebung der Richtlinien 79/117/EWG und 91/414/EWG des Rates, ABl. L 309, 1.

363 Verordnung (EG) Nr. 1907/2006 des Europäischen Parlaments und des Rates v. 18.12.2006 zur Registrierung, Bewertung, Zulassung und Beschränkung chemischer Stoffe (REACH), zur Schaffung einer Europäischen Chemikalienagentur, zur Änderung der Richtlinie 1999/45/EG und zur Aufhebung der Verordnung (EWG) Nr. 793/93 des Rates, der Verordnung (EG) Nr. 1488/94 der Kommission, der Richtlinie 76/769/EWG des Rates sowie der Richtlinien 91/155/EWG, 93/67/EWG, 93/105/EG und 2000/21/EG der Kommission, ABl. L 396, 1.

364 *Metzger/Zech*, GRUR 2020, 561 (565).

365 So auch *Stierle*, JZ 2021, 71 (76).

366 Vorschlag für eine Richtlinie des Europäischen Parlaments und des Rates zur Schaffung eines Unionskodexes für Humanarzneimittel und zur Aufhebung der Richtlinie 2001/83/EG und der Richtlinie 2009/35/EG, COM(2023) 192 final, 2023/0132 (COD). Dieser Arbeit liegt die deutschsprachige Fassung des Vorschlags zugrunde.

auf zahlreiche Stimmen, die schon seit geraumer Zeit eine entsprechende Ausnahmebestimmung forderten, um die nationalen Regelungen zu Zwangslizenzen mit den europäischen Bestimmungen zur Daten- und Marktexklusivität in Einklang zu bringen.[367]

a) Vorschlag der EU-Kommission vom 26.4.2023

177 Im Rahmen des Pharma-Pakets vom 26.4.2023 schlägt die EU-Kommission neben einer grundlegenden Neukonzeption des Daten- und Marktschutzes in den Art. 80 ff. RL-E[368] eine Regelung zur Aussetzung des Daten- und Marktschutzes für den Fall eines gesundheitlichen Notstands vor.

178 So soll nach Art. 80 Abs. 4 RL-E »[…] in Fällen, in denen einer Partei von einer zuständigen Behörde in der Union eine Zwangslizenz zur Bewältigung einer gesundheitlichen Notlage erteilt wurde, der Daten- und der Marktschutz in Bezug auf diese Partei in dem für die Zwangslizenz erforderlichen Maße und während der Laufzeit der Zwangslizenz ausgesetzt werden.«[369] Damit soll der Daten- und Marktschutz für die Dauer der Zwangslizenz in Bezug auf den jeweiligen Zwangslizenznehmer keine Wirkung entfalten.[370] Die Aussetzung erfolgt nur in Bezug auf die erteilte Zwangslizenz und den jeweiligen Zwangslizenznehmer und ist auf den räumlichen Geltungsbereich sowie die Dauer und den Gegenstand der Zwangslizenz begrenzt.[371]

b) Würdigung

179 Mit der Aussetzung des Daten- und Marktschutzes verfolgt die Kommission das erklärte Ziel, die wirksame Anwendung der Zwangslizenz nicht durch eine verzögerte Zulassung von Generika und den dadurch erschwerten rechtzeitigen Zugang zu notwendigen Arzneimitteln zur Bewältigung einer Krise zu verhindern.[372] Gegen dieses Ziel ist nichts einzuwenden. Damit die Mitgliedstaaten in gesundheitlichen Notlagen effektive Maßnahmen im Interesse der öffentlichen Gesundheit ergreifen können und die Zwangslizenz im Arzneimittelbereich nicht leer läuft, ist eine temporäre Aussetzung des Unterlagen- und Vermark-

367 So etwa *'t Hoen*, in: Access to Medicines and Vaccines, 2022, 183 (196); *dies./Boulet/Baker*, JPPP 2017, 1 (6); *Gurgula/Hull*, JIPP 2021, 1242 (1260); *Lamping u. a.*, GRUR Int. 2023, 471 (479); *McMahon*, NI Legal Quarterly 2020, 331 (355); *Mulder u. a.*, EIPR 2020, 556 (568); *Oser*, GRUR Int. 2021, 846 (852).

368 Dazu *Krüger/Sander*, PharmR 2024, 156 (157 ff.); *Stief/Grabow*, PharmR 2023, 317 (318 f.).

369 COM(2023) 192 final, 109.

370 Nach Ablauf der Zwangslizenz wird der Daten- und Marktschutz wieder wirksam, ErwGr. 62 RL-E.

371 ErwGr. 61 RL-E.

372 ErwGr. 61 RL-E.

tungsschutzes grundsätzlich wünschenswert.[373] Wird nach eingehender Prüfung eine Zwangslizenz erteilt und eine vorübergehende Durchbrechung des Patentschutzes angeordnet, so erscheint es konsistent, dem Zwangslizenznehmer dann ausnahmsweise über ein arzneimittelrechtliches »Pendant« auch Zugang zu den Unterlagen der Originalzulassung für seinen eigenen Zulassungsantrag zu gewähren.

Gleichwohl ist der grundlegende Gedanke hinter der Daten- und Marktexklu- 180
sivität hervorzuheben, der darin besteht, das aufwändige Generieren der Daten (z.B. durch klinische Studien) und die hierfür erforderlichen Investitionen in die medizinische F&E durch den exklusiven Schutz solcher Daten vor der sofortigen Verwendung durch Generika- und Biosimilar-Unternehmen zu fördern und anzureizen.[374] Ohne diesen Schutz würde der ursprüngliche Ersteller der Daten gegenüber späteren Antragstellern wirtschaftlich erheblich benachteiligt, da letztere die Kosten für die Entwicklung der Testdaten für ihre eigenen Produkte vermeiden könnten.[375] In der Folge würden viele Entwickler pharmazeutischer oder chemischer Produkte davon absehen, ihre innovativen Produkte auf den Markt zu bringen.[376]

Als Ausgleich für den Aufwand der Ermittlung der Daten wäre deshalb im 181
Falle einer Durchbrechung der Daten- und Marktexklusivität eine angemessene Kompensation desjenigen, der die entsprechenden Investitionen getätigt hat, zwingend geboten. Generikahersteller sollten nur dann auf vorhandene Daten des Originalherstellers zurückgreifen dürfen, wenn sie dem Unternehmen, das die Daten generiert hat, eine angemessene Vergütung leisten.[377] Im Gegenzug profitiert der Generikahersteller ohnehin finanziell davon, dass er mithilfe des Zugriffs auf die Testdaten früher auf den Markt dringen kann. Im Kommissionsvorschlag ist aber weder eine zeitliche Kompensation noch eine finanzielle Entschädigung des Originalherstellers vorgesehen.[378]

373 So auch *'t Hoen*, in: Access to Medicines and Vaccines, 2022, 183 (189); *Lamping u. a.*, GRUR Int. 2023, 471 (479); *Metzger/Zech*, GRUR 2020, 561 (565); *Mulder u. a.*, EIPR 2020, 556 (568).

374 *'t Hoen*, in: Access to Medicines and Vaccines, 2022, 183 (185); vgl. *Oser*, GRUR Int. 2021, 846 (853); *Valtere*, GRUR Int. 2024, 617 (620); ausführlich, auch zu Argumenten gegen den Unterlagenschutz *Correa*, Protection of Data Submitted for the Registration of Pharmaceuticals, 2001, 5 ff.

375 *Priapantja*, Trade Secret: How does this apply to drug registration data?, 2000, 4.

376 *Priapantja* (o. Fn. 375), 4. Besonders für kleine und mittlere Unternehmen ist die Daten- und Marktexklusivität von entscheidender Bedeutung und kann den mit höheren Kosten verbundenen Patentschutz in manchen Fällen sogar ersetzen, *Valtere*, in: FS Hilty, 2024, 741 (747).

377 Vgl. *'t Hoen*, in: Access to Medicines and Vaccines, 2022, 183 (197); *dies./Boulet/Baker*, JPPP 2017, 1 (6); *Oser*, GRUR Int. 2021, 846 (853).

378 Dies irritiert umso mehr, da etwa Art. 62 Abs. 6 VO 1107/1009 explizit eine anteilige Kostenerstattung zugunsten desjenigen, der die betreffenden Informationen (zwangsweise) freizugeben hat, vorsieht.

c) Ausblick

182 Die weitere Entwicklung dieser Reform ist aktuell noch offen. Zum Bearbeitungszeitpunkt befindet sich der RL-E zu Verhandlungen im Rat der EU. In der ersten Lesung im Europäischen Parlament (EP) im April 2024 wurden bereits zahlreiche Änderungsvorschläge formuliert.[379]

183 In Bezug auf Art. 80 Abs. 4 RL-E schlägt das EP eine Erweiterung der Ausnahmeregelung auf alle möglichen Zwangslizenzfälle – über den Fall einer gesundheitlichen Notlage hinaus – vor. Der Kommissionsvorschlag beschränkte den Anwendungsbereich von Art. 80 Abs. 4 RL-E noch auf Zwangslizenzen, die »von einer zuständigen Behörde in der Union« zur »Bewältigung einer gesundheitlichen Notlage« erteilt werden und war damit offensichtlich im Zusammenhang mit dem nur einen Tag später vorgeschlagen einheitlichen Zwangslizenzmechanismus für gesundheitliche Notfälle zu lesen, wonach die Kommission zur Erteilung unionsweiter Zwangslizenzen befugt sein soll.[380]

184 Der Änderungsvorschlag des EP spricht nunmehr davon, dass der Unterlagen- und Marktschutz dann zeitweise ausgesetzt wird, wenn eine »[…] Behörde eines Mitgliedstaats in der Union […] eine Zwangslizenz erteilt […]« hat.[381] Die Aussetzung des Unterlagen- und Marktschutzes soll ausweislich des geänderten Wortlauts in den Mitgliedstaaten gelten, in denen die Zwangslizenz erteilt wurde.[382] Mit dieser Änderung wird die Ausnahme von der Daten- und Marktexklusivität richtigerweise über den spezifischen Anwendungsfall einer paneuropäischen Gesundheitskrise hinaus auf alle anderen (auch nationalen) Anwendungsfälle der Zwangslizenz nach den jeweiligen Bestimmungen der Mitgliedstaaten ausgedehnt und eine umfassendere Harmonisierung zwischen Arzneimittel- und Patentrecht erreicht.[383]

185 Das EP schlägt außerdem einen neuen Abs. 4a in Art. 80 RL-E vor, wonach der Zulassungsinhaber unverzüglich über die Aussetzung des Unterlagen- und Marktschutzes in Kenntnis gesetzt werden soll.[384] Eine finanzielle oder zeitliche Kompensation des Zulassungsinhabers ist jedoch auch nach der ersten Lesung im EP nicht im RL-E enthalten.

379 Legislative Entschließung des EP v. 10.4.2024, P9_TA(2024)0220, www.europarl.europa.eu/doceo/document/TA-9-2024-0220_DE.html#ref_1_1 (zuletzt abgerufen am 18.5.2025).

380 COM(2023) 224 final; näher dazu unten Kap. 6.

381 P9_TA(2024)0220, Abänderung 197.

382 P9_TA(2024)0220, Abänderung 197.

383 Vgl. zu dieser Kritik am Kommissionsvorschlag *Valtere*, GRUR Int. 2024, 617 (627 ff.).

384 P9_TA(2024)0220, Abänderung 198.

II. Übertragung von Know-how

Ein weiteres zentrales Problem in der praktischen Umsetzung von Zwangslizenzen besteht darin, dass sich Zwangslizenzen auf die patentgeschützte Erfindung beschränken und keinen Zugang zu dem dazugehörigen Know-how gewähren.[385] Die patentrechtliche Zwangslizenz allein verschafft insbesondere nicht das nötige Know-how für die Herstellung von Impfstoffen oder anderen komplexen Arzneimitteln, die im Krisenfall dringend benötigt werden könnten.[386] Damit drängt sich die Frage auf, ob auch nicht patentgeschütztes Know-how Gegenstand einer Zwangslizenz sein kann. 186

1. Gegenstand und Bedeutung von Know-how

Der weit verbreitete, im deutschen Recht aber nicht definierte Begriff »Know-how« umfasst der Sache nach nicht patentierte, zumeist geheime Informationen, die der Problemlösung dienen und der wirtschaftlichen Verwendung in einem Unternehmen zugänglich sind.[387] Dazu zählt technisches Wissen, etwa Verfahren, Konstruktionspläne, Prototypen oder Rezepturen sowie auch geschäftliche Informationen wie Kundenlisten oder Werbestrategien.[388] In dem hier relevanten Kontext der patentrechtlichen Zwangslizenz steht technisches Know-how im Vordergrund.[389] Es handelt sich dabei um zusätzliches, die patentgeschützte Lehre begleitendes Wissen zur Anwendung der Erfindung.[390] Der Schutz dieses nicht offenbarten Wissens erfolgt im nationalen Recht über das Geschäftsgeheimnisgesetz (GeschGehG)[391] und erfährt internationale Anerkennung durch Art. 39 TRIPS.[392] Know-how ist als explizites Wissen mündlich oder schriftlich 187

385 Zu dieser Problematik bereits *Pfanner*, GRUR Int. 1985, 357 (365); *Pohl* (o. Fn. 6), 17; *Tetzner*, GRUR 1973, 62 (62 f.); aus jüngerer Zeit *Hauck*, GRUR-Prax 2021, 333; *Koikkara* (o. Fn. 11), 182 ff.; *Ohly*, in: FS Hilty, 2024, 509.

386 *Ohly*, in: FS Hilty, 2024, 509 (510).

387 *Enders*, GRUR 2012, 25 (25). Zu den einzelnen (umstrittenen) Begriffsmerkmalen ausführlich *Hohendorf*, Know-how-Schutz und Geistiges Eigentum, 2020, 9 ff.; *McGuire*, GRUR 2015, 424 (425); *Şehirali Çelik*, Schutz des Know-how nach türkischem, deutschem und europäischem Recht, 2004, 10 ff.; grundlegend bereits *Kraßer*, GRUR 1970, 587; *Stumpf*, Der Know-How-Vertrag, 3. Aufl. (1977), 20 ff.

388 *McGuire*, GRUR 2015, 424 (425); *Ohly*, in: Ohly/Sosnitza, UWG, 8. Aufl. (2023), GeschGehG, § 2 Rn. 3.

389 Ähnlich *Ohly*, in: FS Hilty, 2024, 509 (510).

390 Vgl. *Hauck*, GRUR-Prax 2021, 333 (333); *Lamping*, in: Herausforderung Innovation, 2012, 119 (139).

391 Gesetz zum Schutz von Geschäftsgeheimnissen v. 18.4.2019, BGBl. I, 466.

392 Dazu *Enders*, GRUR 2012, 25 (27); eingehend *Reger*, Der internationale Schutz gegen unlauteren Wettbewerb und das TRIPS-Übereinkommen, 1999, 253 ff.; *Kunczik*, Geistiges Eigentum an genetischen Informationen, 2007, 210 ff.

übertragbar.[393] Davon abzugrenzen ist das sog. *Tacit Knowledge* als implizites Wissen, das nicht verbalisierbar, sondern personengebunden und nicht auf andere Personen übertragbar ist (z.B. die Erfahrung in einem Fachgebiet).[394]

188 Know-how stellt einen entscheidenden Faktor für die Wirtschaftlichkeit eines Betriebes dar und wird in seinem Wert vielfach sogar höher zu veranschlagen sein als das Schutzrecht selbst.[395] Auch die patentrechtliche Zwangslizenz ist in vielen Fällen ohne das erforderliche Know-how wertlos. Ohne das relevante Know-how des Patentinhabers zur Produktion des patentierten Gegenstandes kann eine Zwangslizenz in der Praxis häufig nicht effektiv eingesetzt werden.[396] Die Beschreibung der Erfindung in Patentanmeldungen ist oftmals nicht detailliert genug, um einen wirtschaftlich effizienten Weg zur Herstellung des patentierten Gegenstandes aufzuzeigen.[397] Der Patentinhaber wird in der Regel zusätzliches Wissen und Erfahrungen besitzen, das er bei der Erfindung gewonnen hat.[398] Dabei geht es z.B. um Daten bezüglich der Rentabilität der Erfindung, Bezugsquellen für benötige Stoffe oder Marketingstrategien.[399]

189 Besonders komplex erweisen sich die immer wichtiger werdenden vektorbasierten oder mRNA-basierten Impfstoffe, weil sich deren Wirkweise grundlegend von den auf Krankheitserregern oder deren Bestandteilen basierenden Impfstoffen unterscheidet.[400] Deren Herstellung erfordert neben speziellen Einrichtungen und Anlagen spezielle Fachkenntnisse und Erfahrungen,[401] die über die im Patent offengelegten Informationen hinausgehen. Die überaus schnelle Entwicklung und massenhafte Produktion der COVID-19-Impfstoffe war gerade auch darauf zurückzuführen, dass *BioNTech* durch die bisherige Forschung zu mRNA-Medikamenten über ein erhebliches Know-how verfügte, das unmittelbar fruchtbar gemacht werden konnte.[402]

393 *Oehlrich*, GRUR 2010, 33 (33).
394 Ausführlich *Oehlrich*, GRUR 2010, 33 (33 ff.).
395 *Şehirali Çelik* (o. Fn. 387), 7; *Stumpf* (o. Fn. 387), 29; vgl. BGH GRUR 1963, 207 (210) – Kieselsäure.
396 So bereits *Beier*, GRUR 1972, 214 (224); *Pohl* (o. Fn. 6), 17; vgl. auch *Ann* (o. Fn. 29), § 34 Rn. 130; *Haase*, InTer 2021, 154 (158); *Kunczik* (o. Fn. 392), 170; *Lamping*, in: Herausforderung Innovation, 2012, 119 (139); *Stief/Grabow*, A&R 2022, 115 (121).
397 *Pfanner*, GRUR Int. 1985, 357 (365). Anders noch im 19. Jahrhundert, als man in den Patentschriften in der Regel alles fand, was zur Ausführung der Erfindung benötigt wurde, *Beier*, GRUR 1972, 214 (224).
398 *Oehlrich*, GRUR 2010, 33 (33).
399 *Reger* (o. Fn. 392), 236.
400 *Hauck*, GRUR-Prax 2021, 333 (333); *Hilty u. a.* (o. Fn. 3), 4 f.
401 *Smeaton/Harriss*, Manufacturing COVID-19 vaccines, 14.1.2021, https://doi.org/10.58248/RR57 (zuletzt abgerufen am 18.5.2025); *Zheng/Wang*, in: Intellectual Property Rights in Times of Crisis, 2024, 26 (50).
402 *Hauck*, GRUR-Prax 2021, 333 (333).

2. Zugang zu Know-how nach geltendem Recht

Vor diesem Hintergrund ist zu prüfen, ob dem Zwangslizenznehmer zum Zwecke der effektiven Verwertung der Zwangslizenz nach den geltenden gesetzlichen Bestimmungen kraft hoheitlicher Anordnung Zugang zu Know-how verschafft werden kann. 190

a) Zugang über das GeschGehG

Das GeschGehG regelt seit 2019 umfassend und eigenständig neben den verschiedenen Gesetzen zum Schutz des geistigen Eigentums den materiellrechtlichen und verfahrensrechtlichen Schutz von Geschäftsgeheimnissen.[403] Es erschafft kein eigenes immaterielles Schutzrecht, stellt aber in den §§ 6 ff. GeschGehG einen den Immaterialgüterrechten ähnelnden Durchsetzungsmechanismus bei Rechtsverletzungen zur Verfügung.[404] Know-how fällt als »Geschäftsgeheimnis« im Sinne des § 2 GeschGehG in den Anwendungsbereich des GeschGehG.[405] Im GeschGehG finden sich allerdings keine Bestimmungen zu Zwangslizenzen oder zur anderweitigen zwangsweisen Offenlegung von Geschäftsgeheimnissen. 191

Art. 5 lit. d der dem GeschGehG zugrundeliegenden Richtlinie über Geschäftsgeheimnisse (RL 2016/943)[406] sieht eine Ausnahme vom Geheimnisschutz für den Fall vor, dass ein Geschäftsgeheimnis zum Schutz eines berechtigten Interesses offengelegt wird. Zu diesem Zweck ist die Erlangung, Nutzung und Offenlegung von Geschäftsgeheimnissen zulässig. Art. 5 lit. d RL 2016/943 gewährt somit ein Recht, sich ein Geheimnis in zulässiger Weise zu verschaffen.[407] Er stellt hingegen keine Rechtsgrundlage dar, vom Geheimnisinhaber die Herausgabe des Geheimnisses zu erzwingen.[408] Art. 5 RL 2016/943 betrifft vielmehr die Durchsetzbarkeit von Geschäftsgeheimnissen selbst, indem er aus bestimmten Gründen den in der Richtlinie vorgesehenen Geschäftsgeheimnisschutz durch bestimmte Maßnahmen, Verfahren und Rechtsbehelfe (Art. 6 ff. RL 2016/943) ausschließt. 192

Gleiches gilt für die entsprechende nationale Ausgestaltung in § 5 GeschGehG, der bestimmte, nicht abschließende Ausnahmeregelungen enthält, die 193

403 *Alexander*, in: Köhler/Feddersen, UWG, 43. Aufl. (2025), GeschGehG, vor § 1 Rn. 1.
404 *Hauck*, GRUR-Prax 2021, 333 (333).
405 *Hauck*, in: MüKo UWG, 3. Aufl. (2022), GeschGehG, § 2 Rn. 4; *Ohly*, in: Ohly/Sosnitza, UWG, 8. Aufl. (2023), GeschGehG, § 2 Rn. 3.
406 Richtlinie (EU) 2016/943 des Europäischen Parlaments und des Rates v. 8.6.2016 über den Schutz vertraulichen Know-hows und vertraulicher Geschäftsinformationen (Geschäftsgeheimnisse) vor rechtswidrigem Erwerb sowie rechtswidriger Nutzung und Offenlegung, ABl. L 157, 1.
407 *Ohly*, in: FS Hilty, 2024, 509 (520).
408 *Mulder u. a.*, EIPR 2020, 556 (568); ähnlich *Ohly*, in: FS Hilty, 2024, 509 (520).

den Tatbestand einer Rechtsverletzung nach § 4 GeschGehG zum Schutz eines berechtigten Interesses ausschließen.[409] Eine der patentrechtlichen Zwangslizenz vergleichbare Eingriffsbefugnis zur verpflichtenden Offenlegung von Geschäftsgeheimnissen im Sinne einer Know-how-Zwangslizenz ist damit nicht verbunden. Eine solche ist erst recht nicht in § 3 GeschGehG zu finden, der in Umsetzung von Art. 3 RL 2016/943 einen Katalog von erlaubten Handlungen enthält.

b) Zugang über § 24 PatG

194 Der Zugang zu dem die patentgemäße Lehre ergänzenden technischen Wissen ist auch nicht unmittelbar über § 24 PatG möglich. Mit der Erteilung einer Zwangslizenz geht nicht automatisch ein Anspruch des Lizenznehmers auf Übertragung des begleitenden Know-hows einher.[410]

195 Der Regelungsgehalt des § 24 PatG umfasst eindeutig nur die patentgeschützte Erfindung und nicht auch zugehöriges Know-how. Nach der Legaldefinition in § 24 Abs. 1 PatG gestattet die Zwangslizenz die gewerbliche Benutzung einer Erfindung und beschränkt sich auf die patentgemäße Lehre selbst. § 24 Abs. 5 S. 1 PatG stellt klar, dass sich § 24 PatG nur auf erteilte Patente erstreckt. Dies ergibt sich daraus, dass nur ein erteiltes Patent Ausschlusswirkungen entfaltet.[411] Die Pflicht zur Offenbarung geht nur so weit, wie Patentschutz beansprucht wird und endet dort, wo auf das patentrechtliche Ausschließlichkeitsrecht verzichtet wird.[412] Der Grundgedanke der Zwangslizenz liegt gerade darin, dass die vom Staat verliehene Ausschließlichkeitsstellung unter gewissen Voraussetzungen durchbrochen werden kann.[413] Für nicht patentgeschütztes geheimes Wissen fehlt es an einem dem Patent vergleichbaren exklusiven Schutzrecht, das freigegeben werden könnte.[414]

c) Zugang über § 24 PatG analog

196 Ebenso wie eine direkte Anwendung des § 24 PatG scheidet auch eine analoge Anwendung des § 24 PatG auf Know-how aus.

409 *Alexander*, in: Köhler/Feddersen, UWG, 43. Aufl. (2025), GeschGehG, § 5 Rn. 2 f.
410 Treffend *Ann* (o. Fn. 29), § 34 Rn. 130; *Harnisch* (o. Fn. 10), 222 f.; *Hauck*, GRUR-Prax 2021, 333 (334); *Kunczik* (o. Fn. 392), 170; *Schmidt*, Mitt. 2022, 320 (321); *Tetzner*, GRUR 1973, 62; *Weiden*, GRUR 2021, 1036 (1037); a.A. *Beier*, GRUR 1972, 214 (225), demzufolge die ungerechtfertigte Weigerung des Patentinhabers zur Überlassung von Know-how als missbräuchliche Lizenzverweigerung angesehen werden könne, die es rechtfertige, dem Patentinhaber im Zwangslizenzverfahren die Mitüberlassung von Know-how gegen Entgelt zur Auflage zu machen.
411 *Mes* (o. Fn. 40), § 24 Rn. 7.
412 *Weiden*, GRUR 2021, 1036 (1037); so bereits auch *Tetzner*, GRUR 1973, 62 (62).
413 *Tetzner*, GRUR 1973, 62 (62).
414 *Ann* (o. Fn. 29), § 34 Rn. 130; *Hauck*, GRUR-Prax 2021, 333 (333).

aa) Planwidrige Regelungslücke

Know-how fällt als Geschäftsgeheimnis in den Anwendungsbereich des GeschGehG, welches als eigenständiges Stammgesetz neben dem PatG den Schutz von Geschäftsgeheimnissen abschließend regelt. Abgesehen von den bereits genannten Ausnahmen zu erlaubten bzw. zulässigen Verhaltensweisen in § 3 bzw. § 5 GeschGehG verzichtete der Gesetzgeber auf weitergehende Einschränkungen des Geheimnisschutzes im GeschGehG, insbesondere auf eine dem § 24 PatG vergleichbare Eingriffsbefugnis. 197

Die Problematik der Zwangslizenz wurde zwar nicht explizit im Gesetzge- 198
bungsprozess thematisiert.[415] Der Gesetzgeber war sich des Verhältnisses von Geschäftsgeheimnissen zum PatG aber durchaus bewusst.[416] Im Gesetzgebungsverfahren stand unter anderem eine Regelung zur Klarstellung im Raum, dass der Schutz von Immaterialgüterrechten durch bspw. das PatG unberührt bleibt.[417] Es ist also davon auszugehen, dass der Gesetzgeber die Wechselwirkungen zwischen dem Geheimnisschutz und dem Schutz geistiger Eigentumsrechte einschließlich ihrer Schranken erkannt hat. Hätte der Gesetzgeber einen Zugriff auf Geschäftsgeheimnisse nach dem Vorbild des § 24 PatG gewollt, hätte er dies im GeschGehG regeln müssen. Davon wird er aber vor allem deshalb abgesehen haben, weil die Implementierung einer derart einschneidenden, den Geheimnisschutz insgesamt beeinträchtigenden nationalen Regelung den Mindest- bzw. Vollharmonisierungsgrundsatz der umzusetzenden RL 2016/943 unterlaufen hätte.[418]

Der deutsche Gesetzgeber hat folgerichtig ganz bewusst keine Zwangslizenz 199
für die Übertragung von Know-how geschaffen. Damit fehlt es an einer planwidrigen Regelungslücke für eine analoge Anwendung des § 24 PatG auf Know-how.[419]

bb) Vergleichbare Interessenlage

Überdies sprechen die gewichtigen strukturellen Unterschiede zwischen Paten- 200
ten als Immaterialgüterrechte und dem faktisch geschützten Know-how gegen eine vergleichbare Interessenlage.

Know-how ist gerade nicht als geistiges Eigentumsrecht einzuordnen und ge- 201
nießt keine gesetzlich angeordnete Ausschließlichkeitsstellung.[420] Know-how

415 *Hauck*, GRUR-Prax 2021, 333 (334).
416 Vgl. BT-Drs. 19/4724, 20, 26; vgl. auch der entsprechende Referentenentwurf des Bundesministeriums der Justiz und für Verbraucherschutz v. 19.4.2018, 19, 24, https://www.bmj.de/SharedDocs/Gesetzgebungsverfahren/DE/2018_GeschGehG.html (zuletzt abgerufen am 18.5.2025).
417 BT-Drs. 19/4724, 46, 49.
418 *Hauck*, GRUR-Prax 2021, 333 (334); näher dazu unten Kap. 4 C. II. 3. a) aa).
419 So auch *Hauck*, GRUR-Prax 2021, 333 (334).
420 *Koikkara* (o. Fn. 11), 186.

wird schlicht durch dessen Geheimhaltung geschützt, während das patentrechtliche Ausschließlichkeitsrecht die Belohnung für die Veröffentlichung technischen Wissens darstellt.[421] Der Schutz von Know-how ist im Gegensatz zum Patentschutz rein faktischer Natur.[422] Er hängt allein von freiwilligen Geheimhaltungsmaßnahmen ab, nicht dagegen von anderen Voraussetzungen wie einer Anmeldung, Eintragung oder behördlichen Entscheidung. Im Vergleich zum Patentschutz ist der Know-how-Schutz auch weniger umfassend ausgestaltet: Anders als ein Patent ist geheimes technisches Know-how nicht gegenüber sämtlichen Angriffsformen geschützt.[423] Der Schutz von Geschäftsgeheimnissen erstreckt sich nach der gesetzgeberischen Konzeption (nur) auf die in § 4 GeschGehG spezifizierten Verletzungshandlungen.[424]

202 Die Interessenlage bei der erzwungenen Offenlegung der durch das Ausschließlichkeitsrecht geschützten patentgemäßen Lehre unterscheidet sich mithin entscheidend von derjenigen bei der erzwungenen Offenlegung nicht patentgeschützten Know-hows, sodass auch aus diesem Grund eine analoge Anwendung des § 24 PatG auf Know-how ausscheidet.[425]

d) Zugang über Art. 102 AEUV

203 Der Vollständigkeit halber sei erwähnt, dass es jenseits des Patentrechts im Wege der kartellrechtlichen Zwangslizenz auf Grundlage von Art. 102 AEUV zu einem zwangsweisen Zugriff auf Know-how kommen kann. In der *Microsoft*-Entscheidung von 2004 bejahte die EU-Kommission die Pflicht zur Offenlegung von Schnittstelleninformationen durch *Microsoft* an Dritte, soweit dies für die Interoperabilität der von diesen Dritten hergestellten Betriebssysteme für Netzwerkserver mit dem *Windows*-Betriebssystem unerlässlich war.[426] Bei diesen Informationen handelte es sich um nicht geschütztes, geheimes Know-how.[427] *Microsoft* wurde dazu verpflichtet, ihr Know-how an Konkurrenten weiterzugeben, damit diese die Kompatibilität ihrer Betriebssysteme mit der Technologie von *Microsoft* gewährleisten können.[428]

421 *Haedicke*, in: Haedicke/Timmann, Hdb. PatR, 2. Aufl. (2020), § 1 Rn. 137.
422 *Hauck*, GRUR-Prax 2021, 333 (333); *Kunczik* (o. Fn. 392), 212 f. im Kontext von Art. 39 TRIPS.
423 *Haedicke*, in: Haedicke/Timmann, Hdb. PatR, 2. Aufl. (2020), § 1 Rn. 136.
424 *Alexander*, in: Köhler/Feddersen, UWG, 43. Aufl. (2025), GeschGehG, vor § 1 Rn. 75.
425 Im Ergebnis auch *Tetzner*, GRUR 1973, 62 (62) zu § 15 PatG a.F.
426 Entscheidung der Kommission v. 24.5.2004, COMP/C – 3/37.792 Rn. 30 ff. – Microsoft, Abl. L 32, 23 ff.
427 *Hauck*, GRUR-Prax 2021, 333 (334 f.).
428 *Zimmermann*, Die Zwangslizensierung von Immaterialgüterrechten nach Art. 82 EG, 2005, 41; ausführlich *Axster/Osterrieth*, in: Pfaff/Osterrieth, Lizenzverträge, 4. Aufl. (2018), Teil A Rn. 348.

Das EuG hat die Entscheidung der Kommission im Ergebnis bestätigt und ausgeführt, dass der geheime Charakter von Know-how einer zwangsweisen Offenlegung von Know-how unter besonderen Umständen grundsätzlich nicht entgegenstehe.[429] Demzufolge kann durch die kartellrechtliche Zwangslizenz Zugang zu Know-how verschafft werden, wenngleich die tatbestandlichen Anforderungen dafür äußerst hoch sind.[430] Die (kartellrechtlich) erzwungene Offenlegung von Know-how bleibt trotz dieses Urteils aufgrund der zu berücksichtigenden Innovationsanreize aufseiten des Know-how-Inhabers die Ausnahme.[431] Rückschlüsse auf die Reichweite der patentrechtlichen Zwangslizenz lassen sich aus dieser Entscheidung, in der eine kartellrechtliche Zwangslizenz allein aus wettbewerbsrechtlichen Gründen in einem Einzelfall erteilt wurde, nicht ziehen. 204

3. Gesetzgeberische Erweiterung der Zwangslizenz auf Know-how?

Nach alledem existiert (von kartellrechtlichen Ausnahmekonstellationen abgesehen) *de lege lata* weder auf nationaler noch auf internationaler Ebene eine der patentrechtlichen Zwangslizenz vergleichbare Eingriffsbefugnis, die zur Offenlegung von Know-how über die in den Patenten und Patentanmeldungen enthaltenen Informationen hinaus verpflichtet. Dieser Befund wirft die Frage auf, ob eine Erweiterung der patentrechtlichen Zwangslizenz auf Know-how *de lege ferenda* möglich und der Sache nach sinnvoll ist. 205

a) Unions- und völkerrechtliche Vereinbarkeit einer Know-how-Zwangslizenz

Die Implementierung einer nationalen Regelung zu Know-how-Zwangslizenzen gestaltet sich angesichts internationaler Vorgaben, allen voran der unionsrechtlichen Harmonisierung des Rechts über den Geschäftsgeheimnisschutz in der RL 2016/943, als problematisch. 206

aa) Vereinbarkeit mit Unionsrecht

Die RL 2016/943 selbst sieht keine Verpflichtung zur Offenlegung von Geschäftsgeheimnissen vor. Denkbar wäre eine inhaltliche Erweiterung des § 24 PatG dergestalt, den Patentinhaber neben der patentgemäßen Lehre auch zur Offenlegung des die Erfindung begleitenden Know-hows gegenüber dem 207

429 EuG BeckRS 2007, 70806 Rn. 692 ff. – Microsoft Corporation/EG-Kommission.

430 *Hauck*, GRUR-Prax 2021, 333 (335); zu den Tatbestandsvoraussetzungen *Zimmermann* (o. Fn. 428), 41 ff.

431 *Axster/Osterrieth*, in: Pfaff/Osterrieth, Lizenzverträge, 4. Aufl. (2018), Teil A Rn. 348.

Zwangslizenznehmer zu verpflichten.[432] Im Rahmen einer derartigen Offenlegungsverpflichtung wäre die jeweilige Handlung gem. § 3 Abs. 2 GeschGehG erlaubt und könnte nicht nach den §§ 6 ff. GeschGehG geahndet werden. Durch § 3 Abs. 2 GeschGehG sollen gerade nationale Sonderregelungen zum Umgang mit Geschäftsgeheimnissen in anderen Gesetzen (z.B. § 140c PatG)[433] vorgehen.[434]

208 Eine Erweiterung der nationalen Zwangslizenzregelung auf Know-how wäre jedoch als eine den Geheimnisschutz insgesamt beeinträchtigende Regelung mit der RL 2016/943 unvereinbar, weil damit der Mindest- bzw. Vollharmonisierungsgrundsatz der RL (vgl. Art. 1 UAbs. 2 RL 2016/943) unterschritten würde.[435]

209 Ebenso wenig eröffnet Art. 1 Abs. 2 lit. b RL 2016/943 den Mitgliedstaaten die Möglichkeit einer nationalen Regelung über eine Pflicht zur Offenlegung von Geschäftsgeheimnissen gegenüber dem Zwangslizenznehmer. Zwar bleiben nach Art. 1 Abs. 2 lit. b RL 2016/943 Vorschriften unberührt, die einen Inhaber von Geschäftsgeheimnissen verpflichten, aus Gründen des öffentlichen Interesses Informationen, auch Geschäftsgeheimnisse, gegenüber der Öffentlichkeit, den Verwaltungsbehörden oder den Gerichten offenzulegen, damit diese ihre Aufgaben wahrnehmen können. Art. 1 Abs. 2 lit. b RL 2016/943 bezieht sich nach seinem eindeutigen Wortlaut aber ausschließlich auf Offenlegungen, die zur Wahrnehmung der Aufgaben der Behörden oder Gerichte erforderlich sind und erlaubt damit nicht auch die Nutzung dieser Informationen durch private Unternehmen zu kommerziellen Zwecken.[436]

432 In Frankreich wurde im Zuge der COVID-19-Krise eine solche Erweiterung der dortigen Zwangslizenzregelung (Art. L613-17 *Code de la propriété intellectuell*) diskutiert, dazu *Berthet/Dhenne/Vial*, Comment mettre en oeuvre la licence d'office, 2020; der Gesetzesvorschlag (abrufbar unter https://www.senat.fr/leg/ppl20-524.html, zuletzt abgerufen am 18.5.2025) wurde am 8.4.2021 eingebracht, aber – soweit ersichtlich – (noch) nicht umgesetzt. Nach Art. 100 Abs. 4 S. 2 des spanischen Patentgesetzes ist der Patentinhaber im Fall einer Zwangslizenz verpflichtet, dem Lizenznehmer die technischen Informationen bereitzustellen, die er zur Nutzung der Erfindung benötigt, dazu *Ohly*, in: FS Hilty, 2024, 509 (516 f.).

433 *McGuire*, in: Büscher, UWG, 2. Aufl. (2021), GeschGehG, § 3 Rn. 38.

434 BT-Drs. 19/4724, 26. Dies geht auf Art. 3 Abs. 2 RL 2016/943 zurück, wonach es den Mitgliedstaaten ausdrücklich ermöglicht wurde, ihre nationalen Regelungen anzuwenden, in denen eine Offenlegung für bestimmte Zwecke vorgeschrieben ist, um andere vorrangige Interessen zu schützen, *Namyslowska*, in: MüKo UWG, 3. Aufl. (2020), Geheimnisschutz-RL, Art. 3 Rn. 16.

435 Treffend *Hauck*, GRUR-Prax 2021, 333 (334); *Ohly*, in: FS Hilty, 2024, 509 (516 f.); a.A. *Mulder u. a.*, EIPR 2020, 556 (568); *Stierle*, GRUR 2024, 419 (425 f.). Zum Harmonisierungsansatz der RL 2016/943 *Alexander*, in: Köhler/Feddersen, UWG, 43. Aufl. (2025), GeschGehG, vor § 1 Rn. 19 ff.

436 So auch *Ohly*, in: FS Hilty, 2024, 509 (516), der versehentlich Art. 1 Abs. 2 lit. c RL 2016/943 zitiert; ebenso *Vandermeulen u. a.* (o. Fn. 11), 33; a.A. *Stierle*, GRUR 2024, 419 (425 f.), der auch einzelne Lizenzsucher als eine Teilmenge der Öffentlichkeit von Art. 1 Abs. 2 lit. b RL 2016/943 erfasst sieht.

Folglich wäre die Einführung einer nationalen Know-how-Zwangslizenz mit den unionsrechtlichen Vorgaben zum Schutz von Geschäftsgeheimnissen nicht vereinbar. 210

bb) Vereinbarkeit mit Völkerrecht

Neben diesen unionsrechtlichen Bedenken kann die völkerrechtliche Vereinbarkeit einer Know-how-Zwangslizenz mit dem TRIPS-Übereinkommen angezweifelt werden.[437] 211

Zwar sind Know-how-Zwangslizenzen, anders als im Markenrecht (Art. 21 TRIPS), nicht ausdrücklich verboten und könnten gerade in Notfällen auf Art. 7 TRIPS (Gemeinwohl) und Art. 8 TRIPS (Gesundheitsschutz) gestützt werden.[438] Im Gegensatz zu Art. 31 TRIPS betreffend Zwangslizenzen an Patenten fehlt im TRIPS-Übereinkommen allerdings eine ausdrückliche Regelung, die Zwangslizenzen an Geschäftsgeheimnissen erlaubt. Hätten die Vertragsstaaten eine Know-how-Zwangslizenz vorgesehen, hätten sie sicherlich einschränkende Voraussetzungen nach patentrechtlichem Vorbild geregelt.[439] Mangels ausdrücklicher Regelung dürfte ein derart massiver Eingriff in den durch Art. 39 TRIPS gewährten Schutz geheimer Informationen mit dem TRIPS-Übereinkommen kaum vereinbar sein.[440] 212

b) Sinnhaftigkeit einer Know-how-Zwangslizenz

Unabhängig von der konkreten Ausgestaltung einer Know-how-Zwangslizenz sowie der Vereinbarkeit mit Unions- und Völkerrecht ist die Frage zu beantworten, ob eine *de lege ferenda* zwangsweise Offenlegung von Know-how der Sache nach überhaupt notwendig und sinnvoll erscheint. 213

aa) Argumente für eine gesetzliche Offenlegungsverpflichtung

Für eine Know-how-Zwangslizenz werden zuvorderst die Interessen des Zwangslizenznehmers und der Allgemeinheit an einer effektiven Nutzung der im öffentlichen Interesse liegenden Zwangslizenz angeführt. Aus Sicht der Allgemeinheit, die ein Interesse an der schnellstmöglichen Ausübung der patentierten Erfindung durch den Zwangslizenznehmer hat, kann es unangemessen sein, wenn sich der Patentinhaber erst das erforderliche Know-how erarbeiten muss und sich dadurch der Nutzungsbeginn um Monate oder Jahre 214

437 Dazu *Ohly*, in: FS Hilty, 2024, 509 (515 ff.).
438 So *Gurgula/Hull*, JIPP 2021, 1242 (1251).
439 *Ohly*, in: FS Hilty, 2024, 509 (515).
440 A.A. *Gurgula/Hull*, JIPP 2021, 1242 (1251); *Wang*, in: Compulsory Licensing, 2015, 191 (198 ff.); offen lassend *Ohly*, in: FS Hilty, 2024, 509 (515).

verzögert.[441] Ohne zusätzliches Know-how droht die Zwangslizenz ins Leere zu laufen und ihrer Funktion als Ausgleich widerstreitender Interessen nicht gerecht zu werden.[442] Dies gilt umso mehr, als sich heutzutage immer mehr Arzneimittel als komplexe Biologika darstellen, die durch eine große Zahl von (nicht patentierten) Geschäftsgeheimnissen geschützt sind.[443]

215 Zur Berücksichtigung der Interessen des Know-how-Inhabers könnte eine Know-how-Zwangslizenz im Gegenzug mit Auflagen wie der Zahlung eines zusätzlichen Entgelts oder Geheimhaltungsvereinbarungen verbunden werden.[444] Der Schaden aufseiten des Know-how-Inhabers wäre überschaubar, weil das Geschäftsgeheimnis nicht öffentlich bekannt gemacht, sondern nur an ein anderes Unternehmen unter strengen Vertraulichkeitsverpflichtungen übertragen würde.[445] Die Erteilung einer Know-how-Zwangslizenz sollte ohnehin nur in absoluten Sonderfällen erfolgen, in denen die Offenbarung des geheimen Wissens zwingend notwendig ist, um öffentliche Interessen zu befriedigen und die Härte für den Geheimnisinhaber in der Gesamtabwägung vertretbar ist.[446]

216 Schließlich wird darauf verwiesen, dass selbst das Patent als Ausschließlichkeitsrecht eingeschränkt werden kann, sodass erst recht das Wissen, das keine besondere Schutzwürdigung erfährt, zum Gegenstand einer Zwangslizenz gemacht werden können muss.[447] Würde man andernfalls das Geheimwissen dem Ausschließlichkeitsrecht gleichstellen oder sogar noch stärker schützen, indem es nicht zum Gegenstand einer Zwangslizenz gemacht werden kann, würde dies dem Erfinder den Anreiz nehmen, seine Erfindung über den kosten- und zeitintensiven Weg patentieren zu lassen; denn er könnte seine Erfindung auch verwerten, indem er sie lizenziert und eine Geheimhaltungsklausel in den Vertrag aufnimmt.[448] Darüber hinaus wäre er nicht an die patentrechtliche Schutzdauer gebunden.[449] Aus diesen Gründen müsse die patentrechtliche Zwangslizenz

441 *Harnisch* (o. Fn. 45), 222, der eine Know-how-Zwangslizenz im Ergebnis aber ablehnt.

442 *Koikkara* (o. Fn. 11), 194 ff.

443 *Gurgula/Hull*, JIPP 2021, 1242 (1252).

444 Vgl. *Beier*, GRUR 1972, 214 (225); ausführlich *Koikkara* (o. Fn. 11), 196 ff. unter besonderer Berücksichtigung kartellrechtlicher Aspekte.

445 *Gurgula/Hull*, JIPP 2021, 1242 (1250).

446 *Stierle*, GRUR 2024, 419 (426).

447 *Koikkara* (o. Fn. 11), 191.

448 *Koikkara* (o. Fn. 11), 191.

449 *Koikkara* (o. Fn. 11), 191; *Kunczik* (o. Fn. 392), 208. Während ein Patent spätestens nach 18 Monaten der Öffentlichkeit zugänglich gemacht wird, bleibt das Know-how ohne Offenlegung unter Umständen weit länger als 20 Jahre geheim, *Haedicke*, in: Haedicke/Timmann, Hdb. PatR, 2. Aufl. (2020), § 1 Rn. 135.

auch mit der Verpflichtung zur Offenlegung des erforderlichen begleitenden Know-hows einhergehen.[450]

bb) Argumente gegen eine gesetzliche Offenlegungsverpflichtung

(1) Nebeneffekte auf Innovationen und Investitionen

Dem soeben angeführten Argument, dass ein zu starker Geheimnisschutz Erfin- 217
dern den Anreiz zur Patentierung nehmen würde, ist entgegenzuhalten, dass die Erstreckung von Zwangslizenzen auf Know-how ebenso abschreckend auf Patentanmeldungen wirken kann.[451] Der Patentinhaber könnte der Gefahr einer zwangsweisen Offenlegung von Know-how durch den Verzicht auf die Anmeldung seiner Erfindung als Patent zuvorkommen.[452] Dann stünde er hinsichtlich des zur Erfindung gehörenden Know-hows »unangreifbar« da im Gegensatz zu dem, der die patentfähige Lehre aufgedeckt hat und sich nur sein begleitendes Know-how zurückbehält.[453] Eine solche »Flucht in den Geheimnisschutz« ist nicht wünschenswert, weil in der Folge mangels Offenlegung technischer Neuerungen in Patenten der Stand der Technik nicht angereichert würde.[454] Insofern würde eine Pflicht zur Offenlegung von Know-how zu innovationspolitisch unerwünschten Nebenfolgen führen.

Zudem würden Unternehmen nicht nur vor Patentanmeldungen, sondern vor 218
Investitionen in neues technisches Wissen insgesamt zurückschrecken, falls die Offenlegung des im Laufe der Zeit mühsam erarbeiteten Know-hows droht. Ein effektiver Geheimnisschutz bildet die Grundlage für F&E-Tätigkeiten innovativer Unternehmen und eine attraktive Alternative zum Patentschutz. Der Geheimnisschutz schafft Innovationsanreize[455] und ermöglicht eine vertrauliche interne Kommunikation über Forschungsergebnisse.[456] Er garantiert eine »Laborzone«, die für Mitbewerber unzugänglich ist und ermöglicht die für den Patentschutz notwendige ungestörte Entwicklung einer Technologie ohne Offen-

450 So *Koikkara* (o. Fn. 11), 194 für die kartellrechtliche Zwangslizenz; für eine, wie auch immer ausgestaltete zwangsweise Offenlegung von Know-how auch *Abbas*, in: Law and Economics of the Coronavirus Crisis, 2022, 265 (290); *Beier*, GRUR 1972, 214 (225); *Gurgula/Hull*, JIPP 2021, 1242 (1249 ff.); *Lamping u. a.*, GRUR Int. 2023, 471 (478 f.); *Levine*, JIPP 2020, 849 (850); *Stierle*, GRUR 2024, 419 (425 ff.); *Wang*, in: Compulsory Licensing, 2015, 191 (196).

451 Vgl. *Ann* (o. Fn. 29), § 34 Rn. 131; *Hauck*, GRUR-Prax 2021, 333 (335); *Pfanner*, GRUR Int. 1985, 357 (365); *Tetzner*, GRUR 1973, 62 (62).

452 *Ann* (o. Fn. 29), § 34 Rn. 131.

453 *Tetzner*, GRUR 1973, 62 (62).

454 *Hauck*, GRUR-Prax 2021, 333 (335).

455 *Ohly*, in: FS Hilty, 2024, 509 (518).

456 *Haedicke*, in: Haedicke/Timmann, Hdb. PatR, 2. Aufl. (2020), § 1 Rn. 139.

barung bis zur Patentreife.[457] Außerdem fördert der Schutz von Know-how Erfindungen, die nicht die Voraussetzungen des Patentschutzes erfüllen, aber dennoch investitionsintensiv sind und ohne entsprechenden Schutz nicht geschaffen würden.[458] Geschäftsgeheimnisse werden zumeist unter beträchtlichem (finanziellem) Aufwand erstellt – man denke etwa an Testdaten für pharmazeutische Produkte oder innovative Produktionsverfahren.[459] Entsprechende Investitionen setzen daher einen effektiven Geheimnisschutz voraus.[460]

(2) Praktische Hürden

219 Nicht weniger bedeutsam als die vorgenannten nachteiligen Effekte auf Innovationen und Investitionen sind die praktischen Einwände gegen eine erzwungene Offenlegung von Know-how.

220 Häufig wird es aus praktischen Gründen gar nicht möglich sein, den Patentinhaber zur Herausgabe seines Know-hows zu zwingen, weil dieses nicht öffentlich zugänglich ist und deshalb auch kein Beweis für dessen Existenz erbracht werden kann.[461] Es entspricht gerade dem Wesen von Know-how, dass es durch Dritte nicht unmittelbar einsehbar und erkennbar ist. Erst recht gilt dies für implizites Wissen (*Tacit Knowledge*), das einem Unternehmen etwa in Form von Erfahrungen oder Spezialkenntnissen der jeweiligen Mitarbeiter in einem bestimmten Fachgebiet zur Verfügung steht und überhaupt nicht offengelegt und lizenziert werden kann. Liegt das betreffende Wissen nicht schriftlich dokumentiert vor, bleibt nur die – praktisch kaum durchsetzbare – Möglichkeit von Schulungen des Lizenzsuchers durch den Inhaber des Wissens.[462]

221 Offen bleibt in diesem Zusammenhang auch, wie ein zwangsweiser Zugriff auf unbekannte Geschäftsgeheimnisse vollstreckt und seinem Umfang nach rechtsstaatlich abgegrenzt werden soll.[463] Es scheint unmöglich, zwangsweise auf Know-how zuzugreifen, ohne dabei nicht auch Kenntnis von anderen vertraulichen Informationen zu bekommen.[464] Geschäftsgeheimnisse liegen regelmäßig als noch nicht scharf konturierter Tatsachenkomplex vor und müssten zunächst in aufwändiger Weise spezifiziert werden.[465] Eine wirksame Vollstreckung setzt

457 *Ohly*, in: Ohly/Sosnitza, UWG, 8. Aufl. (2023), GeschGehG, vor § 1 Rn. 3; vgl. *Hohendorf* (o. Fn. 387), 159.
458 *Haedicke*, in: Haedicke/Timmann, Hdb. PatR, 2. Aufl. (2020), § 1 Rn. 139.
459 *Reger* (o. Fn. 392), 235; vgl. *Harnisch* (o. Fn. 10), 222.
460 Vgl. *Reger* (o. Fn. 392), 237.
461 *Pfanner*, GRUR Int. 1985, 357 (365).
462 *Gurgula/Hull*, JIPP 2021, 1242 (1256). Praktikabler erscheint hingegen die Pflicht zur Mitteilung schriftlich dokumentierter Information, z.B. eine geheime Herstellungsformel, *Ohly*, in: FS Hilty, 2024, 509 (518).
463 *Tetzner*, GRUR 1973, 62 (62).
464 *Harnisch* (o. Fn. 10), 223 mit Verweis auf *Tetzner*, GRUR 1973, 62 (62).
465 *Czychowski/Dworschak*, GRUR Pat. 2023, 20 Rn. 7 im Zusammenhang mit dem Verletzungsverfahren.

zwingend eine hinreichend genaue Umschreibung der zu offenbarenden Informationen voraus.[466] Weil die Informationen aber geheim sind, wird dies oftmals weder der erteilenden Stelle noch dem Lizenzsucher gelingen.[467] Außerdem wird in der Regel nicht überprüfbar sein, ob das relevante Wissen durch den Verpflichteten tatsächlich vollends preisgegeben wurde.[468] Die Durchsetzung und Vollstreckung einer Know-how-Zwangslizenz wäre mithin nur schwer praktikabel oder gar unmöglich, jedenfalls langwierig und kostspielig.[469]

cc) Stellungnahme

(1) »Flucht in den Geheimnisschutz«

Die Annahme, dass eine fehlende Know-how-Zwangslizenz Erfinder wegen des 222
vermeintlich stärkeren Know-how-Schutzes von Patentanmeldungen abhält, greift zu kurz.[470] Das gegenwärtige Patentsystem (ohne Know-how-Zwangslizenz) setzt genügend Anreize, eine Erfindung patentrechtlich schützen zu lassen.

Parallelerfindungen können ohne das Ausschließlichkeitsrecht und den be- 223
währten Rechtsdurchsetzungsmechanismus der §§ 139 ff. PatG nicht effektiv verhindert werden. Entwickelt und verwendet ein Dritter etwa den gleichen technischen Wissensschatz wie der Know-how-Inhaber, so kann dieser nicht in gleicher Weise wie der Patentinhaber dagegen vorgehen.[471] Die Lizenzierung von Know-how ohne patentrechtlichen Schutz birgt demgegenüber das Risiko von Verstößen gegen Geheimhaltungsvereinbarungen und des Verlustes hochwertigen technischen Wissens. Während der Patentinhaber im Falle eines Verstoßes gegen die Patent-Lizenz nach wie vor auf sein Patent zurückgreifen kann, bleibt dem Know-how-Lizenzgeber bei einem Verstoß gegen eine Vertraulichkeitsbestimmung faktisch nichts mehr.[472] Ersatzansprüche würden an der Tatsache des oftmals endgültigen Geheimnisverlusts nichts ändern.[473] Generell gestaltet sich die Durchsetzung von Ansprüchen aus Geheimnisschutz schwierig, vor

466 Eine vage Vorgabe – etwa: »alle zur Herstellung eines mRNA-Impfstoffs nötigen Informationen« – wäre weder praktikabel noch vollstreckbar, *Ohly*, in: FS Hilty, 2024, 509 (518).

467 *Ohly*, in: FS Hilty, 2024, 509 (518).

468 *Ohly*, in: FS Hilty, 2024, 509 (519); *Stierle*, GRUR 2024, 419 (427).

469 Treffend *Ohly*, in: FS Hilty, 2024, 509 (519, 524).

470 So aber *Koikkara* (o. Fn. 11), 191.

471 *Haedicke*, in: Haedicke/Timmann, Hdb. PatR, 2. Aufl. (2020), § 1 Rn. 136.

472 *Gurgula/Hull*, JIPP 2021, 1242 (1253). Für einen wirtschaftlich starken Vertragspartner könnte sich die Zuwiderhandlung gegen eine Geheimhaltungsvereinbarung finanziell sogar lohnen, falls ihm die Verwertung geheimen Wissens einen Wettbewerbsvorsprung bringt, *Brachtel*, Die Gruppenfreistellung von Know-how-Vereinbarungen, 2006, 12.

473 *Hauck*, GRUR-Prax 2021, 333 (335).

allem mit Blick auf die Beweisführung.[474] Der Nachweis und die Quantifizierung des Schadens bei der Verletzung von Geschäftsgeheimnissen bereitet im Einzelfall erhebliche Probleme.[475] Daher fällt es schwer, von einem stärkeren Know-how-Schutz zu sprechen, der (ohne Know-how-Zwangslizenz) vom Patentschutz abhalten würde.

224 Das Argument, eine fehlende Know-how-Zwangslizenz halte von Patentanmeldungen ab, ist obendrein widersprüchlich, denn der Patentschutz verlöre erst recht an Attraktivität und Akzeptanz, würde der Gegenstand einer patentrechtlichen Zwangslizenz über die patentgemäße Lehre hinaus auf begleitendes Know-how ausgedehnt.[476] Unter diesen Umständen würden Unternehmen versuchen, das Risiko einer erzwungenen Offenlegung von Know-how einfach dadurch zu meiden, dass sie gar kein der Zwangslizenz zugängliches Patent anmelden. Die Gefahr einer »Flucht in den Geheimnisschutz« ginge also nicht von einem angeblich stärkeren Know-how-Schutz als vielmehr von einer Erweiterung des § 24 PatG auf Know-how aus.

(2) Nutzen einer Know-how-Zwangslizenz

225 Auch die Befürchtung, die Zwangslizenz laufe ohne Zugriff auf begleitendes Know-how leer, trifft in dieser Allgemeinheit nicht zu. Nicht in allen Bereichen ist zusätzliches Wissen über die Patentschrift hinaus für die Ausführung der Erfindung unerlässlich.[477] In vielen Fällen kann die Verweigerung der Know-how-Überlassung zwar den Beginn der Ausübung der patentierten Erfindung verzögern, macht sie aber nicht gleich unmöglich.[478]

226 Besonders im pharmazeutischen Bereich sind die Unterschiede in der Herstellung und Zusammensetzung von Wirkstoffen zu beachten, namentlich zwischen eindeutig definierten chemischen Wirkstoffen und Wirkstoffen auf biologischer Basis. Während der biotechnologische Herstellungsprozess (z.B. von mRNA-basierten Impfstoffen) äußerst komplex ist und spezialisierte Kenntnisse erfordert, ist die Herstellung herkömmlicher chemischer Wirkstoffe, die regelmäßig in bereits bestehenden und auf solche Substanzen eingerichteten Produktionsanlagen erfolgt, weniger komplex und anhand der Patentschrift ohne zusätzliches

474 Vgl. *Czychowski/Dworschak*, GRUR Pat. 2023, 20 Rn. 4 f.; *McGuire*, GRUR 2016, 1000 (1002 f.).

475 *Brachtel* (o. Fn. 472), 11 zur alten Rechtslage.

476 Nichts anderes ergibt sich, wenn man – wie offenbar *Koikkara* (o. Fn. 11), 191 – die kartellrechtliche Zwangslizenz betrachtet. Denn Anknüpfungspunkt für die Zwangslizenz ist stets die patentgeschützte Erfindung.

477 Deutlich *Pfanner*, GRUR Int. 1985, 357 (365): »[…] Fälle relativ selten […], in denen die Beschreibung für eine wirtschaftliche Benutzung der Erfindung unzureichend ist […]«; vgl. *Harnisch* (o. Fn. 10), 222; *Hilty u. a.* (o. Fn. 3), 4 f.

478 *Harnisch* (o. Fn. 10), 222; vgl. auch *Schmidt*, Mitt. 2022, 320 (323) in Bezug auf die Benutzungsanordnung, bei der sich dieselbe Problematik stellt.

Know-how leichter nachzuahmen.[479] So kann die Zwangslizenz bei Arzneimitteln, die auf bekannten Methoden wie der Verwendung von niedermolekularen Wirkstoffen oder traditionellen Impfstoffen, die Viruspartikel verwenden, ohne zusätzliches Know-how durchaus einen einsatzbereiten Mechanismus für die Herstellung und den Vertrieb bieten.[480] Insbesondere größere Generikahersteller, die derselben Branche wie der Know-how-Inhaber angehören, verfügen oftmals selbst über vergleichbare Spezialkenntnisse auf dem relevanten Gebiet und sind zur Herstellung des betreffenden Arzneimittels ohne weiteres in der Lage. Zusätzliches Know-how kann sich der Zwangslizenznehmer im Übrigen aus eigener Kraft erarbeiten, obgleich der Erwerb vom Patentinhaber meist der wirtschaftlichere Weg sein wird.[481]

Der Mehrwert einer Know-how-Zwangslizenz wäre somit in vielen Fällen 227
überschaubar. Der erhebliche Aufwand für die Identifizierung des relevanten Know-hows und die Durchsetzung einer Offenlegungspflicht stünde außer Verhältnis zu dem daraus resultierenden Nutzen. In Fällen, in denen zusätzliches Know-how tatsächlich erforderlich ist, um die Erfindung wirtschaftlich sinnvoll nutzen zu können, sind die damit verbundenen praktischen Schwierigkeiten hinzunehmen und die geltende Rechtslage, insbesondere die Wertung und der Schutzzweck des GeschGehG, zu respektieren. Ein wirksamer Schutz von Geschäftsgeheimnissen bildet die notwendige Grundlage für die Erforschung und Fortentwicklung innovativer Produkte sowie für die wettbewerbliche Tätigkeit von Unternehmen auf Märkten insgesamt.[482] Eine Aufweichung des Geheimnisschutzes wäre vor diesem Hintergrund nicht der richtige Weg, nicht zuletzt deshalb, weil dies der Zwangslizenz angesichts der weiteren Schwierigkeiten in der praktischen Umsetzung nicht automatisch zu mehr Effektivität verhelfen würde.

c) Zwischenergebnis

Eine nationale Regelung zu Zwangslizenzen an Geschäftsgeheimnissen dürfte 228
mit unions- und völkerrechtlichen Vorgaben nicht vereinbar sein. Zudem wäre eine Pflicht zur Offenlegung von Know-how weder sachgerecht noch praktikabel: Sie würde innovationspolitisch unerwünschte Nebeneffekte hervorrufen und den erhofften Mehrwert aufgrund des erheblichen praktischen Aufwands

479 Vgl. *Kumar*, Conn. L. Rev. 2022, 57 (98 ff.); *McMahon*, NI Legal Quarterly 2020, 331 (338).

480 *Hilty u. a.* (o. Fn. 3), 4; *Kumar*, Conn. L. Rev. 2022, 57 (99); *McMahon*, NI Legal Quarterly 2020, 331 (338). Die Herstellung biologischer Arzneimittel ist im Allgemeinen weitaus schwieriger als die von (chemischen) niedermolekularen Arzneimitteln, *Nowicki*, Kidney Blood Pressure Res. 2007, 267 (267 f.).

481 *Beier*, GRUR 1972, 214 (224).

482 *Alexander*, in: Köhler/Feddersen, UWG, 43. Aufl. (2025), GeschGehG, vor § 1 Rn. 39.

zunichte machen. Von einer gesetzlichen Erweiterung der patentrechtlichen Zwangslizenz auf begleitendes Know-how sollte daher abgesehen werden.[483]

4. Freiwillige Know-how-Lizenzierung

229 Nach alledem verbleibt die freiwillige Lizenzierung von Know-how als einzig sinnvolle und interessengerechte Lösung. Insoweit ist auf die Kooperationsbereitschaft der Patent- bzw. Know-how-Inhaber und die Abschreckungswirkung des § 24 PatG – auch in Bezug auf die Überlassung von Know-how – zu setzen. In Notsituationen, in denen das öffentliche Interesse eine Zwangslizenz gebietet, wird der Patentinhaber eher bereit sein, sein Patent zuzüglich des begleitenden Know-hows freiwillig zu lizenzieren, um eine Zwangslizenz nach § 24 PatG abzuwenden. Während der COVID-19-Pandemie zeigte sich, dass eine solche Kooperationsbereitschaft tatsächlich besteht.[484]

230 Dass Know-how vertraglich auf Zeit überlassen (lizenziert) und sogar vollständig übertragen werden kann, steht außer Zweifel und ergibt sich schon aus der Vertragsfreiheit.[485] So sind reine Know-how-Lizenzierungen oder gemischte Patent- und Know-how-Lizenzverträge in der Praxis weit verbreitet.[486] Eine vertragliche Verpflichtung zur Überlassung von Know-how kann sogar nach allgemeinen Auslegungsgrundsätzen ohne besondere Vereinbarung entstehen, insbesondere wenn anderenfalls die Nutzung des Patents nicht möglich ist und der Vertragszweck nicht erreicht werden könnte.[487]

III. Zeitliche Schwierigkeiten

231 Probleme in der praktischen Umsetzung von Zwangslizenzen ergeben sich auch in zeitlicher Hinsicht. Dabei geht es um Verzögerungen zwischen der Beantragung der Zwangslizenz und der Herstellung des betreffenden Produktes einerseits (1.) sowie um die verzögerte Offenlegung von Patentanmeldungen und Erteilung von Patenten auf krisenspezifische Technologien andererseits (2.).

1. Verzögerungen bis zur Herstellung

232 Die Zwangslizenz bezweckt in Krisenzeiten die flächendeckende und möglichst schnelle Versorgung mit wichtigen patentgeschützten Erzeugnissen oder Ver-

483 So auch *Ann* (o. Fn. 29), § 34 Rn. 131; *Hauck*, GRUR-Prax 2021, 333 (335); *Ohly*, in: FS Hilty, 2024, 509 (524).
484 *Oser*, GRUR Int. 2021, 846 (850).
485 *Hauck*, GRUR-Prax 2021, 333 (333); so auch *Koikkara* (o. Fn. 11), 195.
486 *Hauck*, GRUR-Prax 2021, 333 (333). Allgemein zum Know-how-Lizenzvertrag *Oehlrich*, GRUR 2010, 33; *Stumpf* (o. Fn. 387), passim.
487 *Haedicke*, in: Haedicke/Timmann, Hdb. PatR, 2. Aufl. (2020), § 11 Rn. 146.

fahren. Für eilbedürftige Fälle ist das einstweilige Verfügungsverfahren gem. § 85 PatG vorgesehen. Nichtsdestotrotz kann das Erteilungsverfahren in der Praxis eine beträchtliche Zeit in Anspruch nehmen.

In den jüngsten Zwangslizenzverfahren vor dem BPatG[488] erging die erstin- 233
stanzliche Entscheidung im vorläufigen Rechtsschutz jeweils relativ zügig innerhalb von zwei bis drei Monaten.[489] Das jeweilige Beschwerdeverfahren vor dem BGH dauerte allerdings weitere rund neun[490] bzw. elf[491] Monate. Mit einer letztinstanzlichen und rechtskräftigen[492] Entscheidung ist somit nicht vor Ablauf eines Jahres nach Antragstellung zu rechnen. Bei Arzneimitteln kommen Verzögerungen durch das Zulassungsverfahren hinzu. Solange der Zwangslizenznehmer nicht über eine arzneimittelrechtliche Zulassung für das betreffende Arzneimittel verfügt, kann eine patentrechtliche Nutzungserlaubnis für sich genommen die verfolgten Ziele nicht erreichen, da allein auf ihrer Grundlage kein einziges Produkt hergestellt und vertrieben werden dürfte.[493]

In einer akuten Notlage wie einer Pandemie oder einer Naturkatastrophe, die 234
ein schnelles Handeln innerhalb weniger Wochen oder gar Tage erfordert, macht eine monatelange Verzögerung, in der das betreffende krisenrelevante Produkt nicht rechtssicher hergestellt und vertrieben werden kann, eine effektive Bekämpfung der Notlage nahezu unmöglich. Die Verzögerungen bis zur rechtskräftigen Erteilung einer Zwangslizenz können letztlich sogar von einer Zwangslizenzklage abschrecken.[494] Längere Erteilungsverfahren haben zur Folge, dass dem Lizenznehmer weniger Zeit verbleibt, um die Herstellungskosten zu decken und die Anfangsinvestitionen zu amortisieren.[495] Bis eine Zwangslizenz gewährt wird, sind die Marktchancen oftmals bereits vertan.[496] Insbesondere in einem dynamischen Umfeld wie der Biotechnologie verringert dies den Anreiz für ein Unternehmen, überhaupt eine Zwangslizenz zu beantragen und in den Markt einzutreten.[497]

Auch nach rechtskräftiger Erteilung einer Zwangslizenz kann zumeist nicht 235
direkt mit der Herstellung des betreffenden Produkts begonnen werden. Die Ausweitung der eigenen Produktionskapazitäten oder die Übertragung des mitunter

488 BPatG BeckRS 2018, 34096 – Praluent; BPatG GRUR 2017, 373 – Isentress.
489 Vgl. *Stierle*, GRUR 2024, 419 (422), der deshalb in Eilfällen ein schnelles Verfahren garantiert sieht.
490 BGH GRUR 2019, 1038 – Alirocumab.
491 BGH GRUR 2017, 1017 – Raltegravir.
492 Im Hauptsacheverfahren kann das Urteil des BPatG gem. § 85 Abs. 6 PatG auf Antrag für vorläufig vollstreckbar erklärt werden, wenn dies im öffentlichen Interesse liegt.
493 *Lunze/Rektorschek*, PharmR 2021, 629 (636).
494 Vgl. *Bußmann* (o. Fn. 5), 271.
495 *Scherer/Watal*, JIEL 2002, 913 (924).
496 *Lamping*, in: Herausforderung Innovation, 2012, 119 (142).
497 Vgl. *Bußmann* (o. Fn. 5), 271 f.; *Kunczik* (o. Fn. 392), 170 im Zusammenhang mit abhängigen Patenten.

hochkomplexen Produktionsprozesses auf dritte Unternehmen dürfte oftmals einige Zeit in Anspruch nehmen. Speziell die Produktion neuartiger Impfstoffe während einer Pandemie setzt besondere zulassungsfähige Produktionsanlagen voraus.[498]

2. Verzögerungen bei neuen Technologien

236 Eine weitere besondere zeitliche Herausforderung ergibt sich im Hinblick auf neue, krisenspezifische Technologien.

237 In einer akuten Notlage entsteht häufig in kürzester Zeit eine hohe Nachfrage an spezifischen Technologien zur Bekämpfung der Notlage. So bedarf es während einer Gesundheitskrise angepasste Medikamente und Arzneimittel, die für die Behandlung einer bestimmten Krankheit geeignet sind. Anders als die zugrunde liegenden Basistechnologien können die zur Krisenbekämpfung benötigten Technologien naturgemäß erst mit Auftreten der Krise entwickelt werden, sobald ausreichend Daten und Informationen (z.B. über ein neuartiges Virus) vorliegen.[499] Die COVID-19-Pandemie hat gezeigt, dass es unter besonderen Anstrengungen tatsächlich zu einer außergewöhnlich schnellen Entwicklung maßgeschneiderter Technologien wie Diagnostika und Impfstoffe kommen kann.[500] Die Veröffentlichung von Patentanmeldungen und die Erteilung von Patenten auf neu entwickelte Krisentechnologien erfolgt allerdings erst viele Monate später.

a) Verzögerungen bis zur Veröffentlichung der Patentanmeldung

238 Zunächst ist für Dritte gar nicht ersichtlich, ob und welche neuen Technologien zur Bewältigung der Krise entwickelt und als Patente angemeldet wurden.[501] Gem. § 31 Abs. 2 S. 1 Nr. 2 PatG wird die Patentanmeldung grundsätzlich erst nach Ablauf von 18 Monaten veröffentlicht. Dasselbe gilt für europäische Patentanmeldungen vor dem EPA (vgl. Art. 93 Abs. 1 lit. a EPÜ). Während also ein steiler Anstieg von Patentanmeldungen speziell zur Bewältigung der Krise

498 *BIO Deutschland*, Stellungnahme zum Kommissionsvorschlag für eine EU-Zwangslizenzverordnung, 2022, 2, https://www.biodeutschland.org/de/positionspapiere/stellungnahme-des-bio-deutschland-e-v-legislativvorschlag-zur-revision-des-eu-arzneimittelrechts-der-europaeischen-kommission.html (zuletzt abgerufen am 18.5.2025).

499 Vgl. *Richter*, Mitt. 2021, 97 (100).

500 *Richter*, Mitt. 2021, 97 (100). Weltweit wurden seit Anfang 2020 5293 Patente im Zusammenhang mit COVID-19 bei 49 Patentämtern angemeldet, siehe *WIPO*, COVID-19-Related Vaccines and Therapeutics, 2022, 12, https://doi.org/10.34667/tind.45030 (zuletzt abgerufen am 18.5.2025).

501 Vgl. *Lunze/Rektorschek*, PharmR 2021, 629 (634); *Matthews*, EIPR 2022, 221 (226).

zu erwarten ist, bleiben die entsprechenden Anmeldungen vorerst unentdeckt.[502] Die Öffentlichkeit – einschließlich der an Zwangslizenzen interessierten Unternehmen – erfahren in der Regel erst zeitlich verzögert von krisenspezifischen Patentanmeldungen, wenn nicht ausnahmsweise der Anmelder einer früheren Veröffentlichung zustimmt (vgl. § 31 Abs. 2 S. 1 Nr. 1 PatG bzw. Art. 93 Abs. 1 lit. b EPÜ).[503] Wenn aber noch gar nicht bekannt ist, welche Patente zur Krisenbewältigung überhaupt existieren, kann es zu einer Zwangslizenzierung dieser neu entwickelten Komponenten erst gar nicht kommen.

Abhilfe könnte hier die frühere Veröffentlichung und Eintragung von Gebrauchsmustern schaffen, auf die gem. § 20 GebrMG die Vorschriften des PatG über die Zwangslizenz Anwendung finden. Weil aber der Gebrauchsmusterschutz gem. § 1 Nr. 5 GebrMG für den Schutz biotechnologischer Erfindungen und gem. § 2 Nr. 3 GebrMG für den Schutz von Verfahren nicht geeignet ist, ist er für viele Entwickler virusspezifischer Technologien keine attraktive Alternative.[504] 239

Zu erwägen wäre ferner eine Änderung des § 31 Abs. 2 PatG dahingehend, dass eine frühere Offenlegung von Patentanmeldungen in dringlichen Notsituationen zum Zwecke der Krisenbekämpfung im öffentlichen Interesse möglich ist. Dabei könnte es sich um eine zeitlich befristete Bestimmung handeln, die bspw. nur während eines von der WHO ausgerufenen gesundheitlichen Notfalls gilt und auf Technologien zur Bewältigung dieses Notfalls beschränkt ist.[505] Nicht übersehen werden darf in diesem Zusammenhang jedoch, dass nach geltendem Recht die Möglichkeit für jedermann besteht, Akteneinsicht nach § 31 Abs. 1 S. 1 PatG zu beantragen, wenn und soweit ein berechtigtes Interesse glaubhaft gemacht wird oder die Betroffenen zustimmen und dass auf diesem Wege bereits vor Ablauf der 18-monatigen Veröffentlichungsfrist Einsicht in die noch nicht offengelegte Patentanmeldung gewährt werden kann.[506] Ein berechtigtes Interesse an der Akteneinsicht ist ein nach vernünftiger Erwägung durch die Sachlage gerechtfertigtes Interesse.[507] Bei der Prüfung des berechtigten Interesses kommt es auf eine Abwägung des Geheimhaltungsinteresses des Betroffenen gegen das Akteneinsichtsinteresse des Antragstellers an, bei der 240

502 *Oser*, GRUR Int. 2021, 846 (848).

503 *Metzger/Zech*, GRUR 2020, 561 (567); *Oser*, GRUR Int. 2021, 846 (848). Eine vergleichbare Regelung zur Offenlegung internationaler Patentanmeldungen ist in Art. 21 PCT vorgesehen.

504 *Richter*, Mitt. 2021, 97 (100).

505 *Matthews*, EIPR 2022, 221 (227), der eine derartige Änderung des Art. 93 EPÜ vorschlägt.

506 Vgl. *Otten-Dünnweber/Rothe*, in: BeckOK PatR, 34. Aufl. (2024), PatG, § 31 Rn. 6 f.; *Rupp-Swienty*, in: Benkard, PatG, 12. Aufl. (2023), § 31 Rn. 12. Für die Akteneinsicht vor dem EPA gilt Art. 128 EPÜ.

507 BGH GRUR 1994, 104 (105) – Akteneinsicht XIII unter Bezugnahme auf BVerfG GRUR 1964, 554 (555) – Künstliche Bräunung; BGH GRUR 1966, 698 (700) – Akteneinsicht IV.

grundsätzlich ein strenger Maßstab anzulegen ist.[508] In Notstandslagen sind aber Konstellationen vorstellbar, in denen das Geheimhaltungsinteresse ausnahmsweise hinter gewichtigeren öffentlichen Interessen zurückzutreten hat.

b) Verzögerungen bis zur Patenterteilung

241 Eine frühere Einsicht in die Unterlagen der Patentanmeldung ändert allerdings nichts daran, dass die Erteilung einer Zwangslizenz ein erteiltes Patent voraussetzt. An die 18-monatige Veröffentlichungsfrist schließt sich der Zeitraum des Prüfverfahrens bis zur Patenterteilung an. Innerhalb dieses Zeitraums, der sich über viele Monate erstrecken kann,[509] kommt eine Zwangslizenzierung neuer krisenrelevanter Technologien nach geltendem Recht nicht in Betracht.

242 § 24 PatG spricht vom »Patent«, nicht von der Patentanmeldung und setzt in § 24 Abs. 6 S. 1 PatG ausdrücklich ein erteiltes Patent voraus – eine »vorbeugende« Zwangslizenz ist nicht vorgesehen.[510] An diesem Erfordernis ist festzuhalten, weil vor der Patenterteilung keine Rechtfertigung und kein Bedarf für den Einsatz von Zwangsmitteln bestehen.[511] Die volle Wirkung des Patents, die Ausschlusswirkung, tritt erst mit der Erteilung des Patents ein.[512] Davor hat der Anmelder Anspruch auf eine angemessene Entschädigung (§ 33 PatG), kann aber die Benutzung nicht durch gerichtliche Anordnung verbieten.[513] Allein aus der veröffentlichten Patentanmeldung kann ohnehin noch nicht sicher geschlossen werden, ob und in welcher Form ein schutzfähiges Recht entstehen wird. Die bloße Erwartung an die künftige Patenterteilung in einer bestimmten Form brächte als Lizenzierungsgegenstand erhebliche Unsicherheiten mit sich, insbesondere aufseiten des Lizenznehmers mit Blick auf die (ggf. *ex post* ungerechtfertigte) Vergütungspflicht.

508 BGH GRUR 1994, 104 (104) – Akteneinsicht XIII; BGH GRUR 1966, 698 (700) – Akteneinsicht IV.

509 Das Prüfungsverfahren dauert bei Erstanmeldungen beim EPA durchschnittlich rund 44 Monate, siehe *EPO*, Quality Report 2022, 47, https://link.epo.org/web/general/annual-review-2022/en-quality-report-2022.pdf (zuletzt abgerufen am 18.5.2025).

510 *Lunze/Rektorschek*, PharmR 2021, 629 (634).

511 Treffend *Oser*, GRUR Int. 2021, 846 (848); ablehnend auch *Lunze/Rektorschek*, PharmR 2021, 629 (634); für eine Erweiterung von Zwangslizenzen auf Patentanmeldungen *Gurgula/Hull*, JIPP 2021, 1242 (1248); *Stierle*, GRUR 2024, 419 (423 f.); für das EU-Recht auch *Lamping u. a.*, GRUR Int. 2023, 471 (478); *Vandermeulen u. a.* (o. Fn. 11), 38 ff. In Frankreich wurde im Zuge der COVID-19-Pandemie eine entsprechende Erweiterung des einschlägigen Art. L613-17 *Code de la propriété intellectuell* vorgeschlagen, dazu *Berthet/Dhenne/Vial* (o. Fn. 432), 5 f. Zur parallelen Diskussion im Zusammenhang mit der vorgeschlagenen EU-Zwangslizenzverordnung siehe unten Kap. 6 C. I. 2.

512 *Oser*, GRUR Int. 2021, 846 (848).

513 *Oser*, GRUR Int. 2021, 846 (848).

Da der Patentinhaber für die Nutzung der Patentanmeldung in der Vergangenheit nach § 33 PatG Entschädigung verlangen kann und sich deren Höhe nach ähnlichen Grundsätzen berechnet wie die geschuldete Vergütung nach § 24 Abs. 6 S. 4 PatG, besteht auch aus praktischer Sicht kein gesetzgeberischer Bedarf für die Ausweitung der Zwangslizenz auf Patentanmeldungen.[514] Weigert sich der Patentanmelder nämlich, eine Lizenz zu erteilen, kann der Lizenzsucher im äußersten Notfall den in der Anmeldung beanspruchten Gegenstand ohne die Genehmigung des Anmelders benutzen und hierfür eine Entschädigung zahlen.[515] In diesem Fall ergäbe sich praktisch dasselbe Ergebnis, das mit einer Zwangslizenz an einer Patentanmeldung erreicht würde. Mit Veröffentlichung der Patenterteilung droht dem Lizenzsucher zwar schlagartig ein Produktions- und Vertriebsstopp; unbillige Härten aufgrund zuvor getätigter Investitionen ließen sich indes durch eine zeitweise Beschränkung des Unterlassungsanspruchs wegen Unverhältnismäßigkeit nach § 139 Abs. 1 S. 3 PatG ausgleichen.[516] 243

3. Zwischenergebnis

Die Zwangslizenz ist als Instrument zur Bewältigung von Krisen und Notlagen auch in zeitlicher Hinsicht aus mehreren Gründen limitiert. Mit Blick auf kommende Krisen sollten Patentämter gesonderte, beschleunigte Anmeldeverfahren zur Priorisierung krisenrelevanter Technologien bereitstellen.[517] In Bezug auf Arzneimittel sollte in Notsituationen von den Möglichkeiten beschleunigter bzw. erleichterter Zulassungsverfahren Gebrauch gemacht werden.[518] 244

Letztlich wird man aber auch hier auf die Kooperation des Patentinhabers bzw. -anmelders angewiesen sein, um möglichst schnell mit der Herstellung und 245

514 *Lunze/Rektorschek*, PharmR 2021, 629 (634).
515 *Lamping u. a.*, GRUR Int. 2023, 471 (477 f.).
516 *Stierle*, GRUR 2024, 419 (424), der gleichwohl mehr Investitionssicherheit zwischen Veröffentlichung der Anmeldung und Veröffentlichung der Erteilung des Patents fordert, was nur mit einer Zwangslizenz an der veröffentlichten Patentanmeldung zu erreichen sei.
517 Neben der allgemeinen beschleunigten Prüfung durch das EPA wurden während der COVID-19-Pandemie weltweit spezielle Programme zur beschleunigten Bearbeitung eingerichtet, wie z.B. durch das *Canadian Intellectual Property Office,* siehe dazu https://www.ic.gc.ca/eic/site/cipointernet-internetopic.nsf/eng/wr04812.html (zuletzt abgerufen am 18.5.2025).
518 Darunter fallen auf europäischer Ebene das beschleunigte Zulassungsverfahren (Art. 14 Abs. 9 VO Nr. 726/2004), die bedingte Zulassung (Art. 14-a VO Nr. 726/2004 i.V.m. der VO Nr. 507/2006), die Zulassung unter außergewöhnlichen Umständen (Art. 14 Abs. 8 VO Nr. 726/2004) und das *Rolling-Review*-Verfahren. Zudem besteht seit 2016 das sog. PRIME-Verfahren (*Priority Medicines*), um die Entwicklung von Arzneimitteln zu unterstützen, für die ein hoher medizinischer Bedarf besteht.

dem Vertrieb krisenrelevanter Produkte beginnen zu können.[519] Insoweit besteht Grund zur Hoffnung, da Anmelder wegen des großen öffentlichen Interesses und der zu erwartenden Kritik an einem Beharren auf der 18-monatigen Veröffentlichungsfrist besser beraten sind, die Öffentlichkeit frühzeitig und proaktiv über die angemeldeten Schutzrechte zu informieren.[520]

IV. Patentcluster

246 Eine weitere Schwierigkeit in der praktischen Umsetzung von Zwangslizenzen besteht darin, dass eine patentgeschützte Technologie oftmals nicht auf ein einziges Patent beschränkt ist, sondern von mehreren Patenten umfasst wird.

247 Solche »Patentcluster« oder »Patentdickichte« entstehen im Allgemeinen dann, wenn eine große Anzahl von Patenten mit sich überschneidenden Ansprüchen mehreren Parteien gehört, was gerade dem Wesen komplexer, neuartiger Technologien entspricht.[521] Schlüsseltechnologien werden häufig in Forschungseinrichtungen oder kleinen Unternehmen erfunden und dann an größere Unternehmen zur Produktentwicklung lizenziert, sodass ein komplexes Geflecht aus Patenten entsteht.[522] Infolgedessen ist das auf dem Markt befindliche Endprodukt von einem Cluster mehrerer Patente abgedeckt, die obendrein nicht notwendigerweise demselben Patentinhaber gehören – es kommt zu einer Fragmentierung der Patentlandschaft.[523] Das Auffinden der relevanten Patente in einer komplexen Patentlandschaft kann sich als sehr aufwändig erweisen und Lizenzsucher letztlich von einer (Zwangs-)Lizenzierung abhalten.[524]

248 Gerade in Krisensituationen besteht jedoch ein dringender Bedarf an neuen und komplexen Produkten.[525] Vor allem Arzneimittel werden zunehmend durch ein ganzes Bündel von erteilten Patenten und Patentanmeldungen abgedeckt.[526] Betrachtet man die mitunter hochkomplexe Herstellungskette von den Ausgangsstoffen über das Herstellungsverfahren bis hin zur Verabreichung an den Patienten, so dürfte es oftmals erforderlich sein, auf eine Vielzahl von Patenten von ggf. unterschiedlichen Patentinhabern zurückzugreifen.[527] Die Erteilung

519 So auch *Lunze/Rektorschek*, PharmR 2021, 629 (634).

520 *Metzger/Zech*, GRUR 2020, 561 (567).

521 *Gurgula*, IIC 2017, 385 (388); grundlegend *Shapiro*, Innov. Pol. Econ. 2000, 119.

522 *Gaviria/Kilic*, Nat. Biotechnol. 2021, 546 (548).

523 *van Zimmeren/Minssen/Liesbet* (o. Fn. 11), 25.

524 Vgl. *Adekola*, JIPP 2023, 867 (877). Konkret können neben hohen Transaktionskosten sog. *stacking costs* als Aufpreis für den Anteil der »vorgelagerten« Technologie verlangt werden, *Adekola*, JIPP 2023, 867 (871 ff.).

525 *Vandermeulen u. a.* (o. Fn. 11), 70.

526 *van Zimmeren/Minssen/Liesbet* (o. Fn. 11), 79; ausführlich *Gurgula*, IIC 2017, 385 (392 ff.).

527 *Lunze/Rektorschek*, PharmR 2021, 629 (624 f.); anschaulich zu COVID-19-Impfstoffen *Gaviria/Kilic*, Nat. Biotechnol. 2021, 546 (546).

einer Zwangslizenz ist hingegen auf ein konkretes Patent beschränkt. Es müssen somit unter Umständen mehrere Zwangslizenzen erwirkt werden; eine Kumulation der angesprochenen praktischen Probleme wäre die Folge.[528]

Eine unübersichtliche Patentlandschaft erschwert die rasche und effektive Krisenbekämpfung mittels Zwangslizenzen erheblich, entspricht jedoch der grundlegenden systematischen Ausrichtung des Zwangslizenzrechts auf einzelne Schutzrechte. Zur Lösung dieses Problems ist allenfalls an eine konzeptionell andersgeartete Zwangslizenz zu denken, die sich nicht (wie aktuell) auf ein einzelnes Patent, sondern auf das betreffende Produkt als Ganzes bezieht und alle zur Herstellung und zum Vertrieb notwendigen Patente umfasst. Zwar versprechen produktbezogene Zwangslizenzen in einer komplexen Patentlandschaft eine schnellere Reaktion auf Krisen und Notfälle, da dem Lizenzsucher zeitintensive Bemühungen zum Auffinden der relevanten Patente vor einer Zwangslizenzklage erspart blieben. Allerdings ließe sich das jeweilige Produkt, das Gegenstand einer Zwangslizenz sein soll, in vielen Fällen gar nicht eindeutig und zweifelsfrei bezeichnen.[529] 249

V. *Herausforderungen in Produktion, Lieferketten und Infrastruktur*

In die Bewertung der Wirksamkeit von Zwangslizenzen müssen auch diejenigen Herausforderungen einfließen, die sich jenseits (patent-)rechtlicher Erwägungen bei der praktischen Umsetzung von Zwangslizenzen ergeben können. An die Erteilung einer Zwangslizenz können sich Probleme in der Produktion und Vermarktung, den Lieferketten sowie der Infrastruktur eines Landes anschließen. 250

Die effektive Nutzung einer Zwangslizenz setzt voraus, dass der Lizenzsucher wirtschaftlich und technisch in der Lage ist, die entsprechenden Erzeugnisse herzustellen und zu vertreiben. Dass eine Zwangslizenz allein niemanden in die Lage versetzt, eine technische Lehre auszuführen, liegt auf der Hand. Ohne ausreichende Produktionskapazitäten läuft die Zwangslizenz ins Leere. Insbesondere die komplexe und langwierige Produktion neuartiger (biotechnologischer) Arzneimittel und Impfstoffe setzt spezielle GMP-konforme[530] und zulassungsfähige Produktionsanlagen voraus[531] und erfordert eine strenge Kontrolle des Herstellungsprozesses sowie eine angemessene Lagerung.[532] Eine langjährig etablierte 251

528 *Kunczik* (o. Fn. 392), 170 speziell zur Problematik bei abhängigen Patenten.
529 Ausführlich dazu unten Kap. 7 A. II.
530 GMP steht für »*Good Manufacturing Practice*« und umfasst Richtlinien zur Qualitätssicherung der Produktion von Arzneimitteln und Wirkstoffen. Diese Richtlinien stellen sicher, dass die Produkte einen gleichbleibend hohen Standard aufweisen, für die Verwendung geeignet sind und den Anforderungen der jeweiligen Zulassung entsprechen, *Smeaton/Harriss* (o. Fn. 401).
531 *BIO Deutschland* (o. Fn. 498), 2.
532 *Nowicki*, Kidney Blood Pressure Res. 2007, 267 (268).

und optimierte Produktionsstätte eines Unternehmens zur Herstellung eines bestimmten Produkts wird sich auch unter dem Einsatz von Zwangslizenzen nicht ohne weiters in kürzester Zeit »nachbauen« lassen.

252 Neben ausreichenden und adäquaten Produktionsstätten sowie einer funktionierenden Infrastruktur sind spezifische wirtschaftliche und technische Fachkenntnisse in Form von qualifizierten und geschulten Arbeitskräften erforderlich, um das patentgemäße Erzeugnis in wirtschaftlich sinnvoller Weise herstellen und vermarkten zu können. Außerdem werden Rohstoffe und Vorprodukte benötigt, die innerhalb einer mühsam aufgebauten Lieferkette im Rahmen eines logistisch fein abgestimmten Systems bezogen werden müssen.[533] Gerade in einer globalen Notlage, in der ein weltweit hoher Bedarf an bestimmten Rohstoffen und Vorprodukten besteht, kann es zu Engpässen und Verzögerungen in den Lieferketten kommen, die unter Umständen durch protektionistische Ausfuhrbeschränkungen einzelner Länder als Reaktion auf krisenbedingte Knappheiten noch verschärft werden. Zuletzt müssen die Produkte speziell verpackt und etikettiert werden.[534] Die meisten Impfstoffe müssen für den Transport und die Lagerung gekühlt oder tief eingefroren und in einem besonderen Verfahren abgefüllt werden.[535] Die Erteilung von Zwangslizenzen allein wird in keinem dieser Bereiche zu einer Verbesserung führen.

253 Aus diesen, über das Patentrecht hinausgehenden Herausforderungen folgt, dass die Diskussion um die Freigabe von COVID-19-Impfstoffpatenten größtenteils am eigentlichen Problem, nämlich der konkreten praktischen Durchführung solcher Zwangsmaßnahmen, vorbeiging.[536] Vor allem aber folgt daraus, dass die Wirksamkeit der Zwangslizenz als Instrument zur Krisenbewältigung in praktischer Hinsicht stark begrenzt ist. Dies liegt schlicht daran, dass die patentrechtliche Zwangslizenz an den realen Schwierigkeiten bei der Produktion krisenrelevanter Produkte nichts zu ändern vermag und es hierfür andersgearteter politischer oder wirtschaftlicher Maßnahmen bedarf.

VI. Psychologische Hemmnisse

254 Zu den bereits beschriebenen Problemen bei der praktischen Umsetzung von Zwangslizenzen kommen schließlich psychologische Hürden hinzu, die den

533 *Oser*, GRUR Int. 2021, 846 (850).

534 *Igbokwe/Tosato*, Fordham L. Rev. 2023, 1791 (1835).

535 *Smeaton/Harriss* (o. Fn. 401).

536 In besonderem Maße gilt dies für die Forderung nach Zwangslizenzen in Entwicklungsländern, in denen es häufig an lokalen Herstellungskapazitäten, den notwendigen technischen Fähigkeiten und institutionellen Rahmenbedingungen für eine effektive Nutzung ausländischer Technologien fehlt, dazu *Bond/Saggi*, JDE 2014, 217 (227); *Urias/Ramani*, J. Int. Business Pol. 2020, 367 (382).

Einsatz der Zwangslizenz als Krisenbewältigungsinstrument nicht unerheblich erschweren.

255 Gerade im »Erfinderland« Deutschland wird ein lizenzsuchendes Unternehmen selten öffentlichkeitswirksam zugeben wollen, dass es das Patent eines anderen Unternehmens verletzt und sich gewissermaßen an die Mühen und Kosten des Patentinhabers »dranhängt«. Obwohl im Zwangslizenzverfahren keine umfassende Prüfung der Patentverletzung erfolgt,[537] werden Außenstehende das Ersuchen nach einer Zwangslizenz vielfach als Eingeständnis des Lizenzsuchers interpretieren, das fragliche Patent zu verletzen. Die Gefahr einer moralischen Verurteilung durch die Öffentlichkeit mag so manchen Lizenzsucher von einer Zwangslizenzklage abhalten und die praktische Bedeutung der Zwangslizenz mindern.[538]

256 Außerdem wird es ein konkurrierendes Unternehmen dem Patentinhaber häufig nicht gönnen, dass dieser die Erfindung getätigt und darauf ein Patent erhalten hat.[539] Dieses Neidgefühl kann dazu führen, dass der Lizenzsucher nicht gewillt ist, ein Lizenzgesuch an den Patentinhaber zu richten und im Rahmen einer Zwangslizenz eine Vergütung an diesen zu zahlen.[540]

D. Ergebnis zu Kapitel 4

257 Die vielfältigen praktischen Hürden, denen sich ein potenzieller Zwangslizenznehmer während einer Krise gegenübersieht, lassen sich nicht vollumfänglich mit einer Zwangslizenz überwinden. § 24 PatG verhindert lediglich, dass der Patentinhaber sein Ausschließlichkeitsrecht uneingeschränkt geltend machen kann, unterstützt den Lizenzsucher aber nicht in der tatsächlichen Befähigung zur Benutzung der Erfindung.[541] Benachbarte Rechtsgebiete wie der Geheimnisschutz oder das Arzneimittelrecht bleiben von § 24 PatG unberührt. Ebenso wenig können Zwangslizenzen die Verzögerungen bis zur Patentanmeldung und -erteilung für neue Technologien oder bis zur Herstellung des betreffenden Produkts, die Probleme beim Auffinden der relevanten Patente in einer unübersichtlichen Patentlandschaft, die Schwierigkeiten in der Produktion und den Lieferketten oder die psychologischen Hemmnisse beseitigen.

258 Um die mit einer Zwangslizenz angestrebten Ziele zu erreichen und konkrete Missstände effektiv zu beseitigen, sind eine Reihe praktischer Herausforderungen

537 Vgl. RG GRUR 1934, 246 (248) – Tonaufnahmeverfahren; RG GRUR 1938, 320 (322) – Abdichtung.

538 Vgl. *Bußmann* (o. Fn. 5), 283 f.

539 *Scheffler*, GRUR 2003, 97 (99).

540 Vielmehr kann es in derartigen Fällen zu einer kostenlosen (widerrechtlichen) Nachahmung der Erfindung kommen, *Scheffler*, GRUR 2003, 97 (99 f.).

541 Treffend *Schmidt*, Mitt. 2022, 320 (322).

zu bewältigen, die über den Anwendungsbereich des § 24 PatG hinausreichen.[542] Dazu zählen insbesondere die Bereitstellung ausreichender Produktionskapazitäten, die Verfügbarkeit von Rohstoffen, Vorprodukten und qualifiziertem Personal sowie ggf. der Zugang zu nicht patentgeschütztem Know-how. Hierfür sind freiwillige Kooperationen unerlässlich, die wiederum mithilfe der Zwangslizenz in ihrer mittelbaren Funktion als Druckmittel in Verhandlungen gefördert werden können.

259 Insgesamt hält die Zwangslizenz als solche in ihrer derzeitigen Ausgestaltung keinen effektiven Mechanismus zur unmittelbaren Krisenbewältigung bereit und gleicht insoweit einem »zahnlosen Tiger«.

542 Ähnlich *Haase*, InTer 2021, 154 (158); *Oser*, GRUR Int. 2021, 846 (853); *Schmidt*, Mitt. 2022, 320 (321 f.); *Walsh u. a.*, IIC 2021, 379 (405).

Kapitel 5 Die Zwangslizenz im gesamtwirtschaftlichen Kontext

Für eine ganzheitliche Beurteilung der patentrechtlichen Zwangslizenz sind 260
neben den zuvor erörterten rechtlich-praktischen Aspekten auch die volkswirtschaftlichen Auswirkungen von Zwangslizenzen einzubeziehen. Um ein vollständiges Bild über die Wirkungsweise dieses Instruments in der Praxis zu bekommen, wird in diesem Kapitel der gesamtwirtschaftliche Nutzen (A.) und der Schaden (B.), der mit der Erteilung einer Zwangslizenz einhergehen kann, gegenübergestellt. Weiter wird bei der Untersuchung der wirtschaftlichen Folgen von Zwangslizenzen nach den jeweiligen Rahmenbedingungen, der Art und Weise der Erteilung und der konkreten Ausgestaltung einer Zwangslizenz differenziert (C.). Auf dieser Grundlage lassen sich Aussagen über die ökonomische Effizienz und Sinnhaftigkeit der Zwangslizenz – auch unter Berücksichtigung der aktuellen wirtschaftlichen Lage Deutschlands (D.) – treffen.

A. Nutzen von Zwangslizenzen

In einem ersten Schritt ist der wirtschaftliche Nutzen von Zwangslizenzen zu 261
untersuchen, wobei deren Funktion zur Verbesserung des Zugangs zu krisenkritischen Technologien und zur Überwindung wettbewerbs- und innovationspolitisch ineffizienter Strukturen im Vordergrund steht.

I. Preissenkende Effekte

Zuvorderst wird als ökonomisches Argument für den Einsatz von Zwangslizen- 262
zen deren preissenkende Wirkung vorgebracht. Das Ausschließlichkeitsrecht ermöglicht dem Patentinhaber, Konkurrenten von der Reproduktion und dem Vertrieb des patentgeschützten Originalprodukts auszuschließen und diese daran zu hindern, imitative Produkte auf den Markt zu bringen und das Angebot zu erhöhen. Durch die Erteilung einer Zwangslizenz wird dieser Schutz vor Wettbewerb in gewissem Maße aufgebrochen. Die Verfügbarkeit von wettbewerbsfähigen Nachahmungen senkt die Marktzutrittsschranken und kann einen Preiswettbewerb zwischen Patentinhaber und Zwangslizenznehmer auslösen.[543] Neue Unternehmen können auf den Markt drängen, wodurch sich das Angebot erhöht

543 *Gillat*, Food & Drug L. J. 2003, 711 (716).

und der Marktpreis sinkt.[544] Das Ausmaß des Preisrückgangs hängt dabei von der Preiselastizität der Nachfrage und dem konkret betroffenen Markt ab.[545]

263 Dieser Effekt lässt sich besonders deutlich im pharmazeutischen Bereich beobachten. Durch Zwangslizenzen können Generikahersteller mit günstigeren Nachahmerpräparaten (Generika) in den Markt eintreten, was einen erheblichen Rückgang der Arzneimittelpreise zur Folge haben kann.[546] Bei Generika entfallen ohnehin die F&E-Kosten, sodass diese – anders als bei patentgeschützten Originalpräparaten – nicht auf die Verbraucher umgelegt werden müssen.[547] Generika können somit selbst zu niedrigeren Preisen angeboten werden und aufgrund der Wettbewerbssituation durch deren Markteintritt zudem eine Preissenkung für die Originalpräparate bewirken.[548] Überdies kann die Zwangslizenz zu Preisrückgängen auf Substitutionsmärkten führen: Werden gleichwertige Ausweichprodukte (Substitute) auf einem benachbarten Markt verkauft, führt der Preisrückgang auf dem Markt mit der Zwangslizenz zu einem weiteren Preisrückgang auf dem benachbarten Markt, wenn die Unternehmen dort ihre Preise entsprechend anpassen.[549]

264 Tatsächlich war ein substanzieller Preisrückgang infolge der erteilten Zwangslizenzen in Thailand im Jahr 2006 und in Brasilien im Jahr 2007 zu beobachten: Die Zwangslizenz führte zu einem Preisrückgang des HIV-Medikaments *Efavirenz* i.H.v. 80 % in Thailand bzw. 70 % in Brasilien.[550] In ähnlicher Weise führte die gesetzliche Ausweitung der Zwangslizenzregelungen in Kanada im Jahr 1969 dazu, dass die Preise der unter einer Zwangslizenz verkauften Arzneimittel von etwa 86 % des US-Preises im Jahr 1968 auf 45 % im Jahr 1980 sanken, während die Preise vieler anderer, nicht von der Zwangslizenzregelung betroffenen Medikamente gleich blieben.[551] In einer weiteren empirischen Untersuchung von 24 Zwangslizenzfällen im Arzneimittelsektor in acht verschiedenen Ländern seit 2003 konnte unter Vergleich der Preise vor und nach Erteilung der Zwangslizenz eine durchschnittliche Preissenkung zwischen 66,2 % und 73,9 % festgestellt werden.[552]

544 *Karres* (o. Fn. 10), 181; *Vandermeulen u. a.* (o. Fn. 11), 130.

545 *Vandermeulen u. a.* (o. Fn. 11), 130. Die Preiselastizität der Nachfrage misst die prozentuale Änderung der Nachfrage als Reaktion auf eine Preisänderung.

546 Empirisch *Wiggins/Maness*, Econ. Inquiry 2004, 247; modellbasiert *Sarmah/De Giovanni/De Giovanni*, EJOR 2020, 1053 (1058).

547 *Karres* (o. Fn. 10), 181.

548 *Harnisch* (o. Fn. 10), 42.

549 *Vandermeulen u. a.* (o. Fn. 11), 131.

550 *Guennif*, Developing World Bioethics 2017, 90 (97).

551 *Fowler/Gordon*, Can. Pub. Pol. 1984, 64 (71); vgl. *Karres* (o. Fn. 10), 182; *Scherer/Watal*, JIEL 2002, 913 (918 f.). Insgesamt wurden zwischen 1969 und 1982 zugunsten der heimischen Pharmaindustrie 290 Zwangslizenzen für 62 Arzneimittel erteilt, *Guennif*, Appl. Health Econ. & Health Pol. 2017, 557 (559); zum Ganzen *McFetridge*, in: Competition Policy and Intellectual Property Rights in the Knowledge-Based Economy, 1998, 65 (78 ff.).

552 *Urias/Ramani*, J. Int. Business Pol. 2020, 367 (372).

Allerdings gilt es zu berücksichtigen, dass die Arzneimittelpreise vor allem in Industrieländern nicht dem freien Markt unterliegen, sondern unmittelbar oder zumindest mittelbar staatlich reguliert sind.[553] Werden die Unternehmen bereits durch staatliche Regulierung in ihrer Preisgestaltung eingeschränkt, ist ein nennenswerter Preisrückgang infolge von Zwangslizenzen nicht zu erwarten.[554] Ein signifikanter Preisrückgang durch Zwangslizenzen ist auch deshalb nicht sicher, da nachahmende Unternehmen ihre Preise möglicherweise nur geringfügig unter den Preisen der innovativen Unternehmen ansetzen werden.[555] Von solchen »Schattenpreisen« würden letztlich nur die nachahmenden Unternehmen profitieren, die ihrerseits keine F&E-Kosten zu tragen haben und dadurch sogar höhere Gewinnmargen als der Patentinhaber realisieren könnten; den Verbraucher erreichen in einem solchen Fall die mit der Zwangslizenz beabsichtigten Vorteile gar nicht.[556] In bestimmten Sonderfällen kann der Markteintritt von Generika langfristig sogar paradoxerweise zu höheren Arzneimittelpreisen der Patentinhaber führen: Der Markteintritt von Generikaherstellern kann dazu führen, dass die preissensiblen Verbraucher zu den günstigeren generischeren Produkten wechseln und infolgedessen die Nachfrage nach dem patentgeschützten Produkt unelastischer (d.h. weniger preissensibel) wird, was dem Patentinhaber die Möglichkeit gibt, die Preise für seine Produkte zu erhöhen.[557] 265

Zwangslizenzen sind mithin (nur) unter bestimmten Umständen ein geeignetes Mittel zur Durchsetzung von Preissenkungen. Die preissenkende Wirkung von Zwangslizenzen hängt vom regulatorischen Umfeld, der Marktstruktur sowie den Reaktionen der Produzenten und Nachfrager ab und gewinnt in gesundheitlichen Notlagen an Bedeutung, in denen eine bestimmte Personengruppe auf die Verfügbarkeit wichtiger medizinischer Produkte oder Arzneimittel angewiesen ist. Durch ihre preissenkende Wirkung kann die Zwangslizenz – wie als nächstes auszuführen sein wird – dazu beitragen, die Versorgung mit dringend benötigten Produkten zu verbessern. 266

II. Zugang zu krisenrelevanten Produkten

In engem Zusammenhang mit der preissenkenden Wirkung steht die mit der Zwangslizenz angestrebte Erweiterung des Zugangs zu innovativen Produkten, an deren Verfügbarkeit ein öffentliches Interesse besteht. In Krisensituationen kann es zu einem akuten Anstieg der Nachfrage nach einem bestimmten Produkt 267

553 So etwa in Deutschland durch die Festbetragssysteme der gesetzlichen Krankenkassen, vgl. *Karres* (o. Fn. 10), 182.

554 *Scherer* (o. Fn. 17), 62.

555 *Lippert*, Fordham Intell. Prop., Med. & Ent. L. J. 1998, 241 (259); *Rozek/Rainey*, JWIP 2001, 463 (472); im Ergebnis auch *Qunaj/Kaltenboeck/Bach*, Milbank Quarterly 2022, 284 (308).

556 *Bird*, J. L., Med. & Ethics 2009, 209 (214).

557 *Sarmah/De Giovanni/De Giovanni*, EJOR 2020, 1053 (1060).

kommen, dem mit einem durch die Zwangslizenz künstlich erzeugten Angebotsanstieg begegnet werden kann.

268 Durch Wahrnehmung ihres patentrechtlichen Ausschließlichkeitsrechts können Patentinhaber das Angebot an einer bestimmten patentgeschützten Technologie *de facto* begrenzen und damit den Zugang zu dringend benötigten Produkten einschränken. Durch die Erteilung einer Zwangslizenz tritt der Zwangslizenznehmer auf legale Weise neben den Patentinhaber auf den Markt und erhöht das Angebot an den (nach wie vor) patentgeschützten Produkten, die eine bestimmte krisenrelevante Technologie enthalten. Das erhöhte Angebot senkt die Preise, wodurch weitere potenzielle Nachfrager mit einer geringeren Zahlungsbereitschaft in Betracht kommen.[558] Dieser Effekt einer Zwangslizenz auf den erschwinglichen Zugang der Bevölkerung zu krisenkritischen Technologien ist jedoch insofern begrenzt, als die Verfügbarkeit patentgeschützter Arzneimittel in Deutschland (wie in vielen anderen Industrieländern) weniger von Marktpreisen abhängt, da hier die sozialen Sicherungssysteme den Großteil der Kosten tragen und die Gesundheitsversorgung weitestgehend sicherstellen.[559]

269 Der Zugang zu patentgeschützter Technologie kann durch einen weiteren Effekt ausgeweitet werden: Der Absatz des Produkts des Patentinhabers kann indirekt durch die Werbeaktivitäten des Zwangslizenznehmers und die Mundpropaganda seiner Kunden gesteigert werden, was die Verbreitung innovativer Produkte auf dem Markt insgesamt beschleunigt.[560] Die Verbreitung vergleichbarer Produkte auf dem Markt fördert wiederum die Akzeptanz bislang unbekannter Technologien in der Bevölkerung, wie z.B. eines innovativen Impfstoffs zur Bekämpfung eines neuartigen Virus. Schließlich können Zwangslizenzen einzelnen Verbrauchern direkten Zugang zu einer bestimmten patentierten Technologie in Notfällen verschaffen, wenn der Patentinhaber das patentierte Produkt schlicht nicht verkaufen kann oder will.[561]

III. Vermeidung statischer Ineffizienz

270 Wie bereits gesehen setzt das Patentrecht Innovationsanreize auf Kosten der allgemeinen Verfügbarkeit innovativer Lösungen: Der Schutz vor Konkurrenz

558 Vgl. *Gillat*, Food & Drug L. J. 2003, 711 (716); *McManis/Contreras*, in: TRIPS and Developing Countries, 2014, 109 (125); *Sarmah/De Giovanni/De Giovanni*, EJOR 2020, 1053 (1065).

559 Vgl. *Välimäki*, Nord. J. Comm. L. 2011, 1 (6). In Entwicklungsländern fehlt es wiederum häufig an den technologischen und wirtschaftlichen Fähigkeiten, das betreffende Produkt tatsächlich in ausreichender Menge herstellen und vertreiben zu können, vgl. *Stavropoulou/Valletti*, Eur. J. Health Econ. 2015, 83 (92); *Urias/Ramani*, J. Int. Business Pol. 2020, 367 (382).

560 *Avagyan/Esteban-Bravo/Vidal-Sanz*, EJOR 2014, 542 (547) in Bezug auf die freiwillige Lizenzvergabe.

561 *Bond/Saggi*, JDE 2014, 217 (226).

durch das Ausschließlichkeitsrecht erhöht einerseits die Anreize für den Erfinder, in innovative Tätigkeiten zu investieren und seine Erfindung offenzulegen (dynamische Effizienz), während er andererseits zu einem Wohlfahrtsverlust für die Gesellschaft führen kann (statische Ineffizienz).[562] Der Einsatz von Zwangslizenzen kann durch die Förderung von Wettbewerb (1.) und Innovationstätigkeit (2.) dazu beitragen, statische Ineffizienzen abzubauen und die gesamtwirtschaftliche Wohlfahrt, bestehend aus der Summe der Produzenten- und Konsumentenrente, nach dem Kriterium der allokativen Effizienz zu erhöhen.[563]

1. Wettbewerbsfördernde Wirkung und Wohlfahrtsgewinne

Zwangslizenzen können monopolistischen Tendenzen und dem damit einhergehenden Wohlfahrtsverlust entgegenwirken. Wenngleich der Schutz des Wettbewerbs primär Aufgabe des Kartellrechts und der (hier nicht näher zu behandelnden) kartellrechtlichen Zwangslizenz ist,[564] reichen die Effekte einer patentrechtlichen Zwangslizenz in vielen Fällen über das Patentrecht hinaus und können wettbewerbsbezogene Ineffizienzen beseitigen. 271

Ein Monopol entsteht nicht automatisch durch ein Patent; das Ausschließlichkeitsrecht des Patentinhabers führt für sich genommen nur in Ausnahmefällen zu einer marktbeherrschenden Stellung.[565] Gleichwohl kann ein Patent im Einzelfall eine monopolartige Marktkonzentration befördern und den freien Wettbewerb behindern.[566] Ein Patentinhaber, der den Markt dominiert, wird voraussichtlich die Produktion drosseln und die Preise erhöhen, was die Konsumentenrente und die Gesamtwohlfahrt verringert.[567] Insbesondere in den Bereichen der Spitzentechnologie (z.B. Software oder Biotechnologie) kann die hohe Nachfrage nach hochinnovativen Produkten zu monopolistischen Preis- 272

562 *Rudyk*, The License of Right, Compulsory Licensing and the Value of Exclusivity, 2012, 1; ausführlich oben Kap. 3 A. III. 1.

563 Die Konsumentenrente entspricht der Differenz zwischen der jeweiligen Zahlungsbereitschaft der Konsumenten und dem Marktpreis, die Produzentenrente der Differenz zwischen dem Marktpreis und dem Preis, für den der Produzent bereit ist, sein Gut auf dem Markt anzubieten, vgl. *Roppel*, in: Volkswirtschaftslehre, 2024, 19 (29 ff.). Zu dem hier angelegten Effizienzkriterium siehe oben Kap. 1 B. III. 2.

564 Für die Einbeziehung wettbewerblicher Belange in den Tatbestand des § 24 Abs. 1 PatG aber *Fuchs*, in: FS Büscher, 2018, 621 (637); *Heinemann*, Immaterialgüterschutz in der Wettbewerbsordnung, 2002, 185 f.; *Viniol* (o. Fn. 9), 171 f.

565 *Dam*, in: Ökonomische Analyse der rechtlichen Organisation von Innovation, 1994, 283 (287); *Jabbusch* (o. Fn. 8), 8 f.; 14 f.; *Rapp/Rozek*, J. World Trade 1990, 75 (101 f.); eingehend *Königs*, Patentpools, 2014, 179 ff.; *Pretnar*, GRUR Int. 2004, 776 (776 ff.); *Viniol* (o. Fn. 9), 44 ff.

566 Ähnlich *Viniol* (o. Fn. 9), 45; deutlich auch *Drexl*, IIC 2004, 788 (792): »Eine marktbeherrschende Stellung folgt nicht aus dem Patent an sich, sondern allenfalls aus der Marktsituation, die durch das Patent begünstigt werden kann.«

567 *Rose*, Howard L. J. 2004, 579 (583) Fn. 20.

strategien motivieren.[568] Ähnliches gilt für Märkte, auf denen es keine direkten Substitute für einen patentierten Gegenstand gibt, wie dies bei vielen pharmazeutischen Produkten der Fall ist.[569] In solchen Fällen wird der Patentinhaber in der Regel die Preise auf ein monopolartiges Niveau anheben, das den Gewinn unter Berücksichtigung der Marktnachfrage maximiert.[570]

273 Diese negativen Wohlfahrtseffekte können mit einer Zwangslizenz reduziert werden. Durch den Eintritt weiterer Anbieter auf den Markt erhöht sich das Angebot und die Konsumentenrente steigt, da mehr Konsumenten die Möglichkeit haben, das Produkt mit der innovativen Technologie zu konsumieren. Gleichzeitig wird der Wohlfahrtsverlust, der durch die Marktmacht des Patentinhabers entstehen kann, reduziert.[571] Der Patentinhaber kann auf die neue Konkurrenz mit einer Preissenkung, einer Mengenreduktion oder einer Kombination aus beidem reagieren – in jedem Fall sinkt sein Gewinn.[572]

274 Am stärksten werden diese positiven Wohlfahrtseffekte auf solchen Märkten spürbar sein, auf denen die Wettbewerbsintensität vor Erteilung der Zwangslizenz relativ niedrig ist.[573] Demgegenüber sind auf Märkten mit einer hohen Wettbewerbsintensität keine Wohlfahrtsgewinne durch den Einsatz von Zwangslizenzen zu erwarten.[574] In manchen Fällen können mit dem Eintritt neuer Unternehmen sogar Wohlfahrtsverluste entstehen, wenn die neu in den Markt eintretenden Unternehmen aus organisatorischen oder betrieblichen Gründen eine ineffiziente Kostenstruktur aufweisen und die effizientere Produktion des Patentinhabers zum Teil verdrängen.[575]

2. Innovationsfördernde Wirkung

275 Der Einsatz von Zwangslizenzen kann weiterhin die Innovationstätigkeit in einer Volkswirtschaft in zweierlei Hinsicht erhöhen. Erstens können Unternehmen allein durch die wettbewerbsfördernde Wirkung von Zwangslizenzen zu Inno-

568 *Rose*, Howard L. J. 2004, 579 (619); ähnlich *Pretnar*, GRUR Int. 2004, 776 (782).

569 *Flynn/Hollis/Palmedo*, J. L., Med. & Ethics 2009, 184 (186); *McManis/Contreras*, in: TRIPS and Developing Countries, 2014, 109 (122).

570 *McManis/Contreras*, in: TRIPS and Developing Countries, 2014, 109 (122).

571 Dazu *Fisher*, The Economics of Compulsory Licenses, Präsentation v. 25.1.2013, https://cyber.harvard.edu/people/tfisher/IP/Cls.pdf (zuletzt abgerufen am 18.5.2025); *Vandermeulen u. a.* (o. Fn. 11), 130 ff.; empirisch *Chatterjee/Kubo/Pingali*, J. Health Econ. 2015, 255 (269); modelltheoretisch *Seifert*, J. Regul. Econ. 2015, 317 (330 ff.).

572 *Liebig* (o. Fn. 15), 197 Fn. 295.

573 *Seifert*, J. Regul. Econ. 2015, 317 (333).

574 *Seifert*, J. Regul. Econ. 2015, 317 (333).

575 Dies tritt insbesondere in einem sog. *Cournot*-Duopol, d.h. einer Wettbewerbsstruktur bestehend aus genau zwei Unternehmen, die das identische Gut produzieren, auf, siehe *Cugno/Ottoz*, J. Interdiscip. Econ. 2007, 19 (20 f.); grundlegend *Gilbert/Shapiro*, PNAS 1996, 12749 (12752 ff.).

vationen angespornt werden. Zweitens können sich Zwangslizenzen förderlich auf Nachfolgeinnovation auswirken.

a) Innovation durch Wettbewerb

Zwangslizenzen erleichtern es Nachahmern, den technologischen Vorsprung des Patentinhabers aufzuholen und erhöhen so die Wettbewerbsintensität innerhalb einer Branche.[576] In der Folge werden die Gewinnaussichten des Patentinhabers geschmälert und der wettbewerbliche Druck erhöht.[577] Durch die Zwangslizenz sieht sich der Patentinhaber einem höheren (Nachahmungs-)Wettbewerb ausgesetzt, was ihn dazu motiviert, vermehrt in F&E zu investieren.[578] Auf diese Weise kann sich die wettbewerbsfördernde Wirkung von Zwangslizenzen in einer gesteigerten Innovationstätigkeit der Unternehmen niederschlagen. 276

Dieser Zusammenhang ließ sich empirisch anhand der Auswirkungen des *Trading with the Enemy Act* (TWEA) von 1917 auf die deutsche Erfindungstätigkeit beobachten. Demnach ging die Zwangslizenzierung aller in deutscher Hand befindlichen US-Patente im Jahr 1919 im Rahmen des TWEA mit einem Anstieg der Patentanmeldungen deutscher Unternehmen um 30 % im Zeitraum von 1900 bis 1930 einher.[579] Dieser Effekt trat besonders in solchen Bereichen auf, die zuvor eine konzentrierte Marktstruktur aufwiesen und weniger deutlich in Bereichen, die bereits stärker vom Wettbewerb geprägt waren.[580] Vor dem Hintergrund der massiven staatlichen F&E-Förderung in der Nachkriegszeit ist dieser historische Befund indes mit Vorsicht zu genießen.[581] 277

Der durch den Wettbewerb verursachte Druck mag durchaus zu erhöhten Forschungsanstrengungen führen. Dabei darf aber nicht außer Acht gelassen werden, dass in den meisten Fällen trotz der Vergabe von Patenten und ohne künstlichen Eingriff durch die Zwangslizenz bereits eine wettbewerbliche Struktur besteht, die aus sich heraus zu Forschungsaktivitäten motiviert. Obendrein können Patente selbst eine wettbewerbsfördernde Wirkung entfalten. Die Aussicht auf Patentschutz erzeugt für sich genommen eine wettbewerbliche Dynamik zwischen den Erfindern.[582] Zudem motivieren Patente die Konkurrenten des Patentinhabers dazu, selbst neue konkurrierende Produkte zu entwickeln, um im Verhältnis zum Patentinhaber wettbewerbsfähig zu bleiben und ihre Existenz auf dem Markt zu sichern.[583] 278

576 *Acemoglu/Akcigit*, JEEA 2012, 1 (35).
577 *Vandermeulen u. a.* (o. Fn. 11), 136.
578 *Baten/Bianchi/Moser*, JDE 2017, 231 (241); *Moser*, Ann. Rev. Econ. 2016, 241 (255).
579 *Baten/Bianchi/Moser*, JDE 2017, 231 (241); dazu auch *Moser*, Ann. Rev. Econ. 2016, 241 (249 f.).
580 *Baten/Bianchi/Moser*, JDE 2017, 231 (241).
581 Vgl. *Barnett*, in: The Battle over Patents, 2021, 208 (231 ff.).
582 *Korenko*, JWIP 1999, 47 (51).
583 *Deller*, GRUR Int. 1967, 317 (326); *Korenko*, JWIP 1999, 47 (51).

279 Eine wettbewerblich induzierte Innovationsförderung durch Zwangslizenzen setzt im Übrigen zwingend voraus, dass sich die betreffenden Akteure glaubhaft binden, dass sie nur in extremen Ausnahmefällen von Zwangslizenzen Gebrauch machen werden.[584] Besteht hingegen die latente Gefahr weiterer oder gar regelmäßiger Eingriffe durch Zwangslizenzen, zerstört dies das Vertrauen der Marktteilnehmer in ein freies, wettbewerbsorientiertes Umfeld und kann vor Investitionen abschrecken. Geht man von einem höheren Innovationsaufkommen infolge eines intensivierten Wettbewerbs durch Zwangslizenzen aus, ist außerdem zu berücksichtigen, dass dadurch gleichzeitig die Gewinnaussichten geschmälert und damit die Innovationsanreize verringert werden.[585]

b) Nachfolgeinnovationen

280 Zwangslizenzen können sich in bestimmten Bereichen förderlich auf die Entwicklung von Nachfolgeinnovationen auswirken, die auf bereits bestehender, patentgeschützter Technologie aufbauen.

281 Technologischer Fortschritt erfolgt zumeist nicht schlagartig, sondern in Form eines aus vielen Teilschritten bestehenden und aufeinander aufbauenden, sequenziellen Innovationsprozesses.[586] Dieser sequenzielle Innovationsprozess kann durch Patente negativ beeinträchtigt werden. Vorgelagerte Patente können die Entwicklung nachfolgender Innovationen behindern, wenn letztere auf ersteren aufbauen oder anderweitig von ihnen abhängig sind.[587] Fällt eine Nachfolgeinnovationen in den Schutzbereich eines vorgelagerten Patents, ist eine Lizenz des Inhabers des vorgelagerten Patents erforderlich. Der Inhaber der nachfolgenden Erfindung kann in diesen Fällen ohne Zustimmung des Inhabers des älteren Patents seine jüngere Erfindung der Allgemeinheit nicht zur Verfügung stellen, ohne das ältere Patent zu verletzen.[588] Der Patentschutz kann auf diese Weise die Anreize verringern, frühere Erfindungen zu verbessern oder darauf aufzubauen.[589] Dies kann mehr oder weniger schwerwiegende Folgen auf den Innovationsprozess haben. Die ältere Erfindung kann nachfolgende Erfindungen überhaupt erst ermöglichen, die dafür erforderlichen Kosten reduzieren oder deren Entwicklung beschleunigen.[590] Im schlimmsten Fall liegen Nachfolgeinnovationen völlig brach, sodass die technologische (Weiter-)Entwicklung zum Nachteil der Allgemeinheit zum Stillstand käme.[591]

584 Vgl. *Baten/Bianchi/Moser*, JDE 2017, 231 (241).
585 *Acemoglu/Akcigit*, JEEA 2012, 1 (35).
586 Vgl. *Lamping* (o. Fn. 113), 58 f.
587 *Lamping* (o. Fn. 113), 59. Zum Begriff der Abhängigkeit *Timmann* (o. Fn. 262), 267 ff. m.w.N.
588 *Harnisch* (o. Fn. 10), 45.
589 *Fackler*, ifo Schnelldienst 2021, 9 (9); *Scotchmer*, J. Econ. Persp. 1991, 29 (32).
590 *Scotchmer*, J. Econ. Persp. 1991, 29 (31).
591 *Harnisch* (o. Fn. 10), 45; ausführlich *Timmann* (o. Fn. 262), 270 ff.

Zur Reduzierung dieser nachteiligen Folgen auf den Innovationsprozess hält das Patentrecht in § 24 Abs. 2 PatG das Instrument der Zwangslizenz bei abhängigen Erfindungen bereit. Die Blockade einer technologischen Weiterentwicklung kann durch eine Zwangslizenz zugunsten des Inhabers eines abhängigen Patents beseitigt werden, um den technischen Fortschritt zu fördern.[592] Durch die Möglichkeit einer Zwangslizenz nach § 24 Abs. 2 PatG erhöht sich der Anreiz, trotz bestehenden Patentschutzes für die Grundlagenerfindung abhängige Erfindungen mit der Aussicht auf deren wirtschaftliche Verwertung zu schaffen.[593] 282

Die hohen Hürden des § 24 Abs. 2 PatG werden indes in vielen Fällen nicht zu erreichen sein.[594] Insofern kann es nur um besonders gravierende wirtschaftliche Nachteile gehen, d.h. um die Blockade besonders bedeutsamer Erfindungen, die für den technologischen Fortschritt oder das Wirtschaftswachstum von zentraler Bedeutung sind. Mit diesen strengen Voraussetzungen werden richtigerweise gewisse Nachteile für Nachfolgeinnovationen hingenommen, um auf der anderen Seite genügend Anreize für vorgelagerte (Grundlagen-)Innovationen zu setzen. Denn diese vorgelagerte Grundlagenforschung wird auch in der Erwartung durchgeführt, dass sie mithilfe eines Patents Erträge in Form von Lizenzgebühren von nachfolgenden Innovatoren generiert.[595] 283

Ferner hängt der blockierende Effekt von Patenten auf kumulative Innovationen stark vom jeweiligen Umfeld ab, sodass Gegenmaßnahmen zur Abschwächung dieser Blockadeeffekte gezielt auf bestimmte Bereiche ausgerichtet sein sollten.[596] Während sequenzielle Innovationsprozesse besonders häufig in hochkomplexen Technologiefeldern wie der Biotechnologie zu beobachten sind, in denen Innovationen eine Vielzahl patentierter Komponenten erfordern,[597] konnten etwa im Bereich der Gentechnik keine nennenswerten nachteiligen Auswirkungen von Patenten auf Folgeinnovationen festgestellt werden.[598] Die Zwangslizenz ist somit nur in bestimmten Bereichen und besonders gelagerten Fällen ein effizientes Mittel, um Nachfolgeinnovationen zu fördern. 284

592 BGH, GRUR 1996, 109 (115) – Klinische Versuche I.

593 Vgl. *Leitzen/Kleinevoss*, Mitt. 2005, 198 (201).

594 Zu den Voraussetzungen des § 24 Abs. 2 PatG siehe oben Kap. 4 A. II. 2.

595 *Galasso/Schankerman*, QJE 2015, 317 (365); vgl. auch *Timmann* (o. Fn. 262), 304.

596 *Galasso/Schankerman*, QJE 2015, 317 (352).

597 *Galasso/Schankerman*, QJE 2015, 317 (318); *Haedicke*, in: Geistiges Eigentum: Schutzrecht oder Ausbeutungstitel?, 2008, 111 (114). Ähnliches gilt für den Bereich der Elektrotechnik, *Cohen/Nelson/Walsh*, Protecting Their Intellectual Assets, 2000, 19.

598 *Sampat/Williams*, Am. Econ. Rev. 2019, 203 (232).

IV. Kosteneinsparungen

285 Als letztes Argument für den Einsatz von Zwangslizenzen kann angeführt werden, dass durch Zwangslizenzen Ressourcen eingespart werden, die an anderer Stelle verwendet werden könnten.[599]

286 Im Falle einer Gesundheitskrise lassen sich unter der Annahme niedrigerer Preise für Medikamente oder Behandlungsmethoden infolge einer Zwangslizenz finanzielle Ressourcen im öffentlichen Sektor aufseiten der gesetzlichen Krankenkassen einsparen, die für andere staatliche Aufgaben freigesetzt werden. Volkswirtschaftliche Kosten können in einer gesundheitlichen Notlage auch dadurch eingespart werden, dass durch den flächendeckenden Zugang zu passenden Arzneimitteln oder Impfstoffen die Anzahl der Arbeitsausfälle geringer ausfällt. Weiter sind Situationen denkbar, in denen die innere oder äußere Sicherheit eines Landes bedroht ist und Zwangslizenzen auf patentgeschützte Sicherheitstechnologien die Verteidigungsfähigkeit eines Landes stärken und so die heimische Volkswirtschaft vor tiefgreifenderen wirtschaftlichen Einbußen im Falle eines eskalierenden militärischen Konflikts bewahren können.

287 Im Allgemeinen werden durch die Vergabe einer Zwangslizenz auf Unternehmensseite Kosten eingespart, die für umfangreiche Bemühungen zur legalen Umgehung des Patentschutzes (*invent around*) angefallen wären. Derartige Kosten würden für Unternehmen, die sich auf eine Zwangslizenz berufen können, nicht mehr anfallen, was die Gesamtwohlfahrt (hier die Produzentenrente) erhöhen würde.[600] Außerdem könnte eine Schwächung des Patentschutzes durch den Einsatz von Zwangslizenzen einem sozial ineffizienten Niveau an F&E-Ausgaben entgegenwirken.[601] Trotz eines geringeren absoluten Niveaus an Forschungsaktivitäten kann diese Reduktion gleichsam gesamtgesellschaftlich wünschenswert sein, wenn bereits ein sozial verschwenderisches Maß an Forschungsaktivitäten im Wettlauf um die erste Innovation erreicht ist.[602] Dem liegt das Verständnis zugrunde, dass eine Erhöhung des Investitionsniveaus ab einem bestimmten Punkt nicht mehr zu einem – die sozialen Grenzkosten weiterer Forschung übersteigenden – sozialen Grenznutzen führt.[603]

599 Dazu *van Dyck u. a.* (o. Fn. 15), 41.
600 *Tandon*, J. Pol. Econ. 1982, 470 (485).
601 So *Bailey*, Ill. J. L. Tech. & Pol. 2001, 193 (216); zustimmend *Vandermeulen u. a.* (o. Fn. 11), 137.
602 *Bailey*, Ill. J. L. Tech. & Pol. 2001, 193 (214). Zum Problem des sog. *rent seeking* siehe oben Kap. 3 A. III. 2.
603 *Bailey*, Ill. J. L. Tech. & Pol. 2001, 193 (213).

V. Zusammenfassung

Die patentrechtliche Zwangslizenz wird speziell in Krisensituationen als ein Instrument zur Erweiterung des allgemeinen Zugangs zu patentierter Technologie angesehen. Diesen Zweck vermag die Zwangslizenz in bestimmten Konstellationen tatsächlich zu erreichen, indem imitative Produkte das Angebot an krisenkritischer Technologie erhöhen und in der Folge das Preisniveau dieser Produkte sinkt. Der preissenkende Effekt und die damit verbundene Ausweitung des Zugangs zu bestimmten Produkten kann indessen durch eine starke staatliche Regulierung des betreffenden Marktes oder durch »Schattenpreise« erheblich abgeschwächt werden. 288

In einem allgemeineren Kontext liegt der Nutzen von Zwangslizenzen vor allem in ihrer wettbewerbs- und innovationsfördernden Wirkung, die statische Ineffizienzen reduzieren und die Gesamtwohlfahrt erhöhen kann. Soweit der Einsatz von Zwangslizenzen in konzentrierten Marktstrukturen die Wettbewerbsintensität erhöht und auf besonders gelagerte Ausnahmefälle beschränkt bleibt, kann der stärkere Wettbewerb Unternehmen zu Innovationen anspornen. In bestimmten hochkomplexen Technologiebereichen können sich Zwangslizenzen förderlich auf sequenzielle Innovationsprozesse auswirken. Schließlich lassen sich durch Zwangslizenzen Ressourcen einsparen, die andernfalls für die Krisenbekämpfung, für aufwändige *invent around*-Bemühungen oder für gesamtgesellschaftlich verschwenderische Forschungsaktivitäten angefallen wären. 289

B. Schaden von Zwangslizenzen

Nachdem im vorangegangenen Abschnitt in einem ersten Schritt die möglichen Vorteile von Zwangslizenzen analysiert wurden, sollen nachfolgend in einem zweiten Schritt die mit der Erteilung von Zwangslizenzen verbundenen ökonomischen Risiken untersucht werden. 290

I. Negative Anreizeffekte

An erster Stelle steht die Befürchtung, dass der durch das Patentrecht geschaffene Anreiz, in F&E zu investieren und neue technische Lösungen hervorzubringen, durch den Einsatz von Zwangslizenzen verringert wird. Aus betriebswirtschaftlicher Sicht muss jede Investition, besonders im risikoreichen F&E-Bereich, amortisierbar sein und eine (durch das Patent gesicherte) Rendite abwerfen, damit sie überhaupt getätigt wird. Der Einsatz von Zwangslizenzen, der die in einem Patent liegenden Gewinnaussichten schmälert, verringert 291 die Anreize, in F&E zu investieren und weitere Innovationen hervorzubringen.[604] Langfristig hemmt dies die Entwicklung und die Verfügbarkeit innovativer Produkte. Unternehmen werden davon absehen, in Bereichen zu investieren, in denen der sonst übliche Patentschutz aufgrund von Zwangslizenzen nicht mehr gesichert zu sein scheint.[605]

292 Die negativen Anreizeffekte von Zwangslizenzen lassen sich anhand des klassischen Angebot-Nachfrage-Diagramms veranschaulichen (Abbildung 1). Zwangslizenzen wirken durch die im Vergleich zu freiwilligen Lizenzen geringeren Lizenzgebühren wie eine Preisobergrenze, die zu einer Verknappung des Angebots und – übertragen auf das Ausmaß an F&E-Aktivitäten – zu einem Rückgang des Angebots an F&E führen wird, das die Nachfrage nach innovativen Produkten (z.B. Arzneimitteln) nicht mehr befriedigen kann. Besteht ein erhebliches Risiko, dass die Rentabilität eines bestimmten F&E-Projekts durch eine künftige Zwangslizenz geschmälert wird, wird ein Pharmaunternehmen in der Konsequenz ein geringeres Budget für ein solches Projekt festlegen.[606]

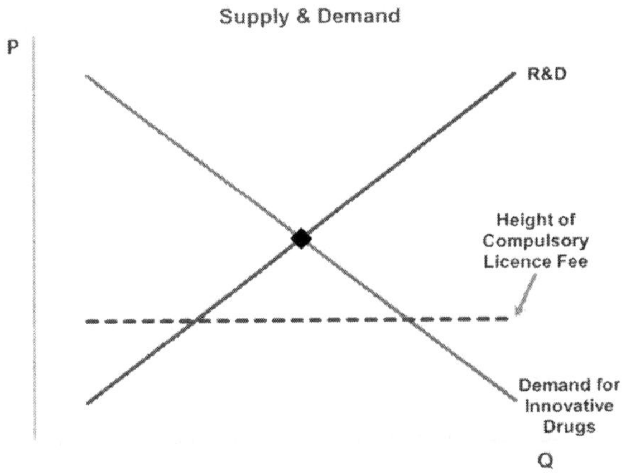

Abbildung 1. Quelle: *van Kleeff* (Fn. 606).

604 So etwa *Acemoglu/Akcigit*, JEEA 2012, 1 (35); *DeRoo*, Mich. J. Int. L. 2011, 347 (367); *Gilbert/Shapiro*, PNAS 1996, 12749 (12753); *Gillat*, Food & Drug L. J. 2003, 711 (716); *Stierle*, JZ 2021, 71 (77).

605 *Epstein/Kieff*, U. Chi. L. Rev. 2011, 71 (81).

606 *van Kleeff*, The unintended effect of compulsory licenses, Intellectual Property Expert Group, 2022, https://www.ipeg.com/the-unintended-effect-of-compulsory-licences/ (zuletzt abgerufen am 18.5.2025).

Trotz ihrer theoretischen Plausibilität und modelltheoretischen Bestätigung[607] fehlen eindeutige empirische Belege für die Intuition, dass Zwangslizenzen Innovationsanreize negativ beeinträchtigen.[608] So konnte etwa in einer systematischen Analyse von sechs Zwangslizenzfällen in den USA in den 1980er und 1990er Jahren kein signifikanter Rückgang der Innovationstätigkeit der betroffenen Unternehmen (gemessen in Patentanmeldungen) infolge der Zwangslizenzen festgestellt werden.[609] Eine weitere empirische Untersuchung einer Stichprobe von über 700 US-Unternehmen kam zu dem Ergebnis, dass die 44 Unternehmen, deren Patente in den 1950er und 1960er Jahren Gegenstand von Zwangslizenzen aufgrund kartellrechtlicher Verfügungen waren, im betrachteten Jahr 1975 nicht weniger umfangreiche F&E-Anstrengungen unternommen haben als andere vergleichbare Unternehmen, die keiner Zwangslizenz unterlagen.[610] 293

Gleichwohl legen einige Beispiele aus der Vergangenheit die Gefahr negativer Anreizeffekte durch Zwangslizenzen nahe. Das Pharmaunternehmen *Abbott* reagierte bspw. auf die Erteilung einer Zwangslizenz für ihr HIV-Medikament *Kaletra* in Thailand im Jahr 2007 mit der Entscheidung, dort keine neuen Produkte mehr auf den Markt zu bringen und zog alle sieben anhängigen Zulassungsanträge für neue Medikamente für den thailändischen Markt zurück.[611] Auch in Kanada ließen sich nach der Ausweitung des Zwangslizenzregimes während der 1970er und 1980er Jahren negative Anreizeffekte in der pharmazeutischen Industrie beobachten: Zwischen 1969 und 1989 wurden dort nur drei neue Pharmazeutika eingeführt[612] und die F&E-Ausgaben nahmen in dieser Zeit wesentlich weniger stark zu als in der Zeit nach 1988, in der die extensiven Vorschriften zu Zwangslizenzen für pharmazeutische Patente wieder schrittweise aufgehoben wurden.[613] Zwischen 1991 und 1995 wurden insgesamt 404 neue patentierte Humanarzneimittel in Kanada auf den Markt gebracht.[614] 294

607 *Seifert*, J. Regul. Econ. 2015, 317 (330); ebenso *Bond/Saggi*, JDE 2014, 217 (227) und *Stavropoulou/Valletti*, Eur. J. Health Econ. 2015, 83 (92) im Zusammenhang mit dem Zugang zu patentierten Produkten in Entwicklungsländern. In den genannten Modellen bleibt jeweils ein positiver Effekt auf die Gesamtwohlfahrt aufgrund einer erhöhten Konsumentenrente (bzw. des erweiterten Zugangs der Konsumenten im »globalen Süden«) möglich.

608 *Gillat*, Food & Drug L. J. 2003, 711 (722); so auch *Guennif*, Appl. Health Econ. & Health Pol. 2017, 557 (558).

609 *Chien*, Berk. Tech. L. J. 2003, 853 (880 ff.).

610 *Scherer* (o. Fn. 17), 75. Zu kritisieren ist an dieser Studie, dass sich der Beobachtungszeitraum auf nur ein Jahr beschränkt.

611 *Ho*, N.C. J. Int. L. & Com. Reg. 2009, 371 (444).

612 *Fisch*, Jurimetrics 1994, 295 (313); dazu auch *Rozek*, JWIP 2000, 889 (909).

613 *Pazderka*, Can. Pub. Pol. 1999, 29 (43), der darauf hinweist, dass diese Entwicklung auch durch weitere Faktoren beeinflusst worden sein könnte; ähnlich *Gorecki/Henderson*, Can. Pub. Pol. 1981, 559 (564 f.).

614 *Lexchin*, Health Pol. 1997, 69 (72).

295 Die Annahme, dass die breit angelegte Vergabe von Zwangslizenzen Forschungsanreize mindert, liegt nahe, obgleich es hierfür an belastbaren empirischen Beweisen mangelt. Selten auftretende Einzelfälle werden indes kaum einen nennenswerten Effekt auf die Innovationstätigkeit einer ganzen Branche oder Volkswirtschaft haben. Dennoch sind die potenziellen negativen Anreizeffekte bei der Diskussion über die Vergabe von Zwangslizenzen stets mit zu berücksichtigen. Vor diesem Hintergrund erscheinen Forderungen nach Zwangslizenzen besonders während einer Gesundheitskrise widersprüchlich. Je eher Zwangslizenzen zu befürchten sind, desto geringer die Gewinnaussichten forschender Pharmaunternehmen und damit die Chancen, dass dringend benötigte Impfstoffe oder Medikamente in einer Krise tatsächlich entwickelt und bereitgestellt werden.[615]

II. Makroökonomische Implikationen

296 Neben den zuvor betrachteten Effekten auf die Anreizstruktur einzelner Unternehmen können sich Zwangslizenzen in vielfältiger Weise auf die makroökonomischen Zusammenhänge einer gesamten Volkswirtschaft auswirken.

1. Beschäftigung und Humankapital

297 Die Erteilung von Zwangslizenzen beinhaltet das Risiko, dass die Beschäftigungsdynamik und das Humankapital einer Volkswirtschaft als zwei wesentliche Triebkräfte wirtschaftlichen Wachstums nachteilig beeinflusst werden.

a) Beschäftigung

298 Kommt es in Reaktion auf eine umfangreiche Zwangslizenzierung zu verringerten F&E-Anstrengungen, sinkt damit notwendigerweise auch die Bereitschaft der Unternehmen, Mitarbeiter in F&E-intensiven Branchen zu beschäftigen. Nur ein verlässlicher Patentschutz bietet die Grundlage für innovatives unternehmerisches Engagement mit entsprechenden Investitionen und Arbeitsplätzen und wirkt auf diese Weise stimulierend auf die Beschäftigungsentwicklung einer Volkswirtschaft.

299 So wuchs etwa die Beschäftigung in der Pharmaindustrie in Italien nach Einführung des Patentschutzes für pharmazeutische Produkte im Jahr 1978 schneller an als die Gesamtbeschäftigung des Landes.[616] In ähnlicher Weise stieg in Kanada die Zahl der Beschäftigten in der medizinischen F&E um 269 % und die Ge-

615 Vgl. *Richter*, Mitt. 2021, 1 (1); *Stierle*, JZ 2021, 71 (77).

616 *Korenko*, JWIP 1999, 47 (56); *Rozek*, JWIP 2000, 889 (894); *ders./Rainey*, JWIP 2001, 463 (474).

samtbeschäftigung in der Pharmaindustrie um 35 %, nachdem das extensive Zwangslizenzregime im pharmazeutischen Bereich abgeschafft worden war.[617]

b) Humankapital

Grundlage für eine positive Beschäftigungsentwicklung in einem Land ist das in ausgebildeten und qualifizierten Individuen repräsentierte Leistungspotenzial der Bevölkerung – das Humankapital.[618] 300

Ein verlässlicher Patentschutz ohne die Gefahr von Zwangslizenzen kann dazu beitragen, das Leistungspotenzial der arbeitenden Bevölkerung zu erhöhen, indem innovationsfreundliche Rahmenbedingungen geschaffen und dadurch hochqualifizierte Arbeitskräfte angezogen werden. Länder, die lokale Innovationsbemühungen durch umfassenden Schutz geistiger Eigentumsrechte fördern und nicht durch die Vergabe von Zwangslizenzen abschrecken, werden eher in der Lage sein, ausländische Arbeitskräfte in den Bereichen der Wissenschaft und Forschung aus dem Ausland anzuziehen.[619] Eine entsprechende Entwicklung war nach der Stärkung des Schutzes geistiger Eigentumsrechte im Jahr 1987 in Südkorea zu beobachten, wo sich die Aussichten auf dem Arbeitsmarkt derart verbesserten, dass in der Folge ein erheblich höherer Anteil an südkoreanischen Studenten, die in Naturwissenschaften und Ingenieurwesen an US-Universitäten promoviert wurden, nach ihrem Abschluss nach Südkorea zurückkehren wollte.[620] 301

Außerdem werden sich hochinnovative Unternehmen eher in Ländern mit effektivem Schutz geistiger Eigentumsrechte niederlassen, was wiederum zu einer höheren fachlichen Qualifikation der Arbeitskräfte in diesen Ländern führen wird.[621] Eine – durch Zwangslizenzen verursachte – Schwächung des geistigen Eigentumsschutzes führt hingegen dazu, dass ein Land insgesamt an Wettbewerbsfähigkeit verliert und infolgedessen zunehmend qualifizierte Fachkräfte abwandern.[622] Solchen Ländern wird es schwerer fallen, ihr Humankapital zu halten; talentierte Wissenschaftler und Forscher werden das Land auf der Suche nach besseren Möglichkeiten verlassen.[623] Als Beispiel sei Indien genannt, das lange Zeit praktisch keinen Patentschutz für pharmazeutische Produkte gewährte und deshalb eine massive Abwanderung von Fachkräften in diesem Bereich zu beklagen hatte.[624] 302

617 *Rozek*, JWIP 2000, 889 (895).
618 Zum Begriff *Mohr*, in: Humankapital und Wissen, 1997, 13 (13).
619 Vgl. *Rozek*, JWIP 2000, 889 (894).
620 Vgl. *Rozek*, JWIP 2000, 889 (895).
621 *Korenko*, JWIP 1999, 47 (52).
622 *Abbas*, IJSSH 2013, 254 (255); *Korenko*, JWIP 1999, 47 (52).
623 *Epstein/Kieff*, U. Chi. L. Rev. 2011, 71 (82).
624 *Korenko*, JWIP 1999, 47 (71).

2. Ausländische Direktinvestitionen

303 Zwangslizenzen können nicht nur die inländische Investitionsdynamik im F&E-Bereich aufgrund negativer Anreizeffekte dämpfen,[625] sondern zugleich ausländische Unternehmen von Investitionen im Inland abhalten.

304 Ausländische Direktinvestitionen sind grenzüberschreitende Investitionen durch Unternehmen, um im Ausland Betriebsstätten oder Tochterunternehmen zu errichten oder Beteiligungen an ausländischen Unternehmen zu erwerben, die einen maßgeblichen und langfristigen Einfluss auf das ausländische Unternehmen versprechen.[626] Um ausländische Investitionen anzuziehen, ist in erster Linie ein innovationsfreundliches Umfeld im Inland zu schaffen, wozu auch ein effektiver Patentschutz gehört. Unternehmen werden ausländische Investitionen vornehmlich in solchen Ländern tätigen, in dem ihre innovativen Produkte auch patentrechtlich geschützt sind. Besteht in einem potenziellen Zielland die (aufgrund vergangener Erfahrungen begründete) Gefahr von Zwangslizenzen, wird ein rational handelndes Unternehmen kaum Investitionen in diesem Land tätigen, um nicht die zwangsweise Offenlegung der eigenen Erfindungen zu riskieren. Ausländische Patentinhaber werden sich in diesem Fall nach anderen Ländern mit sichereren und investitionsfreundlicheren Rahmenbedingungen umsehen.[627]

305 Ein zuverlässiger Patentschutz ist mithin notwendige Voraussetzung zur Förderung ausländischer Direktinvestitionen in einer Volkswirtschaft.[628] Zwangslizenzen hingegen stören das Vertrauen ausländischer Investoren in einen verlässlichen Patentschutz und führen in der Theorie zu einem Rückgang ausländischer Direktinvestitionen.[629]

306 Hinzu kommen die von einer Zwangslizenz ausgehenden negativen Signale an die verschiedenen Stakeholder, die das Investitionsklima in dem betreffenden Land verschlechtern können. So signalisiert ein umfassender Patentschutz potenziellen Investoren etwa, dass die Rechte ausländischer Unternehmen innerhalb eines unabhängigen und transparenten Rechtssystems anerkannt und geschützt werden sowie dass strategische Geschäftsentscheidungen ohne unerwünschte staatliche Eingriffe möglich sind.[630] Die Gefährdung eines Patents in einem patentrechtlich unsicheren Umfeld könnte Marktbeobachtern signalisieren, dass das Unternehmen das betreffende Patent möglicherweise nicht für so wertvoll hält, wie von anderen angenommen.[631] Weiter werden die erwarteten Erträge

625 Dazu oben Kap. 5 B. I.

626 *Gerhard*, Wirtschaftsdienst 2018, 814 (814); ausführlich zum Begriff *OECD*, Benchmark Definition of Foreign Direct Investment 2008, 4. Aufl. (2008), 48 ff.

627 *Bird*, J. L., Med. & Ethics 2009, 209 (210).

628 Vgl. *Rozek*, JWIP 2000, 889 (899).

629 So auch *Abbas*, IJSSH 2013, 254 (255); *Bird/Cahoy*, Am. Bus. L. J. 2008, 283 (284); *Borowski*, Fla. St. U. L. Rev. 2009, 275 (292); *Feldman*, JIBL 2009, 137 (161).

630 Vgl. *Maskus*, Duke J. Comp. & Int. L. 1998, 109 (137).

631 *Bird/Cahoy*, Am. Bus. L. J. 2008, 283 (298).

eines Unternehmens aus ausländischen Direktinvestitionen in einem neuen Markt, in dem seine Patente durch Zwangslizenzen gefährdet sind, von Analysten oder Aktionären des Unternehmens in Frage gestellt werden.[632]

Aus praktischer Sicht ist den vorstehenden theoretischen Überlegungen entgegenzuhalten, dass umfassender Patentschutz häufig nicht allein das ausschlaggebende Kriterium für Investitionsentscheidungen ausländischer Patentinhaber ist; bei der Standortentscheidung spielen auch andere Kriterien, z.B. steuerliche oder betriebswirtschaftliche Aspekte, eine wichtige Rolle.[633] Diese Vielfalt an Einflussfaktoren, die für eine Entscheidung über Investitionen im Ausland relevant sind, führen dazu, dass sich die Auswirkungen eines einzelnen Faktors auf die Standortentscheidung kaum verlässlich bestimmen lassen.[634] Daher ist es wenig überraschend, dass eindeutige empirische Belege für einen direkten (negativen) Zusammenhang zwischen der Vergabe von Zwangslizenzen und dem Zustrom ausländischer Direktinvestitionen fehlen.[635] 307

Das bedeutet wiederum nicht, dass ausländische Patentinhaber in einem Land, in dem die Erteilung von Zwangslizenzen ernstlich zu erwarten ist, nach Abwägung aller Standortfaktoren im Ergebnis eher von Investitionen in diesem Land absehen werden und ein unzuverlässiger Patentschutz in solchen Fällen entscheidend gegen eine Auslandsinvestition sprechen kann. Dies verdeutlicht der Fall *Pfizer* in Ägypten im Jahr 2002: Damals kündigte das ägyptische Gesundheitsministerium nur zwei Monate, nachdem es *Pfizer* die lang ersehnte Marktzulassung für *Viagra* samt vollständigem Patentschutz gewährt hatte, an, jedem anderen ägyptischen Unternehmen auf Antrag eine entsprechende Genehmigung zur Herstellung von *Viagra* zu erteilen, womit faktisch eine unbegrenzte Zwangslizenz erteilt wurde.[636] Das Vorgehen des Ministeriums veranlasste *Pfizer* daraufhin dazu, den Bau einer hochmodernen Produktionsanlage in Ägypten zu stoppen.[637] Darunter litt die ägyptische Wirtschaft stark, die zu dieser Zeit dringend auf ausländische Direktinvestitionen angewiesen war, um seine schwächelnde Wirtschaft anzukurbeln.[638] 308

In jedem Fall birgt die Erteilung von Zwangslizenzen ein zusätzliches Risiko bei der Gewinnung von ausländischem Kapital.[639] Auf lange Sicht droht das Vertrauen ausländischer Unternehmen in das jeweilige Rechtssystem zu 309

632 *Bird/Cahoy*, Am. Bus. L. J. 2008, 283 (298).

633 *Stoll*, Technologietransfer, Internationalisierungs- und Nationalisierungstendenzen, 1994, 252.

634 Ausführlich zu den verschiedenen Einflussfaktoren *Maskus*, Duke J. Comp. & Int. L. 1998, 109 (119 ff., 138 ff.).

635 *Goyal*, in: Compulsory licensing, 2015, 437 (439); *van Dyck u. a.* (o. Fn. 15), 39.

636 *Bird*, J. L., Med. & Ethics 2009, 209 (211); dazu auch *Feldman*, JIBL 2009, 137 (161); *Goyal*, in: Compulsory licensing, 2015, 437 (450 f.).

637 *Bird*, J. L., Med. & Ethics 2009, 209 (212). Darüber hinaus dürfte das Ereignis Signalwirkung für andere ausländische Unternehmen gehabt haben.

638 *Feldman*, JIBL 2009, 137 (161).

639 Vgl. *Bird/Cahoy*, Am. Bus. L. J. 2008, 283 (330).

schwinden und der jeweilige Investitionsstandort schleichend an Attraktivität zu verlieren. Besonders sensible Reaktionen auf Zwangslizenzen sind von denjenigen Unternehmen zu erwarten, deren Produkte fortschrittliche, aber relativ leicht zu imitierende Technologien enthalten (z.B. pharmazeutische oder chemische Produkte) sowie von Unternehmen, die Investitionen in lokale Forschungs- und Entwicklungseinrichtungen erwägen.[640]

3. Außenhandel

310 Neben der Investitionstätigkeit ist ein weiterer wesentlicher Teil der gesamtwirtschaftlichen Leistung auf grenzüberschreitende Handelsbeziehungen – kurz: den Außenhandel – zurückzuführen. Der Außenhandel kann durch den Einsatz von Zwangslizenzen aus zwei Gründen aus dem Gleichgewicht geraten.

a) Parallelhandel

311 Erstens kann der Parallelhandel zwischen verschiedenen Ländern dazu führen, dass Produkte, die in einem Land Gegenstand einer Zwangslizenz sind und deshalb dort zu niedrigeren Preisen erhältlich sind, in ein anderes Land importiert werden und dort unerwünschte Nebeneffekte verursachen.

312 Sind die Preise in einem Land höher als in einem anderen, können diese Preisdifferenzen (sog. Arbitragemöglichkeiten) durch Parallelhandel ausgenutzt werden.[641] Händler profitieren von internationalen Preisdifferenzen, indem sie Güter aus Niedrigpreisländern in Hochpreisländer importieren und diese dort – parallel zu den vom Hersteller höherpreisig vertriebenen identischen Gütern – anbieten. Solche Parallelimporte sind besonders häufig im Arzneimittelsektor zu beobachten, wo teils erhebliche Preisunterschiede zwischen den einzelnen EU-Mitgliedstaaten bestehen.[642]

313 Analog dazu können sich Zwangslizenzen in einem Land auf das Preisniveau und die Anreizstruktur in einem anderen Land auswirken. Die Preise für Güter, die unter einer Zwangslizenz hergestellt werden, sind für gewöhnlich niedriger als für diejenigen, die der Patentinhaber freiwillig zu seinen eigenen Preisen verkauft.[643] Unter diesen Umständen besteht der Anreiz, Produkte aus einem Land zu importieren, in dem sie aufgrund der Zwangslizenz zu niedrigeren Preisen vermarktet werden können, um so von der Preisdifferenz zu profitieren.[644] Derartige Arbitragemöglichkeiten unterminieren Innovations- und Investitions-

640 Vgl. *Maskus*, Duke J. Comp. & Int. L. 1998, 109 (132).
641 *Scherer/Watal*, JIEL 2002, 913 (928). »Arbitrage« bezeichnet im Allgemeinen das risikoarme Ausnutzen von Preisdifferenzen zur Gewinnerzielung, *Wohlmann*, in: Volkswirtschaftslehre, 2024, 597 (608).
642 *Muckenfuß*, Bundesgesundheitsblatt 2017, 1208 (1209).
643 *Vandermeulen u. a.* (o. Fn. 11), 131.
644 *Vandermeulen u. a.* (o. Fn. 11), 131.

anreize in den importierenden Ländern, da sich die Profitabilität des heimischen Unternehmens und damit auch die Bereitschaft, in risikoreiche F&E zu investieren, verringert. Der Patentinhaber im importierenden Land wird nämlich dazu gezwungen sein, seine Preise zu senken, um wettbewerbsfähig zu bleiben.[645]

Gleichzeitig dürften Parallelimporte jedoch in verhältnismäßig stark konzent- 314
rierten Märkten den Wettbewerbsdruck erhöhen und die heimischen Unternehmen dazu veranlassen, sich von den Konkurrenten stärker durch innovative Produkte abzugrenzen.[646] Gesamtwirtschaftlich gesehen würden dadurch negative Anreizeffekte durch Parallelhandel zumindest teilweise ausgeglichen. Damit durch den Parallelhandel überhaupt spürbare Auswirkungen ausgehen und das inländische Preisniveau tatsächlich signifikant gedrückt wird, muss die Menge an importierten Waren jedenfalls eine gewisse Schwelle überschreiten.

b) Handelskonflikte

Zweitens kann die Erteilung von Zwangslizenzen Spannungen in den inter- 315
nationalen Handelsbeziehungen hervorrufen. Häufig genügt bereits die bloße Androhung von Zwangslizenzen, um die Handelsbeziehungen zwischen den betroffenen Ländern zu belasten.[647]

Wenn Unternehmen, die in einem bestimmten Land ansässig sind, in einem 316
anderen Land Zwangslizenzen unterliegen, kann dies die Regierung im Land des Patentinhabers zu Handelssanktionen oder anderen politischen Druckmitteln gegenüber dem Land bewegen, in dem die Zwangslizenz erteilt wurde. Konkret könnten Sanktionen in Form von Export- und Importbegrenzungen oder Zöllen verhängt, bisherige Handelserleichterungen zurückgenommen oder eigene Zwangslizenzen als direkte Vergeltungsmaßnahmen erteilt werden.

Dahinter steht die Überlegung, dass das betreffende Land durch die Zwangs- 317
lizenz einen komparativen Vorteil erlangt, da die davon profitierenden Unternehmen nicht die F&E-Kosten tragen müssen, wohingegen die innovativen Unternehmen des anderen Landes an der Amortisierung ihrer F&E-Investitionen gehindert werden und das andere Land folglich aus seinem innovativen unternehmerischen Potenzial auf dem internationalen Markt keine Vorteile ziehen kann.[648] Jene Länder können sich zu Gegenmaßnahmen veranlasst sehen und mittels Handelssanktionen »ihre« multinationalen Konzerne zu schützen und die Wirtschaft des die Zwangslizenz erteilenden Landes zu schwächen versuchen.[649] Ob solche Vergeltungsstrategien diesen Ländern tatsächlich einen wirt-

645 *Vandermeulen u. a.* (o. Fn. 11), 131.
646 *Weder/Schläpfer*, Der Effekt von Parallelhandel auf die regulierten Medikamentenpreise, 2009, 7.
647 *Kripapuri*, New Eng. L. Rev. 2001, 669 (697).
648 Vgl. *Borowski*, Fla. St. U. L. Rev. 2009, 275 (292).
649 *Bird*, J. L., Med. & Ethics 2009, 209 (210).

schaftlichen Nutzen stiften, erscheint höchst zweifelhaft.[650] Gesamtwirtschaftlich kann daraus jedenfalls ein erheblicher Schaden entstehen.[651]

318 Zu erwähnen sind in diesem Zusammenhang die sog. *Special 301*-Bestimmungen des US-amerikanischen *Trade Act*, die den Handelsbeauftragten der USA dazu ermächtigen, ausländische Staaten, die keinen wirksamen Schutz geistiger Eigentumsrechte vorsehen, in einem jährlich veröffentlichten Bericht (*Special 301 Report*) zu identifizieren und im Hinblick auf mögliche Handelssanktionen in einer (*Priority*) *Watch List* zu führen.[652] Den darin aufgeführten Ländern werden typischerweise Handelssanktionen angedroht, um sie zur Einführung und Durchsetzung höherer Standards für den Schutz geistiger Eigentumsrechte zu bewegen.[653] So hatten die USA etwa Thailand nach den dortigen Zwangslizenzen in den Jahren 2006–2008 Handelsvorteile entzogen und dem Land in Aussicht gestellt, es von der *Priority Watch List* zu streichen, falls es sich zu einem verstärkten Schutz geistiger Eigentumsrechte verpflichtete.[654]

319 Auch wenn Handelssanktionen anlässlich von Zwangslizenzen auf ausländische Patente in der Vergangenheit vornehmlich im Kontext des TRIPS-Regelwerks im Verhältnis zwischen großen Industrienationen und weniger entwickelten Staaten auftrat,[655] sind solche Szenarien in der heutigen Zeit, in der ohnehin eine Abkehr vom Multilateralismus und vermehrt protektionistische Tendenzen zu beobachten sind, generell häufiger zu erwarten. Denkbar sind auch Fälle, in denen ein Land mit starkem Patentschutz den Export knapper Ressourcen spürbar einschränkt und der Industrie in dem anderen Land auf diese Weise erheblichen Schaden zufügt. So könnten Länder mit einer innovativen Pharmaindustrie auf Zwangslizenzen in anderen Ländern mit Gegenmaßnahmen in Form von Exportbeschränkungen für Rohstoffe oder Vorprodukte reagieren, die für die Herstellung von Medikamenten dringend benötigt werden. Im Krisenfall könnte sich die Situation derart zuspitzen, dass nur noch diejenigen Länder mit krisenrelevanten (Vor-)Produkten beliefert werden, die einen umfassenden Patentschutz gewährleisten können.[656]

650 Zurückhaltend etwa *van Dyck u. a.* (o. Fn. 15), 40.

651 *Ho*, N.C. J. Int. L. & Com. Reg. 2009, 371 (448).

652 *Trade Act of* 1974, 19 U.S.C. § 2242. Näher dazu *Borowski*, Fla. St. U. L. Rev. 2009, 275 (292 f.); *Ho*, N.C. J. Int. L. & Com. Reg. 2009, 371 (448 ff.).

653 *Nash*, Berk. Tech. L. J. 2000, 485 (494).

654 *Ho*, N.C. J. Int. L. & Com. Reg. 2009, 371 (449) Fn. 384. Ähnliche Maßnahmen auf Grundlage der *Special 301*-Bestimmungen erfolgten gegenüber Südkorea und Brasilien, die daraufhin die gewünschten Änderungen der Regelungen zum Schutz geistigen Eigentums jeweils umsetzten, *Nash*, Berk. Tech. L. J. 2000, 485 (494) Fn. 57.

655 Dazu *Halajian*, Brooklyn J. Int. L. 2013, 1191 (1213 ff.); *Ho*, N.C. J. Int. L. & Com. Reg. 2009, 371 (447 ff.); *Igbokwe/Tosato*, Fordham L. Rev. 2023, 1791 (1824 ff.).

656 Während der COVID-19-Pandemie verhinderten etwa Länder wie die USA die Ausfuhr wichtiger Grundstoffe und erforderlicher Ausrüstung für die Impfstoffproduktion, *Foss-Solbrekk*, JIPP 2021, 1347 (1354).

Die Erteilung oder die bloße Androhung von Zwangslizenzen birgt folglich ein nicht unerhebliches Risiko protektionistischer Gegenmaßnahmen, die schwerwiegende Handelskonflikte auslösen oder Versorgungsengpässe bei existenziellen Gütern verursachen oder verschärfen können. 320

4. Schlussfolgerung: Folgen für die Gesamtwirtschaft

Nimmt man die vorstehenden makroökonomischen Effekte von Zwangslizenzen zusammen, ergibt sich eine gefährliche Gemengelage, die jeder Volkswirtschaft langfristig Schaden zufügen kann. 321

Qualifizierte Arbeitskräfte gehören zu den wichtigsten Treibern von Wirtschaftswachstum.[657] Negative Tendenzen in der Beschäftigungsentwicklung sind aus wirtschaftspolitischer Sicht ebenso zu vermeiden wie die Abwanderung von Fachkräften – beides kann jedoch durch die Erteilung von Zwangslizenzen befördert werden. Der Verlust ausländischer Direktinvestitionen betrifft eine weitere wichtige Quelle wirtschaftlichen Wachstums.[658] Der Zustrom ausländischen Kapitals stimuliert die heimische Wirtschaft, indem die Arbeitsnachfrage, die Produktionskapazität und möglicherweise die Exporte ansteigen.[659] Zwangslizenzen, die ausländische Investoren abschrecken, wirken sich somit auf vielfältige Weise nachteilig auf die gesamtwirtschaftliche Dynamik aus, ganz zu schweigen von einer potenziell gedämpften inländischen Investitionstätigkeit aufgrund verringerter Innovationsanreize. Darüber hinaus können Handelskonflikte gerade international stark verflochtene Volkswirtschaften (wie z.B. Deutschland) vor ernsthafte Probleme stellen und den freien Welthandel, der sowohl für Import- als auch für Exportländer vorteilhaft ist,[660] einschränken. 322

Freilich werden nicht alle der aufgeführten Effekte notwendigerweise nach jeder Zwangslizenzerteilung auftreten. Oftmals werden viele andere Faktoren mitentscheidend dafür sein, wie stark sich eine Zwangslizenz auf die Gesamtwirtschaft niederschlägt. Die potenziellen gesamtwirtschaftlichen Folgen sind jedoch bei der Entscheidung über Zwangslizenzen stets zu bedenken. 323

III. Verbraucherschutz und Qualitätskontrolle

Innerhalb des soeben betrachteten makroökonomischen Gesamtbildes lassen sich weitere spezifische Auswirkungen von Zwangslizenzen auf die Verbraucher beobachten. Vordergründig mag man Zwangslizenzen wegen der Möglichkeit des Zugangs zu innovativer Technologie als vorteilhaft für die Verbraucher ansehen. Bei 324

657 Vgl. etwa *Aigner-Walder*, in: Wirtschaftsförderung in der Krise, 2023, 83 (88).
658 *Bird/Cahoy*, Am. Bus. L. J. 2008, 283 (284).
659 Ausführlich *Luttermann*, Die logistische Leistungsfähigkeit von Ländern als Standortfaktor ausländischer Direktinvestitionen, 2022, 30 ff.
660 *Wohlmann/Mann*, in: Volkswirtschaftslehre, 2024, 365 (370 f.).

näherer Betrachtung zeigt sich indes ein anderes Bild: Die Effekte von Zwangslizenzen auf diesen Personenkreis erweisen sich überwiegend als nachteilig und konfligieren letztlich mit dem Verbraucherschutz als wirtschaftspolitisches Ziel.

325 Eine Herausforderung besteht darin, die Sicherheit und Qualität der unter Zwangslizenzen hergestellten Produkte zu gewährleisten. Der durch Zwangslizenzen verstärkte Anreiz zu Parallelhandel aufgrund von Arbitragemöglichkeiten wurde bereits angesprochen.[661] Der Parallelhandel birgt zudem Gesundheitsrisiken für Verbraucher, indem er die Gefahr erhöht, dass minderwertige und gefälschte Produkte importiert werden.[662] Möglicherweise versendet oder lagert der Parallelhändler das Produkt nicht ordnungsgemäß oder klärt die Verbraucher im Importland nicht angemessen über die Verwendung der importierten Produkte auf.[663] Auch im Inland kann es infolge einer Zwangslizenz zur Herstellung minderwertiger Ware kommen, wenn der Zwangslizenznehmer nicht über entsprechende technische oder industrielle Fachkenntnisse verfügt.[664] Des Weiteren können Verbraucher ungenaue oder gar falsche Produktinformationen erhalten, wenn die Zwangslizenznehmer nicht gleichermaßen wie der Patentinhaber mit der wissenschaftlichen Forschung vertraut sind und nicht über ebenso fundierte Fachkenntnisse über das hergestellte Produkt verfügen.[665]

326 Aufgrund der vorgenannten Verbraucherrisiken ist mit einem erhöhten regulatorischen Aufwand für staatliche Stellen zu rechnen. So verursachen Zwangslizenzen höhere Kosten für die behördliche Qualitätskontrolle und Zulassung der von den Lizenznehmern hergestellten Produkte.[666] Langfristig leiden Verbraucher darunter, dass der Markteintritt neuer, insbesondere forschungsintensiver Arzneimittel durch Zwangslizenzen verzögert wird.[667] Grund dafür sind die bereits dargestellten negativen Anreizeffekte.[668] Gewiss ist aber auch hier zu beachten, dass einige wenige Zwangslizenzfälle kaum einen signifikanten Einfluss auf die Innovationstätigkeit einer ganzen Industrie haben werden.

IV. Weitere (administrative) Kosten

327 Als ein Vorteil von Zwangslizenzen wurden im vorherigen Abschnitt die möglichen finanziellen Einsparungen auf gesamtgesellschaftlicher und unternehme-

661 Siehe oben Kap. 5 B. II. 3. a).

662 *Rozek/Rainey*, JWIP 2001, 463 (476).

663 *Rozek/Rainey*, JWIP 2001, 463 (476).

664 Vgl. *Abbas*, IJSSH 2013, 254 (255); *Guennif*, Appl. Health Econ. & Health Pol. 2017, 557 (561) in Bezug auf Entwicklungsländer.

665 *Rozek/Rainey*, JWIP 2001, 463 (472).

666 *Rozek/Rainey*, JWIP 2001, 463 (471); vgl. *Bollyky*, S. Afr. J. Hum. Rts. 2002, 530 (543).

667 *Rozek*, JWIP 2000, 889 (899); vgl. *van Dyck u. a.* (o. Fn. 15), 41.

668 Dazu oben Kap. 5 B. I.

rischer Ebene angeführt.[669] Dem sind jene volkswirtschaftlichen Kosten gegenüberzustellen, die mit der Erteilung einer Zwangslizenz an sich verbunden sind und mögliche Einsparungen im Ergebnis aufwiegen können.[670] Dazu gehören insbesondere die an den Patentinhaber zu zahlenden Lizenzgebühren sowie die administrativen Kosten der Erteilung und Durchsetzung der Zwangslizenz.

Unternehmen, die eine Zwangslizenz beantragen wollen, müssen zunächst er- 328
hebliche Informationskosten aufwenden, um etwa ein erstes Lizenzangebot zu erstellen und eine vertretbare Lizenzgebühr zu ermitteln.[671] Anschließend hat der Zwangslizenznehmer dem Patentinhaber gem. § 24 Abs. 6 S. 4 PatG eine angemessene Vergütung zu zahlen. Diese Kosten sind in der Regel effizienter in eine freiwillige Verhandlungslösung ohne Beeinträchtigung der F&E-Anreize investiert.[672] Bereits die schwierige Bestimmung der Höhe der angemessenen Vergütung bedeutet einen erheblichen Aufwand für die jeweilige staatliche Stelle, ganz zu schweigen von der Entscheidung über den Zwangslizenzantrag selbst.

An die Erteilung einer Zwangslizenz schließen sich weitere administrative 329
Kosten an. Wie bereits ausgeführt, müssen die unter Zwangslizenzen produzierten Produkte mit Blick auf ihre Wirksamkeit und Sicherheit kontrolliert und zugelassen werden, was seinerseits Kosten verursacht.[673] Hinzu kommen potenzielle kostspielige Rechtsstreitigkeiten über die Rechtmäßigkeit der Zwangslizenz,[674] etwa in Form von aufwändigen Berufungsverfahren, die die Gerichte ebenso belasten wie die beteiligten Unternehmen. Letztere müssen sich zumindest vorsorglich auf solche Verfahren vorbereiten und dafür finanzielle wie personelle Ressourcen bereithalten. Möglicherweise werden Unternehmen, die von einer Zwangslizenz betroffen sind oder betroffen zu sein drohen, auch ihre Marketingausgaben erhöhen, damit ihr öffentliches Image durch etwaige Auseinandersetzungen keinen Schaden nimmt.[675]

Staatliche und private Ressourcen werden auf diese Weise in unproduktive 330
Bereiche der Verwaltung und Bürokratie umgelenkt, obwohl deren Einsatz an anderer Stelle, etwa im Bereich der F&E, einen größeren Nutzen für die Gesamtwohlfahrt hätte.

V. Zusammenfassung

Zwangslizenzen können auf vielfältige Weise wirtschaftlichen Schaden anrich- 331
ten. Sie können sich nachteilig auf zentrale makroökonomische Determinanten

669 Siehe oben Kap. 5 A. IV.
670 *Qunaj/Kaltenboeck/Bach*, Milbank Quarterly 2022, 284 (308).
671 *Vandermeulen u. a.* (o. Fn. 11), 90.
672 *Stierle*, JZ 2021, 71 (77).
673 Siehe oben Kap. 5 B. III.
674 *Bird*, J. L., Med. & Ethics 2009, 209 (210); *Bollyky*, S. Afr. J. Hum. Rts. 2002, 530 (543).
675 Vgl. *Nuno*, Case W. Res. J. Int. L. 2016, 395 (406).

wie die Beschäftigung, ausländische Direktinvestitionen oder den Außenhandel auswirken und damit die gesamtwirtschaftliche Entwicklung eines Landes negativ beeinflussen. Wenngleich es an eindeutigen empirischen Belegen fehlt, besteht außerdem die naheliegende Gefahr negativer Anreizeffekte: Verringert sich durch das ernsthafte Risiko umfangreicher Zwangslizenzen die Gewinnaussicht forschender Unternehmen, sinkt der Anreiz, in innovative technische Lösungen zu investieren und neue Produkte hervorzubringen. Darunter leiden vor allem die Verbraucher, die infolge von Zwangslizenzen unter Umständen sogar minderwertigen Produkten sowie falschen Produktinformationen ausgesetzt sein können. Nicht zuletzt ist an die erheblichen privaten und staatlichen Ressourcen zu denken, die in die Erteilung und Durchsetzung der Zwangslizenz und damit in unproduktive administrative Bereiche gelenkt werden.

C. Spezielle Beobachtungen je nach Kontext und Ausgestaltung der Zwangslizenz

332 Wie bereits mehrfach angedeutet, sind die beschriebenen positiven wie negativen ökonomischen Auswirkungen nicht pauschal die Folge jeder, wie auch immer gearteten Zwangslizenz. Wegen der vielschichtigen wirtschaftlichen Zusammenhänge und Einflussfaktoren bietet es sich an, nach den jeweiligen Rahmenbedingungen, der Art und Weise der Erteilung und der konkreten Ausgestaltung einer Zwangslizenz zu differenzieren, um noch präzisere Aussagen über deren ökonomische Wirkungen treffen zu können.

I. Eigenschaften des betroffenen Marktes

1. Unterscheidung nach der betroffenen Branche

333 Möchte man in Bezug auf die Folgen von Zwangslizenzen eine bestimmte Branche hervorheben, so richtet sich der Blick unweigerlich auf die Pharmabranche.

334 Die große Bedeutung umfassenden Patentschutzes für die Pharmaindustrie steht außer Zweifel. Die Entwicklung neuer Arzneimittel erfordert hohe Fixkosten, während die Grenzkosten jeder weiteren Einheit für das Nachahmen der meisten Arzneimittel sehr gering sind.[676] Bis ein vielversprechender Wirkstoff entdeckt wurde und ein neues Medikament entwickelt und vermarket werden kann, vergehen meist über zehn Jahre.[677] Vor der Markteinführung müssen langwierige

676 *Landes/Posner* (o. Fn. 112), 313. Eine Ausnahme dürften Impfstoffe und Biologika bilden, deren Produktionskosten relativ hoch sind, *Danzon/Towse*, Int. J. Health Care Finance & Econ. 2003, 183 (185).

677 *Danzon/Towse*, Int. J. Health Care Finance & Econ. 2003, 183 (185).

und kostenintensive Studien durchlaufen und eine Arzneimittelzulassung beantragt werden.[678] Nur ein geringer Prozentsatz vielversprechender Kandidaten durchläuft alle diese Phasen erfolgreich und kann schließlich vermarktet werden.[679] Die Gesamtkosten für die Entwicklung eines neuen Medikaments belaufen sich auf durchschnittlich 2,6 Mrd. Dollar, einschließlich der Kosten für die vielen Fehlschläge.[680]

Vor diesem Hintergrund überrascht es nicht, dass die ökonomischen Auswir- 335
kungen von Zwangslizenzen besonders ausgeprägt im pharmazeutischen Bereich zu erwarten sind. Dies gilt vor allem für die negativen Anreizeffekte. Hohe F&E-Investitionen erfordern aus betriebswirtschaftlicher Sicht ein besonders starkes Vertrauen in einen verlässlichen Patentschutz. Zwangslizenzen, die dieses Vertrauen in gewissem Maße erschüttern, führen daher zu besonders empfindlichen Reaktionen in diesem Bereich. Ähnliches gilt für den Bereich der Biotechnologie, in dem ebenfalls außergewöhnlich hohe F&E-Kosten auf einen verhältnismäßig preisgünstigen Nachbau neu entwickelter Wirkstoffe treffen.[681]

2. Unterscheidung nach der Größe des Marktes

Das Ausmaß der ökonomischen Auswirkungen von Zwangslizenzen hängt wei- 336
ter von der Größe des konkret betroffenen Marktes ab.

Das bereits erwähnte Beispiel der aggressiven Zwangslizenzierungspolitik in 337
Kanada seit dem Jahr 1969 legt nahe, dass auf relativ kleinen und weniger bedeutsamen Märkten die Effekte von Zwangslizenzen geringer ausfallen.[682] Die kanadische Pharmaindustrie blieb in dieser Zeit von noch tieferen Einschnitten verschont, weil der kanadische Markt im Verhältnis zum Weltmarkt relativ klein und unbedeutend war.[683] Aufgrund der geringen weltweiten Bedeutung der kanadischen Pharmaindustrie hatte der eingeschränkte Patentschutz in Kanada wenig Einfluss auf F&E-Entscheidungen der Unternehmen.[684] Mit anderen Worten halten sich die Auswirkungen einer Zwangslizenz an einem Patent in Grenzen, wenn der Patentschutz im konkreten Fall ohnehin keine entscheidende Rolle spielt.[685] Außerdem entstehen in kleineren Märkten, in denen überwiegend ausländische Patente angemeldet wurden, tendenziell weniger negative Effekte auf Innovationsanreize, da die Erfindungen bereits zuvor im Ausland

678 *Gillat*, Food & Drug L. J. 2003, 711 (722); ausführlich *Brebeck* (o. Fn. 16), 73.
679 *Gillat*, Food & Drug L. J. 2003, 711 (722).
680 *PHRMA*, R&D Policy Framework, 22.1.2024, https://phrma.org/policy-issues/Research-and-Development-Policy-Framework (zuletzt abgerufen am 18.5.2025).
681 *Haedicke*, in: Geistiges Eigentum: Schutzrecht oder Ausbeutungstitel?, 2008, 111 (112); vgl. *Maskus* (o. Fn. 112), 54 f.
682 Dazu *Karres* (o. Fn. 10), 179 f.
683 *Chien*, Berk. Tech. L. J. 2003, 853 (877).
684 *Chien*, Berk. Tech. L. J. 2003, 853 (877).
685 *Karres* (o. Fn. 10), 180.

getätigt und die entsprechenden Investitionsentscheidungen auf Grundlage der Gewinnaussichten auf größeren Märkten getroffen wurden.[686]

338 Auch die positiven Effekte von Zwangslizenzen scheinen sich auf kleineren Märkten weniger stark zu entfalten. Aus Sicht der Unternehmen bedarf es eines ausreichenden Gewinnpotenzials, damit sich die Produktion mit Hilfe einer Zwangslizenz überhaupt lohnt.[687] Die Gewinnerwartungen sind auf größeren Märkten in der Regel höher, während auf kleinen Märkten die Fixkosten aufgrund fehlender Skaleneffekte und relativ hoher Grenzkosten nicht erwirtschaftet werden können und damit der Wettbewerbsvorteil gegenüber dem Patentinhaber begrenzt ist.[688] Aufgrund dessen werden sich Unternehmen eher auf größeren Märkten für eine Zwangslizenz entscheiden. Ferner können Zwangslizenzen auf großen Märkten eine stärkere gesamtwirtschaftliche Wirkung entfalten, weil sie dort an mehrere Produzenten vergeben werden können und die Konkurrenz zwischen den verschiedenen Anbietern eher zu Preissenkungen führen kann.[689]

339 Der daraus folgende Schluss, dass kleinere Märkte insgesamt weniger von Zwangslizenzen betroffen sind als größere, wird allerdings dadurch relativiert, dass ein Unternehmen die Entscheidung darüber, infolge einer Zwangslizenz seine Investitionen in einem Land zu verringern, unter anderem auch davon abhängig machen wird, wie attraktiv der jeweils betroffene Markt für die eigenen Gewinnaussichten bleibt.[690] Demzufolge wären entsprechende Gegenmaßnahmen von Unternehmen als Reaktion auf eine Zwangslizenz eher auf kleinen und weniger lukrativen Märkten zu erwarten, wo die betriebswirtschaftlichen Kosten solcher Gegenmaßnahmen geringer ausfallen als auf großen Märkten, auf denen die Unternehmen viel zu verlieren haben und Maßnahmen wie Investitionsstopps oder unterbliebene Markteinführungen für das Unternehmen selbst negative Folgen in Form von entgangenen Gewinnen oder Reputationsschäden haben können.[691]

340 Zusammenfassend erlaubt die Größe des Marktes keine pauschalen Rückschlüsse auf das Ausmaß der ökonomischen Effekte von Zwangslizenzen. Tendenziell werden kleinere Märkte weniger von Zwangslizenzen betroffen sein, wobei dies stark von der konkreten Reaktion des betroffenen Unternehmens abhängt.

686 *Aoki/Small*, IEP 2004, 13 (19) am Beispiel Australien und Neuseeland, wo 90 % bzw. 87 % der inländischen Patente an Ausländer erteilt wurden.
687 *Liebig* (o. Fn. 15), 198.
688 *Liebig* (o. Fn. 15), 198; vgl. *Danzon/Towse*, Int. J. Health Care Finance & Econ. 2003, 183 (200).
689 *Liebig* (o. Fn. 15), 198.
690 Vgl. *van Dyck u. a.* (o. Fn. 15), 41.
691 *van Dyck u. a.* (o. Fn. 15), 41; vgl. *Goyal*, in: Compulsory licensing, 2015, 437 (439).

II. Art und Weise der Zwangslizenzerteilung

Unterschiede in den wirtschaftlichen Auswirkungen von Zwangslizenzen ergeben sich auch aus der Art und Weise, wie die jeweilige Zwangslizenz erteilt wird. 341

1. Dauer des Erteilungsverfahrens

Eine erste Unterscheidung lässt sich danach treffen, wie lange das Verfahren zwischen Beantragung und Erteilung einer Zwangslizenz dauert. 342

Es liegt auf der Hand, dass schnelle und effiziente Erteilungsverfahren für potenzielle Zwangslizenznehmer von Vorteil sind. Langwierige Verfahren verringern die Restlaufzeit des Patents und damit den durch die Zwangslizenz gewährten Vorteil gegenüber anderen Herstellern.[692] Je länger die Zwangslizenzerteilung hinausgezögert wird, desto weniger Zeit bleibt dem künftigen Zwangslizenznehmer, um seine Anlaufkosten zu decken.[693] Auch aus gesamtwirtschaftlicher Sicht nimmt der Nutzen einer Zwangslizenz mit zunehmender Dauer des Erteilungsverfahrens ab. Aufgrund der kürzeren Zeitspanne, in der der Zwangslizenznehmer neben den Patentinhaber auf den Markt tritt, dürften die angestrebten Effekte auf Preis und Angebot geringer ausfallen. Ohne die Aussicht auf einen nennenswerten Wettbewerbsvorteil werden sich Unternehmen zumeist gar nicht auf die Unwägbarkeiten einer Zwangslizenz einlassen und diese überhaupt beantragen wollen. 343

2. Häufigkeit und Erwartungen

Von der Häufigkeit der Erteilung von Zwangslizenzen und den darauf gerichteten Erwartungen hängen weniger die positiven als vielmehr die negativen wirtschaftlichen Effekte von Zwangslizenzen ab, insbesondere die negativen Anreizeffekte auf Investitionen und Innovationen. 344

Wird in einem Land eine Zwangslizenz nur in sehr seltenen Fällen erteilt, sind keine langfristigen negativen Folgen auf die Innovations- und Investitionsbereitschaft der Unternehmen zu erwarten, soweit diese annehmen dürfen, dass es sich dabei tatsächlich um Einzelfälle handelt. Letzteres hängt wiederum davon ab, wie die Unternehmen das allgemeine institutionelle Umfeld im Land wahrnehmen und inwieweit die zuständigen staatlichen Stellen glaubhaft signalisieren können, dass es sich bei einer Zwangslizenzerteilung um einen besonders gelagerten Einzelfall in einer außergewöhnlichen Situation handelt. Demgegenüber wird der regelmäßige Einsatz von Zwangslizenzen die Investitionsbereit- 345

692 *Liebig* (o. Fn. 15), 198.
693 *Scherer/Watal*, JIEL 2002, 913 (924).

schaft der Unternehmen in dem betroffenen Land und besonders in der betroffenen Branche signifikant verringern.[694]

346 Auf Basis dieser Überlegungen lassen sich die überwiegend positiven Auswirkungen der Zwangslizenzierung infolge des TWEA von 1917 erklären,[695] der seinerzeit als gezielte Reaktion auf die militärische Aggression Deutschlands und als einmaliges Ereignis in einem gesonderten Ausnahmefall betrachtet wurde.[696] Auch im Nachgang der in Deutschland erteilten Zwangslizenz im Jahr 2017 im Fall *Raltegravir*[697] konnten keine negativen Auswirkungen auf die F&E-Tätigkeit deutscher Unternehmen festgestellt werden, auch nicht in der von diesem Fall betroffenen Pharmabranche: Zwischen 2016 und 2019 stiegen die F&E-Ausgaben in der deutschen Wirtschaft absolut sowie im Verhältnis zum BIP (F&E-Quote) ebenso kontinuierlich an wie die F&E-Ausgaben in Relation zum Umsatz (F&E-Intensität) in der Pharmabranche zwischen 2015 und 2020.[698] Dies dürfte maßgeblich an den auf der Vergangenheit beruhenden Erwartungen liegen, dass wie bisher von dem Instrument der Zwangslizenz in Deutschland auch weiterhin äußerst selten und nur in außergewöhnlichen Sonderfällen Gebrauch gemacht werden wird.

347 Auch das Ausmaß anderer wirtschaftlicher Schäden steht in einem intuitiv einleuchtenden Zusammenhang mit der Häufigkeit der Erteilung von Zwangslizenzen und den daran geknüpften Erwartungen. Eng verbunden mit den Anreizen, in F&E zu investieren, ist die Bereitschaft der Unternehmen, Personal in diesen Bereichen zu beschäftigen. Sowohl die Beschäftigungsentwicklung als auch die Mobilität qualifizierter Fachkräfte werden nicht von Einzelfällen, sondern maßgeblich von langfristigen Aussichten – konkret den Erwartungen an wiederkehrende Zwangslizenzen – beeinflusst. Ebenso bedarf es einer tiefgreifenden Veränderung der Rahmenbedingungen hin zu einem weniger verlässlichen Patentschutz, bis ausländische Investoren tatsächlich von Investitionen an einem bestimmten Standort Abstand nehmen. Unternehmen werden ihre Investitionsentscheidungen in einem ansonsten innovationsfreundlichen Umfeld nicht bereits als Reaktion auf vereinzelte Zwangslizenzfälle revidieren, zumal derartige Maßnahmen häufig mit wirtschaftlichen Einbußen für die Unternehmen selbst verbunden sind. Desgleichen wird das Risiko handelspolitischer Vergeltungsmaßnahmen mit zunehmender Betroffenheit der heimischen Unternehmen

694 Vgl. *Baten/Bianchi/Moser*, JDE 2017, 231 (241); *van Dyck u. a.* (o. Fn. 15), 38.
695 Dazu oben Kap. 5 A. III. 2. a).
696 *Baten/Bianchi/Moser*, JDE 2017, 231 (241).
697 BGH GRUR 2017, 1017 – Raltegravir.
698 *Verband Forschender Arzneimittelhersteller*, Economic Policy Brief 08/23, www.vfa.de/de/wirtschaft-politik/macroscope/macroscope-innovationsstandort-deutschland-anreize-fuer-unternehmen-staerken (zuletzt abgerufen am 18.5.2025); siehe auch www.destatis.de/DE/Themen/Gesellschaft-Umwelt/Bildung-Forschung-Kultur/Forschung-Entwicklung/Tabellen/forschung-entwicklung-sektoren.html (zuletzt abgerufen am 18.5.2025).

durch Zwangslizenzen im Ausland ansteigen. Zudem liegt auf der Hand, dass die mit einer Zwangslizenz verbundenen (administrativen) Kosten mit der Häufigkeit ihrer Erteilung ansteigen.

3. Vorhersehbarkeit

Weiter kann in Bezug auf die ökonomischen Wirkungen von Zwangslizenzen auch danach differenziert werden, ob die Erteilung der Zwangslizenz für das betroffene Unternehmen länger vorhersehbar und zu erwarten ist oder ob die Zwangslizenz abrupt und unvorhersehbar erteilt wird, was typischerweise in einer plötzlich auftretenden Notsituation der Fall sein wird. 348

Unvorhersehbare Zwangslizenzen unterscheiden sich in ihrer Reichweite von vorhersehbaren Zwangslizenzen insofern, als sie sich nicht auch auf künftige Erfindungen, sondern nur auf bereits bestehende Technologien erstrecken.[699] Sie betreffen größtenteils Patente aus vergangener Forschung und nicht zukünftige Patente, deren F&E-Finanzierung noch aussteht, was sich weniger stark auf die Forschungsanreize der Unternehmen auswirken wird.[700] Selbst wenn der unerwartete Einschnitt in den Patentschutz durch unvorhersehbare Zwangslizenzen die Entscheidungen eines Unternehmens auch in Bezug auf Investitionen in zukünftige Forschung, Entwicklung und Vermarktung beeinflussen mag, kann das Ereignis der Zwangslizenz zu einem Zeitpunkt eintreten, an dem es für das Unternehmen zu spät ist, seinen eingeschlagenen Kurs zu ändern.[701] Die Investitionen für die von der Zwangslizenz betroffene Technologie wurden bereits getätigt und können nicht mehr rückgängig gemacht werden. 349

Sind Zwangslizenzen dagegen lange vorhersehbar und bereits in der Entwicklungsphase eines Produktes absehbar, kann ein Unternehmen noch rechtzeitig darauf reagieren. Hat ein Unternehmen keine Gewissheit über den Patentschutz für zukünftige Technologien und weiß, dass die Zwangslizenz ein häufig eingesetztes Instrument ist, wird es bestimmte Produkte gar nicht erst entwickeln und auf den Markt bringen.[702] Es kann sich dafür entscheiden, seine F&E-Investitionen neu auszurichten, aufzuschieben oder anstelle eines Patents den Geheimnisschutz vorzuziehen.[703] 350

Im Ergebnis enthalten vorhersehbare Zwangslizenzen mit ihrer Ausrichtung auf künftig zu entwickelnde Technologien im Vergleich zu unvorhersehbaren Zwangslizenzen ein größeres Potenzial für negative Auswirkungen auf die Innovationstätigkeit von Unternehmen.[704] Dieses Ergebnis konnte in einer Untersuchung 351

699 *Chien*, Berk. Tech. L. J. 2003, 853 (873).
700 Vgl. *Scherer* (o. Fn. 17), 63, 69.
701 *Chien*, Berk. Tech. L. J. 2003, 853 (873 f.).
702 *Goyal*, in: Compulsory licensing, 2015, 437 (439).
703 *Chien*, Berk. Tech. L. J. 2003, 853 (874). Dies gilt in besonderem Maße für riskante Investitionsentscheidungen, *Scherer* (o. Fn. 17), 64.
704 Vgl. *Chien*, Berk. Tech. L. J. 2003, 853 (857, 891); *Vandermeulen u. a.* (o. Fn. 11), 136.

von sechs Fällen von kartellrechtlichen Zwangslizenzen zwischen 1980 und 2000 in der US-amerikanischen Pharmaindustrie bestätigt werden, in der keine der vier unvorhersehbaren Zwangslizenzen mit einem Rückgang der Innovationstätigkeit einherging.[705] Auch das Beispiel Kanada kann als Bestätigung für diese Schlussfolgerung herangezogen werden. Dort kam es in den 1970er und 1980er Jahren durch das extensive Zwangslizenzierungsregime zu einer Vielzahl vollkommen vorhersehbarer Zwangslizenzen, die zu einer signifikanten Schwächung der Innovationskraft der betroffenen Pharmaindustrie führten.[706]

III. Höhe der Vergütung

352 Ein letztes, aber nicht weniger relevantes Unterscheidungskriterium ist die Höhe der Vergütung, die als Kompensation für die verpflichtende Offenlegung der Erfindung an den Patentinhaber zu zahlen ist. Sowohl die Innovationsanreize als auch der bezweckte breitere Zugang zu innovativen Produkten werden maßgeblich von der Höhe der Vergütung für die erteilte Zwangslizenz beeinflusst.

353 Wird die Vergütung für den Patentinhaber in einer Höhe festgesetzt, die nur geringfügig oder gar nicht unter dem Lizenzsatz liegt, der auf einem freien Markt zu erzielen wäre, ergeben sich im Wesentlichen keine Unterschiede zur Situation ohne Zwangslizenz und der ausschließlichen Verwertungsbefugnis des Patentinhabers.[707] Die Zwangslizenz wird dann keine oder nur geringe nachteilige Auswirkungen auf die Innovationsanreize haben; gleichzeitig werden aber auch die angestrebten positiven Effekte auf den Preis und den Zugang durch die Konsumenten abgeschwächt.[708] Denn eine hohe Vergütung erschwert es dem Zwangslizenznehmer, seine Nachahmerprodukte günstig anzubieten.[709] Fällt die Vergütung dagegen im Vergleich zum profitmaximierenden Lizenzsatz des Patentinhabers relativ gering aus, kann sich dies tatsächlich negativ auf die Innovationsanreize auswirken und zu dem intendierten stärkeren Preiswettbewerb und erweiterten Zugang der Konsumenten führen.[710]

705 *Chien*, Berk. Tech. L. J. 2003, 853 (885 ff.). Nur in einem der beobachteten Fälle kam es zu einem Rückgang der Patentierungsrate, in dem die Zwangslizenz vorhersehbar war und einen für das Unternehmen relevanten Markt betraf, *Chien*, Berk. Tech. L. J. 2003, 853 (891). In dieselbe Richtung weist die Analyse von *Scherer* (o. Fn. 17), 62 ff., wonach die untersuchten, weitgehend unvorhersehbaren kartellrechtlichen Zwangslizenzen in den USA keine negativen Auswirkungen auf die F&E-Anstrengungen der Unternehmen hatten.

706 Siehe oben Kap. 5 B. I.

707 *Scherer* (o. Fn. 17), 35.

708 *Scherer* (o. Fn. 17), 43.

709 *Vandermeulen u. a.* (o. Fn. 11), 133.

710 *Gillat*, Food & Drug L. J. 2003, 711 (716); *Scherer* (o. Fn. 17), 43 f.; ebenso *Sarmah/De Giovanni/De Giovanni*, EJOR 2020, 1053 (1059) anhand eines dynamischen Entscheidungsmodells.

Folglich spielt die Höhe der Vergütung des Patentinhabers in der Praxis eine entscheidende Rolle. Preissenkungen und ein erweiterter Zugang waren erklärtes Ziel der seit 1969 erteilten Zwangslizenzen auf pharmazeutische Patente in Kanada; dementsprechend lag in diesen Fällen die festgesetzte Vergütung zumeist deutlich unter dem Lizenzsatz, den ein Patentinhaber in freiwilligen Lizenzverhandlungen ausgehandelt hätte.[711] Die deutsche Regelung zu Zwangslizenzen hält demgegenüber in § 24 Abs. 6 S. 4, 5 PatG ein eher großzügigeres Vergütungssystem bereit, in dem sich die Vergütung grundsätzlich an dem orientiert, was der Patentinhaber ohne die Zwangslizenz auf dem freien Markt für eine Lizenz ausgehandelt hätte und wie hoch die Vergütungen von etwaigen vertraglichen Lizenznehmern sind.[712] Dass die Vergütungen derart hoch angesetzt werden, dass der Patentinhaber seine gesamten entgangenen Einnahmen kompensieren kann und überdies zu F&E-Anstrengungen motiviert wird, ist aber auch in Deutschland nicht zu erwarten. Jedenfalls sollte der Patentinhaber eine ausreichend hohe Lizenzgebühr erhalten, sodass die F&E-Anreize erhalten bleiben und der Verlust an dynamischer Effizienz beim Hervorbringen neuen technischen Wissens durch die Zwangslizenz minimiert wird. 354

IV. Zusammenfassung

Je nach Kontext unterscheiden sich die wirtschaftlichen Auswirkungen von Zwangslizenzen mitunter erheblich. 355

Wenig überraschend scheint die besonders forschungsintensive Pharmabranche im Hinblick auf Innovations- und Investitionsanreize am sensibelsten auf Zwangslizenzen zu reagieren. Ebenso liegt auf der Hand, dass mit zunehmender Anzahl an Zwangslizenzen und den darauf gerichteten Erwartungen auch der wirtschaftliche Schaden zunimmt. Vorhersehbare Zwangslizenzen sind in Bezug auf negative Anreizeffekte folgenreicher als Zwangslizenzen, die das Unternehmen unvorbereitet treffen und damit überwiegend abgeschlossene Innovationsprozesse betreffen. Die Höhe der Vergütung sollte knapp unter dem marktüblichen Lizenzsatz liegen, um die F&E-Anreize nicht übermäßig zu beeinträchtigen und dennoch die mit der Zwangslizenz verfolgten Ziele zu erreichen. Letzteres erfordert außerdem zügige und effiziente Erteilungsverfahren. 356

Mit Blick auf die Größe des betroffenen Marktes ergibt sich ein weniger eindeutiges Bild: Während sich Zwangslizenzen auf kleinen und relativ unbedeutenden Märkten weniger stark auf die Innovationsanreize auszuwirken scheinen, sind schädliche Vergeltungsmaßnahmen betroffener Unternehmen aus betriebswirtschaftlichen Gründen eher auf eben jenen kleinen Märkten zu erwarten. 357

711 *Scherer* (o. Fn. 17), 50; siehe auch *Scherer/Watal*, JIEL 2002, 913 (922 ff.) mit weiteren Beispielen.

712 Siehe oben Kap. 4 A. III. 3.

Daran zeigt sich exemplarisch, wie sehr die Folgen einer Zwangslizenz von verschiedenen wirtschaftlichen Einflussfaktoren abhängen.

358 Angesichts dieser vielfältigen Wechselwirkungen bedarf es vor der Erteilung einer Zwangslizenz in jedem Fall einer sorgfältigen Analyse der jeweiligen wirtschaftlichen Rahmenbedingungen sowie eine feinjustierte Ausgestaltung, damit der wirtschaftliche Schaden der Zwangslizenz begrenzt und der Nutzen maximiert wird.

D. Einordnung in den aktuellen wirtschaftlichen Kontext

359 In Deutschland gerät das Wirtschaftswachstum seit einigen Jahren unter Druck. In den Jahren 2023 und 2024 verzeichnete das preisbereinigte BIP einen Rückgang von 0,3 bzw. 0,2 %.[713] Das reale BIP ist in den vergangenen fünf Jahren insgesamt um nur 0,1 % gewachsen.[714] Spiegelt man die vorstehenden ökonomischen Implikationen von Zwangslizenzen auf die aktuelle wirtschaftliche Entwicklung Deutschlands, so verstärkt sich das mit einer Zwangslizenz verbundene Risikopotenzial an manchen Stellen.

I. Investitionsschwäche

360 Ein Grund für die gegenwärtige wirtschaftliche Schwäche Deutschlands ist die Zurückhaltung bei den privaten Investitionen. Das krisenhafte Umfeld und die Unsicherheit bezüglich künftiger Regulierung und Standortbedingungen bremsen private Investitionen derzeit aus.[715] Diese stiegen in Deutschland in den letzten Jahren nur langsam an und werden auch Ende 2025 noch 2,9 % geringer sein als zur Zeit vor der COVID-19-Krise im Jahr 2019.[716] Besonders auffällig sind die in den letzten Jahren abnehmenden Zuflüsse an Direktinvestitionen nach Deutschland. Investierten ausländische Unternehmen in den Jahren 2020 und 2021 zusammen rund 100 Mrd. Euro Beteiligungskapital in Deutschland,

713 *Statistisches Bundesamt*, Volkswirtschaftliche Gesamtrechnungen, https://www.destatis.de/DE/Themen/Wirtschaft/Volkswirtschaftliche-Gesamtrechnungen-Inlandsprodukt/Tabellen/bip-bubbles.html#fussnote-1-372912 (zuletzt abgerufen am 18.5.2025).

714 *Sachverständigenrat*, Jahresgutachten 2024/25, 1, https://www.sachverstaendigenrat-wirtschaft.de/fileadmin/dateiablage/gutachten/jg202425/JG202425_Gesamtausgabe.pdf (zuletzt abgerufen am 18.5.2025).

715 *Demary/Schaefer*, Wirtschaftsdienst 2023, 450 (452).

716 *Olk*, Deutsche Investitionsschwäche wird zum Dauerzustand, 11.4.2024, www.handelsblatt.com/100029865.html (zuletzt abgerufen am 18.5.2025) mit Verweis auf Berechnungen des Kiel Instituts für Weltwirtschaft.

waren es anschließend bis Mitte 2024 nur noch 62 Mrd. Euro.[717] Die Netto-Direktinvestitionsabflüsse (die Differenz zwischen Direktinvestitionen deutscher Unternehmen im Ausland und ausländischer Unternehmen in Deutschland) erreichten in den Jahren 2021 (100 Mrd. Euro), 2022 (125 Mrd. Euro) und 2023 (94 Mrd. Euro) die höchsten Werte seit 1971.[718]

Wird der verlässliche Patentschutz durch die Erwartung zukünftiger Zwangs- 361
lizenzen in Frage gestellt, würde sich die relative Attraktivität des Investitionsstandortes Deutschland aus Sicht ausländischer Investoren weiter verringern und die ohnehin schon rückläufige Entwicklung ausländischer Direktinvestitionen beschleunigen. Dabei ist der Erfolg der deutschen Industrie zunehmend von Investitionen aus dem Ausland abhängig, die Treibstoff für Wachstum, Wohlstand und Arbeitsplätze in Deutschland sind.[719] Eine Schwächung des Patentschutzes durch den Einsatz von Zwangslizenzen würde zu weiterer Verunsicherung führen und sich neben die zahlreichen Gründe einreihen, die derzeit gegen Investitionen in Deutschland sprechen, wie die hohe Steuer- und Abgabenlast, die hohen Energiekosten, die überbordende Bürokratie oder die teils marode Infrastruktur.

Gerade in dieser fragilen wirtschaftlichen Lage muss verhindert werden, dass 362
die Anreize für Investitionen in F&E verringert werden. Vielmehr sind verlässliche Rahmenbedingungen zu schaffen, die für Planungs- und damit Investitionssicherheit sorgen und die Investitionsdynamik befördern. Ein umfassender Patentschutz ohne die Gefahr von regelmäßigen Zwangslizenzen ist vor diesem Hintergrund zwingend geboten.

II. Geopolitische Spannungen

Neben den in- und ausländischen Investitionen hängt die wirtschaftliche Ent- 363
wicklung Deutschlands maßgeblich vom Außenhandel ab. Deutschland profitiert als Exportnation enorm von der internationalen Verflechtung. Viele deutsche Unternehmen verkaufen ihre Güter ins Ausland und sichern dadurch viele Arbeitsplätze im Inland.[720]

Für ein exportabhängiges Land wie Deutschland ist die Handelspolitik von 364
übergroßer Bedeutung.[721] Durch Zwangslizenzen ausgelöste Handelssanktionen

717 *Deutsche Bundesbank*, Monatsbericht Oktober 2024, 38, https://publikationen.bundesbank.de/caas/v1/media/941662/localSettings%2CreferenceDoc/09e9bd8379ae358bd48d939e1e828a0e (zuletzt abgerufen am 18.5.2025).

718 *Rusche*, IW-Kurzbericht Nr. 15, 2024, 2.

719 Ausländische Investoren waren 2021 mit einem Investitionsbestand i.H.v. 615 Mrd. Euro in Deutschland engagiert. Damit sind sie an rund 17.000 deutschen Unternehmen beteiligt und für rund 3,2 Mio. Arbeitsplätze hierzulande verantwortlich, *Bundesverband der Deutschen Industrie*, Treibstoff für Arbeitsplätze und Wohlstand, 17.7.2023, https://bdi.eu/artikel/news/treibstoff-fuer-arbeitsplaetze-und-wohlstand (zuletzt abgerufen am 18.5.2025).

720 *Wohlmann/Mann*, in: Volkswirtschaftslehre, 2024, 365 (365).

wie Zölle oder Einfuhrbeschränkungen würden der deutschen Wirtschaft besonders stark schaden. Das auf den Außenhandel ausgerichtete deutsche Geschäftsmodell wird durch die immer deutlicher werdende Fragmentierung der Weltwirtschaft in zwei Blöcke (USA und China mit ihren jeweiligen Partnern) und die klar erkennbaren protektionistischen Tendenzen ohnehin zunehmend in Frage gestellt.[722] Diese angespannte geoökonomische Lage macht Handelskonflikte als Folge von Zwangslizenzen keineswegs unwahrscheinlich. Davon geht eine reale Gefahr für die exportabhängige deutsche Volkswirtschaft aus.

III. Langfristige Wachstumsschwäche

365 Auch die langfristigen Wachstumsaussichten für Deutschland fallen nicht gut aus. So wird das Potenzialwachstum im Jahr 2025 auf 0,3 % und in den Folgejahren bis 2029 jeweils auf etwa 0,3 bis 0,4 % geschätzt.[723] Ein wesentlicher Grund hierfür ist die ungünstige demografische Entwicklung. Die alternde Gesamtbevölkerung und die rückläufige Erwerbsbevölkerung, insbesondere der Austritt der sog. *Babyboomer* aus dem Arbeitsmarkt zwischen 2025 und 2035, haben zur Folge, dass auf der Angebotsseite der Faktor Arbeit und damit das Wachstumspotenzial schrumpft.[724]

366 Angesichts dieser sich verschärfenden demografischen Rahmenbedingungen und dem daraus resultierenden geminderten Erwerbspersonenpotenzial gewinnt der technologische Fortschritt für die langfristige wirtschaftliche Entwicklung noch mehr an Bedeutung. Bereits heute ist der technische Fortschritt, der sich in Produktivitätsfortschritten niederschlägt, der stärkste Wachstumstreiber.[725] Um die gewaltigen strukturellen Herausforderungen unserer Zeit wie die Dekarbonisierung oder die Digitalisierung zu meistern und gleichzeitig mit einer veränderten Altersstruktur der Bevölkerung Wachstum und Wohlstand aufrechtzuerhalten, sind technologische Innovationen von entscheidender Bedeutung.[726] Mit anderen Worten bleibt der deutschen Volkswirtschaft mit ihrer alternden Bevöl-

721 *Wohlmann/Mann*, in: Volkswirtschaftslehre, 2024, 365 (391).
722 Seit dem Krieg in der Ukraine (Februar 2022) hat sich der Handel zwischen den beiden politisch unterschiedlichen Blöcken stärker verlangsamt als der Handel innerhalb dieser Blöcke, *IWF*, World Economic Outlook, April 2024, Kap. 1, 24, www.imf.org/-/media/Files/Publications/WEO/2024/April/English/text.ashx (zuletzt abgerufen am 18.5.2025).
723 *Sachverständigenrat* (o. Fn. 714), 70. Das Potenzialwachstum ist das Produktionsvolumen bei Normalauslastung aller Produktionskapazitäten und beschreibt den langfristigen Wachstumspfad einer Volkswirtschaft.
724 *Grömling u. a.*, Ein Wachstumspfad für mehr Produktivität, Innovation und Beschäftigung in Deutschland, 2021, 9.
725 Vgl. *Koppel*, in: Wachstumsfaktor Innovation, 2006, 29 (31).
726 *Demary/Schaefer*, Wirtschaftsdienst 2023, 450 (452).

kerungsstruktur und ohne Zugriff auf natürliche Ressourcen auf lange Sicht nur die Produktivität, um den aktuellen Lebensstandard zu halten bzw. zu erhöhen.[727]

Zur Förderung des technologischen Fortschritts als Quelle für Produktivitäts- 367
zuwächse ist wiederum ein innovationsfreundliches Umfeld unerlässlich, zu dem auch ein verlässlicher Patentschutz gehört. Letzteres ist nicht zuletzt auch für die Attraktivität des Forschungsstandortes Deutschland aus der Sicht talentierter Wissenschaftler und qualifizierter Fachkräfte wichtig, um auf diese Weise den demografisch bedingten Arbeits- und Fachkräftemangel gerade im MINT-Bereich[728] zumindest teilweise abzufedern.

E. Ergebnis zu Kapitel 5

Die ökonomischen Auswirkungen von Zwangslizenzen sind vielfältig und stark 368
abhängig vom konkreten Einzelfall. Auch wenn die besprochenen makroökonomischen Effekte nicht zwangsläufig die Folge jeder Zwangslizenz sein werden, sind sie bei der Entscheidung über Zwangslizenzen stets mit zu berücksichtigen und je nach wirtschaftlichem Kontext unterschiedlich stark zu gewichten.

Die Gefahr verringerter Innovations- und Investitionsanreize durch den Ein- 369
satz von Zwangslizenzen ist jedenfalls nicht von der Hand zu weisen. Auf der anderen Seite können Zwangslizenzen Wohlfahrtsverluste aufgrund monopolartiger Strukturen verringern und den Zugang zu dringend benötigten patentgeschützten Technologien ausweiten. Letzteres steht in Krisensituationen, in denen es um den Gesundheitsschutz oder andere gewichtige Gemeinwohlbelange geht, im Vordergrund. Trotz der Dringlichkeit der Situation und des kurzfristigen Nutzens der Krisenbewältigung dürfen dabei die langfristigen negativen Effekte von Zwangslizenzen nicht außer Acht gelassen werden. Hier drohen verhaltensökonomisch erklärbare Wahrnehmungsfehler[729] dahingehend, die langfristigen Folgen von Zwangslizenzen angesichts der akuten Notlage zu unterschätzen, was mit Blick auf künftige Krisen problematisch ist.[730] Obwohl kurzfristig die Preise gesenkt werden können und der Zugang zu krisenrelevanten Produkten verbessert werden kann, können die langfristigen Schäden diese Vorteile über-

727 Vgl. *Grömling u. a.* (o. Fn. 724), 27; pointiert *Krugman*, The Age of Diminished Expectations, 3. Aufl. (1997), 11: »Produktivität ist nicht alles, aber auf lange Sicht fast alles« (Übersetzung des Verfassers).

728 Dazu *Grömling u. a.* (o. Fn. 724), 48.

729 Konkret geht es um das verhaltensökonomische Phänomen des *hyperbolischen Diskontierens* zukünftiger Ereignisse, wonach der Mensch im Gegensatz zum exponentiellen Diskontieren tendenziell sofortige Auszahlungen gegenüber zukünftigen bevorzugt, selbst wenn letztere wertvoller sind, instruktiv *Beck*, Behavioral Economics, 2014, 213 ff.; grundlegend *Laibson*, Hyperbolic Discount Functions, Undersaving, and Savings Policy, 1996.

730 Vgl. *Metzger/Zech*, GRUR 2020, 561 (568).

wiegen, wenn Unternehmen als Reaktion auf Zwangslizenzen etwa von ausländischen Direktinvestitionen absehen oder neue Produkte verzögert oder gar nicht auf den Markt bringen.[731] Insofern besteht ein Zielkonflikt zwischen dem gegenwärtigen (besserer Zugang) und dem künftigen Verbrauchernutzen (neue innovative Produkte).[732]

370 Blickt man auf Deutschland, ist vor dem Hintergrund der strukturellen wirtschaftlichen Herausforderungen und geopolitischen Spannungen besondere Vorsicht beim Einsatz von Zwangslizenzen geboten. In einer Zeit, in der von der Wirtschaft besondere Anstrengungen bei der Innovation zur Sicherung künftigen Wohlstands erwartet werden, ist mehr denn je ein verlässlicher Patentschutz und ein innovationsfreundliches Umfeld zur Förderung des technologischen Fortschritts zu gewährleisten. Zwar werden allein von einem restriktiven Umgang mit Zwangslizenzen keine signifikanten Wachstumsimpulse ausgehen. Ein umfassender Patentschutz ohne den verbreiteten Einsatz von Zwangslizenzen schafft jedoch im Einklang mit einer wachstumsorientierten Wirtschaftspolitik einen verlässlichen Rahmen für private Investitionen und Innovationen und trägt damit zu wirtschaftlichem Wachstum und Wohlstand bei.

731 Vgl. *Lybecker/Fowler*, J. L., Med. & Ethics 2009, 222 (235); *van Dyck u. a.* (o. Fn. 15), 41; empirisch *Chatterjee/Kubo/Pingali*, J. Health Econ. 2015, 255 (269).

732 Treffend *McManis/Contreras*, in: TRIPS and Developing Countries, 2014, 109 (124).

Teil 3 Reformoptionen und Alternativen zur Zwangslizenz

Die vorstehende Analyse zeigt: Die patentrechtliche Zwangslizenz ist in Krisenfällen von beschränktem praktischen Nutzen und mit erheblichen wirtschaftlichen Risiken verbunden. Ausgehend von diesem Befund werden in diesem Teil mögliche Ansatzpunkte für Verbesserungen des Zwangslizenzrechts und Alternativen zur Zwangslizenz aufgezeigt. Ein besonderes Augenmerk liegt dabei auf dem jüngsten Vorschlag der Kommission zu unionseinheitlichen Zwangslizenzen. 371

Kapitel 6 Die einheitliche Zwangslizenz

Am 27.4.2023 hat die EU-Kommission einen Vorschlag für eine Verordnung über einen einheitlichen Zwangslizenzmechanismus vorgelegt,[733] der im Kern die Befugnis der Kommission vorsieht, unionsweite Zwangslizenzen zur Behebung von Missständen in Krisen- oder Notsituationen innerhalb der EU zu erteilen. Bevor dieser Verordnungsentwurf (VO-E) näher zu betrachten und zu bewerten ist, wird ein Blick auf den gegenwärtigen Rechtsrahmen für Zwangslizenzen in der EU und die Notwendigkeit einer einheitlichen Zwangslizenzregelung geworfen. 372

A. Ausgangslage

I. Status quo: »Flickenteppich« nationaler Zwangslizenzen

Der aktuelle Rechtsrahmen für Zwangslizenzen auf europäischer Ebene ist fragmentiert. Weder für Einheitspatente noch für klassische europäische (Bündel-) Patente existiert ein einheitlicher Rechtsrahmen für die Vergabe von Zwangslizenzen in einzelnen Mitgliedstaaten oder der gesamten EU. 373

733 COM(2023) 224 final.

374 Das EPÜ enthält keine Regelungen über die Erteilung von Zwangslizenzen auf europäische Patente. § 24 PatG ist damit auch auf europäische Patente nach dem EPÜ unmittelbar anwendbar, soweit diese mit Wirkung für die Bundesrepublik Deutschland erteilt sind und insoweit deutschem Recht unterliegen (vgl. Art. 2 Abs. 2, 64 EPÜ). Ebenso wenig findet trotz des Ziels einer Vereinheitlichung des europäischen Patentrechts eine Harmonisierung des Zwangslizenzrechts im Rahmen des neu geschaffenen Einheitspatentsystems statt. Weder das EPGÜ noch die Verfahrensordnung des EPG (VerfO)[734] enthalten Vorschriften über Zwangslizenzen. ErwGr. 10 der Einheitspatentverordnung (EPatVO)[735] weist ausdrücklich darauf hin, dass Zwangslizenzen auf Einheitspatente dem Recht der teilnehmenden Mitgliedstaaten in Bezug auf ihr jeweiliges Hoheitsgebiet unterliegen. Für das deutsche Recht stellt Art. II § 16 IntPatÜG klar, dass Einheitspatente in Bezug auf die nationalen Vorschriften des PatG zur Erteilung von Zwangslizenzen wie ein nach dem PatG erteiltes Patent zu behandeln sind.[736] Lediglich die VO 816/2016 sieht einen unionsweiten Rechtsrahmen für Zwangslizenzen vor, der allerdings auf die Ausfuhr pharmazeutischer Produkte in Länder mit Problemen in der öffentlichen Gesundheitsversorgung beschränkt ist.[737]

375 So ergibt sich derzeit ein »Flickenteppich« verschiedener nationaler Zwangslizenzregelungen,[738] der die Frage nach einem einheitlichen europäischen Zwangslizenzmechanismus aufwirft.

II. Bedürfnis nach einer einheitlichen Zwangslizenzregelung

376 In Anbetracht der fragmentierten Rechtslage zu Zwangslizenzen innerhalb der EU mehrten sich nach und nach die Stimmen, die vor allem aus zwei Gründen

734 Verfahrensordnung des Einheitlichen Patentgerichts in der vom Verwaltungsausschuss am 8.7.2022 beschlossenen Fassung, in Kraft getreten am 1.9.2022.

735 Verordnung (EU) Nr. 1257/2012 des Europäischen Parlaments und des Rates v. 17.12.2012 über die Umsetzung der Verstärkten Zusammenarbeit im Bereich der Schaffung eines einheitlichen Patentschutzes, ABl. L 361, 1.

736 Näher zur Anwendbarkeit nationalen Rechts unten Kap. 6 D. I. 2.

737 Dazu oben Kap. 2 B. II. 3.

738 Für einen Überblick über die Rechtslage zu Zwangslizenzen in den verschiedenen EPÜ-Vertragsstaaten siehe *EPA*, Compulsory licensing in Europe, 2018, https://www.epo.org/en/learning/learning-resources-profile/judges-lawyers-and-prosecutors/compulsory-licensing-europe#:~:text=In%20some%20cases%2C%20national%20authorities,consent%20of%20the%20patent%20owner (zuletzt abgerufen am 18.5.2025). Anders im Sortenschutzrecht: Dort kann eine Zwangslizenz für ein europäisches Sortenschutzrecht mit Wirkung in mehreren Mitgliedstaaten oder der gesamten EU erteilt werden, vgl. Art. 29 Abs. 2 der Verordnung (EG) Nr. 2100/94 des Rates v. 27.7.1994 über den gemeinschaftlichen Sortenschutz, ABl. L 227, 1.

einen einheitlichen Zwangslizenzmechanismus forderten bzw. dessen Fehlen kritisierten.[739]

Zum einen wurde im Zuge der Entstehung des einheitlichen Patentsystems als solches das Fehlen einer einheitlichen Zwangslizenzregelung kritisiert. So würden divergierende nationale Zwangslizenzsysteme der zunehmenden Vereinheitlichung des europäischen Patentrechts zuwiderlaufen.[740] Eine fehlende einheitliche Zwangslizenzregelung würde zu einem Ungleichgewicht zwischen Inhabern eines Einheitspatents, die ihre Patente vor einem einzigen Gericht mit Wirkung für das gesamte Hoheitsgebiet der Vertragsmitgliedstaaten durchsetzen können und denjenigen führen, die für den breiten Zugang zu patentierter Technologie weiterhin Zwangslizenzen in jedem einzelnen Mitgliedstaat gesondert ersuchen müssen.[741] Erst die Absenkung von Prozessführungshürden zur Erlangung einer einheitlichen Zwangslizenz führe dazu, dass die Zwangslizenz auch in ihrer mittelbaren Drohwirkung zu einer glaubwürdigen Drohung wird und in Lizenzverhandlungen wirksam als Druckmittel eingesetzt werden kann.[742] Darüber hinaus wurde angezweifelt, ob ein nationales Gericht aufgrund des unionsrechtlichen Anwendungsvorrangs überhaupt befugt wäre, eine territorial beschränkte Zwangslizenz an einem Patent mit einheitlicher Schutzwirkung zu erteilen.[743] Dahinter steht die Überlegung, dass ErwGr. 10 EPatVO als (unionsrechtliche) Ermächtigungsgrundlage für die Anwendung nationalen Rechts und die daraus resultierende mitgliedstaatliche Einschränkung der einheitlichen Wirkung des Einheitspatents nicht ausreiche.[744] 377

739 So bereits *Hilty/Jaeger/Lamping/Ullrich*, The Unitary Patent Package: Twelve Reasons for Concern, 2012, 3 f., 5 f.; *Jaeger*, System einer Europäischen Gerichtsbarkeit für Immaterialgüterrechte, 2013, 647 ff.; *ders./Hilty/Drexl/Ullrich*, IIC 2009, 817 (821, 836); *Kaesling*, UCLJLJ 2013, 87 (108 ff.); *Ullrich*, Select from Within the System, 2012, 33 ff., 42 ff.; aus jüngerer Zeit *Lamping u. a.*, GRUR Int. 2023, 471 (471 f., 480 f.); *Matthews/van Zimmeren/Minssen*, in: Improving Intellectual Property, 2023, 61 (71); *Oser*, GRUR Int. 2021, 846 (851 ff.); *Stierle*, GRUR Pat. 2024, 2 Rn. 3 ff.; *Ullrich*, ZGE 2024, 293 (302 ff.); *ders.*, GRUR Int. 2023, 1107 (1121 ff.) in Bezug auf abhängige Patente; *van Zimmeren/Minssen/Liesbet* (o. Fn. 11), 60 f.; *Vandermeulen u. a.* (o. Fn. 11), 72 ff.; *Wernick*, in: The Unitary Patent Package & Unified Patent Court, 2023, 515.

740 *EU-Kommission*, Impact Assessment Report v. 27.4.2023, SWD(2023) 121 final, 19; *Hilty/Jaeger/Lamping/Ullrich* (o. Fn. 739), 3; *Lamping u. a.*, GRUR Int. 2023, 471 (481); *Matthews/van Zimmeren/Minssen*, in: Improving Intellectual Property, 2023, 61 (71); *Stierle*, GRUR Pat. 2024, 2 Rn. 10.

741 *Jaeger/Lamping*, in: Europäisches Immaterialgüterrecht, 2018, 195; *Ullrich* (o. Fn. 739), 34 f.; *Wernick*, in: The Unitary Patent Package & Unified Patent Court, 2023, 515 (515, 519).

742 *Jaeger* (o. Fn. 739), 649.

743 *Hilty/Jaeger/Lamping/Ullrich* (o. Fn. 739), 5 f.; *Jaeger* (o. Fn. 739), 645; *Ullrich* (o. Fn. 739), 42 ff.

744 *Ullrich*, ZGE 2024, 293 (302 f.); *ders.* (o. Fn. 739), 43.

378 Zum anderen wurden im Nachgang der COVID-19-Krise die praktischen Schwierigkeiten des rein nationalen Zwangslizenzrechts in der Krisenbekämpfung offengelegt. Der räumliche Geltungsbereich einer Zwangslizenz ist nach dem Territorialitätsprinzip auf den jeweiligen Mitgliedstaat beschränkt.[745] Art. 31 TRIPS enthält nur sehr allgemeine Mindestvorgaben für die Erteilung von Zwangslizenzen, sodass das Zwangslizenzrecht von Mitgliedstaat zu Mitgliedstaat ganz erhebliche Unterschiede aufweist.[746] Diese territoriale Zersplitterung in verschiedene nationale Zwangslizenzsysteme erschwert den effektiven und effizienten Einsatz von Zwangslizenzen zur Bewältigung einer grenzüberschreitenden Krise, die einen dringenden Bedarf nach einem bestimmten Produkt in mehreren EU-Mitgliedstaaten hervorruft, dessen Produktions- und Vertriebsprozesse sich wiederum auf mehrere Mitgliedstaaten erstrecken können.[747] Um Zwangslizenzen für das Territorium mehrerer Mitgliedstaaten zu erhalten, muss der Zwangslizenzsucher unter erheblichem Aufwand in jedem Mitgliedstaat gesondert eine Zwangslizenz beantragen.[748] Die vom Zwangslizenznehmer verbreiteten Erzeugnisse unterliegen nämlich nicht der unionsweiten Erschöpfung, sodass der Patentinhaber die Einfuhr dieser Erzeugnisse in einen anderen Mitgliedstaat, in dem er ein paralleles Patent besitzt, verhindern kann.[749] Unterschiedlich ausgestaltete Erteilungsverfahren mit abweichenden Zuständigkeiten und Erfolgsaussichten erhöhen wiederum die Kosten sowie die Rechtsunsicherheit aufseiten des Lizenzsuchers, die ihn letztlich von der Beantragung einer Zwangslizenz in einigen Mitgliedstaaten abhalten können.[750] Eine einzige Anlaufstelle für die Erteilung von Zwangslizenzen würde die Rechtssicherheit für alle Beteiligten erhöhen, die Kosten senken und schnellere Erteilungsverfahren ermöglichen.[751] Nicht nur Lizenzsucher, auch Patentinhaber, die gegenwärtig Zwangslizenzbegehren bei europäischen Patenten und Einheitspatenten dezentral

745 *Haedicke/Wollenschlaeger*, in: Haedicke/Timmann, Hdb. PatR, 2. Aufl. (2020), § 16 Rn. 319.

746 *Stierle*, GRUR Pat. 2024, 2 Rn. 5.

747 Vgl. *Stierle*, GRUR Pat. 2024, 2 Rn. 8 f.; *Vandermeulen u. a.* (o. Fn. 11), 72.

748 *Kaesling*, UCLJLJ 2013, 87 (109); *Oser*, GRUR Int. 2021, 846 (852).

749 So bereits EuGH GRUR Int. 1985, 822 Rn. 22 ff. – Pharmon/Hoechst; dem folgend BGH GRUR 2003, 507 (510 f.) – Enalapril; siehe auch *Bukow*, in: Haedicke/Timmann, Hdb. PatR, 2. Aufl. (2020), § 13 Rn. 112; *Sack*, GRUR 1999, 193 (198); *Wolff* (o. Fn. 33), 49 ff.; eingehend *Tzimas*, Die Zwangslizenzen an internationalen Patenten und an Gemeinschaftspatenten und der freie Warenverkehr im Binnenmarkt der Europäischen Union, 1995, 118 ff.

750 Vgl. *Kaesling*, UCLJLJ 2013, 87 (108 f.); *van Zimmeren/Minssen/Liesbet* (o. Fn. 11), 60. Bei den Kosten handelt es sich um Gerichts- oder Verwaltungsgebühren, Kosten für Rechtsanwälte sowie Kosten für die Übersetzung von Dokumenten in die verschiedenen offiziellen Verfahrenssprachen, *Ullrich*, GRUR Int. 2023, 1107 (1122) Fn. 150.

751 *Kaesling*, UCLJLJ 2013, 87 (109).

abwehren müssen, würden von einem einheitlichen, schnelleren und günstigeren Verfahren profitieren.[752]

In der Tat kann ein einheitlicher Rechtsrahmen für Zwangslizenzen das nunmehr in Kraft getretene einheitliche Patentsystem sinnvoll ergänzen und die Bewältigung grenzüberschreitender Krisen erleichtern. Noch unbeantwortet bleibt aber die Frage, wie ein einheitlicher Zwangslizenzmechanismus konkret ausgestaltet und mit den bestehenden Strukturen in Einklang gebracht werden könnte. 379

III. Erste Ansätze zur Schaffung eines einheitlichen Rechtsrahmens für Zwangslizenzen

Trotz der vielfach geäußerten Kritik an einem fehlenden einheitlichen Rechtsrahmen für Zwangslizenzen ist es bis zum jetzigen Zeitpunkt (noch) nicht zu einer erfolgreichen Harmonisierung des Zwangslizenzrechts gekommen. Die vor dem hier zu behandelnden Vorschlag unternommenen Versuche einer EU-weiten Harmonisierung waren allesamt nicht von Erfolg gekrönt. 380

Ein erster Harmonisierungsversuch erfolgte mit dem Gemeinschaftspatentübereinkommen (GPÜ),[753] das aber keine zentrale Erteilung von Zwangslizenzen, sondern in den Art. 45 ff. GPÜ die Erteilung von Zwangslizenzen an Gemeinschaftspatenten nach nationalem Recht vorsieht. In Art. 46 GPÜ sind Zwangslizenzen wegen Nichtausübung oder unzureichender Ausübung, in Art. 47 GPÜ Zwangslizenzen zugunsten abhängiger Patente geregelt. Umfang und Wirkung solcher Zwangslizenzen sind territorial auf das Hoheitsgebiet des jeweiligen Staates beschränkt (vgl. Art. 45 Abs. 1 S. 2 Hs. 1 GPÜ). Nach Unterzeichnung des GPÜ am 15.12.1989 sollten ausweislich der dem Übereinkommen beigefügten »Entschließung über eine gemeinsame Regelung für die Erteilung von Zwangslizenzen an Gemeinschaftspatenten« so bald wie möglich die erforderlichen Anstrengungen für eine einheitliche Zwangslizenzregelung aufgenommen und die dezentrale Erteilung von Zwangslizenzen abgeschafft werden.[754] Dazu ist es aber nie gekommen. Mangels ausreichender Ratifikationen ist das GPÜ nicht in Kraft getreten.[755] 381

752 *Jaeger* (o. Fn. 739), 648.

753 Übereinkommen über das europäische Patent für den Gemeinsamen Markt v. 30.12.1989, ABl. L 401, 10.

754 Übereinkommen über das europäische Patent für den Gemeinsamen Markt und dazugehörige Dokumente, GRUR Int. 1976, 231, 249. Ausführlich zum Ganzen *Tzimas* (o. Fn. 749), 183 ff.

755 Nur sieben der zwölf Mitgliedstaaten haben das GPÜ ratifiziert.

382 Anders als das GPÜ enthält der Vorschlag der Kommission für die Gemeinschaftspatentverordnung vom 1.8.2000 (GPVO-E)[756] und später auch der als gemeinsame Ausrichtung konzipierte Verordnungsentwurf des Rates der EU vom 27.11.2009 über ein einheitliches »EU-Patent« (EPVO-E)[757] in Art. 21 eine eigene materiellrechtliche Regelung zu Zwangslizenzen und verweist hierfür nicht mehr auf das jeweilige nationale Zwangslizenzrecht. Art. 21 EPVO-E ermächtigt das »Gericht für europäische Patente und EU-Patente« unter den Bedingungen des Art. 22 EPVO-E zur Erteilung von EU-weiten Zwangslizenzen im Falle der unzureichenden Ausübung eines Gemeinschaftspatents (Abs. 1), der Abhängigkeit eines Patents (Abs. 2), des Exports in hilfsbedürftige Drittländer nach der VO 816/2006 (Abs. 3) und des nationalen Notstandes oder anderer Situationen von äußerster Dringlichkeit (Abs. 4).[758] Letztlich wurde aber auch dieses Vorhaben nicht umgesetzt.[759]

383 In den darauffolgenden und nunmehr in Kraft getretenen Vorschriften zum Einheitspatent sind, wie bereits erwähnt, keine Regelungen über einheitliche Zwangslizenzen mehr enthalten.[760] Mit ihrem jüngsten Vorstoß unternimmt die EU-Kommission nun einen weiteren Versuch, den europäischen Rechtsrahmen für Zwangslizenzen durch eine gesonderte Verordnung zu harmonisieren.

B. Vorschlag der EU-Kommission zu unionseinheitlichen Zwangslizenzen

384 In Reaktion auf die COVID-19-Pandemie hat die EU-Kommission am 27.4.2023 einen Vorschlag für eine Verordnung über einheitliche, unionsweite

756 Vorschlag für eine Verordnung des Rates über ein Gemeinschaftspatent v. 1.8.2000, COM(2000) 412 endg., ABl. C 337, 278; dazu *Harnisch* (o. Fn. 10), 214 ff.; *Karres* (o. Fn. 10), 163 f.

757 Vorschlag für eine Verordnung des Rates über das Gemeinschaftspatent – Allgemeine Ausrichtung, Ratsdok. 16113/09, https://data.consilium.europa.eu/doc/document/ST-16113-2009-ADD-1/de/pdf (zuletzt abgerufen am 18.5.2025). Das Inkrafttreten des Vertrags von Lissabon machte eine Umbenennung des Gemeinschaftspatents in »EU-Patent« notwendig, *Luginbühl*, GRUR Int. 2013, 305 (306). Das EU-Patent sollte in der gesamten EU gleiche Wirkung entfalten (vgl. Art. 2 Abs. 2 EPVO-E) und ist vom herkömmlichen europäischen (Bündel-)Patent zu unterscheiden.

758 Eingehend *Jaeger* (o. Fn. 739), 627; *Koikkara* (o. Fn. 11), 102 ff.; *Ullrich* (o. Fn. 739), 23 f. Im ursprünglichen Vorschlag der Kommission lag die ausschließliche Zuständigkeit zur Vergabe von gemeinschaftsweiten Zwangslizenzen noch bei der Kommission selbst, siehe Art. 21 Abs. 1 GPVO-E.

759 Zur Entwicklung *Ann* (o. Fn. 29), § 7 Rn. 114 ff.; *Luginbühl*, GRUR Int. 2013, 305 (305 f.).

760 Siehe oben Kap. 6 A. I. Ein Grund dafür wird darin gesehen, dass das Risiko einer gemeinschaftsweiten Zwangslizenz größere Patentinhaber vom Erwerb von Gemeinschaftspatenten abhalten könne, *Jaeger*, CMLR 2010, 63 (71, 73).

Zwangslizenzen vorgelegt.[761] Der Vorschlag ist Teil des EU-Patentpakets, welches die patentrechtlichen Regelungen innerhalb der EU harmonisieren soll und neben der EU-weiten Zwangslizenz die Einführung eines einheitlichen ergänzenden Schutzzertifikates und eines Lizenzierungsrahmens für standardessenzielle Patente vorsieht.[762] Im Folgenden werden die Hintergründe und wesentlichen Inhalte des Reformvorschlags zu unionsweiten Zwangslizenzen aufgezeigt.

I. Ziele des Verordnungsvorschlags

Das übergeordnete Ziel des Kommissionsvorschlags besteht darin, den Zugang 385
zu krisenrelevanten Produkten während einer Krisensituation in der EU sicherzustellen (Art. 1 VO-E). Die Kommission möchte mit ihrer Initiative ein effizientes Zwangslizenzsystem schaffen, das eine rasche und angemessene Reaktion auf grenzüberschreitende Krisen ermöglichen und die Versorgung mit krisenkritischen Produkten im gesamten Gebiet der Union gewährleisten soll.[763] Den derzeitigen fragmentierten Rechtsrahmen für die Vergabe nationaler Zwangslizenzen hält die Kommission für unzureichend, um den realen Gegebenheiten des Binnenmarktes und der in ihm bestehenden grenzüberschreitenden Lieferketten gerecht zu werden.[764] Ein auf EU-Ebene zentralisiertes System zur Vergabe von Zwangslizenzen würde nach Ansicht der Kommission die Erteilung einer EU-weit geltenden Zwangslizenz auf der Grundlage eines einzigen Antrags im Rahmen eines einzigen Verfahrens ermöglichen, was die Kosten für alle Beteiligten senken und nationale Unterschiede aufheben würde, die einer effizienten Erteilung von Zwangslizenzen zur Bewältigung einer Krise oder eines Notfalls in der Union entgegenstehen.[765]

Darüber hinaus soll die VO 816/2006 dahingehend geändert werden, dass 386
auch in deren Anwendungsbereich unionsweite Zwangslizenzen mit einem einzigen Antrag erteilt werden können, damit der Lizenznehmer bei grenzüberschreitenden Herstellungsverfahren für die Herstellung und Ausfuhr eines Erzeugnisses nicht mehrere Zwangslizenzen in mehreren Mitgliedstaaten beantragen muss.[766]

761 COM(2023) 224 final.

762 Siehe die Pressemitteilung der EU-Kommission v. 27.4.2023, https://ec.europa.eu/commission/presscorner/detail/de/ip_23_2454 (zuletzt abgerufen am 18.5.2025).

763 COM(2023) 224 final, 2.

764 ErwGr. 5 VO-E.

765 COM(2023) 224 final, 8 f.; ausführlich SWD(2023) 121 final, 40 ff.

766 COM(2023) 224 final, 3; ErwGr. 37 VO-E.

II. Materiellrechtliche Ausgestaltung

387 Im Kern sieht der auf Art. 114 i.V.m. Art. 107 AEUV[767] gestützte Verordnungsvorschlag die Befugnis der Kommission vor, eine unionsweite Zwangslizenz für Patente, veröffentlichte Patentanmeldungen, Gebrauchsmuster oder ergänzende Schutzzertifikate (Art. 2 VO-E) zu erteilen, wenn ein im Anhang aufgeführter Krisen- oder Notfallmodus aktiviert oder erklärt wurde (Art. 4 VO-E).

1. Sachlicher Anwendungsbereich

388 Der Kommissionsvorschlag erfasst nationale Patente gleichermaßen wie europäische Patente und Einheitspatente (ErwGr. 9 VO-E). Eine erste grundlegende Neuerung enthält der Vorschlag in Art. 2 Abs. 1 lit. a VO-E, der den sachlichen Anwendungsbereich einer unionsweiten Zwangslizenz im Gegensatz zum deutschen Recht (vgl. § 24 Abs. 6 S. 1 PatG) über erteilte Patente hinaus auf veröffentlichte Patentanmeldungen erstreckt.

389 Zentrale Voraussetzung für die Vergabe unionsweiter Zwangslizenzen ist die Aktivierung eines Krisen- oder Notfallmodus gemäß eines der im Anhang des VO-E genannten Rechtsaktes der EU (Art. 4 VO-E). Die Feststellung des Krisen- oder Notfallmodus erfolgt nicht im Rahmen der Prüfung der Zwangslizenz, sondern unabhängig von patentrechtlichen Gesichtspunkten in einem vorgelagerten Verfahren, das allgemein auf die Feststellung der Krisen- oder Notlage gerichtet ist.[768] Die im Anhang des VO-E aufgeführten Verordnungen zu den verschiedenen Krisenmechanismen umfassen neben Gesundheitsgefahren auch Notlagen bei der Versorgung des Binnenmarktes mit Halbleitern oder mit Gas. So nimmt der Anhang unter anderem Bezug auf die VO 2022/2371[769] über schwerwiegende grenzüberschreitende Gesundheitsgefahren und adressiert damit insbesondere Pandemien. Der Anwendungsbereich des Kommissionsvorschlags bleibt folglich – offensichtlich unter dem Eindruck der zurückliegenden COVID-19-Krise – ausdrücklich auf den Bereich der Krisenbewältigung beschränkt.[770]

767 Siehe COM(2023) 224 final, 4; kritisch dazu *Bundesrechtsanwaltskammer*, Stellungnahme zum Vorschlag der EU-Kommission für eine Verordnung über die Vergabe von Zwangslizenzen, 2023, 3, https://www.brak.de/fileadmin/05_zur_rechtspolitik/stellungnahmen-pdf/stellungnahmen-deutschland/2023/stellungnahme-der-brak-2023-34.pdf (zuletzt abgerufen am 18.5.2025).

768 *Metzger*, in: FS Hilty, 2024, 527 (529).

769 Verordnung (EU) 2022/2371 des Europäischen Parlaments und des Rates v. 23.11.2022 zu schwerwiegenden grenzüberschreitenden Gesundheitsgefahren und zur Aufhebung des Beschlusses Nr. 1082/2013/EU, ABl. L 314, 26.

770 Siehe COM(2023) 224 final, 5: »Der Vorschlag beschränkt sich auf das zur Bewältigung von Krisen von grenzüberschreitender Dimension erforderliche Maß […]«; vgl. auch ErwGr. 6: »[…] notwendig, auf Unionsebene eine Zwangslizenz für das Krisen- bzw. Notfallmanagement einzuführen.«

2. Räumlicher Anwendungsbereich

Der räumliche Anwendungsbereich der unionsweiten Zwangslizenz ist auf das Gebiet der Union begrenzt (Art. 5 Abs. 1 lit. e VO-E), wobei der konkrete Geltungsbereich (wie auch die Geltungsdauer) auf den Zweck, für den die Zwangslizenz erteilt wird, beschränkt ist (Art. 5 Abs. 1 lit. b VO-E). Die unionsweite Zwangslizenz soll ausschließlich dazu dienen, die Versorgung des Binnenmarktes mit krisenrelevanten Produkten sicherzustellen (ErwGr. 29 VO-E). Produkte, die im Rahmen einer unionsweiten Zwangslizenz hergestellt wurden, dürfen deshalb nur auf den Binnenmarkt gelangen und unterliegen einem Ausfuhrverbot (Art. 11, ErwGr. 28 VO-E), das durch die in Art. 12 VO-E vorgesehenen Kontrollmaßnahmen durch die Zollbehörden durchgesetzt werden soll. 390

Mit der geplanten Ergänzung der VO 816/2006 geht der VO-E über das Gebiet der Union hinaus: Nach Art. 23 VO-E soll auch eine Zwangslizenz zu Ausfuhrzwecken unionsweit erteilt werden können, wenn sich der Herstellungsprozess auf verschiedene Mitgliedstaaten erstreckt und daher für ein und dasselbe Erzeugnis mehrere nationale Zwangslizenzen erforderlich wären. 391

3. Inhalt und Umfang der Zwangslizenz

Art. 8 VO-E nennt eine Reihe von Angaben, die eine unionsweite Zwangslizenz enthalten muss, darunter den Lizenznehmer, die Geltungsdauer und die Entschädigung. Gem. Art. 8 Abs. 1 lit. a VO-E ist grundsätzlich auch das konkret betroffene Schutzrecht anzugeben, es sei denn, dessen Ermittlung würde die Erteilung der Lizenz erheblich verzögern; dann genügt die Angabe des Freinamens der Produkte, die im Rahmen der Lizenz hergestellt werden sollen. Auch der Rechteinhaber ist nach Art. 8 Abs. 1 lit. b VO-E nur zu nennen, sofern er in Anbetracht der Umstände, einschließlich der Dringlichkeit der Situation, mit angemessenem Aufwand ermittelt werden kann.[771] Dementsprechend kann die Kommission auch die an den Rechteinhaber zu zahlende Entschädigung abweichend von Art. 8 Abs. 1 lit. e VO-E erst nachträglich festsetzen, wenn für die Festsetzung weitere Untersuchungen und Konsultationen erforderlich sind (Art. 8 Abs. 2 VO-E). 392

Weitere allgemeine Vorgaben finden sich in Art. 5 VO-E: Danach ist eine unionsweite Zwangslizenz nicht ausschließlich und grundsätzlich nicht übertragbar (Art. 5 Abs. 1 lit. a VO-E) sowie strikt auf die einschlägigen Tätigkeiten 393

771 Die betroffenen Rechte und deren Inhaber sollten jedoch nach Erteilung der Zwangslizenz so schnell wie möglich ermittelt werden (ErwGr. 24, 25 VO-E). Mit diesen Ausnahmen nähert sich der VO-E einem produktbezogenen Ansatz an, wonach eine Zwangslizenz nicht nur ein einzelnes Patent, sondern ein gesamtes Produkt erfassen kann, näher dazu unten Kap. 7 A. II.

im Zusammenhang mit krisenrelevanten Produkten[772] zu beschränken (Art. 5 Abs. 1 lit. c VO-E). Sie ist ferner nur an eine Person zu erteilen, von der auszugehen ist, dass sie in der Lage ist, die geschützte Erfindung ordnungsgemäß für die Bereitstellung der krisenrelevanten Produkte nach Maßgabe des Art. 10 VO-E zu verwerten (Art. 5 Abs. 1 lit. f VO-E).

4. Pflichten des Lizenznehmers nach Art. 10 VO-E

394 Art. 10 Abs. 1 VO-E formuliert Pflichten des Zwangslizenznehmers, die Ausdruck der Zweckbindung aller unter den VO-E fallenden Tätigkeiten an die Bereitstellung krisenrelevanter Erzeugnisse in der Union sind.[773] Die Menge der unter der Zwangslizenz hergestellten Produkte ist auf das Maß, das zur Deckung des unionsweiten Bedarfs erforderlich ist, beschränkt (Art. 10 Abs. 1 lit. a VO-E). Der Lizenznehmer hat die Produkte, die im Rahmen der Zwangslizenz hergestellt und vermarktet werden, durch eine besondere Etikettierung oder Markierung klar zu kennzeichnen und – sofern machbar und preislich irrelevant – durch eine spezielle Verpackung, Farb- oder Formgebung von Produkten des Rechteinhabers abzugrenzen (Art. 10 Abs. 1 lit. c, d VO-E). Er muss auf der Verpackung und allen zugehörigen Unterlagen darauf hinweisen, dass die Produkte einer unionsweiten Zwangslizenz unterliegen und nicht aus der EU ausgeführt werden dürfen sowie auf einer Website bestimmte Informationen über die Art und Menge der von ihm hergestellten Produkte bereitstellen (Art. 10 Abs. 1 lit. e, f VO-E). Durch diese Regelungen soll der Weiterverkauf der Produkte und eine Durchdringung des Marktes für die Originalprodukte verhindert werden.[774]

395 Verstöße des Lizenznehmers gegen die Pflichten in Art. 10 Abs. 1 VO-E können zur Beendigung der Zwangslizenz oder zur Festsetzung von Buß- oder Zwangsgeldern führen, Art. 10 Abs. 2 i.V.m. Art. 14 Abs. 3, 15 Abs. 1 lit. a, 16 Abs. 1 lit. a VO-E.

5. Angemessene Entschädigung

396 Der Lizenznehmer einer unionsweiten Zwangslizenz hat dem Rechteinhaber gem. Art. 5 Abs. 1 lit. d i.V.m. Art. 9 VO-E eine angemessene Entschädigung zu zahlen. Die Höhe der Entschädigung wird von der Kommission festgesetzt (Art. 9 Abs. 1 S. 2 VO-E), die dabei den wirtschaftlichen Wert der gestatteten Nutzung, eine etwaige öffentliche Förderung des Rechteinhabers, den Umfang

772 »Krisenrelevante Produkte« sind nach der Legaldefinition in Art. 3 lit. a VO-E »Erzeugnisse oder Verfahren, die für die Reaktion auf eine Krise oder einen Notfall oder für die Bewältigung der Auswirkungen einer Krise oder eines Notfalls in der Union unerlässlich sind.«

773 Vgl. Art. 10 Abs. 1 lit. b VO-E; *Metzger*, in: FS Hilty, 2024, 527 (534).

774 *Metzger*, in: FS Hilty, 2024, 527 (534). Eine EU-weite Erschöpfung des Verbietungsrechts für die durch den Zwangslizenznehmer verbreiteten Produkte findet nämlich nicht statt, siehe oben Kap. 6 A. II.

der bereits erfolgten Amortisation der Entwicklungskosten und ggf. die humanitären Umstände zu berücksichtigen hat (Art. 9 Abs. 3 VO-E). Gem. Art. 9 Abs. 2 VO-E ist die Entschädigungshöhe auf 4 % des Umsatzes, den der Zwangslizenznehmer mit den gestatteten Tätigkeiten erzielt, begrenzt.

6. Gemeinsame Kooperationspflichten

Der Kommissionsvorschlag verpflichtet die Parteien zur Kooperation gemäß dem Grundsatz von Treu und Glauben (Art. 13 Abs. 1 VO-E) und zum Bemühen, das mit der Zwangslizenz verfolgte Ziel unter Berücksichtigung der jeweiligen Interessen zu erreichen (Art. 13 Abs. 2 VO-E). Bei Verstößen gegen diese Kooperationspflicht soll auch hier die Verhängung eines Buß- oder Zwangsgeldes möglich sein (Art. 15 Abs. 1 lit. b bzw. Art. 16 Abs. 1 lit. b VO-E). 397

III. Prozedurale Ausgestaltung

Das Verfahren zur Erteilung von Zwangslizenzen ist in Art. 7 VO-E geregelt. 398 Zuständig für die Erteilung einer unionsweiten Zwangslizenz soll allein die EU-Kommission sein (vgl. Art. 4, 6 Abs. 1, 7 Abs. 7 VO-E). Zuvor hat die Kommission ein Beratungsgremium nach Art. 6 VO-E zu konsultieren, das unter anderem bei der Beschaffung und Analyse von Informationen, der Ermittlung krisenrelevanter Schutzrechte und der Feststellung der Notwendigkeit einer Zwangslizenzerteilung unterstützt und eine nicht bindende Stellungnahme abgibt (Art. 7 Abs. 2 VO-E). Bei dem Beratungsgremium kann es sich entweder um ein bereits bestehendes Gremium nach dem jeweiligen, im Anhang aufgeführten Krisenmechanismus handeln (Art. 6 Abs. 2 S. 1 VO-E) oder das Gremium wird von der Kommission *ad hoc* einberufen (Art. 6 Abs. 5 VO-E).

Sieht die Kommission die Voraussetzungen für eine Unionszwangslizenz als 399 erfüllt an, so erteilt sie diese im Wege eines Durchführungsrechtsakts (Art. 7 Abs. 7 S. 1 VO-E). Vor Erteilung der Zwangslizenz ist dem Schutzrechtsinhaber die Gelegenheit zu geben, zur Möglichkeit freiwilliger Lizenzvereinbarungen, zur Notwendigkeit einer Zwangslizenz und zu den Bedingungen der Zwangslizenz Stellung zu beziehen (Art. 7 Abs. 3 VO-E). Eine Voraussetzung, wonach sich der Lizenzsucher zuerst um eine rechtsgeschäftliche Lizenz bemüht haben muss, ist im Kommissionsvorschlag nicht vorgesehen.

C. Kritische Würdigung des Kommissionsvorschlags

Die weitere Entwicklung des Vorschlags der Kommission für eine Verordnung 400 über EU-Zwangslizenzen bleibt abzuwarten.[775] Der Kommissionsvorschlag bietet

775 Als nächster Schritt folgen Verhandlungen im Trilog-Verfahren.

jedenfalls an einigen Stellen Anlass zur Kritik, die zum Teil bereits Eingang in das laufende Gesetzgebungsverfahren gefunden hat. Abgesehen von der kritikwürdigen Ausgestaltung im Einzelnen folgt der Vorschlag mit seiner zentralen Ausrichtung auf die Kommission einem konzeptionell fragwürdigen Ansatz.

I. Anwendungsbereich

401 Diskussionswürdig erscheint zunächst der sachliche Anwendungsbereich des Kommissionsvorschlags, der sich einerseits auf Krisenfälle beschränkt, andererseits aber Patentanmeldungen und womöglich auch nicht patentgeschütztes Know-how erfassen soll.

1. Beschränkung auf Krisen und Notfälle

402 Ungeachtet der konkreten Ausgestaltung hat der auf Krisen und Notfälle beschränkte Anwendungsbereich des Verordnungsvorschlags Kritik hervorgerufen und die Erwartungen vieler an eine umfassende Harmonisierung des Zwangslizenzrechts enttäuscht.[776]

403 Die Vergabe unionsweiter Zwangslizenzen setzt nach der geplanten Neuregelung zwingend die Feststellung eines bestimmten Krisen- oder Notfallmodus voraus (Art. 4 VO-E) und schließt damit alle anderen Fälle, in denen eine Zwangslizenz nach den nationalen Bestimmungen in Betracht kommen kann, von vornherein aus. Die umfassten Fallgestaltungen betreffen nicht mehr als einen Teilausschnitt aus den denkbaren Konstellationen, in denen ein öffentliches Interesse für die Erteilung einer Zwangslizenz vorliegen kann.[777] So umfasst der Verordnungsvorschlag etwa nicht den Fall der Unterversorgung einer kleinen, aber empfindlich betroffenen Patientengruppe, deren Versorgung nur mit grenzüberschreitenden Herstellungs- oder Vertriebsprozessen sichergestellt werden kann.[778] Auch in Fällen der Abhängigkeit von Patenten bleibt die Vergabe von Zwangslizenzen den einzelnen Mitgliedstaaten überlassen.[779] In diesen

776 Siehe etwa *Lamping u. a.*, GRUR Int. 2023, 471 (472 f.); *Metzger*, in: FS Hilty, 2024, 527 (530, 536); *Stierle*, GRUR Pat. 2024, 2 Rn. 25; *Valtere*, GRUR Int. 2024, 617 (625).

777 *Metzger*, in: FS Hilty, 2024, 527 (529).

778 *Stierle*, GRUR Pat. 2024, 2 Rn. 25; vgl. *Metzger*, in: FS Hilty, 2024, 527 (528 f.).

779 Kritisch dazu *Ullrich*, GRUR Int. 2023, 1107. Dass neben unionsweiten Zwangslizenzen die Vergabe nationaler Zwangslizenzen unberührt bleibt, ergibt sich aus Art. 22 und Art. 7 Abs. 6 lit. c VO-E, wonach nationale Zwangslizenzen der Kommission gemeldet und bei der Entscheidung über die Erteilung einer unionsweiten Zwangslizenz einbezogen werden müssen, *Metzger*, in: FS Hilty, 2024, 527 (530).

Fällen bliebe es einstweilen bei der jetzigen fragmentierten Rechtslage und den damit verbundenen Schwierigkeiten.

Auch werden andere als die im Anhang des Vorschlags genannten Krisenszenarien wie z.B. Umweltkatastrophen oder militärische Konflikte bislang noch nicht vom Verordnungsvorschlag erfasst.[780] Durch eine Ergänzung des Anhangs auf weitere (heute nicht erkennbare) Krisen könnte die geplante Verordnung zwar erweitert werden.[781] Dies ändert aber nichts daran, dass sie – auch nach Beendigung des Gesetzgebungsverfahrens – ein reines, auf das Krisenmanagement beschränktes Notfallinstrument bleiben wird. Eine Ausdehnung des Geltungsbereichs auf Fälle jenseits von Krisen ginge über das erklärte Ziel der Kommission hinaus, einen unionseinheitlichen Zwangslizenzmechanismus (nur) zur Bewältigung grenzüberschreitender Krisen zu schaffen und wurde im bisherigen Gesetzgebungsprozess nicht thematisiert. Für eine weitergehende Harmonisierung des Zwangslizenzrechts sind daher andere legislative Maßnahmen in den Blick zu nehmen.[782] 404

2. Erstreckung auf veröffentlichte Patentanmeldungen

Anders als bei der Beschränkung auf Krisenfälle geht der Anwendungsbereich des Verordnungsvorschlags in einem anderen Aspekt weit über das nationale Recht hinaus. Entgegen § 24 Abs. 6 S. 1 PatG, wonach eine Zwangslizenz erst nach Patenterteilung zulässig ist, soll nach Art. 2 Abs. 1 lit. a VO-E eine unionsweite Zwangslizenz auch für veröffentlichte Patentanmeldungen möglich sein.[783] 405

Mit der Erweiterung der Zwangslizenz auf Patentanmeldungen ist die Hoffnung auf eine schnellere und effektivere Krisenreaktion verbunden, insbesondere weil der drohende Entschädigungsanspruch nach § 33 PatG wegen unerlaubter Benutzung der Patentanmeldung und vergleichbare ausländische Vorschriften vor einer Benutzung der Erfindung zur Krisenbekämpfung abschrecken würden.[784] 406

Allerdings dürfte sich auch die Attraktivität einer unionsweiten Zwangslizenz an Patentanmeldungen aus Sicht des potenziellen Lizenznehmers in Grenzen halten. Soweit ohne umfassende materiellrechtliche Prüfung noch gar nicht klar 407

780 Kritisch hierzu *Valtere*, GRUR Int. 2024, 617 (628).
781 *Metzger*, in: FS Hilty, 2024, 527 (528).
782 Dazu unten Kap. 6 D.
783 Parallel dazu bezieht der Rat in seinem am 26.6.2024 festgelegten Standpunkt nunmehr auch veröffentlichte Gebrauchsmusteranmeldungen in den Anwendungsbereich mit ein (Art. 2 Abs. 1 lit. b), siehe das Mandat des Rates der EU für Verhandlungen mit dem EP, Ratsdok. 11613/24, 33, https://data.consilium.europa.eu/doc/document/ST-11613-2024-INIT/en/pdf (zuletzt abgerufen am 18.5.2025). Zur Diskussion über Zwangslizenzen an Patentanmeldungen im nationalen Recht siehe oben Kap. 4 C. III. 2. a).
784 *Metzger*, in: FS Hilty, 2024, 527 (531); vgl. ErwGr. 12 VO-E; in Italien kann der Patentanmelder etwa bereits ab Veröffentlichung der Patentanmeldung Unterlassung verlangen, dazu *Lamping u. a.*, GRUR Int. 2023, 471 (477).

ist, ob die Patentanmeldung überhaupt zu einem schutzfähigen Recht führen wird, besteht ein hohes Maß an Rechtsunsicherheit für den Lizenznehmer, besonders in Bezug auf seine Vergütungspflicht. Ebenso wie dem Patentinhaber schuldet der Zwangslizenznehmer dem Patentanmelder eine angemessene Entschädigung (vgl. Art. 2 Abs. 1 lit. a, 9 Abs. 1 VO-E). Die Entschädigung ist zwar zurückzuzahlen, falls die Anmeldung letztlich nicht zur Erteilung eines Patents führt (Art. 9 Abs. 4 VO-E). Der Lizenznehmer trägt dennoch die Bürde der späteren Durchsetzung dieses Rückzahlungsanspruchs und somit auch das Insolvenzrisiko des Anmelders.[785] Wollte man aus diesem Grund im Fall der Zwangslizenzierung einer Patentanmeldung anstelle einer Rückzahlungspflicht eine nur aufschiebend bedingte Zahlungsverpflichtung oder eine Hinterlegungslösung implementieren,[786] so wäre damit ein unverhältnismäßiger Eingriff in das – schon vor der Patenterteilung nach Art. 14 GG geschützte[787] – Recht an der Erfindung verbunden. Neben der eigentumsrechtlichen Dimension darf bei alledem auch das Geheimhaltungsinteresse des Anmelders als Ausfluss seines Rechts auf informationelle Selbstbestimmung nicht gering geschätzt[788] und durch vorzeitige (entschädigungslose) Preisgabe der Erfindung entwertet werden.[789]

408 Zweifelhaft ist ferner, ob Zwangslizenzen auf Patentanmeldungen tatsächlich einen entscheidenden Mehrwert liefern würden. Die maßgeschneiderten Technologien zur Bekämpfung einer unvorhergesehenen Krise werden häufig erst viele Monate nach Ausbruch der Krise endgültig entwickelt und bekannt sein, sodass davor noch gar nicht ersichtlich ist, ob und welche krisenspezifischen Schutzrechte sich in der Erteilungsphase befinden.[790] Ohne die benötigte Technologie als solche (z.B. einen Wirkstoff gegen einen neuartigen Virus) überhaupt identifizieren zu können, machen darauf gerichtete Zwangslizenzen – trotz der vorgesehenen Möglichkeit, auf die Bezeichnung der konkreten Rechte und Rechteinhaber vorerst verzichten zu können[791] – keinen Sinn.

409 Sollte entgegen der vorgebrachten Bedenken an der geplanten Ausweitung von Zwangslizenzen auf veröffentlichte Patentanmeldungen festgehalten werden, so ist zumindest ein verbindliches Verfahren vorzuschreiben, in dem nach Patenterteilung geprüft wird, ob das krisenrelevante Erzeugnis überhaupt noch unter die erteilten Patentansprüche fällt.[792] Werden die Patentansprüche im Lau-

785 *Stierle*, GRUR Pat. 2024, 2 Rn. 29.
786 So *Stierle*, GRUR Pat. 2024, 2 Rn. 29.
787 BVerfGE 36, 281 (290 f.); *Bryde/Wallrabenstein*, in: von Münch/Kunig, GG, 7. Aufl. (2021), Art. 14 Rn. 40.
788 BPatG GRUR 1992, 55 (57) – Neutralisierte Beschlußabschrift III; *Rupp-Swienty*, in: Benkard, PatG, 12. Aufl. (2023), § 31 Rn. 4.
789 *Otten-Dünnweber/Rothe*, in: BeckOK PatR, 34. Aufl. (2024), PatG, § 31 Rn. 1.
790 Vgl. *Richter*, Mitt. 2021, 97 (100) in Bezug auf die Benutzungsanordnung.
791 Vgl. Art. 8 Abs. 1 lit. a und b VO-E.
792 *Verband der Chemischen Industrie*, Stellungnahme zur Initiative der EU-Kommission zu EU-Zwangslizenzen, 2023, 10, https://www.vci.de/ergaenzende-downloads/230718-vci-stg-eu-vo-e-zwangslizenzen.pdf (zuletzt abgerufen am 18.5.2025).

fe des Prüfungsverfahrens – wie häufig – so eingeschränkt oder geändert, dass das krisenrelevante Erzeugnis nicht mehr davon umfasst ist, muss die Zwangslizenz automatisch wegfallen und darf sich nicht auf das erteilte Patent erstrecken. Nach Art. 5 Abs. 2 VO-E soll sich die auf eine Patentanmeldung erteilte Unionszwangslizenz auch auf das später erteilte Patent erstrecken. Zwar soll dies nach ErwGr. 12 VO-E nur gelten, soweit das krisenrelevante Produkt weiterhin den Patentansprüchen unterliegt. Eine Überprüfung der Übereinstimmung von Patentanmeldung und Patentansprüchen sieht der Kommissionsvorschlag indes nicht vor und war, soweit ersichtlich, auch nicht Gegenstand der bisherigen Beratungen im EP und im Rat.

3. Erstreckung auf Know-how?

Offen lässt der Kommissionsvorschlag die Frage nach der Anwendbarkeit uni- 410 onsweiter Zwangslizenzen auf nicht patentgeschütztes, unter den Geschäftsgeheimnisschutz fallendes Know-how.

Art. 8 Abs. 1 lit. h VO-E sieht die Möglichkeit vor, ergänzende Maßnahmen in 411 der Zwangslizenz anzugeben, die zur Erreichung des Ziels der Zwangslizenz erforderlich sind. Dass auf dieser Grundlage der Lizenzgeber zur Überlassung von Geschäftsgeheimnissen verpflichtet werden kann, wäre zu weitgehend und systematisch verfehlt. Art. 8 Abs. 1 VO-E bestimmt lediglich, welche Informationen in der Zwangslizenz anzugeben sind und enthält (ebenso wie Art. 6 und 7 VO-E) rein verfahrenstechnische Vorgaben, regelt aber keine materiellrechtlichen Eingriffsbefugnisse der Kommission oder Pflichten des Lizenzgebers, die auf die Offenlegung und Herausgabe von Know-how gerichtet sind.[793]

Gleichermaßen ginge ein Verständnis des Art. 13 VO-E dahingehend, dass 412 von der gegenseitigen Kooperationspflicht zwischen Rechteinhaber und Lizenznehmer auch die Pflicht zur Überlassung des erforderlichen Know-hows umfasst ist, aufgrund des allgemein gehaltenen Regelungsgehalts des Art. 13 VO-E zu weit, zumal der VO-E an anderer Stelle, in Art. 19 Abs. 4 S. 2, Geschäftsgeheimnisse explizit erwähnt.[794] Dasselbe gilt für Art. 14 Abs. 2 VO-E, der die Kommission zur Förderung der gegenseitigen Zusammenarbeit und zur Erreichung des Ziels der Zwangslizenz dazu befugt, zusätzliche Maßnahmen zu ergreifen, die nach ErwGr. 32 VO-E auch darin bestehen können, weitere relevante Informationen anzufordern.

Möchte man den Patentinhaber zur Offenlegung von Know-how verpflichten, 413 müsste dies ausdrücklich in die Verordnung aufgenommen werden. Genau dies

793 Ähnlich *Stierle*, GRUR Pat. 2024, 2 Rn. 24.

794 Treffend *Stierle*, GRUR Pat. 2024, 2 Rn. 24; im Ergebnis auch *Metzger*, in: FS Hilty, 2024, 527 (532); siehe aber SWD(2023) 121 final, 25 Fn. 89: »[…] der Rechteinhaber und der Lizenznehmer sollten in gutem Glauben zusammenarbeiten, um den Transfer des mit der patentierten Erfindung verbundenen Wissens (Know-hows) zu ermöglichen […].«

entspricht der Auffassung des EP, dessen Änderungsvorschlag in erster Lesung die Einführung einer entgeltlichen Offenlegungspflicht von Geschäftsgeheimnissen in einem neuen Art. 13a vorsieht und eine entsprechende Klarstellung in Art. 8 Abs. 1 lit. h VO-E enthält.[795] Wie bereits im Zusammenhang mit § 24 PatG ausgeführt, wäre eine Pflicht zur Offenlegung von Know-how jedoch mit innovationspolitisch unerwünschten Nebeneffekten und einem unverhältnismäßig hohen praktischen Aufwand verbunden.[796] Die Erstreckung der Zwangslizenz auf nicht patentgeschütztes Know-how ist daher auch auf europäischer Ebene abzulehnen.[797] Dies entspricht auch der Position des Rates der EU, der in Art. 2 VO-E in einem neuen dritten Absatz eine Klarstellung dahingehend vorschlägt, dass die Verordnung keinerlei Verpflichtung zur Offenlegung von Geschäftsgeheimnissen beinhaltet.[798]

II. Quasi-automatische Aktivierung des Zwangslizenzmechanismus

414 Des Weiteren ist zu bemängeln, dass der Kommissionsvorschlag für die Erteilung einer Zwangslizenz keine spezifischen materiellen Voraussetzungen vorsieht und diese stattdessen maßgeblich von der Aktivierung eines Krisenmechanismus abhängig macht.

415 Voraussetzung für die Vergabe unionsweiter Zwangslizenzen durch die Kommission ist die Aktivierung eines im Anhang der Verordnung aufgeführten Krisen- oder Notfallmodus (Art. 4 VO-E).[799] Darüber hinaus enthält der Kommissionsvorschlag weder eine eigenständige Krisendefinition noch spezifische materiellrechtliche Tatbestandsvoraussetzungen für die Erteilung einer Unionszwangslizenz. Abgesehen von Art. 4 VO-E finden sich im Kommissionsvorschlag nur sehr allgemeine Bedingungen für die Zwangslizenzerteilung (Art. 5 VO-E), Verfahrensvorschriften (Art. 6, 7 VO-E) sowie Bestimmungen zum Inhalt der Zwangslizenz (Art. 8 VO-E) und den Parteipflichten (Art. 9 ff. VO-E).[800]

795 Legislative Entschließung des EP v. 13.3.2024, P9_TA(2024)0143, Abänderung 53 und 66, https://www.europarl.europa.eu/doceo/document/TA-9-2024-0143_DE.pdf (zuletzt abgerufen am 18.5.2025).

796 Siehe ausführlich oben Kap. 4 C. II. 3.

797 A.A. *Lamping u. a.*, GRUR Int. 2023, 471 (478 f.); *Metzger*, in: FS Hilty, 2024, 527 (532 f.).

798 Ratsdok. 11613/24, 33.

799 Anders als im ursprünglichen Kommissionsvorschlag sind im Standpunkt des Rates die (geplanten) Verordnungen zur Stärkung des europäischen Halbleiter-Ökosystems (COM(2022) 46) und zur Gewährleistung der sicheren Gasversorgung (Verordnung (EU) 2017/1938 des Europäischen Parlaments und des Rates v. 25.10.2017 über Maßnahmen zur Gewährleistung der sicheren Gasversorgung und zur Aufhebung der Verordnung (EU) Nr. 994/2010, ABl. L 280, 1) nicht mehr aufgeführt, siehe Ratsdok. 11613/24, 68 f.

800 Vgl. *Stierle*, GRUR Pat. 2024, 2 Rn. 26.

Problematisch daran ist, dass die im Anhang aufgeführten Krisenmechanismen nicht zwangsläufig Situationen betreffen, in denen es um die Vergabe von Zwangslizenzen geht.[801] Die Aktivierung eines Krisenmechanismus impliziert zunächst nur das Vorliegen einer Notsituation, ohne dass damit der Nachweis verbunden wäre, dass tatsächlich ein Mangel an einer patentierten Technologie besteht, der eine Gefährdung überwiegender öffentlicher Interessen nach sich zieht und den Einsatz einer Zwangslizenz rechtfertigt. Damit wird die Rückbindung der Zwangslizenz an einen konkreten Missstand, den es aus gewichtigen Gründen des Gemeinwohls zu beseitigen gilt, in Frage gestellt und suggeriert, dass das Vorliegen einer bestimmten Notlage *per se* die Erteilung einer Zwangslizenz rechtfertigt. So kann etwa aus der bloßen Feststellung des Vorliegens einer schwerwiegenden grenzüberschreitenden Gesundheitsgefahr nach Art. 23 VO 2022/2371 noch keine Aussage darüber getroffen werden, ob der Patentschutz ursächlich für Probleme bei der Versorgung der Allgemeinheit (z.B. mit einem patentgeschützten Arzneimittel) ist und ein öffentliches Interesse die Erteilung einer Zwangslizenz gebietet oder ob andere Gründe (z.B. unterbrochene Lieferketten oder eine unzureichende medizinische Infrastruktur) für die Versorgungsprobleme verantwortlich sind.[802] 416

Grundvoraussetzung für eine staatliche Intervention mittels Zwangslizenzen 417
sollte weiterhin das Vorliegen eines konkreten Mangels an einer dringend benötigten Technologie im Rahmen einer Krise sein, nicht die bloße Krisensituation selbst.[803] Die Erteilung einer unionsweiten Zwangslizenz sollte an klar definierte Tatbestandsvoraussetzungen und nicht ausschließlich an die Aktivierung eines allgemeinen Krisen- oder Notfallmodus geknüpft werden. Zu begrüßen ist daher, dass der Rat in seinem Standpunkt zum Kommissionsvorschlag die allgemeinen Voraussetzungen für die Vergabe unionsweiter Zwangslizenzen in Art. 4 näher spezifiziert: Neben der Aktivierung eines Krisenmodus (lit. a) muss die Kommission demnach zur Überzeugung gelangt sein, dass die Nutzung der geschützten Erfindung zur Lieferung der krisenrelevanten Produkte erforderlich ist (lit. b) und dass keine anderen Mittel als die Zwangslizenz, einschließlich freiwilliger Vereinbarungen, den Zugang zu diesen Produkten sicherstellen können (lit. c).[804] Trotz dieser Konkretisierung bleibt der von der Kommission vorgeschlagene quasi-automatische Zwangslizenzmechanismus ohne eigens festgelegte Tatbestandsvoraussetzungen jedoch im Kern erhalten.

801 *Verband der Chemischen Industrie* (o. Fn. 792), 5 f.
802 Vgl. *Verband der Chemischen Industrie* (o. Fn. 792), 5 f.
803 Vgl. *Verband der Chemischen Industrie* (o. Fn. 792), 5.
804 Ratsdok. 11613/24, 36.

III. Fehlende Voraussetzung vorheriger Lizenzbemühungen

418 Als besonders kritikwürdig erweist sich das Fehlen der Voraussetzung vorheriger Lizenzbemühungen. Im Gegensatz zu § 24 Abs. 1 Nr. 1 PatG sieht der Kommissionsvorschlag keine Verpflichtung des Lizenzsuchers vor, sich innerhalb einer angemessenen Frist vor Erteilung der Zwangslizenz erfolglos um eine rechtsgeschäftliche Lizenz zu angemessenen Bedingungen zu bemühen.

419 Die fehlende Voraussetzung vorheriger Lizenzbemühungen mag mit dem TRIPS-Abkommen vereinbar sein, das in Art. 31 lit. b S. 2 für Fälle eines nationalen Notstands oder sonstige Umstände von äußerster Dringlichkeit ausdrücklich einen Verzicht auf das vorherige Bemühen um eine rechtsgeschäftliche Lizenz erlaubt.[805] In der Sache überzeugt eine Ausnahme von vorgeschalteten Lizenzbemühungen vor der Erteilung einer Unionszwangslizenz allerdings nicht.[806] Entgegen der geäußerten Zweifel[807] kann eine rasche Krisenreaktion trotz des Erfordernisses erfolgloser Lizenzbemühungen gelingen, wenn und weil in Notfällen je nach Dringlichkeit der Situation eine kürzere Zeitspanne ausreicht, um diesem Erfordernis zu genügen. Durch die Voraussetzung vorheriger Lizenzbemühungen sollte jederzeit, auch in Krisenzeiten, auf eine rechtsgeschäftliche Einigung zwischen den Parteien hingewirkt werden. Denn freiwillige Lizenzen sind – wie die Kommission selbst feststellt[808] – generell am besten für eine schnelle und effiziente Krisenbekämpfung geeignet, zumal sie gleichzeitig die Möglichkeit für weitergehende Vereinbarungen wie den Transfer von notwendigem Know-how bieten.[809]

420 Ob und inwieweit vorherige Lizenzbemühungen doch noch zur Bedingung für die Erteilung einer Unionszwangslizenz gemacht werden, bleibt abzuwarten. Das EP schlägt in seinen Änderungsanträgen einen fixen Verhandlungszeitraum von vier Wochen vor, der vor Erteilung der Zwangslizenz erfolglos abgelaufen sein muss.[810] Wenngleich die »deutsche« Lösung einer flexiblen und einzelfallabhängigen Auslegung des »angemessenen Zeitraumes« im Sinne von § 24 Abs. 1 Nr. 1 PatG am überzeugendsten erscheint, wäre mit dem Vorschlag des EP ein gangbarer Kompromiss gefunden, der die Beteiligten einerseits verbindlich zu vorherigen Verhandlungen anhält und andererseits die Erteilung einer Zwangslizenz in dringlichen Notsituationen nicht über Gebühr hinauszögert. Der Rat nimmt diesen Änderungsvorschlag in seinem Standpunkt indes nicht

805 So *Metzger*, in: FS Hilty, 2024, 527 (530); *Stierle*, GRUR Pat. 2024, 2 Rn. 19.

806 Kritisch auch *von Falck*, GRUR Pat. 2023, 74 Rn. 7; a.A. *Lamping u. a.*, GRUR Int. 2023, 471 (473 f.); *Metzger*, in: FS Hilty, 2024, 527 (530).

807 Vgl. *Lamping u. a.*, GRUR Int. 2023, 471 (473 f.); *Metzger*, in: FS Hilty, 2024, 527 (530).

808 COM(2023) 224 final, 1; ErwGr. 1 VO-E.

809 Siehe ausführlich dazu in Bezug auf das nationale Zwangslizenzrecht unten Kap. 7 A. I.

810 P9_TA(2024)0143, Abänderung 26 und 29.

auf und beschränkt sich darauf, die Rolle der Zwangslizenz als letztes Mittel zur Bewältigung einer Krise und den Vorrang freiwilliger Lizenzvereinbarungen im Allgemeinen zu betonen.[811]

IV. Deckelung der Entschädigungshöhe

Die in Art. 9 Abs. 2 VO-E vorgesehene Deckelung der Entschädigung auf 4 % der mit der Zwangslizenz erzielten Bruttoeinnahmen des Lizenznehmers stößt ebenfalls auf heftige Kritik.[812] 421

Dieser Höchstbetrag findet sich bereits in Art. 10 Abs. 9 lit. a VO 816/2006, den die Kommission bewusst in den Verordnungsvorschlag zu Unionszwangslizenzen übernommen hat (vgl. ErwGr. 27 VO-E). Dabei verkennt die Kommission, dass sich der in der VO 816/2006 geregelte Sonderfall der Erteilung von Zwangslizenzen zur Ausfuhr in hilfsbedürftige (Entwicklungs-)Länder mit Problemen in der öffentlichen Gesundheitsversorgung, der eine eher geringe Entschädigung durchaus rechtfertigt, wesentlich von den unter die vorgeschlagene Zwangslizenzverordnung fallenden Fallkonstellationen unterscheidet.[813] 422

Abgesehen davon ist die Begrenzung der Entschädigung auf 4 % des Umsatzes für sich genommen ungerechtfertigt und sachwidrig. Die starre Höchstgrenze wirkt sich einseitig zu Lasten der Rechteinhaber aus, indem eine dem Einzelfall gerecht werdende Entschädigungshöhe verhindert wird. Um einen angemessenen Ausgleich zu erreichen, hat sich die Höhe der Vergütung vielmehr an dem zu orientieren, was die Parteien in einem Lizenzvertrag frei vereinbaren würden.[814] Dabei ist zu berücksichtigen, dass in forschungsintensiven Bereichen wie der Pharmazie oder der Medizintechnik oftmals wesentlich höhere Lizenzgebühren vereinbart werden, welche durch die hohen Investitionskosten in die notwendige Forschung, Entwicklung und Zulassung der Produkte bedingt sind.[815] Folgerichtig geht das BPatG für die Vergütungshöhe von einem üblichen Rahmen von 5 bis 10 %, im Arzneimittelbereich auch von bis zu 15 % des 423

811 Ratsdok. 11613/24, 3, 10, 32, 36.

812 Kritisch etwa *Bundesverband der Deutschen Industrie*, Stellungnahme zum Kommissionsvorschlag für eine EU-Zwangslizenzverordnung, 2023, 17 f., https://bdi.eu/publikation/news/patentpaket-eu-kommission-eu-regime-fuer-zwangslizenzen (zuletzt abgerufen am 18.5.2025); *Bundesrechtsanwaltskammer* (o. Fn. 767), 5 f.; *Krimphove*, InTer 2023, 123 (128 f.); *Metzger*, in: FS Hilty, 2024, 527 (535); *Janssen*, IWRZ 2023, 265 (268); *Stierle*, GRUR Pat. 2024, 2 Rn. 28; *Verband der Chemischen Industrie* (o. Fn. 792), 12 f.

813 Ähnlich *Stierle*, GRUR Pat. 2024, 2 Fn. 46.

814 BGH GRUR 2017, 1017 Rn. 28 – Raltegravir; BPatG 2018, 803 Rn. 37 – Isentress II. Darauf nimmt der VO-E in Art. 9 Abs. 3, wo die zu berücksichtigenden Faktoren aufgeführt sind, keinen Bezug.

815 *Janssen*, IWRZ 2023, 265 (268); vgl. *Kober-Dehm*, in: Benkard, PatG, 12. Aufl. (2023), § 24 Rn. 34.

Verkaufspreises aus.[816] Nicht zuletzt riskiert der Verordnungsvorschlag mit der pauschalen Höchstgrenze, gegen die Vorgaben in Art. 31 lit. h TRIPS zu verstoßen, wonach eine »nach den Umständen des Falles angemessene Vergütung zu leisten« ist.[817]

424 Es ist zu erwarten, dass die vorgeschlagene Deckelung der Entschädigung auf 4 % des Umsatzes im weiteren Gesetzgebungsverfahren gestrichen oder zumindest erhöht wird. Sowohl das EP[818] als auch der Rat[819] schlagen in ihren jeweiligen Standpunkten zu Recht vor, die Begrenzung auf 4 % der Bruttoeinnahmen restlos zu streichen.

V. Unzureichendes Sanktionsregime

425 Ferner ist das im Kommissionsvorschlag vorgesehene Sanktionsregime systematisch verfehlt und unvollständig ausgestaltet.

426 Auffällig ist, dass eine Nutzung der patentierten Erfindung durch den Zwangslizenznehmer, die über die (z.B. mengen- und zweckbezogenen) Beschränkungen des Art. 10 Abs. 1 VO-E hinausgeht, nicht zu einem automatischen Wegfall der Zwangslizenz und den bekannten Sanktionen bei Patentverletzungen, insbesondere Unterlassungs- und Schadensersatzansprüchen, führt.[820] Es liegt allein in der Hand der Kommission, einen Verstoß gegen die Pflichten des Art. 10 Abs. 1 VO-E zu ahnden, indem sie die Zwangslizenz gem. Art. 10 Abs. 2 lit. a, 14 Abs. 3 VO-E im Wege eines Durchführungsrechtsakts zurücknehmen oder nach Art. 10 Abs. 2 lit. b, 15, 16 VO-E Geldbußen bzw. Zwangsgelder gegen den Lizenznehmer verhängen kann. Ohne zwingenden Grund wird hier von der gewohnten Systematik abgewichen, wonach die Benutzung der geschützten Erfindung über den in der (Zwangs-)Lizenz gestatteten Umfang hinaus eine widerrechtliche Patentverletzung darstellt, die unmittelbar Ansprüche des Patentinhabers begründet.[821]

427 Das Sanktionssystem des Verordnungsvorschlags ist außerdem insofern unvollständig, als es keine Handhabe zugunsten des Patentinhabers bereit hält, seinen Anspruch auf angemessene Entschädigung nach Art. 9 Abs. 1 VO-E durchzusetzen.[822] Auch hier wird allein auf die Initiative der Kommission vertraut, die im

816 BPatG GRUR 2018, 803 Rn. 42 – Isentress II.

817 *Bundesverband der Deutschen Industrie* (o. Fn. 812), 17 f.; *Stierle*, GRUR Pat. 2024, 2 Rn. 28.

818 Das EP schlägt stattdessen die Festlegung der Entschädigungshöhe »auf der Grundlage der gesamten Bruttoeinnahmen« vor, P9_TA(2024)0143, Abänderung 55.

819 Ratsdok. 11613/24, 50.

820 Vgl. *Metzger*, in: FS Hilty, 2024, 527 (534).

821 Vgl. *Bundesrechtsanwaltskammer* (o. Fn. 767), 6; allgemein *Kober-Dehm*, in: Benkard, PatG, 12. Aufl. (2023), § 24 Rn. 39.

822 *Bundesrechtsanwaltskammer* (o. Fn. 767), 7.

Falle einer unterlassenen Zahlung der Entschädigung ein Bußgeld gegen den Lizenznehmer nach Art. 15 Abs. 1 lit. a VO-E verhängen kann.

VI. Unzureichende Rechtsschutzmöglichkeiten gegen Zwangslizenzentscheidungen

Unzureichend sind auch die im Kommissionsvorschlag vorgesehenen Möglichkeiten zur gerichtlichen Überprüfung von Entscheidungen der Kommission über unionsweite Zwangslizenzen. 428

Obwohl in ErwGr. 31 VO-E die Möglichkeit der gerichtlichen Überprüfung von Durchführungsrechtsakten, mit denen Unionszwangslizenzen erteilt werden, hervorgehoben wird, sieht der Entwurf selbst keinen gesonderten Rechtsbehelf gegen Entscheidungen der Kommission über die Erteilung von Zwangslizenzen vor. Insoweit verbleibt es bei den im AEUV vorgesehenen allgemeinen Rechtsbehelfen. Gegen die Entscheidungen der Kommission über die (Nicht-)Erteilung einer Unionszwangslizenz kann Nichtigkeitsklage vor dem EuGH gem. Art. 256 Abs. 1, 263 Abs. 4 AEUV eingelegt werden.[823] Nur in Bezug auf Entscheidungen über Geldbußen oder Zwangsgelder enthält der VO-E in Art. 21 eine ausdrückliche Bestimmung, die dem EuGH die Befugnis nach Art. 261 AEUV zur unbeschränkten Ermessensnachprüfung sowie zur Aufhebung oder Veränderung der verhängten Maßnahmen zuweist. Der EuGH wird dadurch ermächtigt, über die Prüfung der Rechtmäßigkeit hinausgehend auch Zweckmäßigkeits- und Billigkeitsgesichtspunkte in seine Entscheidung über Beschlüsse der Kommission betreffend die Art. 15, 16 VO-E mit einzubeziehen.[824] Das EP schlägt vor, die dem EuGH in Art. 21 VO-E übertragene Befugnis zur uneingeschränkten Überprüfbarkeit nach Art. 261 AEUV auch auf Durchführungsrechtsakte zu erstrecken, mit denen die Kommission Zwangslizenzen erteilt.[825] 429

Angesichts der wirtschaftlichen Tragweite und der drohenden Nachteile für den Patentinhaber ist ein effektiver Rechtsschutz gegen die Entscheidung über unionsweite Zwangslizenzen unerlässlich. Die große Bedeutung einer unabhängigen gerichtlichen Überprüfbarkeit der Zwangslizenzerteilung in einem fairen und gerechten Verfahren kommt explizit in Art. 31 lit. i und j TRIPS zum Aus- 430

823 *Metzger*, in: FS Hilty, 2024, 527 (536).

824 Art. 261 AEUV stellt nach der h.M. in der Literatur und Rspr. des EuGH keine eigene Verfahrensart, sondern eine Erweiterung der Nichtigkeitsklage nach Art. 263 AEUV dar, siehe *Cremer*, in: Calliess/Ruffert, EUV/AEUV, 6. Aufl. (2022), Art. 261 AEUV Rn. 1; *Pechstein*, in: Frankfurter Kommentar, EUV/GRC/AEUV, 2. Aufl. (2023), Art. 261 AEUV Rn. 1 m.w.N. Die Ausübung der Befugnis zur unbeschränkten Nachprüfung entspricht einem streitigen Verfahren mit entsprechenden Darlegungs- und Beweislasten, vgl. EuGH NZKart 2017, 119 Rn. 32 – Badezimmerkartell (Duravit). Nähre Vorgaben zu diesem Verfahren finden sich im VO-E nicht.

825 P9_TA(2024)0143, Abänderung 20 und 79.

druck[826] und spiegelt sich im Allgemeinen in Art. 41, 42 TRIPS, Art. 47 GRC und Art. 19 EUV wider. Um den unions- und völkerrechtlichen Anforderungen an einen effektiven Rechtsschutz gerecht zu werden, sollten in den Verordnungsvorschlag spezifische Rechtsbehelfe zur umfassenden Überprüfung von Kommissionsentscheidungen über Unionszwangslizenzen einschließlich der zugrunde liegenden Erwägungen ausdrücklich aufgenommen werden.[827] Aus der Verordnung sollte klar hervorgehen, vor welchem Gericht und unter welchen Voraussetzungen Kommissionsentscheidungen über die Vergabe von Zwangslizenzen überprüft werden können. Den Rechteinhabern sollte auch der Weg zu einstweiligen Maßnahmen gegen Zwangslizenzentscheidungen eröffnet werden.[828]

VII. Ausschließliche Zuständigkeit der Kommission

431 Abgesehen von all diesen spezifischen Mängeln ist die grundlegende Konzeption des Verordnungsvorschlags zu kritisieren, die eine ausschließliche Zuständigkeit der Kommission für die Erteilung von unionsweiten Zwangslizenzen vorsieht (vgl. Art. 4 VO-E).

432 Die zentrale Ausrichtung des Vorschlags auf die Kommission weicht grundlegend vom deutschen Konzept der Zwangslizenzierung ab. Indem die unionsweite Zwangslizenz losgelöst von einem gerichtlichen Verfahren *ex officio* von einer einzigen Behörde erteilt werden soll, gleicht der vorgeschlagene Zwangslizenzmechanismus eher einer Benutzungsanordnung nach § 13 PatG als einer Zwangslizenz nach § 24 PatG.[829] Im europäischen Vergleich ist die Zuständigkeit von Behörden oder politischen Entscheidungsträgern für die Vergabe von Zwangslizenzen zwar keine Seltenheit.[830] Gleichwohl hat sich das System einer unabhängigen richterlichen Überprüfung und Entscheidung über Zwangslizenzen im gesamten Gebiet der EU etabliert: In den meisten Mitgliedstaaten ist (zumindest auch) ein Gericht oder Rechtsprechungsorgan mit der Prüfung und Bewilligung von Zwangslizenzanträgen betraut.[831] Vor diesem Hintergrund

826 *Höhne*, in: Busche/Stoll/Wiebe, TRIPs, 2. Aufl. (2013), Art. 31 Rn. 35 f.

827 Vgl. *Europäischer Wirtschafts- und Sozialausschuss*, C/2023/865, 2023 unter 1.4. Die Entscheidungsfindung der Kommission lässt sich insbesondere aufgrund der vorgesehenen Konsultation eines Beratungsgremiums nur schwerlich nachvollziehen.

828 *Janssen*, IWRZ 2023, 265 (268); *Verband der Chemischen Industrie* (o. Fn. 792), 11.

829 Vgl. *Metzger*, in: FS Hilty, 2024, 527 (536); *Janssen*, IWRZ 2023, 265 (267); *von Falck*, GRUR Pat. 2023, 74 Rn. 7.

830 Siehe die Übersicht bei *Vandermeulen u. a.* (o. Fn. 11), 29 ff.

831 In nahezu allen 13 Mitgliedstaaten, in denen ein Ministerium oder ein Regierungsvertreter für die Vergabe von Zwangslizenzen zuständig ist, existiert (mit Ausnahme von Malta) jeweils eine weitere Behörde, die ebenfalls zuständig ist. In den wenigen Mitgliedstaaten, in denen nur eine Stelle für die Erteilung von Zwangslizenzen zuständig ist, handelt es sich dabei in der Regel um ein Gericht (mit Ausnahme von Irland, Malta und Polen), zum Ganzen *Vandermeulen u. a.* (o. Fn. 11), 31.

wirkt die vorgeschlagene ausschließliche Zuständigkeit der Kommission für die Erteilung von Zwangslizenzen wie ein Fremdkörper im europäischen Patentrecht und begegnet praktischen wie auch rechtstaatlichen Bedenken.

Fraglich ist, ob die Kommission über ausreichend Expertise und Erfahrung auf dem Gebiet des Patentrechts verfügt.[832] Das Konsultieren eines Beratungsgremiums kann dies kaum kompensieren, zumal es sich dabei um ein Gremium handelt, das für einen im Anhang aufgeführten Krisen- oder Notfallmechanismus zuständig ist (Art. 6 Abs. 2 S. 1 VO-E) und neben der Expertise im Umgang mit Krisensituationen ebenso wenig über Fachkenntnisse im Patentrecht verfügen dürfte wie die Kommission selbst.[833] Fraglich ist auch, ob die zentrale Zuständigkeit der Kommission überhaupt zu einer – damit offensichtlich bezweckten – zügigeren Prüfung und effizienteren Entscheidungsfindung führt oder ob nicht auch in einem gerichtlichen Verfahren in dringlichen Fällen ebenso schnelle und effiziente Erteilungsverfahren möglich sind.[834] Das bürokratisch aufwändige Hinzuziehen eines Beratungsgremiums nach Art. 6 VO-E spricht jedenfalls nicht dafür, dass durch die vorgesehene Kompetenzkonzentration tatsächlich Effizienzgewinne realisiert werden können. 433

Neben diesen praktischen Bedenken ist die einseitige Kompetenz der Kommission mit Blick auf das rechtstaatliche Prinzip der Gewaltenteilung problematisch. Die Kommission erhält in diesem besonders grundrechtssensiblen Bereich eine überaus starke Stellung und verschiebt das institutionelle Gleichgewicht[835] zu ihren Gunsten, indem sie die Zwangslizenz selbst in ihrer Funktion als Exekutivorgan erteilen kann und gleichzeitig mit dem Erlass der zugrundeliegenden Verordnung als maßgebliches Legislativorgan in Erscheinung tritt.[836] 434

Im Übrigen ist es angesichts der strukturellen Ähnlichkeit des geplanten EU-Zwangslizenzmechanismus mit der staatlichen Benutzungsanordnung nach § 13 PatG inkonsistent, dass die Pflicht zur Entschädigung des Rechteinhabers nicht wie in § 13 Abs. 3 PatG der erteilenden Stelle (auf EU-Ebene also der Kommission oder anderen Institutionen), sondern dem Zwangslizenznehmer auferlegt wird.[837] 435

832 So auch *Stierle*, GRUR Pat. 2024, 2 Rn. 27.

833 *Bundesverband der Deutschen Industrie* (o. Fn. 812), 16 f.; *Stierle*, GRUR Pat. 2024, 2 Rn. 27.

834 Zweifelnd auch *Vandermeulen u. a.* (o. Fn. 11), 31 f.

835 Als »institutionelles Gleichgewicht« wird die besondere Ausgestaltung des Gewaltenteilungsprinzips auf EU-Ebene bezeichnet, *Streinz*, in: Streinz, EUV/AEUV, 3. Aufl. (2018), Art. 13 EUV Rn. 17. Das Prinzip des »institutionellen Gleichgewichts« entspricht funktional dem Gewaltenteilungsprinzip auf staatlicher Ebene und besagt, dass die Ausübung hoheitlicher Funktionen auf Unionsebene auf unterschiedliche Organe verteilt ist und erweist sich insbesondere als Grenze von Kompetenzverschiebungen, vgl. ausführlich *Calliess*, in: Calliess/Ruffert, EUV/AEUV, 6. Aufl. (2022), Art. 13 EUV Rn. 9 ff. m.w.N.

836 Vgl. *Verband der Chemischen Industrie* (o. Fn. 792), 10.

837 Obendrein trägt der Schutzrechtsinhaber dadurch trotz der zentralen Erteilungsstruktur das Insolvenzrisiko des Lizenznehmers, *Janssen*, IWRZ 2023, 265 (267).

436 Eine Kompetenzverlagerung auf die Judikative[838] oder zumindest auf andere spezialisierte Behörden innerhalb der EU (z.B. die Europäische Arzneimittel-Agentur im Fall von Pharmazeutika)[839] wäre aus diesen Gründen wünschenswert. In Anbetracht der bisherigen Änderungsvorschläge ist eine Abkehr von der ausschließlichen Zuständigkeit der Kommission im Rahmen dieses Gesetzesvorhabens indes nicht zu erwarten.

VIII. Zusammenfassung der Kritik und bisherigen Änderungsvorschläge

437 Der Kommissionsvorschlag beruht auf einer problematischen Grundkonzeption und weist in seiner konkreten Ausgestaltung eine Reihe spezifischer Mängel auf, die im bisherigen Gesetzgebungsverfahren unter Beteilung von EP und Rat nur zum Teil behoben wurden.

438 Obwohl die Ausweitung von Zwangslizenzen auf Patentanmeldungen zu weitgehend und von überschaubarem Nutzen wäre, haben weder das EP noch der Rat Einwände dagegen erhoben. Abzulehnen ist auch jeglicher Zwang zur Offenlegung von begleitendem Know-how. Während die Kommission in ihrem Vorschlag hierzu keine Aussage trifft, bleibt diese Thematik zwischen dem EP, das eine Verpflichtung des Patentinhabers zur Offenlegung von Geschäftsgeheimnissen vorschlägt und dem Rat, der eine derartige Verpflichtung gänzlich ablehnt, umstritten. Die materiellen Voraussetzungen für die Erteilung von Unionszwangslizenzen wurden durch den Rat näher spezifiziert, bleiben allerdings vage; zentrale Voraussetzung bleibt die Aktivierung eines Krisen- oder Notfallmechanismus. Insbesondere fehlt im Kommissionsvorschlag die Pflicht des Lizenzsuchers zu vorherigen Bemühungen um eine rechtsgeschäftliche Lizenz. Mit dem Verhandlungszeitraum von vier Wochen, der vor der Zwangslizenzerteilung erfolglos abgelaufen sein muss, schlägt das EP einen sinnvollen Mittelweg vor, der aber vom Rat nicht aufgegriffen wird. Die sachwidrige Deckelung der Entschädigung auf 4 % des Umsatzes des Lizenznehmers wurde übereinstimmend von EP und Rat gestrichen. Das vorgeschlagene Sanktionsregime bleibt unzureichend ausgestaltet und es fehlen weiterhin gesonderte Rechtsbehelfe gegen Zwangslizenzentscheidungen.

439 Unangetastet bleibt die Grundkonzeption des Verordnungsvorschlags, die eine ausschließliche Zuständigkeit der Kommission für die Erteilung unionsweiter Zwangslizenzen für bestimmte Krisenfälle vorsieht. Dieser Vorstoß zur Schaffung eines eigenständigen, zentral gesteuerten Zwangslizenzmechanismus, der neben die nationalen Zwangslizenzsysteme treten soll, wirft grundlegende Bedenken auf. Anknüpfend daran werden im Folgenden Grundzüge einer konzeptionell andersgearteten Reform zur Vereinheitlichung des Zwangslizenzrechts aufgezeigt.

838 Dafür *Bundesverband der Deutschen Industrie* (o. Fn. 813), 15; *Verband der Chemischen Industrie* (o. Fn. 792), 10.

839 Dafür *Stierle*, GRUR Pat. 2024, 2 Rn. 43.

D. Andere Ansätze zur Vereinheitlichung des Zwangslizenzrechts

Zur Erreichung des übergeordneten Ziels des Kommissionsvorschlags, einen einheitlichen Rechtsrahmen für Zwangslizenzen zur effektiven und effizienten Bekämpfung grenzüberschreitender Krisen zu schaffen, ist die Einführung eines eigenständigen Zwangslizenzmechanismus keineswegs zwingend. Als gesetzgeberische Alternative zur Vereinheitlichung des Zwangslizenzrechts drängt sich mit Blick auf das einheitliche Patentsystem die Überlegung auf, eine Zwangslizenzregelung in die bestehenden Strukturen des Einheitspatentrechts zu integrieren (I.). Zusätzlich könnte man eine unionsweite Harmonisierung der nationalen Zwangslizenzvorschriften (II.) sowie nicht-legislative Maßnahmen wie die verbesserte Koordinierung zwischen den Mitgliedstaaten (III.) in Erwägung ziehen. 440

I. Integration der Zwangslizenz in das einheitliche Patentsystem

Seit dem Inkrafttreten des EPGÜ am 1.6.2023 existiert in den derzeit 18 Vertragsmitgliedstaaten[840] ein einheitliches Patentsystem, das mit einem eigens dafür geschaffenen gemeinsamen Gericht (dem EPG) neben die nationalen Patentrechtsordnungen tritt. Die Kommission sah sich mit ihrem Verordnungsentwurf vom 27.4.2023 trotz des absehbaren Inkrafttretens des Einheitspatentsystems dazu veranlasst, ein davon losgelöstes und eigenständiges Instrument zur Erteilung unionsweiter Zwangslizenzen in Krisenfällen vorzuschlagen. Naheliegender als die Schaffung eines zusätzlichen Zwangslizenzregimes erscheint jedoch die Ergänzung der bereits bestehenden Strukturen des einheitlichen Patentsystems mit einem einheitlichen Zwangslizenztatbestand. 441

1. Vorteile gegenüber dem Kommissionsvorschlag

Die konzeptionellen Probleme des Kommissionsvorschlags, ausgelöst durch die ausschließliche Zuständigkeit der Kommission, wurden soeben dargestellt.[841] Darin liegen zugleich die Chancen des hier vorgebrachten Gegenvorschlags einer Integration der Zwangslizenz in das Einheitspatentsystem. Vorteile gegenüber dem Kommissionsvorschlag ergeben sich insbesondere aus einer Kompetenzverlagerung von der EU-Kommission auf das EPG.[842] 442

840 Zum aktuellen Stand der Ratifizierung des EPGÜ siehe https://www.consilium.europa.eu/de/documents-publications/treaties-agreements/agreement/?id=2013001 (zuletzt abgerufen am 18.5.2025).

841 Siehe oben Kap. 6 C. VII.

842 Deshalb mehren sich die Stimmen, die im Ergebnis eine Zuständigkeit des EPG für die Vergabe von einheitlichen Zwangslizenzen bevorzugen, so etwa *Europäischer Wirtschafts- und Sozialausschuss* (o. Fn. 827) unter 4.5.; *Stierle*, GRUR Pat. 2024, 2 Rn. 36; *von Falck,* GRUR Pat. 2023, 74 Rn. 9; *Wernick*, in: The Unitary Patent Package & Unified Patent Court, 2023, 515 (523).

a) Expertise und Unabhängigkeit des EPG

443 Die Richterinnen und Richter des EPG zeichnen sich durch eine hohe fachliche Expertise und langjährige Erfahrung auf dem Gebiet des Patentrechts aus.[843] Anders als die Kommission verfügen die verschiedenen Kammern des EPG bereits heute in ihrer gemischten Zusammensetzung über die notwendigen rechtlichen und technischen Fachkenntnisse, um qualitativ hochwertige Entscheidungen über patentrechtliche Zwangslizenzen treffen zu können.

444 Eine Zuständigkeit des EPG für die Erteilung und Rücknahme einheitlicher Zwangslizenzen ist auch unter dem Gesichtspunkt der Gewaltenteilung vorzugswürdig. Damit würde sich die Zuständigkeit nicht, wie von der Kommission vorgeschlagen, auf ein einzelnes Organ (die Kommission) konzentrieren, das in Bezug auf Zwangslizenzen sowohl in legislativer als auch in exekutiver Funktion maßgeblich beteiligt ist. Stattdessen wäre – wie in den meisten EU-Mitgliedstaaten – ein von politischer Einflussnahme freies und unabhängiges Gericht mit der Entscheidung über die Erteilung von Zwangslizenzen betraut.

b) Effiziente Erteilungsverfahren

445 Die hohe fachliche Expertise ermöglicht dem EPG eine effiziente Verhandlungsführung und Entscheidungsfindung. Die VerfO des EPG ist darauf ausgerichtet ist, fundierte erstinstanzliche Entscheidungen innerhalb eines Jahres zu treffen.[844] Es zeichnet sich bereits zu diesem Zeitpunkt ab, dass das EPG tatsächlich zu derart schnellen Entscheidungen in der Lage ist.[845] Schnelle Entscheidungen über die Vergabe von Zwangslizenzen sind wiederum in Krisenzeiten besonders von Vorteil.

446 Aufgrund ihrer zentralen Zuständigkeit mag die Kommission ebenfalls zu schnellen Entscheidungen in der Lage sein. Im Gegensatz zur Kommission müsste das EPG allerdings nicht erst, wie in Art. 6 und 7 VO-E vorgesehen, ein Beratungsgremium konsultieren und dessen Stellungnahme abwarten, sondern könnte selbst auf Grundlage seiner fachlichen Kompetenz und Unabhängigkeit über Anträge betreffend Zwangslizenzen – ggf. in einem beschleunigten Verfahren – entscheiden.

843 Vgl. *Grabinski*, GRUR 2023, 761 (762). Eine hohe fachliche Qualifikation und Erfahrung auf dem Gebiet der Patentstreitigkeiten setzen Art. 15 EPGÜ und Art. 2 der Satzung des Einheitlichen Patentgerichts als Auswahlkriterien für die Ernennung der Richter ausdrücklich voraus.

844 Nach Ziff. 7 S. 1 der Präambel der VerfO sind die Verfahren so zu führen, »dass die letzte mündliche Verhandlung zur Verletzung und zur Rechtsgültigkeit in der ersten Instanz normalerweise innerhalb eines Jahres stattfinden kann«.

845 Die ersten veröffentlichten Hauptsacheverfahren konnten in 12–15 Monaten abgeschlossen werden, dazu *Wallinger*, Mitt. 2024, 525 (527).

c) Effektiver Rechtsschutz

447 Die Integration der einheitlichen Zwangslizenz in das Einheitspatentsystem würde auch die Möglichkeiten der gerichtlichen Überprüfbarkeit von Zwangslizenzentscheidungen verbessern und transparenter gestalten. Im VO-E finden sich keine gesonderten Rechtsbehelfe gegen Zwangslizenzentscheidungen der Kommission und keine näheren Vorgaben zur Ermessensnachprüfung durch den EuGH.[846] Für Verfahrensfragen, die der Kommissionsvorschlag offen lässt (z.B. zur Beweislast, zu Fristen, Prozesskosten, einstweiligen Maßnahmen oder zur Berufung), könnte auf die Vorschriften des EPGÜ und der VerfO zurückgegriffen werden. Die Anwendung der einheitlichen und umfassenden Verfahrensregeln des EPGÜ würde die Rechtssicherheit für alle Beteiligten erhöhen und den Anforderungen an einen effektiven Rechtsschutz angemessen Rechnung tragen.

d) Einfachere und umfassendere Vereinheitlichung des Zwangslizenzrechts

448 Nicht zuletzt ließe sich die geforderte Vereinheitlichung des fragmentierten Rechtsrahmens für Zwangslizenzen durch eine Ergänzung des Einheitspatentrechts um einen einheitlichen Zwangslizenztatbestand einfacher und umfassender erreichen.

449 Bereits jetzt weist das europäische Patentsystem, bestehend aus verschiedenen Ebenen des Patentschutzes auf Grundlage des nationalen Rechts und den zwei zentralen internationalen Übereinkommen EPÜ und EPGÜ mit jeweils unterschiedlichen Vertragsstaaten und Gerichtsbarkeiten ein hohes Maß an Komplexität auf.[847] Zu diesem vielschichtigen Gebilde käme mit einer eigenständigen Zwangslizenzverordnung ein inhaltlich und konzeptionell neuartiges Regelungswerk mit wiederum anderen Adressaten und Zuständigkeiten hinzu, das die Komplexität und Fragmentierung der europäischen Patentrechtsordnung weiter erhöhen würde. Ein derart komplexes und schwer zu überblickendes Regelungskonstrukt gefährdet seinerseits das mit der Vereinheitlichung des Zwangslizenzrechts verfolgte Ziel einer effektiven und effizienten Bekämpfung grenzüberschreitender Krisen.

450 Auch das andere zentrale Anliegen hinter der Vereinheitlichung des Zwangslizenzrechts, die Schaffung eines einheitlichen Zwangslizenzregimes als Gegengewicht zur einheitlichen Durchsetzbarkeit von Patenten im Rahmen des Einheitspatentsystems,[848] kann durch die Eingliederung der Zwangslizenz in das Einheitspatentsystem besser verwirklicht werden. So könnte ein allgemeiner Zwangslizenztatbestand, der über reine Krisenfälle hinausgeht und die materiellrechtlichen Voraussetzungen für die Vergabe von Zwangslizenzen eigens

846 Siehe oben Kap. 6 C. VI.
847 Vgl. *Götting*, ZEuP 2014, 349 (368).
848 Siehe oben Kap. 6 A. II.

festlegt, in das Regelungswerk des Einheitspatentsystems eingefügt werden.[849] Auf dieser Grundlage könnte das EPG im Einzelfall die einheitliche Schutzwirkung des Einheitspatents durch die Erteilung einer einheitlichen Zwangslizenz beschränken. Dieser breiter angelegte Reformansatz entspräche im Vergleich zu einem autonomen, krisenspezifischen Zwangslizenzinstrument eher dem Grundgedanken des einheitlichen Patentsystems und würde die angestrebte Vereinheitlichung des europäischen Patentrechts vertiefen.

2. Konkrete Schritte zur Einführung eines einheitlichen Zwangslizenztatbestands

451 Aus den vorstehenden Gründen ist die Integration eines Zwangslizenztatbestands in das Einheitspatentsystem dem Vorschlag der Kommission für eine Zwangslizenzverordnung vorzuziehen. Zur Umsetzung dieses Vorhabens wäre eine Änderung des Einheitspatentrechts erforderlich, die dem EPG die Zuständigkeit verleiht, auf der Grundlage eines Zwangslizenztatbestands im EPGÜ Zwangslizenzen mit Wirkung für mehrere Vertragsmitgliedstaaten zu erteilen bzw. zurückzunehmen.

a) Regelungsgegenstand: Änderung der EPatVO und des EPGÜ

452 Wie in ErwGr. 10 EPatVO ausdrücklich bestimmt, unterliegen Zwangslizenzen auf Einheitspatente nach der derzeitigen Konzeption des Einheitspatentrechts dem nationalen Recht der Mitgliedstaaten im Hinblick auf ihr jeweiliges Hoheitsgebiet. Die EPatVO begründet in Art. 3 die einheitliche Wirkung des Einheitspatents und verweist bezüglich des Umfangs und der Beschränkungen des einheitlichen Schutzes über Art. 5 Abs. 3 i.V.m. Art. 7 Abs. 1 EPatVO auf die harmonisierten nationalen Vorschriften und damit in erster Linie auf das EPGÜ.[850] Nur bei Lücken im EPGÜ kommt es auf das jeweilige nationale Recht an.[851] Das EPGÜ enthält nähere Bestimmungen über den Schutzumfang (Art. 25, 26) und die Beschränkungen (Art. 27–29) des Einheitspatents, nicht jedoch über Zwangslizenzen – insoweit ist auf die unterschiedlichen nationalen Zwangslizenzregelungen zurückzugreifen.[852] Für das deutsche Recht stellt

849 Zur Kritik am engen Anwendungsbereich des Verordnungsvorschlags oben Kap. 6 C. I. 1.

850 Vgl. *Haedicke*, Patentrecht, 6. Aufl. (2022), Kap. 4 Rn. 55; *Henke*, in: Benkard, EPÜ, 4. Aufl. (2023), vor Art. 142–149a Rn. 54.

851 *Henke*, in: Benkard, EPÜ, 4. Aufl. (2023), vor Art. 142–149a Rn. 64.

852 Vgl. zur Begründung *Fuchs*, in: FS Büscher, 2018, 621 (636) Fn. 72; *Haedicke/Wollenschlaeger*, in: Haedicke/Timmann, Hdb. PatR, 2. Aufl. (2020), § 16 Rn. 262; *Wilhelmi*, in: BeckOK PatR, 34. Aufl. (2021), PatG, § 24 Rn. 3. Für die Anwendung nationalen Rechts über Art. 64 Abs. 1 EPÜ *Tilmann*, in: Tilmann/Plassmann, Einheitspatent, Einheitliches Patentgericht, 2024, EPGÜ, Einl. EPatVO Rn. 45. Für

Art. II § 16 IntPatÜG klar, dass ein Einheitspatent in Bezug auf die nationalen Vorschriften des PatG zur Erteilung von Zwangslizenzen wie ein nach dem PatG erteiltes (nationales) Patent zu behandeln ist. Das bedeutet, dass Zwangslizenzen an Einheitspatenten mit Wirkung für die Bundesrepublik Deutschland nach dem nationalen Verfahren erteilt werden können.[853]

Zur Einführung eines einheitlichen Zwangslizenztatbestands müsste demzu- 453
folge ErwGr. 10 EPatVO durch den Unionsgesetzgeber gestrichen und eine Vorschrift zu einheitlichen Zwangslizenzen neben die bereits existierenden Schrankenregelungen der Art. 27 ff. in das EPGÜ aufgenommen werden.[854] Der einfachste und effizienteste Weg zu einer Anpassung des EPGÜ führt über einen Revisionsbeschluss des Verwaltungsausschusses nach Maßgabe des Art. 87 Abs. 1 oder Abs. 2 EPGÜ. Die Änderungsbefugnis des Verwaltungsausschusses in Art. 87 Abs. 1 S. 2 EPGÜ geht in ihrem Umfang über Abs. 2 hinaus, bleibt jedoch auf eher technische Anpassungen des EPGÜ zur Verbesserung der Arbeitsweise des EPG begrenzt[855] und dürfte die hier vorgeschlagene Änderung auf den ersten Blick nicht umfassen. Für die Eröffnung des Weges über Art. 87 Abs. 1 oder Abs. 2 EPGÜ spricht aber deren weit gefasster Wortlaut und die Tatsache, dass den Vertragsmitgliedstaaten nach Art. 87 Abs. 3 EPGÜ ein zwölfmonatiges Vetorecht gegen entsprechende Änderungen zusteht, sodass deren Partizipation hinreichend gesichert wäre.[856] Alternativ verbleibt als sicherer, aber praktisch überaus aufwändiger Weg eine entsprechende Überarbeitung des EPGÜ als Ganzes mit erneuter Ratifikation durch alle Vertragsmitgliedstaaten.

b) Regelungsinhalt: Erteilung einheitlicher Zwangslizenzen durch das EPG

Inhaltlich bietet sich die Einführung eines allgemein gefassten Zwangslizenztat- 454
bestands in das EPGÜ an, der über Krisenfälle hinaus einheitliche Kriterien für die Vergabe von Zwangslizenzen festlegt und dem EPG die Befugnis verleiht, Zwangslizenzen mit Wirkung für das gesamte Territorium des EPGÜ zu erteilen.

die Anwendung nationalen Rechts über ErwGr. 10 EPatVO als ungeschriebene Kollisionsnorm *Drexl*, in: MüKo BGB, 9. Aufl. (2025), Rom II-VO, Art. 8 Rn. 158; *Kaesling*, ZGE 2024, 330 (358 f.). Gegen die Anwendung nationalen Rechts auf Grundlage von ErwGr. 10 EPatVO *Ullrich* (o. Fn. 744).

853 BT Drs. 18/8827, 25.

854 Im Ergebnis auch *Stierle*, GRUR Pat. 2024, 2 Rn. 36; *Ullrich*, GRUR Int. 2023, 1107 (1124).

855 Vgl. *Nowak*, in: Luginbühl/Hüttermann, Einheitspatentsystem, 2024, EPGÜ Art. 87 Rn. 8; *Tilmann*, in: Tilmann/Plassmann, Einheitspatent, Einheitliches Patentgericht, 2024, EPGÜ, Art. 87 Rn. 17 f.

856 So *Leistner/Simon*, GRUR Int. 2017, 825 (832 f.) in Bezug auf eine mögliche Anpassung des EPGÜ aufgrund des Brexits.

aa) Zuständigkeit und Verfahren

455 Die ausschließliche Zuständigkeit für die Erteilung einheitlicher Zwangslizenzen sollte beim EPG liegen, welches nach Durchführung eines gerichtlichen Verfahrens nach den Regeln des EPGÜ und der VerfO über den Antrag des Lizenzsuchers auf Erteilung einer Zwangslizenz (ggf. im Wege einstweiliger Maßnahmen) entscheidet. Um unterschiedlichen Praktiken zwischen den Kammern vorzubeugen, macht es Sinn, die erstinstanzliche Zuständigkeit bei der Zentralkammer zu verorten.[857] Die erstinstanzliche Entscheidung sollte vor dem Berufungsgericht überprüfbar sein.

456 Eine Zuständigkeit des EPG für Entscheidungen über Zwangslizenzen wäre dem Einheitspatentrecht nicht völlig fremd: Bereits jetzt ist das EPG gem. Art. 32 Abs. 1 lit. a EPGÜ für Widerklagen in Bezug auf Lizenzen sachlich zuständig, wozu neben dem kartellrechtlichen Zwangslizenzeinwand[858] auch Entscheidungen über die patentrechtliche Zwangslizenzwiderklage gehören,[859] deren Begründetheit sich nach der jeweiligen nationalen Zwangslizenzregelung richtet.[860]

457 Die Zuständigkeit des EPG und der Rückgriff auf die umfassenden Verfahrensvorschriften des EPGÜ und der VerfO hätte gegenüber einem zentral von der Kommission verwalteten Mechanismus die oben beschriebenen Vorteile in Bezug auf Expertise und Unabhängigkeit des Gerichts, Verfahrenseffizienz und effektiven Rechtsschutz.[861] Hinzu kommen eine bestmögliche Sachverhaltsermittlung und eine hohe Entscheidungsqualität aufgrund der kontradiktorischen Verfahrensart vor Gericht.[862]

857 *Stierle*, GRUR Pat. 2024, 2 Rn. 36. Zudem dürfte die interne Zuständigkeitsverteilung der Zentralkammer nach fachlicher Spezialisierung zwischen den drei Sektionen (siehe Anhang II des EPGÜ und Regel 17 Abs. 3 VerfO) einer effizienten Fallbearbeitung förderlich sein.

858 *Burianek*, in: Luginbühl/Hüttermann, Einheitspatentsystem, 2024, EPGÜ, Art. 32 Rn. 3; *Grabinski/Tilmann*, in: Tilmann/Plassmann, Einheitspatent, Einheitliches Patentgericht, 2024, EPGÜ Art. 32 Rn. 25; vgl. EPG GRUR 2025, 62 Rn. 237; EPG GRUR-RS 2024, 29754 Rn. 2; EPG GRUR-RS 2024, 30205 Rn. 2.

859 *Grabinski/Tilmann*, in: Tilmann/Plassmann, Einheitspatent, Einheitliches Patentgericht, 2024, EPGÜ Art. 32 Rn. 24; *Kircher*, in: Bopp/Kircher, EurPatentprozess-HdB, 3. Aufl. (2025), § 19 Rn. 24; vgl. *Burianek*, in: Luginbühl/Hüttermann, Einheitspatentsystem, 2024, EPGÜ, Art. 32 Rn. 3.

860 Sind die materiellrechtlichen Voraussetzungen der nationalen Regelung (z.B. § 24 PatG) erfüllt, so ist die Zwangslizenzwiderklage begründet und das EPG darf dem Widerkläger die geforderte Zwangslizenz lediglich für das Territorium des betreffenden Staates gewähren, *Kircher*, in: Bopp/Kircher, EurPatentprozess-HdB, 3. Aufl. (2025), § 19 Rn. 29.

861 Siehe oben Kap. 6 D. I. 1.

862 Vgl. *Stierle*, GRUR 2024, 419 (422) zum deutschen Zwangslizenzrecht.

bb) Materiellrechtliche Grundvoraussetzungen

Als zentrale materielle Tatbestandsvoraussetzung sollte die Erteilung einer einheitlichen Zwangslizenz sinnvollerweise an das Vorliegen eines öffentlichen Interesses an der Benutzung der patentierten Erfindung anknüpfen. In vielen EPGÜ-Vertragsmitgliedstaaten ist bereits heute das Vorliegen eines (gewichtigen) öffentlichen Interesses wesentliche Voraussetzung für die Erteilung einer Zwangslizenz.[863] Mit der Grundvoraussetzung des öffentlichen Interesses bestünde ein flexibler Rahmen, um auf jegliche Form von Missständen reagieren zu können. Denkbar wäre es, den generalklauselartigen Begriff des »öffentlichen Interesses« mit spezifischen Regelbeispielen zu versehen, sodass eine hinreichende Bestimmtheit gewährleistet ist.[864] Als Regelbeispiele könnten etwa die öffentliche Gesundheit, die innere oder äußere Sicherheit oder Fälle der Abhängigkeit von Patenten nicht abschließend genannt werden. Die Beteiligten erhielten dadurch einen Anhaltspunkt, wie der allgemeine Begriff des öffentlichen Interesses auszulegen ist, ohne die Erteilungsgründe auf die genannten Beispiele zu beschränken.[865] 458

Als weitere zentrale Voraussetzung muss sich der Lizenzsucher vor der Erteilung einer Zwangslizenz innerhalb eines angemessenen Zeitraums erfolglos um eine rechtsgeschäftliche Lizenz zu angemessenen geschäftsüblichen Bedingungen bemüht haben. Ferner sollte die Höhe der Vergütung vom EPG im Einklang mit Art. 31 lit. h TRIPS nach den Umständen des Einzelfalls festgelegt und nicht von vornherein sachwidrig gedeckelt werden sowie der Gegenstand der Zwangslizenz auf ein bestimmtes Patent begrenzt bleiben und weder auf begleitendes Know-how noch auf veröffentlichte Patentanmeldungen ausgeweitet werden.[866] 459

cc) Territoriale Reichweite

Die territoriale Entscheidungskompetenz des EPG in Bezug auf Zwangslizenzen würde sich wie bei allen anderen Entscheidungen des Gerichts grundsätzlich auf das Hoheitsgebiet aller am EPGÜ teilnehmenden Mitgliedstaaten erstrecken.[867] Die Entscheidung darf aber auch im Fall von Zwangslizenzen nicht über das von der lizenzsuchenden Partei beantragte Gebiet hinausgehen.[868] 460

863 Siehe die Übersicht über die Zwangslizenzregelungen der EU-Mitgliedstaaten bei *Vandermeulen u. a.* (o. Fn. 11), 24 ff.

864 Vgl. *Stierle*, GRUR Pat. 2024, 2 Rn. 32.

865 *Lamping u. a.*, GRUR Int. 2023, 471 (473). Das spanische Patentrecht folgt in Art. 95 Abs. 1 und 2 *Ley de Patentes* einer derartigen Systematik.

866 Ausführlich zu diesen Aspekten im Zusammenhang mit dem Kommissionsvorschlag oben Kap. 6 C.

867 Vgl. Art. 3 EPatVO für Einheitspatente bzw. Art. 34 EPGÜ für europäische Patente.

868 Art. 34 EPGÜ schließt nicht aus, einen Antrag betreffend ein europäisches Patent auf bestimmte Länder zu beschränken, vgl. EPG GRUR-RS 2023, 22719 Rn. 9 ff.; *von Falck/Dorn*, in: Tilmann/Plassmann, Einheitspatent, Einheitliches Patentgericht,

461 Einerseits dient die territoriale Ausdehnung der Zwangslizenz über das Hoheitsgebiet eines einzigen Mitgliedstaates hinaus der Vereinheitlichung des europäischen Zwangslizenzrechts sowie der effektiven und effizienten Bekämpfung grenzüberschreitender Notlagen. Andererseits würde die Entscheidung des EPG, eine Zwangslizenz mit Wirkung für alle oder zumindest eine Vielzahl von EPGÜ-Mitgliedstaaten zu erteilen, in ihrer territorialen Reichweite weit über das hinausgehen, was nach geltendem Recht unter den rein nationalen Zwangslizenzregelungen derzeit möglich ist. Diese territoriale Erweiterung des zwangsweisen Eingriffs in das Ausschließlichkeitsrecht des Patentinhabers müsste sich in den Voraussetzungen für die Erteilung einer einheitlichen Zwangslizenz widerspiegeln – das bloße Vorliegen eines öffentlichen Interesses kann hierfür nicht mehr genügen. Deshalb sollte die Prüfung des öffentlichen Interesses auch in räumlicher Hinsicht erfolgen und der territoriale Geltungsbereich der Zwangslizenz strikt auf diejenigen Vertragsmitgliedstaaten des EPGÜ beschränkt werden, in denen ein bestimmtes öffentliches Interesse die Erteilung einer Zwangslizenz tatsächlich gebietet und rechtfertigt.[869] Mit anderen Worten dürfte die einheitliche Zwangslizenz nur mit Wirkung für das Hoheitsgebiet derjenigen EPGÜ-Vertragsstaaten erteilt werden, in denen der Zugang zu einer patentgeschützten Technologie für die Behebung eines konkreten Missstands zwingend erforderlich ist. Die Entscheidung darüber im Einzelfall bleibt dem EPG überlassen. Grundsätzlich sollte dabei ein strenger Maßstab angelegt werden, um nicht zu leichtfertig mit einer derart weitreichenden Maßnahme in das Recht des Patentinhabers einzugreifen.

3. Zwischenergebnis

462 Mit der Integration der Zwangslizenz in die Strukturen des Einheitspatentsystems würde eine vergleichsweise einfache und umfassende Vereinheitlichung des Zwangslizenzrechts erreicht sowie ein effektives und effizientes Instrument zur Bewältigung grenzüberschreitender Krisen eingeführt. Konkret sollte das EPG mit der Befugnis ausgestattet werden, auf Grundlage der bestehenden Verfahrensregeln und eines allgemeinen Zwangslizenztatbestands im EPGÜ in besonders gelagerten Ausnahmefällen Zwangslizenzen mit Wirkung für eine Vielzahl von Vertragsmitgliedstaaten zu erteilen. Dieser Ansatz wäre dem konzeptionell missglückten Vorschlag der Kommission in Bezug auf die Un-

2024, EPGÜ, Art. 34 Rn. 92. Nach Art. 76 Abs. 1 EPGÜ ist das EPG auch in territorialer Hinsicht an die Anträge der Parteien gebunden, *Hoppe*, in: Luginbühl/Hüttermann, Einheitspatentsystem, 2024, EPGÜ, Art. 34 Rn. 10.

869 Ebenso ist der zeitliche Umfang der Zwangslizenz auf das erforderliche Maß zu beschränken. Jede Benutzung der geschützten Erfindung über den in der Zwangslizenz erlaubten Umfang hinaus sollte als widerrechtliche Patentverletzung unmittelbar Ansprüche des Patentinhabers auslösen (anders insoweit der Kommissionsvorschlag, siehe oben Kap. 6 C. V.).

abhängigkeit, Qualität, Effizienz und gerichtliche Überprüfbarkeit von Entscheidungen über Zwangslizenzen überlegen.

II. Harmonisierung des nationalen Zwangslizenzrechts

Als weitere Alternative zu der von der Kommission vorgeschlagenen Zwangslizenzverordnung könnte man ergänzend zu der soeben beschriebenen Integration der Zwangslizenz in das Einheitspatentsystem die Harmonisierung der nationalen Vorschriften der EU-Mitgliedstaaten über Zwangslizenzen in Betracht ziehen. Im Wege einer EU-Richtlinie könnten die prozeduralen und materiellen Voraussetzungen für die Vergabe nationaler Zwangslizenzen unionsweit angeglichen werden.[870] 463

1. Harmonisierung des Zwangslizenzrechts mit mitgliedstaatsübergreifender Wirkung

Mit einer EU-Richtlinie könnte ein einheitlicher Rechtsrahmen für Zwangslizenzen an nationalen und europäischen Patenten geschaffen werden, der in territorialer Hinsicht über das EPGÜ-System hinausreicht und das Zwangslizenzrecht innerhalb der gesamten EU harmonisiert. 464

Konkret könnte eine Richtlinie zur Harmonisierung des Zwangslizenzrechts neben einheitlichen Verfahrensregeln als zentrale materielle Tatbestandsvoraussetzung für die Zwangslizenzerteilung auf nationaler Ebene (ähnlich zu der bereits vorgeschlagenen Änderung des Einheitspatentrechts) das Vorliegen eines öffentlichen Interesses an der Benutzung des patentierten Gegenstands, ggf. versehen mit Regelbeispielen, vorgeben.[871] Um mitgliedstaatsübergreifende Sachverhalte effektiv zu erfassen, könnte ein öffentliches Interesse in einem EU-Mitgliedstaat für die Erteilung einer Zwangslizenz in einem anderen Mitgliedstaat ausreichen.[872] Sofern auch in dem nicht-erteilenden Mitgliedstaat ein öffentliches Interesse an der Ausführung der Erfindung besteht, müsste sich dann konsequenterweise auch die Wirkung der Zwangslizenz – in Abkehr zur bisherigen Rechtslage der fehlenden unionsweiten Erschöpfung bei Zwangslizenzen[873] – auf den nicht-erteilenden Mitgliedstaat erstrecken, 465

870 Dafür *Stierle*, GRUR Pat. 2024, 2 Rn. 30 ff., der eine Richtlinie mit Mindestharmonisierung vorschlägt; für eine EU-Richtlinie auch *Europäischer Wirtschafts- und Sozialausschuss* (o. Fn. 827) unter 4.5.

871 *Stierle*, GRUR Pat. 2024, 2 Rn. 32.

872 *Stierle*, GRUR Pat. 2024, 2 Rn. 37.

873 Nach weithin anerkannter Rspr. des EuGH (GRUR Int. 1985, 822 Rn. 22 ff. – Pharmon/Hoechst) unterliegen die vom Zwangslizenznehmer verbreiteten Erzeugnisse nicht der EU-weiten Erschöpfung, sodass der Patentinhaber die Einfuhr dieser Erzeugnisse in einen anderen Mitgliedstaat verhindern kann; siehe auch die Nachweise in Fn. 749.

um ein dortiges öffentliches Interesse ohne ein weiteres Verfahren befriedigen zu können.[874]

2. Bedenken gegen eine mitgliedstaatsübergreifende (Erschöpfungs-)Wirkung

466 Eine Abkehr von der bisherigen Nicht-Geltung des Erschöpfungsgrundsatzes in Fällen von Zwangslizenzen brächte indes nicht nur die naheliegende Gefahr mit sich, dass der Import von unter Zwangslizenzen hergestellten Produkten in Mitgliedstaaten erfolgt, in denen gar kein öffentliches Interesse an der Benutzung der Erfindung besteht.[875] Mehr noch würde durch eine unionsweite Erschöpfung in Zwangslizenzfällen sowohl die patentrechtliche Souveränität des nicht-erteilenden Mitgliedstaats[876] als auch die Befugnis des Patentinhabers zur freien Bestimmung der Bedingungen für die Herstellung und das Inverkehrbringen seiner patentgeschützten Erzeugnisse in einem anderen Mitgliedstaat untergraben.[877] Zu Recht hat der EuGH die für die Erschöpfung erforderliche freie Zustimmung des Patentinhabers zum Inverkehrbringen seiner Produkte nicht mit der hoheitlichen Erteilung einer Zwangslizenz gleichgesetzt.[878]

467 Ein gewisser Kontrollverlust aufseiten des Patentinhabers verbleibt selbst dann, wenn die Erschöpfung nur insoweit Wirkung entfalten soll, als ein öffentliches Interesse auch im nicht-erteilenden Mitgliedstaat, festgestellt durch das dortige Gericht, vorliegt.[879] Mit einer solchen »zweckbegrenzten EU-weiten Erschöpfung«[880] kämen aufseiten des Zwangslizenznehmers erhebliche Unwägbarkeiten dahingehend hinzu, ob das Gericht in dem nicht-erteilenden Mitgliedstaat ebenfalls ein öffentliches Interesse an der Benutzung der patentgeschützten Erfindung anerkennt. Die damit verbundene Rechtsunsicherheit ist gerade in unübersichtlichen, länderübergreifenden Notlagen schädlich und kann letztlich von Importen in andere Mitgliedstaaten abschrecken.

468 Die Einwände gegen eine – wie auch immer geartete – Anwendung der Erschöpfungslehre in Fällen national erteilter Zwangslizenzen stehen im Übrigen nicht im Widerspruch zu der zuvor vorgeschlagenen Eingliederung der Zwangslizenz in das Einheitspatentsystem. Zwar ist der Grundsatz der Erschöpfung im Einheitspatentrecht in Art. 6 EPatVO für Einheitspatente bzw. in Art. 29 EPGÜ für europäische Patente kodifiziert. Dem haben sich jedoch alle Vertragsmitgliedstaaten durch freiwillige Unterzeichnung und Ratifizierung des EPGÜ[881]

874 Ausführlich *Stierle*, GRUR Pat. 2024, 2 Rn. 38 ff.
875 *Lamping u. a.*, GRUR Int. 2023, 471 (481); vgl. ausführlich *Bodewig*, GRUR Int. 2015, 626 (630).
876 Dazu bereits *Ullrich*, IIC 1992, 583 (592 f.).
877 *Lamping u. a.*, GRUR Int. 2023, 471 (481).
878 EuGH GRUR Int. 1985, 822 Rn. 25 – Pharmon/Hoechst.
879 So der Vorschlag von *Stierle*, GRUR Pat. 2024, 2 Rn. 38 ff.
880 *Stierle*, GRUR Pat. 2024, 2 Rn. 39.
881 Das Inkrafttreten des EPGÜ war wiederum Voraussetzung für das Inkrafttreten der EPatVO (Art. 18 Abs. 2 EPatVO).

höchst autonom und ausdrücklich unterworfen. Anders als bei einer EU-Richtlinie zur Harmonisierung des Zwangslizenzrechts wird der Patentinhaber im Einheitspatentsystem außerdem spiegelbildlich zur Erschöpfung seines Schutzrechts zur grenzüberschreitenden Rechtsdurchsetzung befähigt. Vor allem aber schließt die Erschöpfungsregel im Einheitspatentrecht nicht aus, dass dem Patentinhaber, der einer Zwangslizenz unterliegt, im Einklang mit der besagten EuGH-Rechtsprechung zur Nicht-Geltung des Erschöpfungsgrundsatzes in Zwangslizenzfällen die freie Entscheidung über den weiteren Vertrieb der patentgeschützten Erzeugnisse in anderen Mitgliedstaaten mit Patentschutz erhalten bleibt, sei es aufgrund einer fehlenden freiwilligen »Zustimmung«[882] oder aufgrund »berechtigter Gründe«[883] im Sinne von Art. 6 EPatVO bzw. Art. 29 EPGÜ.

3. Weitere Bedenken gegen eine unionsweite Harmonisierung

469 Lehnt man die Anwendung der Erschöpfungslehre in Zwangslizenzfällen aus den genannten Gründen ab, würde eine unionsweite Harmonisierung im Umgang mit mitgliedstaatsübergreifenden Fällen keine nennenswerten Verbesserungen gegenüber der derzeitigen fragmentierten Rechtslage bewirken.[884] Vielmehr würde eine EU-Richtlinie zur Harmonisierung der nationalen Zwangslizenzbestimmungen zusätzlich zu einer Änderung des Einheitspatentrechts den bürokratischen Aufwand für die Mitgliedstaaten und die Komplexität des ohnehin schon vielschichtigen europäischen Patentsystems weiter erhöhen.

470 Den Mitgliedstaaten würde durch eine vollständige Harmonisierung des Zwangslizenzrechts zudem die Möglichkeit genommen, ihr nationales Zwangslizenzregime gezielt auf nationale Besonderheiten auszurichten und für spezifische inländische Belange einzusetzen. In Bereichen wie der kritischen Infrastruktur oder der öffentlichen Gesundheit bestehen erhebliche Unterschiede zwischen den Mitgliedstaaten, was zu nationalen Unterschieden in der Krisen-

882 So *Lux*, in: Bopp/Kircher, EurPatentprozess-HdB, 3. Aufl. (2025), § 13 Rn. 186; *Pichlmaier*, in: Luginbühl/Hüttermann, Einheitspatentsystem, 2024, EPGÜ, Art. 29 Rn. 18.

883 So *Ensthaler/Gollrad*, in: BeckOK PatR, 34. Aufl. (2024), PatG, § 9 Rn. 107; *Gollrad*, GRUR Pat. 2023, 242 Rn. 45. Das berechtigte Interesse folgt daraus, dass das Patentrecht dem Patentinhaber zumindest einmalig die Gelegenheit zur freien Entscheidung über das Inverkehrbringen der Erzeugnisse gewähren muss, *Gollrad*, GRUR Pat. 2023, 242 Rn. 22.

884 Ohne eine Erschöpfungswirkung zwischen den Mitgliedstaaten müsste weiterhin in jedem einzelnen Staat ein Zwangslizenzverfahren durchgeführt werden. Patentinhaber und Lizenzsucher würden von der Angleichung der nationalen Zwangslizenzregime allenfalls durch niedrigere Transaktionskosten und mehr Rechtssicherheit profitieren.

bekämpfung führen kann, wie es während der COVID-19-Pandemie zu beobachten war.[885]

471 Schließlich ist zu erwarten, dass das Einheitspatentsystem in der Praxis weiterhin hohe Akzeptanz erfahren[886] und sich in Zukunft auf weitere und damit nahezu alle EU-Mitgliedstaaten erstrecken wird.[887] Das EPGÜ gilt ohnehin nicht nur für Einheitspatente, sondern grundsätzlich auch für alle bestehenden[888] und zukünftig erteilten europäischen Patente (Art. 3 lit. c EPGÜ). Unter diesen Vorzeichen dürfte der Mehrwert einer weiteren Harmonisierungsmaßnahme auf EU-Ebene bei der Erfassung grenzüberschreitender Sachverhalte überschaubar sein und ein ausreichendes Maß an Harmonisierung bereits mit der oben skizzierten Änderung des Einheitspatentrechts zu erreichen sein.

III. Nicht-legislative Maßnahmen

472 Bei der Diskussion über mögliche Alternativen zum Kommissionsvorschlag sollten nicht-legislative Maßnahmen als Gegensatz zu den gerade aufgezeigten gesetzgeberischen Ansätzen nicht unerwähnt bleiben.

473 So forderte die Kommission vor ihrem Vorschlag für eine Zwangslizenzverordnung eine stärkere und frühzeitige Koordinierung und den Informationsaustausch zwischen den EU-Mitgliedstaaten in Bezug die Vergabe nationaler Zwangslizenzen.[889] Auch in der Folgenabschätzung ihres Verordnungsvorschlags diskutiert die Kommission neben gesetzgeberischen Maßnahmen eine unverbindliche Empfehlung zur Zwangslizenzierung in Krisenzeiten als mögliche nicht-legislative Handlungsoption.[890] Neben einer Zusammenstellung der

885 *BIO Deutschland* (o. Fn. 498), 2.

886 Die bislang hohe Akzeptanz des Einheitspatentsystems zeigt sich an der steigenden Anzahl an Anträgen auf einheitliche Wirkung vor dem EPA (siehe www.epo.org/en/about-us/statistics/statistics-centre#/unitary-patent, zuletzt abgerufen am 18.5.2025) sowie den hohen Fallzahlen vor dem EPG (siehe https://www.unified-patent-court.org/en/news/case-load-court-start-operation-june-2023-update-30-april-2025, zuletzt abgerufen am 18.5.2025).

887 Mit Ausnahme von Kroatien, Polen und Spanien haben bereits sämtliche EU-Mitgliedstaaten das EPGÜ unterzeichnet. Die Ratifizierung von sechs Unterzeichnerstaaten steht noch aus. Zur Übersicht siehe https://www.unified-patent-court.org/de/organisation/epg-mitgliedstaaten (zuletzt abgerufen am 18.5.2025).

888 Während der Übergangsphase besteht abweichend von diesem Grundsatz die Möglichkeit, die ausschließliche Zuständigkeit des EPG für ein europäisches Patent gem. Art. 83 Abs. 3 EPGÜ auszuschließen (sog. Opt-out).

889 Mitteilung der Kommission an das Europäische Parlament, den Rat, den Europäischen Wirtschafts- und Sozialausschuss und den Ausschuss der Regionen – Aktionsplan für geistiges Eigentum zur Förderung von Erholung und Resilienz der EU, COM(2020) 760 final, 16.

890 Siehe SWD(2023) 121 final, 34 ff.

nationalen Bestimmungen würde eine solche Empfehlung der Kommission bewährte nationale Praktiken für die Vergabe von Zwangslizenzen zur Krisenbewältigung und geeignete Koordinierungsmaßnahmen ermitteln und verbreiten sowie Informationen zu den jeweiligen nationalen Zwangslizenzmechanismen (z.B. zum Erteilungsverfahren oder zu möglichen Rechtsmitteln) bereitstellen.[891]

Durch den Einsatz von unverbindlichen Leitlinien oder *Best Practices* könnten die einzelstaatlichen Praktiken bei der Vergabe von Zwangslizenzen niederschwellig angeglichen werden, ohne direkt in die nationale Entscheidungsebene einzugreifen.[892] Eine vertiefte Kommunikation und Koordinierung zwischen den zuständigen nationalen Behörden könnte die Rechtssicherheit für alle Beteiligten erhöhen, indem etwa gemeinsame Kriterien bei der Bestimmung der Vergütungshöhe oder bei anderen Bedingungen der Zwangslizenz festleget werden und zugleich die Kosten für die Durchführung eines Zwangslizenzverfahrens senken, indem die Mitgliedstaaten einen kohärenteren Umgang mit nationalen Zwangslizenzen anstreben und sich darüber austauschen.[893] Derartige nicht-legislative Maßnahmen wären insbesondere einer EU-Richtlinie zur Harmonisierung der nationalen Zwangslizenzregelungen vorzuziehen.[894] 474

Interessanterweise wurden Maßnahmen wie eine verbesserte Koordinierung und Kommunikation zwischen den Mitgliedstaaten von einem Großteil der im Vorfeld des Kommissionsvorschlags befragten Interessenträger gegenüber legislativen Ansätzen favorisiert: Eigenen Angaben der Kommission zufolge sollten die europäischen Institutionen nach Ansicht vieler Befragten bei der Vergabe von Zwangslizenzen eher eine koordinierende und weniger eine beschlussfassende Rolle übernehmen.[895] Die grundsätzliche Ablehnung legislativer Vorhaben kam auch in einigen Stellungnahmen zu dem Verordnungsvorschlag der Kommission deutlich zum Ausdruck.[896] Der politische Weg scheint jedoch mit dem hier besprochenen Verordnungsvorschlag unumkehrbar in Richtung gesetzgeberischer Maßnahmen eingeschlagen zu sein. 475

891 SWD(2023) 121 final, 27.
892 *Vandermeulen u. a.* (o. Fn. 11), 71.
893 Vgl. *Stief/Grabow*, A&R 2022, 115 (118); SWD(2023) 121 final, 35 f.
894 Im Vergleich zu einem direkten Eingriff in die nationale Entscheidungsebene durch eine EU-Richtlinie würde insbesondere der bürokratische Mehraufwand für die Mitgliedstaaten geringer ausfallen.
895 COM(2023) 224 final, 6.
896 Siehe etwa *BIO Deutschland* (o. Fn. 498), 4; *Bundesverband der Deutschen Industrie* (o. Fn. 812), 6 f.; *Deutscher Anwaltsverein*, Stellungnahme zum Kommissionsvorschlag für eine EU-Zwangslizenzverordnung, 2022, 4, https://anwaltverein.de/de/newsroom/sn-20-2022-folgenabschaetzung-der-kommission-zwangslizenzierung (zuletzt abgerufen am 18.5.2025); *Verband der Chemischen Industrie* (o. Fn. 792), 3 f.; ebenso *Stief/Grabow*, A&R 2022, 115 (122).

E. Ergebnis zu Kapitel 6

476 Eine Vereinheitlichung der nationalen Zwangslizenzsysteme ist im Sinne eines effektiven und effizienten Krisenmanagements grundsätzlich zu begrüßen. Der derzeitige fragmentierte Rechtsrahmen erschwert es Lizenzsuchern, im Falle einer grenzüberschreitenden Krise Zwangslizenzen für das Territorium mehrerer EU-Mitgliedstaaten zu erstreiten oder die Zwangslizenz als Druckmittel in Lizenzverhandlungen wirksam einzusetzen. Lizenzsucher und Patentinhaber würden von einer einheitlichen Zwangslizenzregelung mit einem einheitlichen Verfahren durch schnellere und kostengünstigere Erteilungs- und Verteidigungsverfahren profitieren.

477 Die Art und Weise der Vereinheitlichung des Zwangslizenzrechts bleibt jedoch erörterungsbedürftig. Der Kommissionsvorschlag für eine krisenspezifische Zwangslizenzverordnung ist im Einzelnen unausgewogen ausgestaltet und erweist sich vor allem in seiner Grundkonzeption, die auf der ausschließlichen Zuständigkeit der Kommission beruht, als problematisch. Sinnvoller als die Einrichtung eines eigenständigen Krisenmechanismus bei der Kommission wäre die Befugnis des EPG, auf Grundlage der bestehenden Verfahrensregeln des Einheitspatentrechts und eines allgemeinen Zwangslizenztatbestands im EPGÜ Zwangslizenzen mit grenzüberschreitender Wirkung zu erteilen.

478 Neben einer Änderung des Einheitspatentrechts besteht kein weiterer Bedarf an einer unionsweiten Harmonisierung des Zwangslizenzrechts. Anstatt den bürokratischen Aufwand und die Komplexität des europäischen Patentsystems durch eine EU-Richtlinie noch weiter zu erhöhen, sollte auf das Zusammenspiel zwischen den nationalen Regelungen und einem Zwangslizenztatbestand auf Einheitspatentebene vertraut werden.

479 Festzuhalten bleibt, dass sich die von der Kommission angestrebte Vereinheitlichung des Rechtsrahmens für Zwangslizenzen besser durch die Integration der Zwangslizenz in das Einheitspatentsystem verwirklichen ließe. Allerdings scheint der europäische Gesetzgeber zum jetzigen Zeitpunkt nicht von dem Konzept eines eigenständigen Zwangslizenzmechanismus in den Händen der Kommission abrücken zu wollen.

Kapitel 7 Weitere Reformoptionen und ergänzende Maßnahmen

A. Reformoptionen für das nationale Zwangslizenzrecht

480 Einige Ansätze für Reformen der Zwangslizenz wurden bereits erörtert. Die Erstreckung der nationalen Zwangslizenzregelung auf begleitendes Know-how[897] ist ebenso abzulehnen wie die Erweiterung auf veröffentlichte Patentanmeldungen.[898] Auf europäischer Ebene wird zum einen die Ausnahme von der Daten- und Marktexklusivität in Krisensituationen[899] und zum anderen die Einführung einer unionseinheitlichen Zwangslizenz[900] angestrebt.

481 Darüber hinaus sind weitere Anpassungen des nationalen Zwangslizenzrechts denkbar, um die oben beschreibenden Ineffizienzen und praktischen Probleme von Zwangslizenzen bei der Krisenbewältigung zu minimieren. In Betracht kommen unverzügliche Zwangslizenzen ohne vorherige Lizenzbemühungen (I.), produktbezogene Zwangslizenzen (II.), die Rückabwicklung der geleisteten Vergütung bei »rechtsgrundlosen« Zwangslizenzen (III.) und die Verlängerung der Patentschutzdauer infolge einer Zwangslizenz (IV.).

I. Unverzügliche Zwangslizenzen: Ausnahme von vorherigen Lizenzbemühungen

482 Zum Zwecke einer wirksamen und raschen Krisenbekämpfung könnte der Lizenzsucher in dringlichen Notfällen von dem Erfordernis des § 24 Abs. 1 Nr. 1 PatG, sich um eine Lizenz zu angemessenen Bedingungen innerhalb einer angemessenen Frist zu bemühen, befreit werden.[901]

483 Art. 31 lit. b S. 2 TRIPS lässt eine solche nationale Ausnahmeregelung ausdrücklich zu und erlaubt den WTO-Vertragsstaaten, auf das Erfordernis des vorherigen Bemühens um eine rechtsgeschäftliche Lizenz zu verzichten, wenn ein nationaler Notstand oder sonstige Umstände von äußerster Dringlichkeit vorliegen.[902]

897 Dazu oben Kap. 4 C. II. 3.
898 Dazu oben Kap. 4 C. III. 2. b).
899 Dazu oben Kap. 4 C. I. 3.
900 Dazu oben Kap. 6.
901 Dafür *Stierle*, GRUR 2024, 419 (423); ebenso zum Unionsrecht *Lamping u. a.*, GRUR Int. 2023, 471 (473 f.).
902 Dazu *Lin*, in: Compulsory Licensing, 2015, 165 (176 ff.). Auch der VO-E der Kommission zu unionsweiten Zwangslizenzen sieht keine allgemeine Pflicht eines Lizenzsuchers vor, dem Patentinhaber vorab ein Lizenzierungsangebot zu machen, siehe oben Kap. 6 C. III.

In Deutschland wurde von dieser Möglichkeit – anders als in Österreich[903] und der Schweiz[904] – nicht Gebrauch gemacht. Würde der Lizenzsucher von vorherigen Lizenzbemühungen befreit, müsste er vor Beantragung einer Zwangslizenz nicht erst Zeit dafür investieren, den Patentinhaber ausfindig zu machen und mit ihm über eine rechtsgeschäftliche Lizenz zu verhandeln. Dadurch ließen sich auf den ersten Blick die angesprochenen Verzögerungen bis zur Herstellung krisenrelevanter Produkte reduzieren.[905] Zudem könnten psychologische Hürden aufseiten des Zwangslizenzsuchers abgebaut werden, dem das mit vorherigen Lizenzbemühungen verbundene faktische Geständnis einer Patentverletzung, was ihn letztlich von einem Zwangslizenzersuchen abhalten kann,[906] erspart bliebe.

1. Praktischer Bedarf an einer Ausnahmeregelung

484 Fraglich ist, ob eine Ausnahme von § 24 Abs. 1 Nr. 1 PatG überhaupt notwendig ist. In akuten Notfällen wird der Zeitraum vor der Beantragung einer Zwangslizenz, über den sich das Lizenzbemühen hinweg erstreckt haben muss, kurz zu bemessen sein. Anschließende Verzögerungen zwischen Zwangslizenzantrag und -erteilung aufgrund des gerichtlichen Erteilungsverfahrens lassen sich ohnehin nicht durch einen Verzicht auf vorgelagerte Lizenzbemühungen vermeiden.

485 Das erfolglose Bemühen um eine Lizenz innerhalb eines angemessenen Zeitraums verlangt, dass der Patentinhaber eine entsprechende Anfrage des Lizenzsuchers ablehnt oder nicht in angemessener Zeit beantwortet.[907] Die Angemessenheit des Zeitraums ist eine Frage des Einzelfalls, wobei insbesondere die Dringlichkeit der Entscheidung über die Lizenzvergabe einerseits und die sich aus der Komplexität der Entscheidung ergebende notwendige Zeit für den Patentinhaber für die Entscheidungsfindung andererseits maßgeblich ist.[908]

486 In Notlagen lässt sich dieses zeitliche Kriterium in § 24 Abs. 1 Nr. 1 PatG über die generalklauselartige »Angemessenheit« des Zeitraums flexibel auslegen und stark reduzieren.[909] Aufgrund der Dringlichkeit der Situation wird der Lizenzsucher relativ schnell, binnen weniger Wochen oder gar Tage nach einer ernsthaften Lizenzanfrage, einen Abschluss der Verhandlungen anstreben und zur Zwangslizenzklage übergehen dürfen. Begehrt der Lizenzsucher die

903 § 37 Abs. 3 S. 1 Österreichisches Patentgesetz.
904 Art. 40e Abs. 1 S. 2 Schweizer Patentgesetz.
905 Zu diesem Problem oben Kap. 4 C. III.
906 Zu diesem Problem oben Kap. 4 C. VI.
907 *Gräwe*, in: Schulte, PatG, 12. Aufl. (2025), § 24 Rn. 10.
908 BGH GRUR 2019, 1038 Rn. 19 f. – Alirocumab; BGH GRUR 2017, 1017 Rn. 19 – Raltegravir.
909 *Stierle*, JZ 2021, 71 (75 f.); vgl. *Lamping u. a.*, GRUR Int. 2023, 471 (475); *Lin*, in: Compulsory Licensing, 2015, 165 (174 f.) in Bezug auf Art. 31 lit. b TRIPS.

Zwangslizenz, um Versorgungsengpässe – etwa im Hinblick auf ein wichtiges Medikament – zu beheben, muss der Patentinhaber rasch reagieren.[910] Dank der heute üblichen elektronischen Kommunikation ist eine zügige Reaktion in der Praxis auch ohne weiteres möglich. Ein relativ kurzer Zeitraum von Lizenzbemühungen könnte durch die Attraktivität des Lizenzangebots (z.B. in Bezug auf die Höhe der Lizenzgebühr oder die Angreifbarkeit des Patents) und der damit erhöhten Ernsthaftigkeit des Versuchs einer vertraglichen Einigung zu angemessenen Konditionen kompensiert werden.[911] Weiter kann das erfolglose Bemühen über den Zeitpunkt der Einreichung der Zwangslizenzklage hinaus bis zum Schluss der mündlichen Verhandlung erfolgen.[912] Somit könnte der Lizenzsucher im Notfall frühzeitig eine Zwangslizenzklage einleiten und parallel dazu eine gütliche Einigung mit dem Patentinhaber ersuchen.

Folglich enthält das Erfordernis des vorherigen Lizenzbemühens in der prak- 487
tischen Anwendung hinreichend Flexibilität, um der Dringlichkeit in Notfällen gerecht zu werden. Es besteht kein praktischer Bedarf für eine Ausnahme von § 24 Abs. 1 Nr. 1 PatG.[913]

2. Verhältnismäßigkeit

Außerdem ist das vorherige Bemühen um eine rechtsgeschäftliche Lizenz auf- 488
grund des Verhältnismäßigkeitsprinzips geboten.

Mit der Patentierung wird ein ausschließliches und umfassendes Recht an der 489
Erfindung begründet, das als Eigentum in den Schutzbereich von Art. 14 GG fällt.[914] Zwangslizenzen nach § 24 PatG müssen den Anforderungen einer grundrechtlich verorteten Verhältnismäßigkeitsprüfung genügen und sind angesichts der in Art. 14 GG angelegten Wertentscheidung zugunsten des Privateigentums nur unter größtmöglicher Schonung des Rechteinhabers als *ultima ratio* zulässig.[915] Der in der staatlichen Gewährung einer Zwangslizenz liegende hoheitliche Eingriff ist nur dann erforderlich, wenn sich der Patentinhaber dem milderen Mittel einer vertraglichen Einräumung der Benutzungsgestattung zu

910 *Lunze/Rektorschek*, PharmR 2021, 629 (632).

911 Vgl. BGH GRUR 2019, 1038 Rn. 21 f. – Alirocumab, der angesichts des kurzen Zeitraums zwischen Lizenzangebot und mündlicher Verhandlung im Rahmen der Zwangslizenzklage erhöhte Anforderungen an ein der Situation und dem Zeitrahmen angemessenes Bemühen stellte.

912 BGH GRUR 2017, 1017 Rn. 19 – Raltegravir.

913 Vgl. *Stierle*, GRUR 2024, 419 (423), der sich dennoch im Ergebnis insbesondere aus Gründen der Rechtssicherheit für eine Ausnahme vom Erfordernis des vorherigen Lizenzbemühens ausspricht.

914 BVerfGE 36, 281 (290 ff.); *Depenheuer/Froese*, in: Huber/Voßkuhle, GG, 8. Aufl. (2024), Art. 14 Rn. 150.

915 *Pohl* (o. Fn. 6), 141; vgl. BGH GRUR 1996, 190 (193) – Interferon-gamma/Polyferon.

angemessenen Bedingungen verweigert.[916] Der tiefgreifende Eingriff einer Zwangslizenz in das verfassungsrechtlich geschützte Ausschließlichkeitsrecht des Patentinhabers setzt das Erfordernis des vorherigen Lizenzbemühens zwingend voraus.[917]

490 Auch ein Vergleich zu § 13 PatG legt ein Festhalten an der Voraussetzung des § 24 Abs. 1 Nr. 1 PatG aus Gründen der Verhältnismäßigkeit nahe. So fehlt es an der Erforderlichkeit und damit an der Verhältnismäßigkeit einer Benutzungsanordnung nach § 13 PatG insbesondere dann, wenn das mit der Anordnung verfolgte Ziel auch durch freiwillige Gestattung der Nutzung durch den Patentinhaber erreicht werden kann.[918] Dieser Maßstab gilt auch in Krisenzeiten. Es erschiene inkonsequent, bei einem – im Vergleich zu § 13 PatG zumindest ähnlich starken[919] – Eingriff in das Recht des Patentinhabers durch eine Zwangslizenz in Notfällen auf das im Verhältnismäßigkeitsgrundsatz angelegte Erfordernis vorheriger Lizenzbemühungen ohne nähere Prüfung im Einzelfall pauschal zu verzichten.

3. Effektivität und Effizienz einvernehmlicher Lösungen

491 Nicht zuletzt sprechen die Vorteile einvernehmlicher Lösungen gegen eine Ausnahme vom Erfordernis des vorherigen Lizenzbemühens. Wegen der höheren Effektivität und Effizienz vertraglicher Vereinbarungen im Vergleich zu Zwangslizenzen sollte jede Gelegenheit, auch die der verpflichtenden Lizenzbemühungen nach § 24 Abs. 1 Nr. 1 PatG, genutzt werden, um auf eine rechtsgeschäftliche Einigung hinzuwirken.

a) Effektivität rechtsgeschäftlicher Lizenzen

492 Eine bilaterale Vereinbarung mit dem Patentinhaber befähigt den Lizenznehmer in der Regel besser dazu, die geschützte Erfindung effektiv zu nutzen und zur Krisenbewältigung einzusetzen.[920] Das Bemühen um eine rechtsgeschäftliche Lizenz beinhaltet die Chance auf eine Vereinbarung, die ihrem Umfang nach über die patentierte Erfindung hinausgeht. Während sich die Zwangslizenz nach § 24 PatG auf die Offenlegung der patentgemäßen Lehre beschränkt, können in einer vertraglichen Lizenz im Rahmen der Privatautonomie darüber hinausgehende Bestimmungen, insbesondere die Übertragung von begleitendem Know-

916 BGH GRUR 2019, 1038 Rn. 18 f. – Alirocumab; vgl. *Plöger*, in: FS Reuter, 2010, 1123 (1129 f.).

917 Vgl. BGH GRUR 2019, 1038 Rn. 18 f. – Alirocumab.

918 *Ensthaler*, in: BeckOK PatR, 34. Aufl. (2024), PatG, § 13 Rn. 11; vgl. *Metzger/Zech*, GRUR 2020, 561 (565).

919 Zum Vergleich und Verhältnis zwischen § 13 und § 24 PatG siehe oben Kap. 2 C. III. 3.

920 Ebenso *Stierle*, GRUR 2024, 419 (421).

how, vereinbart werden. In Krisensituationen, in denen ein dringender Bedarf an einem bestimmten knappen Gut besteht, könnte etwa auch die Bereitstellung von Produktionskapazitäten, Vorprodukten oder personellen Ressourcen Gegenstand einer Lizenzvereinbarung sein. All diese Aspekte, die einer effektiveren Krisenbewältigung förderlich sind, bleiben bei einer hoheitlich angeordneten Zwangslizenz außen vor.

Freilich könnten Lizenzsucher und Patentinhaber auch neben einer »unver- 493
züglichen« Zwangslizenz ohne vorherige Verhandlungen weitere bilaterale Vereinbarungen treffen. Der Anreiz hierzu dürfte indes (jedenfalls aufseiten des Lizenzsuchers) geringer sein als bei einer gesetzlichen Verpflichtung des Lizenzsuchers zu vorherigen Lizenzbemühungen. Kommt es nach erfolglosen Lizenzbemühungen dennoch zur Erteilung einer Zwangslizenz, können auf der Grundlage des zumindest einmal bestehenden rechtsgeschäftlichen Kontakts zwischen Lizenzsucher und Patentinhaber leichter ergänzende Vereinbarungen getroffen werden.

b) Effizienz rechtsgeschäftlicher Lizenzen

Hinzu kommt, dass vertragliche Vereinbarungen unter Effizienzgesichtspunkten 494
einem hoheitlichen Eingreifen mittels Zwangslizenzen überlegen sind.

Zum einen können administrative Kosten für die Zwangslizenzerteilung ein- 495
gespart werden.[921] Private Akteure sind mit den Gegebenheiten der jeweiligen Branche bestens vertraut und können unter vertretbarem Aufwand den Gegenstand der Lizenz zielgenau definieren und eine dafür angemessene Lizenzgebühr aushandeln. Freiwillige Lizenzverhandlungen können unter Umständen auch dank langjährig bestehender und vertrauensvoller Geschäftsbeziehungen effizient und zielorientiert geführt werden. Das Patentgericht muss hingegen unter beträchtlichem Mehraufwand den Zwangslizenzantrag ausführlich prüfen und eine angemessene Vergütungshöhe bestimmen.

Zum anderen ist es aus innovationspolitischer Sicht ratsam, von der in Art. 31 496
lit. b S. 2 TRIPS vorgesehenen Möglichkeit, Zwangslizenzen ohne vorherige Verhandlungen zu erteilen, keinen Gebrauch zu machen. Eine vertragliche Lizenz, die (wenn auch unter Androhung staatlicher Intervention) von den Parteien einvernehmlich ausgehandelt und akzeptiert wurde, geht mit weniger schädlichen Auswirkungen auf die Innovationsanreize einher.[922] Sie beinhaltet nicht den gefürchteten unkontrollierten Eingriff in das Ausschließlichkeitsrecht, der schwerwiegende negative Effekte auf die Innovationsbereitschaft des Patentinhabers und die dynamische Effizienz einer ganzen Volkswirtschaft haben kann. Der Patentinhaber behält die Kontrolle über sein Recht und disponiert freiwillig darüber. Insbesondere kann er den Lizenzsatz so bemessen, dass seine dominierende Stellung auf dem Markt durch den Lizenznehmer nicht gefährdet wird,

921 *Stierle*, GRUR 2024, 419 (421).
922 *Gillat*, Food & Drug L. J. 2003, 711 (737).

etwa indem er den Lizenzsatz so gestaltet, dass der Gewinn des Lizenznehmers gerade ausreicht, um die Lizenzgebühr zu bezahlen.[923] Zur Vermeidung negativer Anreizeffekte sollten deshalb – auch durch das Erfordernis vorheriger Lizenzbemühungen – vorrangig freiwillige Lösungen gefördert werden.[924]

4. Zwischenergebnis

497 Eine Ausnahme von § 24 Abs. 1 Nr. 1 PatG ist in praktischer Hinsicht nicht notwendig und unter Verhältnismäßigkeitsgesichtspunkten problematisch. Das Erfordernis vorheriger Lizenzbemühungen lässt sich in einer Notsituation flexibel auslegen und steht einer effektiven Krisenbekämpfung nicht entgegen. Daher sollte das Zwangslizenzrecht wie bisher zu jedem Zeitpunkt, gerade auch in Krisenzeiten, durch verpflichtende Lizenzbemühungen auf rechtsgeschäftliche Lizenzen hinwirken, die einen umfassenden und effizienten Technologietransfer unter Wahrung von Innovationsanreizen ermöglichen und damit für alle Beteiligten, einschließlich der Allgemeinheit, vorzugswürdig sind.

II. Produktbezogene Zwangslizenzen

498 Die patentrechtliche Zwangslizenz ist nach geltendem Recht auf ein konkretes Patent beschränkt (vgl. § 24 Abs. 6 S. 1 und Abs. 7 S. 1 PatG: »[…] Zwangslizenz an *einem* Patent […]«). Sind bestimmte krisenrelevante Technologien durch ein ganzes Bündel von Patenten geschützt, müssten somit in einer Notsituation trotz der gebotenen Eile zunächst alle relevanten Patente in aufwändiger Weise identifiziert und mehrere Zwangslizenzen ersucht werden.[925] Dadurch kann nicht nur der Einsatz von Zwangslizenzen zur Bekämpfung einer Notlage erheblich verzögert, sondern der Lizenzsucher aus Sorge vor der Verletzung unbeachteter Patente von einem Zwangslizenzantrag gänzlich abgehalten werden.

499 Um dies zu vermeiden, könnte § 24 PatG auf die Gesamtheit aller Patente erweitert werden, die für die Herstellung und den Vertrieb eines bestimmten Produkts erforderlich sind, sodass sich die Nutzungserlaubnis nicht wie bisher auf ein einzelnes Patent, sondern auf die angestrebte Ausführung der Erfindung bezieht.[926] Mit anderen Worten stellt sich die Frage, ob die Zwangslizenz einem produktbezogenen Ansatz anstatt des aktuellen schutzrechtsbezogenen Ansatzes folgen sollte.[927]

923 *Stolpe*, ifo Schnelldienst 2021, 17 (19).
924 Vgl. *Stierle*, JZ 2021, 71 (79).
925 Ausführlich zu diesem Problem oben Kap. 4 C. IV.
926 Dazu *Stierle*, GRUR 2024, 419 (427 f.); im europäischen Kontext *Lamping u. a.*, GRUR Int. 2023, 471 (478); *Vandermeulen u. a.* (o. Fn. 11), 35 f., 49 f.
927 So *Lamping u. a.*, GRUR Int. 2023, 471 (478). *Stierle*, GRUR 2024, 419 (427) verwendet die Bezeichnung »ausführungsgegenstandsbezogene Zwangslizenz«.

1. Ansätze eines produktbezogenen Ansatzes im (geltenden) Unionsrecht

In die Richtung eines produktbezogenen Ansatzes geht der Vorschlag der Kommission zu einheitlichen Zwangslizenzen. Während nach Art. 8 Abs. 1 lit. a und b VO-E im Grundsatz das betroffene Schutzrecht und der Rechteinhaber konkret zu bezeichnen sind, kann darauf verzichtet werden, wenn die Ermittlung des Schutzrechts die Erteilung der Zwangslizenz erheblich verzögern würde (lit. a) bzw. der Rechteinhaber aufgrund besonderer Umstände, einschließlich der Dringlichkeit der Situation, mit angemessenem Aufwand nicht ermittelt werden kann (lit. b). Anstatt des konkreten Schutzrechts wäre dann gem. Art. 8 Abs. 1 lit. a VO-E der Freiname des im Rahmen der Zwangslizenz herzustellenden Produkts anzugeben.[928] 500

Die VO 816/2006 betreffend Ausfuhr-Zwangslizenzen spricht nicht von einzelnen Patenten, sondern von Zwangslizenzen für »pharmazeutische Erzeugnisse« (vgl. Art. 6 Abs. 2, 3) und im Plural von der »Bezeichnung *der Patente* […], hinsichtlich der eine Zwangslizenz beantragt wird« (ErwGr. 14). Nach Art. 6 Abs. 3 lit. b VO 816/2006 ist im Zwangslizenzantrag ebenfalls der »Freiname des pharmazeutischen Erzeugnisses, dessen Herstellung und Verkauf zu Ausfuhrzwecken im Rahmen der Zwangslizenz geplant ist«, anzugeben. 501

Mit diesen beiden (geplanten) Vorschriften ist zwar noch keine vollständige Abkehr vom schutzrechtsbezogenen Ansatz verbunden. Beide lassen es aber unter bestimmten Voraussetzungen genügen, die Freinamen der Produkte anzugeben, die unter der Zwangslizenz hergestellt und vertrieben werden sollen und ermöglichen dadurch zumindest in eingeschränkter Weise die Erteilung einer Zwangslizenz an einer Vielzahl von Patenten. Ob auch das nationale Zwangslizenzrecht in Richtung eines produktbezogenen Ansatzes fortentwickelt werden sollte, erscheint trotz gewisser Vorzüge (2.) aufgrund einiger schwerwiegender Probleme (3.) zumindest zweifelhaft.[929] 502

2. Schnellere Krisenbekämpfung durch produktbezogene Zwangslizenzen

Die Vorteile eines produktbezogenen Ansatzes liegen auf der Hand. Mithilfe produktbezogener Zwangslizenzen könnte bei einer unübersichtlichen Schutzrechtslage eine schnellere Reaktion auf Krisen und Notlagen erfolgen. 503

In Notlagen entsteht typischerweise ein dringender Bedarf an neuen und komplexen Produkten (z.B. an einem neu entwickelten Impfstoff), die aus mehreren patentgeschützten Komponenten bestehen.[930] Ergibt sich durch die Kom- 504

928 Aufgrund der Streichung der einschlägigen Halbsätze in Art. 8 Abs. 1 lit. a und b VO-E im Standpunkt des EP (P9_TA(2024)0143, Abänderung 51 und 52) und des Rates (Ratsdok. 11613/24, 48) ist zu erwarten, dass diese Ausnahmetatbestände im weiteren Verlauf des Gesetzgebungsverfahrens wieder zurückgenommen werden.

929 Ähnlich kritisch *Stierle*, GRUR 2024, 419 (427 f.).

930 Ausführlich dazu oben Kap. 4 C. IV.

plexität eines krisenrelevanten Produkts ein schwer zu überblickendes Geflecht aus einer Vielzahl von Patenten, so lässt sich in dringlichen Notsituationen nicht ohne weiteres schnell und zweifelsfrei bestimmen, welche bzw. wessen Patente für die Herstellung des Produkts erforderlich sind und lizenziert werden müssen. Muss der Zwangslizenzsucher zunächst alle relevanten Patente und deren Inhaber auffinden und sich um mehrere Zwangslizenzen bemühen, kann dies zu erheblichen Verzögerungen führen und die Bekämpfung einer Notlage erschweren. Der Lizenzsucher läuft Gefahr, nicht alle relevanten Schutzrechte zu identifizieren und damit ein produktessenzielles Patent zu übersehen. Dieses Risiko ist besonders hoch, wenn in der Dringlichkeit einer Notlage branchenfremde Unternehmen mit limitierten Kenntnissen in einem für sie neuen Technologiebereich zeitnah tätig werden wollen.[931] Wegen dieses Risikos werden Lizenzsucher möglicherweise von der Beantragung einer Zwangslizenz gänzlich absehen.

505 Könnten Zwangslizenzen auf gesamte Produkte anstatt auf einzelne Patente erteilt werden, würde dies die Bekämpfung von Krisen und Notlagen mithilfe von Zwangslizenzen wesentlich erleichtern und beschleunigen. Würde eine einzige Zwangslizenz ein ganzes Produkt abdecken, blieben dem Lizenzsucher zeit- und kostenintensive Bemühungen im Vorfeld einer Zwangslizenzklage erspart. Die Effektivität und Effizienz von Zwangslizenzen in Krisenzeiten könnte auf diese Weise gesteigert werden.[932]

3. Probleme eines produktbezogenen Ansatzes

506 Trotz dieser Vorzüge wären produktbezogene Zwangslizenzen mit nicht unerheblichen (praktischen) Schwierigkeiten verbunden.

a) Bezeichnung und Abgrenzung des konkreten Produkts

507 Ein erstes Problem liegt in der konkreten Bezeichnung und Abgrenzung des jeweiligen Produkts, das Gegenstand einer Zwangslizenz sein soll.

508 Es gilt zu bedenken, dass die Beschreibung von konkreten Produkten komplexer sein kann als die Beschreibung von Erfindungen.[933] Die bloße Bezeichnung mit dem von der WHO vorgegebenen Freinamen für einen Arzneimittelwirkstoff, wie es der Kommissionsvorschlag vorsieht, kann allenfalls bei Arzneimitteln funktionieren.[934] Unklar ist, wie das krisenrelevante Produkt zu benennen ist, wenn es sich nicht um einen Arzneimittelwirkstoff handelt und kein Freiname existiert.[935] Wird ein Produkt nicht eindeutig und zweifelsfrei benannt und ist daraufhin nicht klar, wessen Patent tatsächlich von der Zwangs-

931 *Stierle*, GRUR 2024, 419 (427).
932 Vgl. *Vandermeulen u. a.* (o. Fn. 11), 36.
933 *Stierle*, GRUR 2024, 419 (427).
934 *Stierle*, GRUR 2024, 419 (427).
935 *Stierle*, GRUR Pat. 2024, 2 Rn. 20.

lizenz erfasst ist, entsteht erhebliche (Rechts-)Unsicherheit in der betroffenen Branche.

Daran schließen sich Abgrenzungsfragen an, wie weit der Kreis der Patente 509 zu ziehen ist, die für die Herstellung und den Vertrieb des betreffenden Erzeugnisses bzw. für die Ausführung des Verfahrens erforderlich sind. Zu denken ist etwa an Fälle, in denen ein Gegenstand bereits durch eine bestimmte Gruppe von Patenten vollumfänglich ausführbar ist, durch die Hinzunahme weiterer Patente aber noch wirkungsvoller oder effizienter ausgeführt werden kann. Aus Gründen der Rechtssicherheit wäre hier jedenfalls eine Beschränkung der Zwangslizenz auf diejenigen Patente sinnvoll, die (lediglich) die Funktionalität des Ausführungsgegenstandes sicherstellen und nicht darüber hinaus eine – kaum rechtssicher festzustellende – bessere Ausführung ermöglichen.

b) Austauschbare Erfindungen

Ein spezielles Abgrenzungsproblem ergibt sich bei austauschbaren Erfindungen, 510 die für sich genommen nicht essenziell für die Ausführung eines Gegenstandes sind und durch vergleichbare Erfindungen ersetzt werden können.

Nach dem geltenden schutzrechtsbezogenen Ansatz setzt die Erteilung einer 511 Zwangslizenz voraus, dass die Nutzung der patentierten Erfindung, auf die sich die Zwangslizenz bezieht, im öffentlichen Interesse geboten ist. Bei einem produktbezogenen Ansatz, der eine Zwangslizenz für mehrere Patente ermöglicht, kann es vorkommen, dass es für einige, wenn nicht sogar für die meisten dieser Erfindungen gleichwertige Alternativen gibt.[936] Die Produktion eines mRNA-Impfstoffs betrifft bspw. nicht nur das Patent auf den neu entwickelten Wirkstoff, sondern weitere Patente auf die restlichen Komponenten des Impfstoffs (z.B. Hilfsstoffe und Stabilisatoren), die auf bereits bekannten Technologien beruhen und durch Alternativen ersetzbar sind.

Eine Zwangslizenz an solchen austauschbaren Erfindungen ließe sich kaum 512 mit öffentlichen Interessen wie etwa gewichtigen gesundheitlichen Belangen rechtfertigen.[937] Die Nutzung austauschbarer Erfindungen ist nicht zwingend erforderlich, um gewichtige Allgemeingüter zu schützen und einer Zwangslizenz daher nicht zugänglich. Gegenstand einer Zwangslizenz können richtigerweise nur Erfindungen sein, die zur Herstellung eines bestimmten Produkts unerlässlich sind. Selbst produktbezogene Zwangslizenzen dürften sich mithin nur auf nicht austauschbare Erfindungen erstrecken, an deren Benutzung ein öffentliches Interesse besteht.[938] In der Konsequenz müsste vor Erteilung einer Zwangslizenz zunächst aufwändig zwischen austauschbaren und nicht austauschbaren Erfindungen differenziert werden, was dem eigentlichen Zweck des produktbezogenen

936 *Lamping u. a.*, GRUR Int. 2023, 471 (478) Fn. 86.
937 *Lamping u. a.*, GRUR Int. 2023, 471 (478) Fn. 86.
938 Treffend *Lamping u. a.*, GRUR Int. 2023, 471 (478) Fn. 86.

Ansatzes, die Zwangslizenz zu einem effizienteren und praktikableren Kriseninstrument zu machen, erkennbar zuwiderlaufen würde.

c) Verfahrensrechtliche Fragestellungen

513 Eine weitere Schwierigkeit besteht darin, den produktbezogenen Ansatz in die verfahrensrechtlichen Strukturen des nationalen Zwangslizenzrechts zu integrieren.[939]

514 Das aktuelle Zwangslizenzverfahren ist auf ein bestimmtes Patent und dessen Inhaber ausgelegt: Die Klage auf Erteilung einer Zwangslizenz richtet sich gegen den im Register als Patentinhaber Eingetragenen (§ 81 Abs. 1 S. 2 PatG) und muss unter anderem den Beklagten und den Streitgegenstand bezeichnen (§ 81 Abs. 5 S. 1 PatG). Um die angestrebten Vorteile produktbezogener Zwangslizenzen zu erreichen und das Zwangslizenzverfahren effizienter zu gestalten, müsste der Antragsteller – wie in Art. 8 VO-E vorgesehen – in Ausnahmefällen von der Pflicht befreit werden, alle Patente, für die er eine Zwangslizenz beantragt, einschließlich der jeweiligen Rechteinhaber zu ermitteln und anzugeben.[940]

515 Da der betroffene Patentinhaber für die Nutzungsbefugnis aber zwingend zu vergüten ist, kann auf die Identifizierung der relevanten Schutzrechte und Rechteinhaber nicht gänzlich verzichtet werden – sie müsste vielmehr nach Erteilung der Zwangslizenz nachgeholt werden. In der vorgeschlagenen EU-Zwangslizenzverordnung wird dies dahingehend berücksichtigt, dass die Kommission gem. Art. 8 Abs. 2 VO-E entgegen Art. 8 Abs. 1 lit. e VO-E zunächst auf die Angabe der an den Rechteinhaber zu zahlenden Entschädigung in der Zwangslizenz verzichten kann und die Festsetzung der Vergütung nachträglich, nach Erteilung der Zwangslizenz, erfolgen kann.

516 Die Einführung einer vergleichbaren nationalen Bestimmung wird allerdings durch das strukturell anders ausgestaltete nationale Zwangslizenzverfahren erschwert. Anders als die im Unionsrecht vorgesehene exekutive Anordnung von Zwangslizenzen durch die Kommission wird die Zwangslizenz im deutschen Recht durch das BPatG nach Durchführung eines gerichtlichen Verfahrens erteilt. Sind, wie häufig, Patente von verschiedenen Patentinhabern betroffen, ist bereits unklar, gegen wen sich die Zwangslizenzklage überhaupt zu richten hat.

517 Offen bleibt zunächst auch, wem als Patentinhaber ein Vergütungsanspruch gegen den Zwangslizenznehmer zusteht. Da das Urteil (§ 84 Abs. 1 S. 1 PatG), durch das die Zwangslizenz erteilt und im Normalfall die zu entrichtende Vergütung festgesetzt wird, keinen vollstreckbaren Titel zugunsten des Patentinhabers

939 Vgl. *Stierle*, GRUR 2024, 419 (427).

940 Andernfalls hätte ein produktbezogener Ansatz nicht viel mehr zu bieten als das, was durch eine Zusammenlegung von Verfahren (§ 147 ZPO) erreicht werden kann, außer dass eine Klage gegen mehrere Beklagte erhoben werden könnte, *Lamping u. a.*, GRUR Int. 2023, 471 (478).

gegen den Lizenzsucher darstellt, muss der Patentinhaber den Vergütungsanspruch im ordentlichen Rechtsweg durchsetzen.[941] Würde – entsprechend der Regelung im VO-E der Kommission – die Entscheidung über die konkret betroffenen Rechte und Rechteinhaber sowie über die geschuldete Vergütung auf einen späteren Zeitpunkt nach Erteilung der Zwangslizenz verschoben und würden die Rechteinhaber nicht zeitnah über den Eingriff in ihre Rechte informiert, ginge dies einseitig zu Lasten der Rechteinhaber. Die nachträgliche Identifizierung der betroffenen Patente und Patentinhaber würde naturgemäß einige Zeit in Anspruch nehmen, sodass die Patentinhaber erst zu einem deutlich späteren Zeitpunkt als dem erfolgten Eingriff in ihre Rechte in die Lage versetzt würden, die ihnen zustehenden Vergütungsansprüche geltend zu machen.[942]

d) Vorherige Lizenzbemühungen

Zu beachten ist schließlich, dass der produktbezogene Ansatz mit dem prinzipiellen Vorrang vorheriger Bemühungen um eine rechtsgeschäftliche Lizenz konfligiert. 518

Würde man vom Lizenzsucher entsprechend der geltenden Rechtslage verlangen, sich vor Beantragung einer Zwangslizenz um eine rechtsgeschäftliche Lizenz zu bemühen, würde der Grundgedanke des produktbezogenen Ansatzes konterkariert. Der Lizenzsucher müsste vorab alle relevanten Patente und ihre jeweiligen Inhaber ermitteln, um sich überhaupt um vertragliche Lizenzen bemühen zu können. Der Einsatz einer produktbezogenen Zwangslizenz würde dann im Vergleich zur geltenden Rechtslage keine zügigere Reaktion auf Krisen und Notlagen ermöglichen. An dem Erfordernis des vorherigen Lizenzbemühens ist aber, wie bereits ausgeführt, festzuhalten.[943] 519

Hält man demgegenüber eine Ausnahme von vorgeschalteten Lizenzbemühungen für angezeigt, so wäre der Anwendungsbereich produktbezogener Zwangslizenzen jedenfalls auf außergewöhnliche Notfälle oder sonstige Umstände von äußerster Dringlichkeit zu begrenzen, da nur in diesen Fällen auf das Bemühen um rechtgeschäftliche Lizenzen verzichtet werden darf (vgl. Art. 31 lit. b S. 2 TRIPS).[944] 520

4. Zwischenergebnis

Im Ergebnis verbleiben einige schwer zu lösende Probleme, die mit der Einführung von produktbezogenen Zwangslizenzen verbunden wären und deren potenziellen Nutzen überwiegen können. Anstatt eines schnelleren und praktikableren 521

941 *Haedicke/Wollenschlaeger*, in: Haedicke/Timmann, Hdb. PatR, 2. Aufl. (2020), § 16 Rn. 314; *Kober-Dehm*, in: Benkard, PatG, 12. Aufl. (2023), § 24 Rn. 36.
942 Vgl. *Vandermeulen u. a.* (o. Fn. 11), 50.
943 Siehe oben Kap. 7 A. I.
944 *Stierle*, GRUR 2024, 419 (427); ähnlich *Lamping u. a.*, GRUR Int. 2023, 471 (478).

Mechanismus zur Erteilung von Zwangslizenzen würden noch komplexere Strukturen und Voraussetzungen geschaffen, mit denen der Zwangslizenz in ihrer Funktion als Krisenbewältigungsinstrument nicht geholfen wäre. Am aktuellen schutzrechtsbezogenen Ansatz sollte daher festgehalten werden.

522 Allzu schwer dürfte dieses Ergebnis ohnehin nicht wiegen, da im Einzelfall – soweit einzelne Rechte übersehen werden – möglichen Härten durch eine (vorübergehende) Beschränkung des Unterlassungsanspruchs nach § 139 Abs. 1 S. 3 PatG Rechnung getragen werden kann.[945]

III. »Rechtsgrundlose« Zwangslizenzen: Rückabwicklung bei fehlendem Rechtsbestand

523 Einer der Gründe, der Lizenzsucher von der Beantragung einer Zwangslizenz abhalten kann, liegt darin, dass für den Fall, in dem sich das von der Zwangslizenz erfasste Patent rückblickend als nicht rechtsbeständig erweist, nach geltender Rechtslage keine Rückabwicklung der gezahlten Vergütung vorgesehen ist. Wird das betreffende Patent im Wege der Nichtigkeitsklage oder im Einspruch rückwirkend für nichtig erklärt oder widerrufen (vgl. §§ 21 Abs. 3 S. 1, 22 Abs. 2 PatG), bleibt nach Rechtsprechung des BPatG die Vergütungspflicht des Zwangslizenznehmers bis zu diesem Zeitpunkt unberührt.[946] Für ein Unternehmen, das an einer Zwangslizenz interessiert ist, kann es deswegen günstiger sein, das Risiko einer insoweit »rechtsgrundlos«[947] gezahlten Vergütung zu meiden und auf die Beantragung einer Zwangslizenz zu verzichten.

1. Rechtsprechung des BPatG: keine Rückabwicklung der geleisteten Vergütung

524 Das BPatG hat trotz späteren Widerrufs des von der Zwangslizenz umfassten Patents eine Vergütungspflicht bis zum Zeitpunkt der Entscheidung im Einspruchsverfahren bejaht.[948] Zwar werde das Streitpatent durch dessen Widerruf

945 *Stierle*, GRUR 2024, 419 (428). Die Verletzung einiger weniger Patente bei komplexen Produkten, die von einer Vielzahl schwer zu überblickender Patente abgedeckt sind, fällt in den Anwendungsbereich des Verhältnismäßigkeitsvorbehalts, siehe etwa *Pitz*, in: BeckOK PatR, 34. Aufl. (2024), PatG, § 139 Rn. 90g; *Plagge* (o. Fn. 100), 459 ff.

946 BPatG GRUR 2018, 803 Rn. 26 ff. – Isentress II.

947 Da die Vergütungspflicht in der Vergangenheit bestehen bleibt, existiert im engeren Sinne durchaus ein Rechtsgrund für die bereits geleistete Vergütung. Die Zwangslizenz bezieht sich der Sache nach aber stets auf ein rechtsbeständiges Patent und wird darum für den Fall eines späteren Wegfalls des Patents an dieser Stelle als »rechtsgrundlos« bezeichnet.

948 BPatG GRUR 2018, 803 Rn. 26 ff. – Isentress II; ebenso bereits *Neumar*, in: Reimer, PatG, 3. Aufl. (1968), § 15 Rn. 22.

mit *ex-tunc*-Wirkung vernichtet. Dies lasse aber den aus § 24 Abs. 6 S. 4 PatG folgenden Anspruch auf Zahlung einer angemessenen Vergütung für die Zeit vor dem Widerruf nicht rückwirkend entfallen und entziehe diesem nicht nachträglich die Rechtsgrundlage.[949]

a) Vergleich zwischen Zwangslizenz und vertraglicher Lizenz

Das Fortbestehen des Vergütungsanspruchs begründet das BPatG in erster Linie 525
mit der vergleichbaren Stellung von Zwangslizenz und vertraglicher Lizenz.

Ähnlich wie bei vertraglichen Lizenzen seien auch erzwungene Lizenzen mit 526
Unsicherheiten behaftete Geschäfte, bei denen keine Gewissheit über den dauernden Bestand des lizenzierten Schutzrechts bestehe.[950] Bei vertraglichen Lizenzen sei anerkannt, dass der Bestand des Lizenzvertrags für die Vergangenheit unberührt bleibt und eine Zahlungspflicht für die Vergangenheit zumindest so lange bestehen bleibt, wie dem Lizenznehmer durch die Lizenz und die Akzeptanz des Schutzrechts im Wettbewerb wirtschaftliche Vorteile erwachsen.[951] Bei der Zwangslizenz bestehe der Vorteil bis zum Widerruf des Patents im Schutz vor einem zu erwartenden (vorläufig vollstreckbaren) Unterlassungsurteil, das den Zwangslizenzsucher an der Vermarktung des betreffenden Produkts hindert.[952] Parallel zu diesem Vorteil bestehe auch die Vergütungspflicht für die Zeit bis zum Widerruf fort, die nicht rückwirkend entfalle.[953]

b) Billigkeitserwägungen

Diesem Ergebnis stehen nach Ansicht des BPatG auch keine anderweitigen Bil- 527
ligkeitserwägungen entgegen. Das Gericht erkennt an, dass der Inhaber eines nichtigen Patents billigerweise nicht mehr vom Patent profitieren darf als jeder andere Patentinhaber auch; ihm dürften deswegen aber auch keine besonderen Nachteile erwachsen. Wer eine Zwangslizenz erdulden muss, solle nach der Wertentscheidung des Gesetzgebers dafür auch angemessen bezahlt werden.[954] Hätte der Gesetzgeber eine von den üblichen vertraglichen Gestaltungen abweichende Risikoverteilung zulasten des ohnehin bereits durch die Zwangslizenz belasteten Patentinhabers vornehmen wollen, so hätte er dies in § 24 Abs. 6 S. 4 PatG zum Ausdruck gebracht.[955]

949 BPatG GRUR 2018, 803 Rn. 28 – Isentress II.
950 BPatG GRUR 2018, 803 Rn. 28 – Isentress II.
951 BPatG GRUR 2018, 803 Rn. 28 – Isentress II; *Deichfuß/Tochtermann*, in: Benkard, PatG, 12. Aufl. (2023), § 15 Rn. 192 f. m.w.N.
952 Vgl. BPatG GRUR 2018, 803 Rn. 29 f. – Isentress II.
953 Vgl. BPatG GRUR 2018, 803 Rn. 30 – Isentress II; *Neumar*, in: Reimer, PatG, 3. Aufl. (1968), § 15 Rn. 22.
954 BPatG GRUR 2018, 803 Rn. 34 – Isentress II.
955 BPatG GRUR 2018, 803 Rn. 32 – Isentress II.

528 Das Risiko des späteren Widerrufs des Streitpatents werde auch nicht in unangemessener Weise dem – auch im öffentlichen Interesse handelnden – Zwangslizenzsucher aufgebürdet: Dessen wirtschaftliche Erwägungen, ob und zu welchen Bedingungen er bereit ist, eine Zwangslizenz zu erwerben, würden nämlich regelmäßig nicht durch das öffentliche Interesse und altruistische Motive bestimmt, sondern richten sich primär nach den Bedürfnissen seines Unternehmens aus.[956] Wenn er dann nicht bereit oder in der Lage sei, eine angemessene Lizenzgebühr zu entrichten, könne er ungeachtet eines etwaigen öffentlichen Interesses auf der Grundlage einer wirtschaftlich vernünftigen Abwägung ebenso von einer Zwangslizenzklage absehen, wie ein »normaler« Lizenzsucher vom Abschluss einer vertraglichen Lizenzvereinbarung absehen kann.[957]

2. Abschreckungswirkung gegenüber potenziellen Zwangslizenznehmern

529 So nachvollziehbar die Begründung des BPatG erscheinen mag, geht von dieser Rechtsprechung gleichwohl eine gewisse Abschreckungswirkung gegenüber potenziellen Zwangslizenznehmern aus, die sich negativ auf die Attraktivität der Zwangslizenz und ihre praktische Bedeutung auswirken kann.

530 In manchen Fällen könnte eine unternehmerische Kosten-Nutzen-Abwägung zu dem Ergebnis gelangen, dass das Risiko von Zwangslizenzzahlungen auf Grundlage eines tatsächlich nicht rechtsbeständigen Patents den potenziellen Nutzen durch den (zeitlich und räumlich beschränkten) Vertrieb des betreffenden Produkts im Rahmen der Zwangslizenz übersteigt und ein Abwarten, ggf. verbunden mit einem direkten Angriff auf den Rechtsbestand des Patents, günstiger ist. Gerade dann, wenn der Rechtsbestand des betreffenden Patents in Zweifel steht oder es sich um direkte Konkurrenten handelt, kann es für den potenziellen Patentverletzer betriebswirtschaftlich rational sein, die Patentverletzung schlicht in Kauf zu nehmen, anstatt im Rahmen einer (»rechtsgrundlosen«) Zwangslizenz eine Vergütung an den Patentinhaber zu leisten.

3. Gesetzgeberischer Änderungsbedarf?

531 Um die soeben beschriebenen Abschreckungseffekte zu vermeiden und der Zwangslizenz insoweit zu mehr Attraktivität zu verhelfen, könnte in § 24 Abs. 6 PatG ein Zusatz aufgenommen werden, der (entgegen der Rechtsprechung des BPatG) zugunsten des Zwangslizenznehmers eine Rückzahlung der an den Patentinhaber geleisteten Vergütung anordnet, falls das von der Zwangslizenz umfasste Patent nachträglich für nichtig erklärt oder widerrufen wird.

532 Obschon eine Rückvergütungspflicht dem Lizenzsucher wirtschaftlich zugutekommen würde und die Attraktivität der Zwangslizenz erhöhen kann, ergeben sich unter Berücksichtigung der Besonderheiten der Zwangslizenz und der hier-

956 BPatG GRUR 2018, 803 Rn. 32 – Isentress II.
957 BPatG GRUR 2018, 803 Rn. 32 – Isentress II.

von betroffenen Interessen des Patentinhabers substanzielle Einwände gegen die Einführung einer Rückzahlungspflicht.

a) Planungs- und Investitionssicherheit aufseiten des Lizenzsuchers

Eine Rückabwicklung gezahlter Lizenzgebühren bei fehlendem Rechtsbestand des Patents würde die Investitions- und Planungssicherheit aufseiten des Zwangslizenznehmers erhöhen. 533

Vielfach wird der Zwangslizenznehmer im Vertrauen auf die Wirksamkeit des Patents Investitionen getätigt haben, die auf die gesamte Dauer der Nutzungsbefugnis angelegt sind und sich infolge des Wegfalls des Patents als (teilweise) nutzlos erweisen.[958] Nach Fortfall des Patents werden in der Regel weitere Unternehmen neben den Zwangslizenznehmer auf den Markt dringen, der sich daraufhin veränderten Marktverhältnissen stellen muss. Die ursprünglich angestellten Kalkulationen und die ohnehin schwer abschätzbaren Gewinnerwartungen werden dadurch überholt. 534

Eine Rückzahlungspflicht des Patentinhabers würde den Zwangslizenznehmer für die Investitionen, die nach Fortfall des Patents nicht mehr amortisierbar sind, kompensieren. Potenziellen Zwangslizenznehmern würde mit der Möglichkeit einer Rückabwicklung bei fehlendem Rechtsbestand des Patents die Entscheidung für entsprechende langfristige Investitionen und damit die Entscheidung für eine Zwangslizenz insgesamt erleichtert. Dies könnte gerade in wirtschaftlich unsicheren Krisenzeiten von besonderer Bedeutung sein und die praktische Relevanz der Zwangslizenz als Krisenbewältigungsinstrument erhöhen. 535

b) Besonderheiten der Zwangslizenz

Weiter leuchtet auf den ersten Blick nicht ein, wieso der Zwangslizenznehmer die Vergütung für einen Zeitraum zu leisten hat, in dem er die vermeintlich patentgeschützte Technologie rückblickend auch ohne eine Zwangslizenz im Rahmen der Gemeinfreiheit hätte benutzen dürfen.[959] 536

Bei näherer Betrachtung unter Berücksichtigung des hoheitlichen Charakters der Zwangslizenz im Unterschied zur rechtsgeschäftlichen Lizenz wirkt die Konsequenz, dass der Zwangslizenznehmer letztlich eine Vergütung für ein (rückblickend) nicht bestehendes Schutzrecht schuldet, indes weniger befremdlich. Der grundlegende zivilrechtliche Gedanke von Leistung und Gegenleistung trägt im Zusammenhang mit der Zwangslizenz nicht. Anders als bei vertraglichen Lizenzen verspricht der Patentinhaber hier nicht freiwillig eine Leistung, für die 537

958 Vgl. *Haedicke*, in: Haedicke/Timmann, Hdb. PatR, 2. Aufl. (2020), § 11 Rn. 202 in Bezug auf die vertragliche Lizenz.

959 Vgl. *Hoffmann*, ZGE 2014, 1 (22 f.) in Bezug auf die rechtsgeschäftliche Lizenz.

er nach allgemeinen schuldrechtlichen Regeln einzustehen hätte.[960] Bei der Vergütung nach § 24 Abs. 6 S. 4 PatG handelt es sich nicht um eine vertragliche Gegenleistung des Zwangslizenznehmers, die Gegenstand einer rechtsgeschäftlichen Vereinbarung ist. Sie dient vielmehr der Entschädigung des Patentinhabers für den staatlich erzwungenen Eingriff in sein Ausschließlichkeitsrecht und wird einseitig hoheitlich festgesetzt. Der nachträgliche Fortfall des Patents kann sich in der insoweit anders gelagerten Konstellation einer Zwangslizenz nicht in gleicher Weise auf die Vergütungspflicht auswirken wie bei einer rechtsgeschäftlichen Lizenz. Demzufolge muss die geleistete Vergütung dem Patentinhaber auch im Falle eines nicht rechtsbeständigen Patents als Ausgleich für den hoheitlichen Eingriff zustehen.

c) Nachteile des Patentinhabers

538 Dass die Vergütung trotz des Wegfalls des Patents beim Patentinhaber zu verbleiben hat, legt auch ein Blick auf die von einer Zwangslizenz betroffenen Interessen des Patentinhabers nahe.

539 Wird sogar bei rechtsgeschäftlichen Lizenzen weit überwiegend eine Rückabwicklung für die in der Vergangenheit gezahlten Lizenzgebühren abgelehnt,[961] lässt sich diese erst recht nicht bei erzwungenen Lizenzen begründen. Letztere beinhalten nämlich durch den hoheitlichen Eingriffscharakter einen deutlich tieferen Einschnitt in das Ausschließlichkeitsrecht des Patentinhabers. Handelt es sich bei dem Lizenzsucher um ein Konkurrenzunternehmen des Patentinhabers, drohen besonders schwerwiegende wirtschaftliche Einbußen infolge der Zwangslizenz.

540 Hinzu kommt, dass das Risiko eines Widerrufs oder einer Nichtigerklärung des Patents nach Erteilung der Zwangslizenz beim Patentinhaber verbleibt.[962] Eine Nichtangriffsklausel ist – anders als bei vertraglichen Lizenzen – regelmäßig nicht Gegenstand einer gerichtlich festgesetzten Zwangslizenz.[963] Der Lizenzsucher ist nach Erteilung der Zwangslizenz grundsätzlich weiterhin

960 So aber für die rechtsgeschäftliche Lizenz *Haedicke*, in: Haedicke/Timmann, Hdb. PatR, 2. Aufl. (2020), § 11 Rn. 201; *Lunze*, ZGE 2011, 282 (293 ff.).

961 So etwa BGH GRUR 2005, 935 (937) – Vergleichsempfehlung II; BGH GRUR 1983, 237 (238 f.) – Brückenlegepanzer; BGH GRUR 1969, 677 (678) – Rüben-Verladevorrichtung; BGH, GRUR 1957, 595 (596) – Verwandlungstisch; *Deichfuß/Tochtermann*, in: Benkard, PatG, 12. Aufl. (2023), § 15 Rn. 192 ff.; *Kober-Dehm*, in: Benkard, PatG, 12. Aufl. (2023), § 22 Rn. 89; *Loth/Hauck*, in: BeckOK PatR, 34. Aufl. (2024), PatG, § 15 Rn. 79; *McGuire*, in: Busse/Keukenschrijver, PatG, 9. Aufl. (2020), § 15 Rn. 143; *Mes* (o. Fn. 40), § 15 Rn. 79; kritisch *Haedicke*, in: Haedicke/Timmann, Hdb. PatR, 2. Aufl. (2020), § 11 Rn. 195 ff.; *Hoffmann*, ZGE 2014, 1 (17 ff.); *Lunze*, ZGE 2011, 282 (288 ff.).

962 BPatG GRUR 2018, 803 Rn. 55 – Isentress II.

963 *Mes* (o. Fn. 40), § 24 Rn. 39.

berechtigt, eine Nichtigkeitsklage gegen das betroffene Patent zu erheben.[964] Der Patentinhaber wird im Falle einer Zwangslizenz also nicht nur zur Preisgabe seines Patents gezwungen, sondern muss darüber hinaus mit einem Angriff auf den Rechtsbestand seines Patents rechnen. Vor diesem Hintergrund ist der durch die Zwangslizenz ohnehin schon stark beeinträchtigte Patentinhaber nicht auch noch damit zu belasten, dass er finanziell für den fehlenden Rechtsbestand seines Patents einstehen muss.

Insofern ist den Ausführungen des BPatG zuzustimmen, wonach derjenige, 541 der eine Zwangslizenz erdulden muss, dafür auch angemessen zu bezahlen sei.[965]

d) Vergleich zwischen Zwangslizenz und vertraglicher Lizenz

Im Übrigen überzeugt der vom BPatG angestellte Vergleich zwischen Zwangs- 542 lizenz und vertraglicher Lizenz, der gegen eine Rückvergütungspflicht nach Fortfall des Patents spricht.

Das Fortbestehen der Zahlungspflicht des rechtsgeschäftlichen Lizenzneh- 543 mers für Verwertungshandlungen in der Vergangenheit wird damit begründet, dass Lizenzverträge über Patente gewagte Geschäfte seien, weil die Beurteilung der Schutzfähigkeit kaum zuverlässig vorausgesehen werden könne und dass Patente trotz Angreifbarkeit und späterer Nichtigerklärung zunächst eine tatsächliche wettbewerbliche Vorzugsstellung vermitteln, solange sie von Mitbewerbern als gültig anerkannt werden.[966] Der Lizenznehmer habe bis zur Nichtigkeitserklärung eine tatsächliche Nutzungsmöglichkeit, d.h. eine günstige geschäftliche Stellung an dem zu Unrecht bestehenden Patent gehabt, die er ohne den Lizenzvertrag nicht gehabt hätte.[967]

Die Interessenlage der an einer Zwangslizenz Beteiligten ist insoweit ver- 544 gleichbar. Ebenso wie der vertragliche Lizenznehmer kann der Zwangslizenznehmer die wirtschaftliche Verwertbarkeit des Schutzrechts vielfach nicht mit Sicherheit im Voraus abschätzen. Ob und in welchem Umfang sich bei der gewerblichen Verwertung der Erfindung technische Schwierigkeiten einstellen und ob sich die patentgemäße Lehre gewinnbringend ausnutzen lässt, ist sowohl für den Lizenz- als auch den Zwangslizenznehmer schwer vorhersehbar.[968] Bei Zwangslizenzen ergeben sich derartige Unwägbarkeiten bereits aus der fehlenden Übertragung von begleitendem Know-how. Gleichzeitig genießt der Zwangslizenznehmer (ebenso wie der vertragliche Lizenznehmer) eine faktische Vorzugsstellung, indem er sich neben dem Patentinhaber auf dem Markt

964 *Haedicke/Wollenschlaeger*, in: Haedicke/Timmann, Hdb. PatR, 2. Aufl. (2020), § 16 Rn. 321; *Kober-Dehm*, in: Benkard, PatG, 12. Aufl. (2023), § 24 Rn. 41.
965 BPatG GRUR 2018, 803 Rn. 34 – Isentress II.
966 Siehe die Nachweise in Fn. 961.
967 *Deichfuß/Tochtermann*, in: Benkard, PatG, 12. Aufl. (2023), § 15 Rn. 195.
968 Vgl. *Deichfuß/Tochtermann*, in: Benkard, PatG, 12. Aufl. (2023), § 15 Rn. 158 zur vertraglichen Lizenz.

positionieren kann und keine Unterlassungsklage zu fürchten hat. Er kann – unabhängig von einer späteren Nichtigerklärung des Patents – eigene Umsätze generieren, seine Mitarbeiter und Maschinen auslasten sowie ggf. Reputationsgewinne durch die in einer Notlage gesteigerte öffentliche Aufmerksamkeit erzielen. All dies basiert auf einer (bis zur Nichtigerklärung des Patents) immerhin formell bestehenden und im Rechtsverkehr respektierten Rechtsposition. Diese (zumindest zeitweise) Legalität auf Basis des formell bestehenden Schutzrechts rechtfertigt übrigens eine unterschiedliche Behandlung dieser Konstellation im Vergleich zu dem Fall, in dem sich nachträglich herausstellt, dass tatsächlich gar keine Benutzung der patentgeschützten Lehre vorlag.[969]

545 Erscheint es aufgrund des gewagten Charakters und der faktischen Vorzugsstellung unangemessen, das Risiko der Nichtigerklärung allein dem vertraglichen Lizenzgeber aufzuerlegen,[970] so ist an dieser Risikoverteilung erst recht in dem insoweit vergleichbaren Fall einer Zwangslizenz festzuhalten, in dem sich der Patentinhaber darüber hinaus einem zwangsweisen Eingriff in sein Ausschließlichkeitsrecht entgegensieht. Andernfalls entstünden nicht hinnehmbare Wertungswidersprüche, wenn der Patentinhaber, der sein (zumindest bis zum Zeitpunkt der Nichtigerklärung formell noch bestehendes) Schutzrecht im Rahmen einer Zwangslizenz zwangsweise offenlegen muss, zusätzlich die Rückzahlung der erhaltenen Vergütung befürchten müsste, der Patentinhaber, der freiwillig über sein vermeintliches Recht disponiert, hingegen nicht.

4. Zwischenergebnis

546 Aus den vorgenannten Gründen ist an der überzeugenden Rechtsprechung des BPatG und der geltenden Rechtslage festzuhalten und eine Rückvergütungspflicht des Patentinhabers im Falle eines nicht rechtsbeständigen Patents abzulehnen. Andere Faktoren wie die fehlende Know-how-Übertragung, eine fehlende Ausnahme von der arzneimittelrechtlichen Daten- und Marktexklusivität oder das generelle Prozessrisiko eines Zwangslizenzverfahrens entfalten ohnehin eine größere Abschreckungswirkung als das überschaubare finanzielle Risiko einer (teilweise) »rechtsgrundlos« geleisteten Vergütung.

IV. Patentschutzverlängernde Zwangslizenzen

547 Eine letzte Reformoption für das nationale Zwangslizenzrecht, die den drohenden negativen Anreizeffekten durch den Einsatz von Zwangslizenzen entge-

969 Wird nachträglich die Nicht-Verletzung festgestellt, bestand – anders als in der hier behandelten Konstellation – bis zu diesem Zeitpunkt gar keine rechtliche Grundlage für eine Zwangslizenz, weshalb für diese Fälle zu Recht eine Rückabwicklung bejaht wird, siehe die Nachweise in Fn. 297.

970 BGH GRUR 1977, 107 (109) – Werbespiegel.

genwirken könnte, liegt in der Verlängerung der Patentschutzdauer infolge einer erteilten Zwangslizenz.[971]

Der Grundgedanke besteht darin, den Patentinhaber für den Zeitraum der Zwangslizenz, in dem die Wirkung des Patentschutzes temporär ausgesetzt wird, nachträglich in Form einer verlängerten Patentlaufzeit zu kompensieren und so verlorengegangene Forschungsanreize wiederherzustellen. Konkret würde dem von einer Zwangslizenz betroffenen Patentinhaber nach Ende der Notlage und nach Beendigung der Zwangslizenz eine Verlängerung der Schutzdauer seines Patents in Aussicht gestellt, womit er für die durch die Zwangslizenz faktisch verkürzte Patentlaufzeit kompensiert würde. Die Schutzwirkung des Patents könnte – ähnlich dem Konzept der ergänzenden Schutzzertifikate – für die Dauer der erteilten Zwangslizenz zeitlich verlängert werden.[972] Die Zeit, in der das Ausschließlichkeitsrecht durch die Zwangslizenz eingeschränkt wird, würde an die 20-jährige Schutzdauer gleichsam hinten angehängt. 548

1. Stabilisierung der Erwartungen und Forschungsanreize

Mit einer Verlängerung der Schutzdauer des von einer Zwangslizenz betroffenen Patents könnten im Vorfeld einer Krise die Erwartungen der Patentinhaber an einen vollumfänglichen Patentschutz stabilisiert und damit die Anreize für kostenintensive Investitionen in F&E gestärkt werden. Patentinhaber müssten keine von der Zwangslizenz ausgehende faktische Verkürzung der Patentlaufzeit mehr befürchten und hätten insoweit die gefestigte Aussicht, ihre Investitionen trotz potenzieller Krisen und eines drohenden Eingriffs in ihr Ausschließlichkeitsrecht durch den Einsatz von Zwangslizenzen über den regulären Zeitraum des Patentschutzes einspielen zu können. Gerade in krisengeprägten Zeiten könnte dies der allgemeinen wirtschaftlichen Verunsicherung und Investitionszurückhaltung entgegenwirken. Letztlich würde dadurch auch während bzw. im Nachgang von Krisen die Erforschung und Entwicklung neuer krisenrelevanter Technologien gefördert, die für die Bekämpfung zukünftiger Krisen notwendig sind. 549

Diesem Ansatz zufolge stünde der Einsatz von Zwangslizenzen nicht mehr *per se* im Widerspruch zu einer effizienten Anreizstruktur. Dem ersten Anschein nach ließen sich durch diese Anpassung die mit einer Zwangslizenz einhergehenden dynamischen Ineffizienzen durch negative Anreizeffekte kosten- 550

971 Allgemein zu einer individuellen Schutzdauer von Patenten *Schäfer/Ott* (o. Fn. 130), 756; *Viniol* (o. Fn. 9), 43 m.w.N. Zu den negativen Anreizeffekten siehe oben Kap. 5 B. I.

972 Ähnlich *Metzger/Zech*, GRUR 2020, 561 (568), die als Ausgleich für den zeitweiligen Verzicht auf den Patentschutz durch *Patent Pledges* eine zeitliche Verlängerung der Schutzwirkung erwägen. Zu *Patent Pledges* unten Kap. 7 B. III. 1.

günstig[973] reduzieren. Bei näherer Betrachtung zeigen sich jedoch erhebliche Bedenken gegen eine Verlängerung des Patentschutzes infolge einer Zwangslizenz.

2. Zweckentfremdung der Zwangslizenz

551 Eine durch Zwangslizenzen bewirkte Verlängerung der Patentlaufzeit würde den grundlegenden, im PatG angelegten Ausgleich zwischen den Interessen des Patentinhabers und denen der Allgemeinheit zugunsten des Patentinhabers neu ausrichten. Die unmittelbare Anwendung von Zwangslizenzen aus Gründen des Gemeinwohls bliebe zwar auch bei einer Verlängerung der Schutzdauer unberührt: In Ausnahmefällen könnte nach wie vor gewichtigen Allgemeininteressen Rechnung getragen werden. Allerdings würde die mittelbare Drohwirkung der Zwangslizenz an Bedeutung verlieren. Der Disziplinierungseffekt der Zwangslizenz, der zu freiwilligen Lizenzen anhält, wäre weniger stark ausgeprägt, wäre der Patentinhaber vor einer zeitlichen Beschränkung seiner ausschließlichen Verwertungsbefugnis *de facto* geschützt. Die Stellung des Patentinhabers würde dadurch gestärkt.

552 Die Zwangslizenz dient indessen nicht dem Schutz privater Interessen, sondern der Allgemeinheit. Sie beinhaltet ein Mittel, um das Ausschließlichkeitsrecht des Patentinhabers zum Schutz der Allgemeinheit zu beschränken, wenn sich dieses nachteilig auf wesentliche öffentliche Belange auswirkt.[974] Das hinter der Sozialpflichtigkeit des Eigentums stehende Interesse der Allgemeinheit bildet den Grund (und zugleich die Grenze) für die Beschränkung der dem Patentinhaber nach Art. 14 GG vorbehaltenen Rechte und Befugnisse.[975] Die Sozialpflichtigkeit schließt ein Verständnis der Vorschrift als Regelung zum Schutz privater Interessen aus und setzt voraus, dass die mit ihr verbundene Beschränkung einem öffentlichen Interesse dient.[976]

553 Eine über die angemessene Vergütung hinausgehende Kompensation des von einer Zwangslizenz betroffenen Patentinhabers würde dieser grundlegenden Ratio des § 24 PatG zuwiderlaufen. § 24 PatG schafft einen Ausgleich für Fälle, in denen das öffentliche Interesse verlangt, dass die Innovation der Allgemeinheit in erforderlichem Umfang zur Verfügung steht und dem Gemeinwohl unmittelbar zugutekommt. Es ist dagegen nicht primär Aufgabe des Zwangslizenzrechts, den Patentinhaber für den in bestimmten Ausnahmekonstellationen gerechtfertigten Eingriff in sein Ausschließlichkeitsrecht durch eine Schutzzeit-

973 Die zeitliche Ausweitung des Patentschutzes wäre budgetneutral und daher aus politischer Perspektive attraktiv, siehe *Kremer/Glennerster*, Strong medicine, 2004, 70.

974 Vgl. *Ann* (o. Fn. 29), § 34 Rn. 99; *Wilhelmi*, in: BeckOK PatR, 34. Aufl. (2021), PatG, § 24 Rn. 5.

975 *Melullis*, GRUR 2021, 294 (296).

976 *Melullis*, GRUR 2021, 294 (296).

verlängerung vollständig zu kompensieren und seine Erwartungen an einen umfassenden Patentschutz noch stärker zu stabilisieren.

3. Tatsächlicher Mehrwert

Überdies ist zu bezweifeln, dass eine Verlängerung des Patentschutzes infolge erteilter Zwangslizenzen die Anreizstruktur der Beteiligten tatsächlich wesentlich beeinflusst und einen nennenswerten Mehrwert bringt. 554

Zweifel am praktischen Nutzen und an der Notwendigkeit patentschutzverlängernder Zwangslizenzen ergeben sich zum einen schlicht daraus, dass nicht jede erteilte Zwangslizenz automatisch zu einer Verringerung der Forschungsanreize führt, denen mit einer verlängerten Schutzdauer entgegengewirkt werden müsste. Vereinzelte Fälle von Zwangslizenzen werden sich in einem ansonsten innovationsfreundlichen Umfeld häufig nicht unmittelbar in einer verringerten Innovations- und Investitionsbereitschaft der betroffenen Unternehmen niederschlagen.[977] Die Verlängerung des Patentschutzes als Kompensation für erteilte Zwangslizenzen hätte in diesen Fällen nur begrenzte Auswirkungen auf die Anreizstruktur. 555

Des Weiteren wird der Verlängerungszeitraum, der sich am jeweiligen Zeitraum der erteilten Zwangslizenz zu orientieren hätte,[978] in vielen Fällen ohnehin knapp zu bemessen sein. Die Dauer einer Zwangslizenz wird durch den Zweck ihrer Erteilung begrenzt (vgl. § 24 Abs. 6 S. 3 PatG) und kann insbesondere in dringlichen Notsituationen auf eine relativ kurze Zeit beschränkt sein. Ebenso kann eine Zwangslizenz entsprechend des tatsächlich benötigten Bedarfs an dem patentierten Erzeugnis und der Verfügbarkeit zumutbarer Alternativen unter einer auflösenden Bedingung (vgl. § 24 Abs. 6 S. 2 PatG) in Form einer Befristung erteilt werden.[979] Zur Überwindung einer Notlage werden oftmals wenige Monate oder gar Wochen ausreichen, z.B. wenn es darum geht, einen akuten Bedarf an bestimmten Impfstoffen oder Medikamenten zu decken. Eine Verlängerung der Patentschutzdauer für einen derart kurzen Zeitraum wird sich kaum spürbar auf die Anreize forschender Unternehmen auswirken. Außerdem verblieben aus Sicht des Patentinhabers trotz einer etwaigen zeitlichen Kompensation Unwägbarkeiten mit Blick auf die zeitliche Verwertbarkeit seines Patents, da sich sein Ausschließlichkeitsrecht weiterhin über die Benutzungsanordnung oder den Unverhältnismäßigkeitseinwand im Einzelfall temporär einschränken ließe. 556

Ein entscheidender Mehrwert würde mit patentschutzverlängernden Zwangslizenzen nach alledem nicht erreicht. 557

977 Siehe oben Kap. 5 C. II. 2.

978 Eine pauschale Verlängerung des Patentschutzes ohne Berücksichtigung der jeweiligen Dauer der Zwangslizenz im Einzelfall würde dagegen zu unbilligen Ergebnissen und Wertungswidersprüchen führen.

979 Vgl. BPatG GRUR 1994, 98 (103) – Zwangslizenz.

4. Zwischenergebnis

558 Eine Verlängerung des Patentschutzes als Kompensation für eine erteilte Zwangslizenz stellt mithin keine sinnvolle und nützliche Reformoption dar. Allenfalls sollten derartige Begünstigungen für freiwillige Vorstöße des Patentinhabers gewährt werden,[980] welche im nächsten Abschnitt genauer betrachtet werden.

V. Zusammenfassung

559 Aus dem Vorstehenden folgt, dass im Grundsatz an der bestehenden nationalen Zwangslizenzregelung festgehalten werden sollte. § 24 PatG enthält kein weitergehendes Potenzial für eine effektivere und effizientere Krisenbewältigung, das sinnvollerweise durch Reformen gehoben werden sollte.

560 Erstens ist eine Ausnahme vom vorherigen Lizenzbemühen praktisch nicht notwendig und im Hinblick auf das Verhältnismäßigkeitsprinzip problematisch. § 24 Abs. 1 Nr. 1 PatG kann einer Notlage entsprechend flexibel ausgelegt werden und fördert vorzugswürdige vertragliche Lösungen. Zweitens würde eine Abkehr vom aktuellen schutzrechtsbezogenen Ansatz hin zu einer Ausrichtung der Zwangslizenz an krisenrelevanten Produkten mehr Schwierigkeiten hervorrufen als es Nutzen zu stiften vermag. Produktbezogene Zwangslizenzen ließen sich ihrem Umfang nach nicht praktikabel definieren und abgrenzen sowie nur schwerlich in die bestehenden verfahrensrechtlichen Strukturen integrieren. Drittens spricht ein Vergleich zwischen vertraglicher Lizenz und Zwangslizenz unter Berücksichtigung des besonderen hoheitlichen Charakters der Zwangslizenz und den davon betroffenen Interessen des Patentinhabers gegen die Einführung einer Rückvergütungspflicht des Patentinhabers im Falle eines nicht rechtsbeständigen Patents. Viertens würden sich patentschutzverlängernde Zwangslizenzen vom eigentlichen Zweck des Zwangslizenzrechts entfernen und keinen bedeutsamen Mehrwert bieten.

B. Ergänzende Maßnahmen auf Basis freiwilliger Kooperationen

561 In Anbetracht dessen, dass sich die Schwächen der Zwangslizenz bei der Bekämpfung von Krisen und Notlagen durch die aufgezeigten Reformoptionen des nationalen Zwangslizenzrechts nicht adäquat beheben lassen, verdienen alternative Krisenmechanismen auf freiwilliger Basis – jenseits des Anwendungsbereichs des § 24 PatG – gesteigerte Aufmerksamkeit.

980 So der Vorschlag von *Metzger/Zech*, GRUR 2020, 561 (568) in Bezug auf *Patent Pledges* (o. Fn. 972).

Vertragliche Vereinbarungen sind für die Krisenbewältigung besser geeignet 562
als Zwangslizenzen.[981] Sie können Bestimmungen enthalten, die über den Gegenstand der Zwangslizenz hinausgehen. Der Patentinhaber behält gleichzeitig die Kontrolle über sein Schutzrecht und verfügt eigenständig darüber, wodurch Innovationsanreize gewahrt werden. Deshalb richtet sich der Blick abschließend auf Maßnahmen und Mechanismen, die auf freiwillige Kooperationen ausgerichtet sind und in Krisen und Notsituationen ergänzend oder alternativ zu Zwangslizenzen zum Einsatz kommen können.

I. Veränderungen der Anmeldebedingungen

Ein Ansatz zur Förderung freiwilliger Lösungen jenseits von Zwangslizenzen 563
ist die Implementierung von Anreizen auf Ebene der Patentanmeldung, die das Zustandekommen vertraglicher Vereinbarungen zu Beginn einer Notlage begünstigen.

1. Reduktion der Patentgebühren bei Lizenzbereitschaft

Um rechtsgeschäftliche Lizenzen zu incentivieren, könnte man über eine Re- 564
duktion der Prüf- und Anmeldegebühren für krisenrelevante Patente nachdenken. Ähnlich zu § 23 PatG, der eine Ermäßigung der Jahresgebühren für den lizenzwilligen Patentanmelder vorsieht, könnten in Situationen besonderer Dringlichkeit dem Patentanmelder reduzierte Prüf- und Anmeldegebühren in Aussicht gestellt werden, wenn er sich im Gegenzug dazu verpflichtet, seine krisenrelevante Patente gegen eine angemessene Vergütung zu lizenzieren.[982]

§ 23 PatG soll einen monetären Anreiz für den Patentanmelder setzen, Dritten 565
seine patentgeschützte Erfindung zur Benutzung zur Verfügung zu stellen.[983] Es konnte bislang allerdings nicht festgestellt werden, dass Lizenzbereitschaftserklärungen nach § 23 PatG für das Zustandekommen von Lizenzvereinbarungen tatsächlich förderlich sind.[984] Gerade für wesentliche Innovationen, insbesondere der pharmazeutischen Industrie, können diese geringfügigen finanziellen Er-

981 Ausführlich dazu oben Kap. 7 A. I. 3.

982 So *van Overwalle,* GRUR Int. 2020, 883 (883); siehe auch *Stierle*, JZ 2021, 71 (79).

983 *Wilhelmi*, in: BeckOK PatR, 34. Aufl. (2021), PatG, § 23 Rn. 6. Die Lizenzbereitschaftserklärung ist ein rechtgeschäftliches Angebot auf Abschluss eines Lizenzvertrages an jeden, der zur Zahlung einer angemessenen Vergütung bereit ist, BGH GRUR 1996, 477 (477) – Lizenzbereitschaftserklärung.

984 So bereits *Oppenländer*, GRUR 1977, 362 (370) zu § 14 PatG a.F.; ähnlich kritisch *Kober-Dehm*, in: Benkard, PatG, 12. Aufl. (2023), § 23 Rn. 2; *Stierle*, JZ 2021, 71 (79).

leichterungen keine Steuerungswirkung entfalten.[985] Eine größere praktische Wirkung wird auch nicht mit einer Reduktion der Prüf- und Anmeldegebühren zusätzlich zu den von § 23 PatG erfassten Jahresgebühren oder einer noch stärkeren Herabsetzung der Gebührensätze zu erreichen sein.[986]

2. Reduktion der Patentgebühren bei früherer Offenlegung der Patentanmeldung

566 Alternativ könnte die Reduktion der Patentgebühren an eine frühere Offenlegung der Patentanmeldung geknüpft werden.

567 Die Offenlegung der Patentanmeldeunterlagen erfolgt grundsätzlich erst nach Ablauf von 18 Monaten (vgl. § 31 Abs. 2 S. 1 Nr. 2 PatG bzw. Art. 93 Abs. 1 lit. a EPÜ). Für Dritte ist daher zunächst nicht ersichtlich, ob und welche krisenrelevanten Technologien entwickelt und als Patente angemeldet wurden.[987] Um den Informationsfluss zu fördern und den Patentanmelder zu einer früheren Offenlegung der Anmeldeunterlagen anzuregen, könnte eine Reduktion der Prüf- und Anmeldegebühren als Anreiz implementiert werden.[988] Denkbar wäre eine Reduktion der Gebühren im Gegenzug zu einem Einverständnis des Anmelders im Sinne des § 31 Abs. 2 S. 1 Nr. 1 PatG bzw. Art. 93 Abs. 1 lit. b EPÜ.[989] Für die Einsicht in die Anmeldeunterlagen vor Ablauf der 18-Monatsfrist bedürfte es dann nicht erst des Nachweises, dass ein »berechtigtes Interesse« im Sinne von § 31 Abs. 1 S. 1 PatG vorliegt.[990]

568 Eine verbesserte Informationslage über Patentanmeldungen bildet die Grundlage für freiwillige Kooperationen zur Krisenbekämpfung. Die erhöhte Transparenz würde Lizenzsucher in die Lage versetzen, relevante Technologien zu identifizieren und freiwillige Lizenzen auszuhandeln; Patentanmeldern wäre durch die frühere Offenlegung der Beschreibung ihrer Erfindung bei der Suche nach potenziellen Lizenznehmern geholfen.[991] Die frühzeitige Information über Patentanmeldungen würde auch das Problem der Patentcluster[992] eindämmen: Weiß der Lizenzsucher früher und verlässlicher darüber Bescheid, welche künf-

985 *Stierle*, JZ 2021, 71 (79).

986 Die Anmelde- und Prüfgebühren bis zur Patenterteilung halten sich momentan bei nationalen wie auch europäischen Patentanmeldungen im niedrigen bis mittleren vierstelligen Bereich, siehe hierzu die Gebührentabellen des DPMA (www.dpma.de/service/gebuehren/patente/index.html, zuletzt abgerufen am 18.5.2025) bzw. des EPA (www.epo.org/applying/fees_de.html, zuletzt abgerufen am 18.5.2025).

987 Ausführlich oben Kap. 4 C. III. 2.

988 Vgl. *Stierle*, JZ 2021, 71 (78).

989 *Stierle*, JZ 2021, 71 (78) Fn. 123.

990 Dieser Nachweis dürfte in Notsituationen aber nicht schwerfallen, weshalb im Übrigen für eine Ausnahmeregelung zur früheren Offenlegung von Patentanmeldungen in Notsituationen kein Raum besteht, dazu oben Kap. 4 C. III. 2. a).

991 *Matthews*, EIPR 2022, 221 (227).

992 Dazu oben Kap. 4 C. IV.

tigen Patente lizenziert werden müssen, sinkt die vor der Lizenzierung komplexer Produkte abschreckende Gefahr, relevante (noch nicht erteilte) Patente in unübersichtlichen Patentlagen zu übersehen und zu verletzen.[993]

Im Gegensatz zum vorherigen Ansatz, die Anmelde- und Prüfgebühren bei Lizenzbereitschaft zu reduzieren, erscheint es vielversprechender, die Reduktion der Patentgebühren an eine frühere Offenlegung der Anmeldeunterlagen zu knüpfen. Die frühzeitige Offenlegung der Patentanmeldung setzt niedrigschwelliger an und greift weniger stark in das Recht des künftigen Patentinhabers ein als eine Lizenzbereitschaftserklärung, da er sich weiterhin das Recht vorbehält, Lizenzbedingungen individuell auszuhandeln. Patentanmelder werden eher bereit sein, ihre Anmeldung früher offenzulegen, als sich vorab gegenüber jedermann zur Lizenzierung zu verpflichten – dies auch deshalb, weil die Anmeldung dann bereits früher[994] über § 33 PatG gegen die widerrechtliche Benutzung der Anmeldung schützen würde.[995] Der finanzielle Anreiz dürfte aber auch hier begrenzt sein: Weder die Prüf- und Anmeldegebühren noch die Jahresgebühren sind in der Kostenstruktur der meisten Unternehmen ein entscheidender Faktor. 569

II. Öffentlich-private Kooperationen

Ein weiterer Ansatz für eine möglichst effektive und effiziente Krisenbekämpfung auf freiwilliger Basis ist die Zusammenarbeit zwischen privaten Unternehmen und der öffentlichen Hand. 570

1. Öffentlich-private Versorgungsverträge

In Betracht kommen unterschiedlich ausgestaltete vertragliche Vereinbarungen zwischen privaten und öffentlichen Akteuren, um die Versorgungssicherheit im Krisenfall zu gewährleisten. Insbesondere können private Unternehmen mit staatlichen Stellen Versorgungsverträge über bestimmte krisenrelevante Produkte abschließen, um Zwangsmaßnahmen wie der Erteilung von Zwangslizenzen zuvorzukommen.[996] Gegenstand derartiger Verträge kann die Bereithaltung von Produktionskapazitäten oder die Herstellung und Lieferung krisenkritischer Produkte sein, ggf. auch vorsorglich mit Blick auf zukünftige Krisen.[997] 571

993 Vgl. *Shapiro*, Innov. Pol. Econ. 2000, 119 (126).
994 Von der Veröffentlichung des Hinweises nach § 32 Abs. 5 PatG an (§ 33 Abs. 1 PatG).
995 Vgl. *Ann* (o. Fn. 29), § 24 Rn. 69; *Metzger/Zech*, GRUR 2020, 561 (567).
996 *Bühling*, in: FS Rojahn, 2020, 141 (152).
997 So etwa die Pandemiebereitschaftsverträge zwischen der Bundesregierung und fünf deutschen Pharmaherstellern zur Sicherstellung der Impfstoffversorgung im Falle des Andauerns der COVID-19-Pandemie oder einer neuen Pandemie, siehe die Pressemitteilung des Paul-Ehrlich-Instituts, Juli 2022, www.pei.de/DE/newsroom/pm/jahr/2022/07-pandemiebereitschaftsvertraege-unterzeichnet-schnelle-verfuegbarkeit-impfstoffe.html (zuletzt abgerufen am 18.5.2025).

572 Der Patentinhaber behält durch die freiwillige Zusammenarbeit mit der öffentlichen Hand die Kontrolle über die Bedingungen der Bereitstellung seiner Technologie und die Vergabe weiterer individualvertraglicher Lizenzen wird dadurch möglicherweise sogar gefördert.[998] Zudem kann der Patentinhaber Reputationsgewinne erzielen, wenn er proaktiv zur Versorgungssicherheit beiträgt, anstatt gerichtlich im Rahmen einer Zwangslizenz zur Offenlegung seiner Erfindung gezwungen zu werden.

2. Staatliche Unternehmensbeteiligungen

573 Eine weitere Art der öffentlich-privaten Zusammenarbeit sind Staatsbeteiligungen an Unternehmen.

574 Trotz der damit verbundenen wirtschaftspolitischen Risiken[999] können staatliche Beteiligungen an innovativen Unternehmen in Krisenzeiten die Planungs- und Rechtssicherheit aufseiten der Unternehmen erhöhen und aus Sicht des Staates die Versorgung der Bevölkerung mit krisenkritischen Technologien unabhängig von einem (künftig) bestehenden Patentschutz frühzeitig und langfristig sicherstellen. In den Verträgen über eine Staatsbeteiligung können für den Fall der erfolgreichen Entwicklung eines krisenrelevanten Produkts Regelungen über dessen Nutzung aufgenommen werden.[1000] Wird die Nutzung zukünftiger Innovationen zum Wohle der Allgemeinheit bereits im Vorfeld oder zu Beginn einer Krise durch derartige Vereinbarungen geregelt, ist der Patentinhaber vor späteren hoheitlichen Eingriffen in sein Patentrecht besser geschützt. Für die Erteilung von Zwangslizenzen besteht dann womöglich kein Bedarf mehr.

3. Impact Licensing

575 Einen Mittelweg zwischen direkter staatlicher Intervention und freier Patentverwertung bieten öffentlich-private Kooperationen in Form des sog. *Impact Licensing*. Der Grundgedanke hinter *Impact Licensing* besteht darin, Rechteinhaber zur freiwilligen Lizenzierung ihrer Schutzrechte gegenüber einer staatlich eingerichteten Clearingstelle zu bewegen.[1001] Die Clearingstelle fungiert als

998 *Bühling*, in: FS Rojahn, 2020, 141 (153).

999 Kritisch etwa *Röhl/Rusche*, Wirtschaftsdienst 2020, 945.

1000 Solche Bestimmungen waren mutmaßlich Gegenstand der Verträge zur Beteiligung des Bundes an dem Tübinger Unternehmen *CureVac* im Jahr 2020, womit die Verfügbarkeit von COVID-19-Impfstoffen garantiert werden sollte, dazu *Bühling*, in: FS Rojahn, 2020, 141 (152).

1001 Neben einer angemessenen Vergütung würden Rechteinhaber als Anreiz zur Offenlegung ihrer Innovationen Zugang zu Nutzerdaten sowie ein Gütesiegel erhalten, das die Öffentlichkeit über den Einsatz der betreffenden Technologie zum Wohle der Allgemeinheit informiert, *Vandermeulen/Moyersoen/Mallaerts*, Impact Licensing Initiative Report, 2020, 4.

unabhängiger Vermittler zwischen Rechteinhabern und Produzenten und erteilt in einem erklärten Krisenfall Unterlizenzen für die Herstellung dringend benötigter Produkte an Dritte (sog. *Impact Licenses*).[1002]

576 Angelehnt an *Impact Licensing*-Modelle könnte die (freiwillige) Lizenzierung krisenrelevanter Patente gegenüber einer zentralen Vermittlungsbehörde zur Bedingung für den Erhalt staatlicher Fördermaßnahmen wie Abnahme- oder Finanzierungshilfen gemacht werden.[1003] Die Behörde hätte die betreffende Erfindung streng vertraulich zu behandeln und dürfte nur in eng begrenzten, einvernehmlich definierten Ausnahmefällen als Lizenzgeber (zwangsweise) anstelle des Rechteinhabers gegenüber Dritten auftreten.[1004]

577 Derartige Modelle kombinieren Merkmale der freiwilligen Lizenzvergabe mit verpflichtenden Elementen der Zwangslizenz und können auf den ersten Blick Innovationsanreize wahren und zugleich die Versorgungssicherheit in Notfällen gewährleisten. Dass tatsächlich alle wichtigen Technologien über Clearingstellen geteilt werden, ist aber nicht ausgemacht.[1005] Ferner sind wegen der hohen bürokratischen Kosten des komplexen Lizenzierungsverfahrens keine Effizienzvorteile gegenüber bilateralen vertraglichen Lizenzen zu erwarten.

III. *Weitere Formen freiwilliger Krisenkooperation: Patent Pledges und Patent Pools*

1. Patent Pledges

578 Durch *Patent Pledges* können Patentinhaber freiwillig auf die Durchsetzung eines bestimmten Teils ihrer Patente, der für die Bewältigung einer Notlage erforderlich ist, verzichten, um damit gewichtigen öffentlichen Belangen zu begegnen und andernfalls befürchteten staatlichen Maßnahmen wie der Zwangslizenz proaktiv zuvorzukommen.

579 *Patent Pledges* sind öffentliche Erklärungen, die sich in verschiedensten Formaten an die Öffentlichkeit und nicht an einen bestimmten Adressaten

1002 Ausführlich *Vandermeulen/Moyersoen/Mallaerts* (o. Fn. 1001), 23 ff.

1003 Dazu *Yu*, in: Intellectual Property Rights in Times of Crisis, 2024, 83 (99 ff.). Staatliche Abnahme- oder Finanzierungshilfen können gezielt zur Erhöhung der Planungs- und Investitionssicherheit aufseiten der forschenden Unternehmen eingesetzt werden und die Entwicklung krisenrelevanter Technologien unterstützen.

1004 Die Bedingungen, unter denen die Behörde zur Lizenzierung an Dritte befugt sein soll, könnten etwa den Fall betreffen, dass der Patentinhaber selbst in einer Notlage eine außergewöhnlich hohe Nachfrage nach seinem Produkt nicht befriedigen kann, *Yu*, in: Intellectual Property Rights in Times of Crisis, 2024, 83 (99 ff.).

1005 Patentinhaber können ihre wertvollsten Patente weiterhin selbst verwalten und den Clearingstellen lediglich weniger relevante Technologien offenlegen, *van Zimmeren u. a., Trends in Biotechnol.* 2011, 569 (574).

richten.[1006] Die rechtstechnische Einordnung solcher Verzichtserklärungen hängt von den Einzelheiten der jeweiligen Erklärung ab und kann von einem Angebot auf Abschluss eines (Lizenz-)Vertrags über eine bloße Einwilligung bis hin zur Ermöglichung einer Einrede aufgrund widersprüchlichen Verhaltens reichen.[1007] In jedem Fall zeichnen sich *Patent Pledges* dadurch aus, dass dem Adressatenkreis ein zeitlich begrenztes Nutzungsrecht an der patentgeschützten Lehre in Aussicht gestellt wird, entweder unentgeltlich oder gegen moderate Lizenzzahlungen.[1008]

580 Der Patentinhaber kann die Einzelheiten des vorübergehenden Verzichts auf sein Ausschließlichkeitsrecht eigens festlegen. Gleichzeitig kann durch ein einheitliches Format zur Vergabe von Nutzungsberechtigungen schnell und effizient auf gewichtige öffentliche Belange reagiert werden.[1009] Aufgrund der unklaren rechtlichen Einordnung von *Patent Pledges* können sich Unternehmen jedoch nicht rechtssicher darauf verlassen, dass die Zusagen auch verbindlich und durchsetzbar sind.[1010] Außerdem macht es für den Patentinhaber betriebswirtschaftlich häufig keinen Sinn, ein kostspielig entwickeltes Produkt oder Verfahren anschließend der Öffentlichkeit, darunter auch eigenen Wettbewerbern, kostenfrei oder zu einem niedrigen Lizenzsatz zur Verfügung zu stellen.[1011]

581 Während der COVID-19-Pandemie nahm die Diskussion über *Patent Pledges* zu und einige derartige Initiativen wurden ins Leben gerufen.[1012] Aufgrund der fehlenden Rechtssicherheit und geringen wirtschaftlichen Attraktivität bleibt

1006 *Maracke/Metzger*, N. C. J. L. & Tech. 2016, 483 (485, 494); ausführlich zum Begriff *Ehrnsperger/Tietze*, PLoS One 2019, 1 (1 ff.).

1007 *Metzger/Zech*, GRUR 2020, 561 (563); im Einzelnen hierzu *Maracke/Metzger*, N. C. J. L. & Tech. 2016, 483 (499 ff., 507 ff.); siehe auch *Pregartbauer*, Mitt. 2016, 486 (491).

1008 *Richter*, GRUR Pat. 2024, 69 Rn. 3.

1009 Vgl. *Richter*, GRUR Pat. 2024, 69 Rn. 21.

1010 *Maracke/Metzger*, N. C. J. L. & Tech. 2016, 483 (485).

1011 *Richter*, GRUR Pat. 2024, 69 Rn. 17. Dies gilt vor allem für die (bio-)pharmazeutische Industrie, vgl. *Contreras*, Utah L. Rev. 2021, 833 (898 f.); *Stierle*, JZ 2021, 71 (79). Andererseits lassen sich Reputationsgewinne erzielen, wenn mit der Freigabe krisenkritischer Patente die soziale Verantwortung und die Innovationskraft des Unternehmens öffentlich präsentieret wird, vgl. *Pregartbauer*, Mitt. 2016, 486 (490).

1012 Dazu *Antonelli/Leone/Ricci*, R&D Management 2022, 255 (256); *Metzger/Zech*, GRUR 2020, 561 (563 f.). So verpflichtete sich etwa *Moderna* öffentlich, COVID-19-bezogene Impfstoffpatente während der Pandemie nicht gegen andere Impfstoffherstelle durchzusetzen, siehe die Presseerklärung *Modernas* v. 8.10.2020, investors.modernatx.com/Statements--Perspectives/Statements--Perspectives-Details/2020/Statement-by-Moderna-on-Intellectual-Property-Matters-during-the-COVID-19-Pandemic/default.aspx (zuletzt abgerufen am 18.5.2025). Ein weiteres prominentes Beispiel ist der *Open Covid Pledge*, der die kostenfreie Lizenzierung zahlreicher Patente zur Bekämpfung der COVID-19-Pandemie vorsah, dazu *Contreras*, Utah L. Rev. 2021, 833 (872 ff.); *Richter*, GRUR Pat. 2024, 69 Rn. 6 ff.

abzuwarten, ob sich *Patent Pledges* in der Praxis zur Überwindung von Notlagen eignen. Sofern sich im Nachgang der COVID-19-Krise *in puncto* Rechtssicherheit klarere Linien herausbilden,[1013] können *Patent Pledges* aber eine sinnvolle Alternative zu Zwangslizenzen sein, die in manchen Fällen sogar weitergehende Kooperationen zwischen den Beteiligten anstoßen können.

2. Patent Pools

Einen mit *Patent Pledges* vergleichbaren Mechanismus zur freiwilligen Offen- 582
legung krisenrelevanter Patente bieten *Patent Pools*. Dabei handelt es sich um Vereinbarungen zwischen zwei oder mehreren Patentinhabern über die gegenseitige Lizenzierung eines oder mehrerer ihrer Patente oder über die Lizenzierung des gesamten Patentportfolios an Dritte.[1014]

Patentinhaber können durch die freiwillige Teilnahme an *Patent Pools* zusätz- 583
liche Einnahmen erzielen, ohne ihr Ausschließlichkeitsrecht vollständig aufgeben zu müssen und sind unter diesen Umständen eher bereit, weiterhin innovativ zu sein und begleitendes Know-how zu teilen, als sie dies unter Anwendung von Zwangslizenzen wären.[1015] Da alle wesentlichen Patente für eine patentierte Technologie durch das Lizenzpaket des *Patent Pools* abgedeckt werden,[1016] sind *Patent Pools* besonders hilfreich in Situationen, in denen die Patentlandschaft fragmentiert ist.[1017] *Patent Pools* können somit die Vergabe von Nutzungsrechten an Patenten effizienter und rechtssicherer gestalten als Zwangslizenzen.[1018] In Krisenzeiten könnte dies zu einer umfassenden und raschen Versorgung mit krisenbezogenen Technologien beitragen.

Im Zuge der COVID-19-Pandemie wurde der *Medicines Patent Pool* (MPP) 584
von der WHO auf COVID-19 ausgeweitet.[1019] Der im Mai 2020 von der WHO

1013 Ansätze hierzu bei *Jacob*, in: Patent Pledges, 2017, 317; *Maracke/Metzger*, N. C. J. L. & Tech. 2016, 483 (513). Infolge der COVID-19-Krise ist mit einer Zunahme von Gerichtsentscheidungen über *Patent Pledges* zu rechnen, siehe LG Düsseldorf GRUR-RS 2025, 3336 Rn. 57 ff. – Ribonucleinsäure.

1014 *Eppinger*, Patentpools, 2015, 1 f.; *van Zimmeren/Minssen/Liesbet* (o. Fn. 11), 93; ausführlich zum Begriff *Königs* (o. Fn. 565), 37 ff.; *Kordić*, Patentpools, 2023, 21 ff.

1015 *Billette de Villemeur/Dequiedt/Versaevel*, Nature 2021, 529.

1016 *Königs* (o. Fn. 565), 46 f.; vgl. *Pregartbauer*, Mitt. 2016, 486 (490).

1017 *Contreras u. a.*, Nat. Biotechnol. 2020, 1146 (1147); *Priyan/Gargate*, JWIP 2023, 117 (131).

1018 *Mulder u. a.*, EIPR 2020, 556 (568); *Sztoldman*, in: Intellectual Property Rights in Times of Crisis, 2024, 104 (120).

1019 Siehe medicinespatentpool.org (zuletzt abgerufen am 18.5.2025). Technisch gesehen ist der MPP jedoch eher ein *Clearinghouse*-Modell als ein *Patent Pool*, da Rechteinhaber an den *Pool* lizenzieren, der wiederum mit potenziellen Interessenten verhandelt, *Contreras*, Utah L. Rev. 2021, 833 (853); *van Overwalle*, GRUR Int. 2020, 883 (884); ausführlich zur Wirkungsweise des MPP *Krishnan*, Indian J. L. & Just. 2022, 364 (370 ff.); *Whitmore*, JIPP 2024, 354 (370 ff.). Zur Abgrenzung zwischen *Patent Pools* und *Clearinghouses Königs* (o. Fn. 565), 48 ff.

ins Leben gerufene *COVID-19 Technology Access Pool* (C-TAP) sah wiederum die Lizenzierung potenzieller Behandlungsmethoden, Diagnostika und Impfstoffe an den MPP vor, um diese und andere Technologien zur Behandlung von COVID-19 mitsamt der entsprechenden Schutzrechte an einer zentralen Stelle zusammenzuführen und der Allgemeinheit zugänglich zu machen.[1020]

585 Ob *Patent Pools* tatsächlich einen wesentlichen Beitrag zur Bekämpfung einer Krise leisten können, ist indes zweifelhaft. *Patent Pools* beruhen (ebenso wie *Patent Pledges*) auf der freiwilligen Bereitschaft der Patentinhaber, ihre Technologien offenzulegen. Werden wichtige krisenrelevante Erfindungen nicht über den *Patent Pool* geteilt, ist der kurzfristige und wirkungsvolle Einsatz dieses Instruments nicht gewährleistet.[1021] Zudem erfordert die Einrichtung von *Patent Pools* zeitintensive Verhandlungen zwischen den Rechteinhabern und eine komplexe Verwaltungsstruktur.[1022] Deshalb sind von *Patent Pools* im Vergleich zu üblichen bilateralen Lizenzen keine entscheidenden Vorteile in der Krisenbekämpfung zu erwarten.

IV. Zusammenfassung

586 In diesem Abschnitt wurden verschiedene Krisenmechanismen beleuchtet, die im Unterschied zur Zwangslizenz auf freiwillige Kooperationen zwischen den Beteiligten ausgelegt sind.

587 Auf Ebene der Patentanmeldung könnten reduzierte Patentgebühren die frühere Offenlegung von Anmeldeunterlagen anreizen und dadurch frühzeitige, krisenbezogene Absprachen befördern. Zur Erhöhung der Planungssicherheit der Unternehmen und zur Gewährleistung der Versorgungssicherheit der Bevölkerung kommen öffentlich-private Kooperationen wie Versorgungsverträge oder Unternehmensbeteiligungen in Betracht. Weiter könnten staatliche Fördermaßnahmen als »Gegenleistung« für die freiwillige Lizenzierung relevanter Schutzrechte an eine zentrale Clearingstelle im Sinne des *Impact Licensing* gewährt werden. Ohne staatliche Beteiligung und den damit einhergehenden Inef-

1020 Siehe die Pressemitteilung der WHO v. 29.5.2020, www.who.int/news/item/29-05-2020-international-community-rallies-to-support-open-research-and-science-to-fight-covid-19 (zuletzt abgerufen am 18.5.2025); vgl. auch *Marcowitz-Bitton/Kaplan*, UC Irvine L. Rev. 2022, 423 (462 f.).

1021 Gerade die Beteiligung von hochinnovativen Pharmaunternehmen oder Staaten mit führenden Pharmaindustrien ist aufgrund der Freiwilligkeit unwahrscheinlich. So waren bspw. viele hochentwickelte Industriestaaten und damit ein Großteil des COVID-19-bezogenen Fachwissens nicht Teil des C-TAP, *Davey*, Harv. J. L. & Tech. 2022, 689 (708).

1022 Vgl. *Contreras*, Utah L. Rev. 2021, 833 (860); *Eppinger* (o. Fn. 1014), 294 f., 297; *Verbeure/van Zimmeren/Matthijs/van Overwalle*, Trends in Biotechnol. 2006, 115 (116).

fizienzen[1023] kommen *Patent Pledges* und *Patent Pools* aus, durch die sich Patentinhaber proaktiv zur Nicht-Durchsetzung oder freiwilligen Lizenzierung ihrer Patente verpflichten können. *Patent Pledges* erfordern im Vergleich zu *Patent Pools* keine aufwändigen Verhandlungen und administrativen Kosten und versprechen insofern eine schnellere und effizientere Reaktion auf akute Notlagen.

Abgesehen von diesen Konstruktionen bleibt es den Parteien jederzeit unbe- 588
nommen, einfache bilaterale Lizenzverträge abzuschließen. Freiwillige Vereinbarungen – gleich welcher Art – sind Zwangslizenzen in jedem Fall vorzuziehen, da sie neben der Befugnis zur Benutzung der geschützten Erfindung zugleich Regelungen über begleitendes Know-how oder andere nützliche Aspekte beinhalten können.

C. Ergebnis zu Kapitel 7

Die praktischen Probleme und ökonomischen Ineffizienzen bei der Vergabe von 589
Zwangslizenzen können durch die aufgezeigten nationalen Reformoptionen nicht adäquat behoben werden. Angesichts der Vorteile freiwilliger Vereinbarungen sollten vielmehr rechtliche Strukturen im Vordergrund stehen, die auf einen vom Patentinhaber selbst veranlassten Technologiezugang abzielen.[1024]

Der Nachteil aller freiwilligen Initiativen liegt naturgemäß in ihrer Freiwillig- 590
keit, weshalb sie nicht ausnahmslos und jederzeit eine angemessene Reaktion auf außergewöhnliche Ereignisse garantieren können. Zur Förderung freiwilliger Vereinbarungen kann die Zwangslizenz aber in ihrer Funktion als Druckmittel in Verhandlungen einen nennenswerten Beitrag leisten. Im Übrigen sorgen marktwirtschaftliche Anreize dafür, dass Patentinhaber aus eigenem Antrieb aus der krisenbedingt hohen Nachfrage nach einem bestimmten Produkt wirtschaftlichen Nutzen ziehen und ihre innovative Technologie freiwillig der Allgemeinheit zur Verfügung stellen wollen.

1023 Staatliche Eingriffe in das Marktgeschehen bergen im Allgemeinen wie auch in dem hier zugrundliegenden Kontext das Risiko erheblicher Ineffizienzen, weil der Staat die benötigte Innovation nicht zielgenau identifizieren kann und die Gegebenheiten des Marktes (z.B. die Innovationskraft eines Unternehmens) nicht gut genug kennt.

1024 Ähnlich *Stierle*, JZ 2021, 71 (79).

Teil 4 Schlussbetrachtung

Kapitel 8 Zusammenfassung der Ergebnisse

Die wesentlichen Erkenntnisse der vorstehenden Untersuchung zur Effektivität und Effizienz von Zwangslizenzen sowie zu denkbaren Reformoptionen lassen sich wie folgt zusammenfassen. 591

A. Effektivität von Zwangslizenzen

Im Rahmen der ersten Forschungsfrage wurde die Wirksamkeit von Zwangslizenzen nach § 24 PatG in der praktischen Anwendung zur Bewältigung von Krisen und Notlagen betrachtet (Kapitel 4). 592

Bei näherem Hinsehen zeigt sich, dass § 24 PatG für sich genommen (lediglich) ein Mittel zur Beschränkung der patentrechtlichen Ausschlusswirkung ist, nicht jedoch ein umfassendes und verlässliches Krisenbewältigungsinstrument. Die Zwangslizenz allein versetzt den Zwangslizenznehmer noch nicht in die Lage, die patentgeschützte Erfindung auch tatsächlich zur Krisenbekämpfung einzusetzen. 593

An die Erteilung einer Zwangslizenz schließen sich vielfältige praktische Probleme an, die nicht unmittelbar in § 24 PatG begründet sind, eine effektive Anwendung der Zwangslizenz gleichwohl massiv erschweren oder sogar unmöglich machen. § 24 PatG ermöglicht weder einen Zugriff auf die arzneimittelrechtlich geschützten und für die Zulassung eines Arzneimittels benötigten Unterlagen des Originalherstellers noch auf begleitendes Know-how, das für die wirtschaftliche Verwertung einer Erfindung erforderlich sein kann. Während der europäische Gesetzgeber eine Bestimmung zur Aussetzung des arzneimittelrechtlichen Unterlagen- und Marktschutzes für die Dauer einer Zwangslizenz auf den Weg gebracht hat, ist eine Pflicht zur Offenlegung von nicht patentgeschütztem Know-how *de lege ferenda* nicht zu erwarten[1025] und in der Sache abzulehnen. Hinzu kommen Verzögerungen bis zur Zwangslizenzerteilung und bis zur Herstellung der betreffenden Produkte sowie Schwierigkeiten bei der 594

1025 Siehe aber die fortgeschrittene Diskussion auf europäischer Ebene, dazu oben Kap. 6 C. I. 3.

Auffindbarkeit der relevanten Schutzrechte, Probleme bei den Produktionsbedingungen und psychologische Hürden.

595 All diese Probleme bei der praktischen Umsetzung einer Zwangslizenz schlagen sich in der geringen Bedeutung des § 24 PatG für die unmittelbare Bekämpfung von Krisen und Notlagen nieder und können nur durch freiwillige Lösungen umfassend adressiert werden. Freiwillige Vereinbarungen können zwar durch das Drohpotenzial der Zwangslizenz gefördert werden. Diese mittelbare Wirkung vermag indes nicht über die stark begrenzte praktische Wirksamkeit der Zwangslizenz als solche in ihrer unmittelbaren Anwendung zur Krisenbewältigung hinwegzutäuschen.

B. Ökonomische Effizienz von Zwangslizenzen

596 Um ein vollständiges Bild über die Wirkungsweise der patentrechtlichen Zwangslizenz zu bekommen, wurden in Kapitel 5 die gesamtwirtschaftlichen Auswirkungen von Zwangslizenzen analysiert.

597 Aus wirtschaftlicher Sicht kann der Einsatz von Zwangslizenzen kurzfristig den Zugang zu (lebens-)wichtigen patentgeschützten Technologien im Interesse der Allgemeinheit sicherstellen oder ausweiten. Die Zwangslizenz ermöglicht Wettbewerbern des Patentinhabers den Markteintritt, wodurch sich in der Theorie das Angebot erhöht und der Marktpreis sinkt. In der Praxis hängt das Ausmaß des Preisrückgangs und die damit verbundene Ausweitung des Zugangs zu patentierten Technologien von dem Regulierungs- und Wettbewerbsgrad des betroffenen Marktes sowie den tatsächlichen Reaktionen der Produzenten und Nachfrager ab.

598 Wenngleich in einer akuten Notsituation mittels Zwangslizenzen ein breiter und erschwinglicher Zugang zu krisenrelevanten Produkten unter gewissen Umständen erreicht werden kann, sind die ökonomischen Risiken von Zwangslizenzen in der langen Frist nicht von der Hand zu weisen. Zwangslizenzen können sich negativ auf die Beschäftigung, ausländische Direktinvestitionen oder den Außenhandel auswirken und dadurch die langfristige gesamtwirtschaftliche Entwicklung einer Volkswirtschaft beeinträchtigen. Besonders naheliegend ist das Risiko negativer Anreizeffekte: Infolge des Einsatzes von Zwangslizenzen sinkt insbesondere in forschungsintensiven Branchen wie der Pharmaindustrie für Unternehmen der Anreiz, weiter in innovative Technologien zu investieren und neue Produkte hervorzubringen. Zwar können sich Zwangslizenzen auf lange Sicht auch positiv auf die gesamtwirtschaftliche Wohlfahrt auswirken, indem sie in konzentrierten Marktstrukturen die Wettbewerbsintensität erhöhen, was wiederum zu Innovationen anspornen kann. In hochkomplexen Technologiebereichen können sich Zwangslizenzen förderlich auf sequenzielle Innovationsprozesse auswirken. Diese positiven Effekte können allerdings durch negative Anreizeffekte, die aus einem übermäßigen Einsatz von Zwangslizenzen resultieren, neutralisiert werden.

Die wirtschaftlichen Auswirkungen von Zwangslizenzen sind abhängig vom konkreten Einzelfall und unterscheiden sich je nach betroffenem Markt, der (erwarteten) Häufigkeit und Vorhersehbarkeit ihrer Erteilung sowie der Höhe der Vergütung. In jedem Fall besteht die reale Gefahr, dass der – leicht zu unterschätzende – langfristige Schaden von Zwangslizenzen den kurzfristigen Nutzen überwiegt, wenn und weil Unternehmen als Reaktion auf Zwangslizenzen von (Auslands-)Investitionen und der Entwicklung innovativer Technologien absehen, die wiederum in zukünftigen Krisen benötigt werden. 599

C. Reformoptionen und Alternativen

Ausgehend von dem Befund, dass der Einsatz der patentrechtlichen Zwangslizenz in Krisenfällen von begrenztem praktischem Nutzen und mit erheblichen wirtschaftlichen Risiken verbunden ist, wurde in den Kapiteln 6 und 7 der Frage nachgegangen, welche Reformen des Zwangslizenzrechts und welche weiteren freiwilligen Krisenmechanismen in Betracht kommen, um auf künftige Krisen effektiver und effizienter reagieren zu können. 600

I. Die einheitliche europäische Zwangslizenz

Auf europäischer Ebene ist eine Vereinheitlichung des fragmentierten Rechtsrahmens für Zwangslizenzen im Grundsatz zu begrüßen, damit zur Bekämpfung grenzüberschreitender Krisen Zwangslizenzen für das Territorium mehrerer EU-Mitgliedstaaten erwirkt werden können und das Druckmittel der Zwangslizenz in Lizenzverhandlungen effektiv eingesetzt werden kann. Auch Patentinhaber würden durch einheitliche und effizientere Verfahren profitieren. 601

Der Kommissionsvorschlag für eine Verordnung über unionsweite Zwangslizenzen weist allerdings eine Reihe spezifischer Mängel auf und verfolgt mit seiner zentralen Ausrichtung auf die Kommission den konzeptionell falschen Ansatz. Im Gegensatz zur geplanten Einführung eines eigenständigen Zwangslizenzmechanismus unter der ausschließlichen Zuständigkeit der Kommission würde die Integration der Zwangslizenz in die bestehenden Strukturen des Einheitspatentsystems, einschließlich der Befugnis des EPG zur Erteilung einheitlicher Zwangslizenzen, zu einer kohärenteren und umfassenderen Vereinheitlichung des Zwangslizenzrechts führen sowie die Qualität, Effizienz und gerichtliche Überprüfbarkeit von Zwangslizenzentscheidungen gewährleisten. 602

II. Reformoptionen für das nationale Zwangslizenzrecht

§ 24 PatG sollte weder auf begleitendes Know-how noch auf veröffentlichte Patentanmeldungen ausgedehnt werden. Abgesehen davon lassen sich auf natio- 603 naler Ebene vier weitere Ansatzpunkte für eine Reform des Zwangslizenzrechts identifizieren, von denen jedoch keine geeignet erscheint, die beschriebenen praktischen Probleme und ökonomischen Ineffizienzen bei der Vergabe von Zwangslizenzen aufzulösen.

604 Erstens ist an dem Erfordernis des vorherigen Lizenzbemühens nach § 24 Abs. 1 Nr. 1 PatG festzuhalten, das im Einzelfall einer flexiblen und einer Notlage angemessenen Auslegung zugänglich ist und zu vorzugswürdigen vertraglichen Lösungen anhält. Zweitens würde eine Abkehr vom aktuellen schutzrechtsbezogenen Ansatz hin zu einer produktbezogenen Zwangslizenz erhebliche (Abgrenzungs-)Schwierigkeiten in der Praxis und verfahrensrechtliche Folgeprobleme mit sich bringen. Drittens sprechen der Vergleich zwischen vertraglicher Lizenz und Zwangslizenz, der besondere hoheitliche Charakter der Zwangslizenz sowie die davon betroffenen Interessen des Patentinhabers gegen die Einführung einer Rückvergütungspflicht des Patentinhabers nach Fortfall des Patents. Viertens würde sich eine Verlängerung der Patentlaufzeit als Kompensation für eine erteilte Zwangslizenz von dem grundlegenden Zweck des § 24 PatG entfernen und keinen bedeutsamen Mehrwert liefern.

III. Ergänzende Maßnahmen auf Basis freiwilliger Kooperationen

605 Angesichts dessen, dass § 24 PatG auch unter Berücksichtigung möglicher Reformoptionen erhebliche Schwächen in der Krisenbewältigung aufweist und freiwillige Lösungen im Vergleich zu Zwangslizenzen eine effektivere und effizientere Reaktion auf Krisensituationen ermöglichen, verdienen rechtliche Strukturen, die auf einen vom Patentinhaber selbst veranlassten Technologiezugang abzielen, gesteigerte Aufmerksamkeit.

606 Reduzierte Prüf- und Anmeldegebühren könnten – wenn auch in überschaubarem Maße – zu einer früheren Offenlegung der Patentanmeldeunterlagen anreizen und auf Grundlage der dadurch verbesserten Informationslage über krisenrelevante Patentanmeldungen frühzeitige Vereinbarungen zum Zwecke der Krisenbekämpfung fördern. Zur Erhöhung der Planungssicherheit der Patentinhaber und zur Gewährleistung der Versorgungssicherheit der Bevölkerung kommen anstelle von Zwangsmaßnahmen wie der Zwangslizenz öffentlich-private Kooperationen wie Versorgungsverträge oder Unternehmensbeteiligungen in Betracht. Durch *Patent Pledges* und *Patent Pools* können sich Patentinhaber proaktiv zur Nicht-Durchsetzung oder zur freiwilligen Lizenzierung ihrer Patente verpflichten und auf diese Weise Zwangslizenzen zuvorkommen.

Kapitel 9 Gesamtergebnis und Ausblick

In der Zusammenschau aller wesentlichen Ergebnisse ergibt sich die Kernthese, dass die patentrechtliche Zwangslizenz in ihrer aktuellen Ausgestaltung kein effektives und effizientes Instrument zur Bewältigung von Krisen und Notlagen darstellt. 607

Die Umsetzung von Zwangslizenzen stößt in der Praxis auf eine Vielzahl von Problemen, die eine schnelle und flächendeckende Versorgung der Bevölkerung mit krisenrelevanten Produkten erheblich erschweren oder gar unmöglich machen. Die bloße Befugnis zur Benutzung einer patentgeschützten Erfindung nach § 24 PatG reicht häufig nicht aus, um die realen Herausforderungen in einer Notlage zu bewältigen. Die zentralen Schwachstellen des nationalen Zwangslizenzsystems reichen über das Zwangslizenzrecht hinaus und lassen sich durch eine Reform des § 24 PatG nicht zufriedenstellend beheben. 608

Auf europäischer Ebene ist eine Vereinheitlichung des fragmentierten Rechtsrahmens zum Zwecke einer effektiven und effizienten Bekämpfung grenzüberschreitender Krisen im Grundsatz zu begrüßen. Zur Vereinheitlichung des Zwangslizenzrechts sollte allerdings nicht – wie von der Kommission vorgeschlagen – der Kommission im Rahmen einer eigenständigen Zwangslizenzverordnung die ausschließliche Zuständigkeit zur Vergabe unionsweiter Zwangslizenzen in bestimmten Krisen- und Notfällen zugewiesen werden. Sinnvoller wäre eine Befugnis des EPG, auf Grundlage der bestehenden Verfahrensregeln und eines allgemeinen Zwangslizenztatbestands im Einheitspatentrecht Zwangslizenzen mit einheitlicher Wirkung für eine Vielzahl von Vertragsmitgliedstaaten zu erteilen. 609

Weiter versperrt der kurzsichtige Blick auf den – oftmals überschaubaren – Nutzen von Zwangslizenzen in der akuten Krisenbekämpfung die Sicht auf die langfristigen ökonomischen Risiken. Insbesondere droht ein Verlust an dynamischer Effizienz, wenn Unternehmen als Reaktion auf Zwangslizenzen von Investitionen in neue Technologien absehen. Nur mit Hilfe eines verlässlichen Patentschutzes zur Förderung von Innovation und technologischem Fortschritt kann es gelingen, künftige Krisen ebenso wie die strukturellen politischen, gesellschaftlichen und wirtschaftlichen Herausforderungen dieser Zeit zum Wohle der Gesellschaft zu meistern. Vor diesem Hintergrund sollte von der Zwangslizenz mit größter Zurückhaltung und nur in besonders gelagerten Ausnahmefällen Gebrauch gemacht werden. Das gilt in besonderem Maße für Deutschland, wo die anhaltende wirtschaftliche Schwäche mehr denn je ein innovationsfreundliches Umfeld erfordert, um den technologischen Fortschritt und damit das Wirtschaftswachstum insgesamt zu fördern. 610

In Anbetracht der Unzulänglichkeiten in der praktischen Anwendung wird die patentrechtliche Zwangslizenz auch in Zukunft weniger als Instrument zur un- 611 mittelbaren Bekämpfung von Krisen und Notlagen, sondern eher mittelbar als Verhandlungsmittel Wirkung entfalten. Durch ihr Drohpotenzial kann die Zwangslizenz einen umfassenden und zielgenauen Technologietransfer im Rahmen freiwilliger Vereinbarungen befördern und auf diese Weise am ehesten einen positiven Beitrag zu einer effektiven und effizienten Krisenbewältigung leisten.

612 Dass die bloße Möglichkeit der Erteilung einer Zwangslizenz in den meisten Fällen ausreicht, um den Patentinhaber zur freiwilligen Lizenzierung seiner Erfindung zu bewegen und so der Allgemeinheit ohne die Erteilung von Zwangslizenzen ausreichend Zugang zu krisenkritischer Technologie zu verschaffen, zeigte sich nicht zuletzt an der Bewältigung der COVID-19-Pandemie. Während der Pandemie wurde hierzulande kein Antrag auf Erteilung einer Zwangslizenz gestellt. Allein auf Basis natürlicher Marktmechanismen und eines verlässlichen Patentschutzes hatten die Unternehmen einen ausreichenden Anreiz, in die Entwicklung eines COVID-19-Impfstoffs zu investieren und den erfolgreich entwickelten Impfstoff aus eigenem Antrieb über Produktionspartner oder Lizenznehmer möglichst schnell und in ausreichender Menge der Allgemeinheit zur Verfügung zu stellen.

613 In künftigen Krisenfällen sollten ebenfalls einvernehmliche Lösungen im Vordergrund stehen und auf die Kooperationsfähigkeit der Marktteilnehmer gesetzt werden. Gelingt es, derartige Kooperationen herbeizuführen und die Erwartungen an den Einsatz von Zwangslizenzen in der Krisenbekämpfung dahingehend anzupassen, dass ihr eigentlicher Nutzen weniger in ihrer unmittelbaren Anwendung als in der Förderung freiwilliger Vereinbarungen liegt, würde dies nicht nur den Diskurs über die Beschränkung von Patentrechten in Krisenzeiten in ein anderes Licht rücken, sondern auch die öffentliche Akzeptanz des Patentschutzes insgesamt positiv beeinflussen.

Abkürzungen

a.A.	andere Ansicht
a.F.	alte Fassung
A&R	Arzneimittel & Recht – Zeitschrift für Arzneimittelrecht
ABl.	Amtsblatt
Abs.	Absatz
AEUV	Vertrag über die Arbeitsweise der Europäischen Union
Am. Bus. L. J.	American Business Law Journal
Am. Econ. Rev.	American Economic Review
AMG	Arzneimittelgesetz
Ann. Rev. Econ.	Annual Review of Economics
Appl. Econ. & Int. Dev.	Applied Econometrics and International Development
Appl. Health Econ. & Health Pol.	Applied Health Economics and Health Policy
Art.	Artikel
Aufl.	Auflage
Bd.	Band
BeckRS	Beck-Rechtsprechung
Berk. Tech. L. J.	Berkeley Technology Law Journal
BGB	Bürgerliches Gesetzbuch
BGBl.	Bundesgesetzblatt
BGH	Bundesgerichtshof
BIP	Bruttoinlandsprodukt
BlPMZ	Blatt für Patent-, Muster- und Zeichenwesen
BPatG	Bundespatentgericht
Brooklyn J. Int. L.	Brooklyn Journal of International Law
bspw.	beispielsweise
BT-Drs.	Bundestagsdrucksache
BT-PlPr.	Bundestag Plenarprotokoll
BVerfG	Bundesverfassungsgericht
BVerfGE	Entscheidungen des Bundesverfassungsgerichts
bzw.	beziehungsweise
Can. Pub. Pol.	Canadian Public Policy
Case W. Res. J. Int. L.	Case Western Reserve Journal of International Law
CMLR	Common Market Law Review
Col. L. Rev.	Columbia Law Review
Conn. L. Rev.	Connecticut Law Review
Cont. Econ. Pol.	Contemporary Economic Policy
COVID-19	Coronavirus SARS-CoV-2
d.h.	das heißt
ders.	derselbe

dies.	dieselbe(-n)
Dok.	Dokument
DPMA	Deutsches Patent- und Markenamt
Duke J. Comp. & Int. L.	Duke Journal of Comparative & International Law
EG	Europäische Gemeinschaft
Einl.	Einleitung
EIPR	European Intellectual Property Review
EJOR	European Journal of Operational Research
endg.	endgültig
EP	Europäisches Parlament
EPA	Europäisches Patentamt
EPatVO	Einheitspatentverordnung
EPG	Einheitliches Patentgericht
EPGÜ	Übereinkommen über ein Einheitliches Patentgericht
EPO	Europäische Patentorganisation
EPÜ	Europäisches Patentübereinkommen
ErwGr.	Erwägungsgrund
ETP	Entrepreneurship Theory and Practice
EU	Europäische Union
EuG	Gericht der Europäischen Union
EuGH	Gerichtshof der Europäischen Union
Eur. Econ. Rev.	European Economic Review
Eur. J. Health Econ.	European Journal of Health Economics
Eur. Res. Stud. J.	European Research Studies Journal
EUV	Vertrag über die Europäische Union
EWG	Europäische Wirtschaftsgemeinschaft
f./ff.	folgende
F&E	Forschung und Entwicklung
Fla. St. U. L. Rev.	Florida State University Law Review
Fn.	Fußnote
Food & Drug L. J.	Food and Drug Law Journal
Fordham Intell. Prop., Med. & Ent. L. J.	Fordham Intellectual Property, Media and Entertainment Law Journal
Fordham L. Rev.	Fordham Law Review
FS	Festschrift
GebrMG	Gebrauchsmustergesetz
gem.	gemäß
GeschGehG	Gesetz zum Schutz von Geschäftsgeheimnissen
GG	Grundgesetz
ggf.	gegebenenfalls
Gonzaga J. Int. L.	Gonzaga Journal of International Law
GPÜ	Gemeinschaftspatentübereinkommen
GRC	Charta der Grundrechte der Europäischen Union
GRUR	Gewerblicher Rechtsschutz und Urheberrecht

GRUR Int.	Gewerblicher Rechtsschutz und Urheberrecht, Internationaler Teil
GRUR Pat.	GRUR Patent – Patentrecht in der Praxis
GRUR-Prax	Gewerblicher Rechtsschutz und Urheberrecht, Praxis im Immaterialgüter- und Wettbewerbsrecht
GRUR-RS	Gewerblicher Rechtsschutz und Urheberrecht, redaktionell bearbeitete Rechtsprechung
GWB	Gesetz gegen Wettbewerbsbeschränkungen
h.M.	herrschende Meinung
Harv. J. L. & Tech.	Harvard Journal of Law & Technology
Harv. L. Rev.	Harvard Law Review
Hastings Int. & Comp. L. Rev.	Hastings International and Comparative Law Review
Hdb.	Handbuch
Health Pol.	Health Policy
High Tech. L. J.	Santa Clara High Technology Law Journal
Howard L. J.	Howard Law Journal
Hrsg.	Herausgeber(-in)
Hs.	Halbsatz
i.H.v.	in Höhe von
i.V.m.	in Verbindung mit
IEP	Information Economics and Policy
IfSG	Infektionsschutzgesetz
IIC	International Review of Intellectual Property and Competition Law
IIMB Man. Rev.	Indian Institute of Management Bangalore Management Review
IJSSH	International Journal of Social Science and Humanity
Ill. J. L. Tech. & Pol.	Illinois Journal of Law, Technology & Policy
ILSA J. Int. & Comp. L.	International Law Students Association (ILSA) Journal of International and Comparative Law
Indian J. L. & Just.	Indian Journal of Law and Justice
Innov. Pol. Econ.	Innovation Policy and the Economy
Int. Econ. Rev.	International Economic Review
Int. J. Health Care Finance & Econ.	International Journal of Health Care Finance and Economics
Int. J. Ind. Org.	International Journal of Industrial Organization
InTeR	Zeitschrift zum Innovations- und Technikrecht
IntPatÜG	Gesetz über internationale Patentübereinkommen
IWF	Internationaler Währungsfonds
IWRZ	Zeitschrift für Internationales Wirtschaftsrecht
J. Business Res.	Journal of Business Research
J. Econ. Dynamics & Control	Journal of Economic Dynamics and Control
J. Econ. Hist.	Journal of Economic History

J. Econ. Persp.	Journal of Economic Perspectives
J. Glob. Health	Journal of Global Health
J. Health Econ.	Journal of Health Economics
J. Int. Business Pol.	Journal of International Business Policy
J. Int. Econ.	Journal of International Economics
J. Int. L.	Journal of International Law
J. Interdiscip. Econ.	Journal of Interdisciplinary Economics
J. L. & Econ.	Journal of Law and Economics
J. L., Med. & Ethics	Journal of Law, Medicine & Ethics
J. Macroecon.	Journal of Macroeconomics
J. Pat. Off. Soc'y	Journal of the Patent Office Society
J. Pol. Econ.	Journal of Political Economy
J. Regul. Econ.	Journal of Regulatory Economics
J. World Trade	Journal of World Trade
JDE	Journal of Development Economics
JEEA	Journal of the European Economic Association
JIBL	Journal of International Business and Law
JIEL	Journal of International Economic Law
JIPP	Journal of Intellectual Property Law & Practice
JWIP	Journal of World Intellectual Property
JZ	JuristenZeitung
Kap.	Kapitel
LG	Landgericht
lit.	litera
m.w.N.	mit weiteren Nachweisen
Man. Sc.	Management Science
Mich. L. Rev.	Michigan Law Review
Minn. L. Rev.	Minnesota Law Review
Mio.	Millionen
Mitt.	Mitteilungen der deutschen Patentanwälte
MPRA	Munich Personal RePEc (Research Papers in Economics) Archive
Mrd.	Milliarden
MüKo	Münchener Kommentar
N. C. J. L. & Tech.	North Carolina Journal of Law & Technology
N.C. J. Int. L. & Com. Reg.	North Carolina Journal of International Law and Commercial Regulation
N.T.M.	Journal of the History of Science, Technology, and Medicine
Nat. Biotechnol.	Nature Biotechnology
NBER	National Bureau of Economic Research
NI Legal Quarterly	Northern Ireland Legal Quarterly
NJW	Neue Juristische Wochenschrift
No.	number

Nord. J. Comm. L.	Nordic Journal of Comparative and International Education
Nr.	Nummer
NZKart	Neue Zeitschrift für Kartellrecht
o.	oben
OECD	Organisation für wirtschaftliche Zusammenarbeit und Entwicklung
OLG	Oberlandesgericht
Ox. Econ. Papers	Oxford Economic Papers
Ox. Rev. Econ. Pol.	Oxford Review of Economic Policy
PatG	Patentgesetz
PatR	Patentrecht
PCT	Vertrag über die Internationale Zusammenarbeit auf dem Gebiet des Patentwesens
PharmR	Pharmarecht
PHRMA	Pharmaceutical Research and Manufacturers of America
PLoS	Public Library of Science
PNAS	Proceedings of the National Academy of Sciences
PVÜ	Pariser Verbandsübereinkunft zum Schutz des gewerblichen Eigentums
QJE	Quarterly Journal of Economics
R&D	Research and Development
Ratsdok.	Dokument des Rates
RL	Richtlinie
RL-E	Richtlinienentwurf
Res. Econ.	Research in Economics
Res. Pol.	Research Policy
Rev. Dev. Econ.	Review of Development Economics
Rev. Econ. & Stat.	Review of Economics and Statistics
RG	Reichsgericht
RGZ	Entscheidungen des Reichsgerichts in Zivilsachen
Rn.	Randnummer
Rspr.	Rechtsprechung
S. Afr. J. Hum. Rts.	South African Journal on Human Rights
S.	Satz
SIPLR	Stockholm University Intellectual Property Law Review
sog.	sogenannte(-r/-s)
Trends in Biotechnol.	Trends in Biotechnology
TRIPS	Übereinkommen über handelsbezogene Aspekte der Rechte des geistigen Eigentums
u. a.	unter anderem/unter anderen
U. Chi. L. Rev.	University of Chicago Law Review

UAbs.	Unterabsatz
UC Irvine L. Rev.	University of California (UC) Irvine Law Review
UCLJLJ	University College London (UCL) Journal of Law and Jurisprudence
Urt.	Urteil
US	United States
USA	United States of America
Utah L. Rev.	Utah Law Review
UWG	Gesetz gegen den unlauteren Wettbewerb
v.	vom
VerfO	Verfahrensordnung des Einheitlichen Patentgerichts
vgl.	vergleiche
VO	Verordnung
VO-E	Verordnungsentwurf
Vor	Vorbemerkung
WHO	Weltgesundheitsorganisation
WIPO	Weltorganisation für geistiges Eigentum
WTO	Welthandelsorganisation
WWZ	Wirtschaftswissenschaftliches Zentrum der Universität Basel
z.B.	zum Beispiel
ZEuP	Zeitschrift für Europäisches Privatrecht
ZGE	Zeitschrift für Geistiges Eigentum
zit.	zitiert (als)
ZPO	Zivilprozessordnung
ZWeR	Zeitschrift für Wettbewerbsrecht

Literatur

Abbas, Muhammad Zaheer Pros and Cons of Compulsory Licensing: An Analysis of Arguments, IJSSH 2013, 254–258.

Abbas, Muhammad Zaheer COVID-19 and the Issue of Affordable Access to Innovative Health Technologies: An Analysis of Compulsory Licensing of Patents as a Policy Option, in: Mathis, Klaus/Tor, Avishalom (Hrsg.), Law and Economics of the Coronavirus Crisis, 2022, 265–294.

Acemoglu, Daron Introduction to modern economic growth, Princeton 2009.

Acemoglu, Daron/ Akcigit, Ufuk Intellectual Property Rights Policy, Competition and Innovation, JEEA 2012, 1–42.

Adekola, Tolulope Anthony When mRNA technology meets patent law: innovation, barriers and public health, JIPP 2023, 867–877.

Agénor, Pierre-Richard/ Neanidis, Kyriakos C. Innovation, public capital, and growth, J. Macroecon. 2015, 252–275.

Aghion, Philippe/ Howitt, Peter Wachstumsökonomie, Berlin 2015.

Aigner-Walder, Birgit Demographischer Wandel und Wirtschaftsförderung, in: Korn, Thorsten/Lempp, Jakob/van der Beek, Gregor (Hrsg.), Wirtschaftsförderung in der Krise. Konzepte zur Krisenbewältigung und Chancennutzung, Wiesbaden 2023, 83–98.

Akbulut, Bengi Degrowth, Rethinking Marxism 2021, 98–110.

an de Meulen, Philipp/ Christiaans, Thomas/ Wilke, Christina Benita/ Wohlmann, Monika (Hrsg.) Volkswirtschaftslehre. Mikroökonomik – Wirtschaftspolitik – Makroökonomik, Wiesbaden 2024.

Andergassen, Rainer/ Nardini, Franco/ Ricottilli, Massimo Innovation and growth through local and global interaction, J. Econ. Dynamics & Control 2009, 1779–1795.

Ann, Christoph Patentrecht, 8. Aufl., München 2022.

Antonelli, Ginevra Assia/ Leone, Maria Isabella/ Ricci, Riccardo Exploring the Open COVID Pledge in the fight against COVID – 19: a semantic analysis of the Manifesto, the pledgors and the featured patents, R&D Management 2022, 255–272.

Aoki, Reiko/ Small, John Compulsory licensing of technology and the essential facilities doctrine, IEP 2004, 13–29.

Apolte, Thomas/ Erlei, Mathias/ Göcke, Matthias/ Menges, Roland/ Ott, Notburga/ Schmidt, André (Hrsg.) — Kompendium der Wirtschaftstheorie und Wirtschaftspolitik. Makroökonomik, Bd. 2, Wiesbaden 2019.

Arora, Ashish/ Ceccagnoli, Marco/ Cohen, Wesley M. — R&D and the patent premium, Int. J. Ind. Org. 2008, 1153–1179.

Arrow, Kenneth — Economic Welfare and the Allocation of Resources for Invention, in: National Bureau of Economic Research (Hrsg.), The Rate and Direction of Inventive Activity. Economic and Social Factors, Princeton 1962, 609–626.

Avagyan, Vardan/ Esteban-Bravo, Mercedes/ Vidal-Sanz, Jose M. — Licensing radical product innovations to speed up the diffusion, EJOR 2014, 542–555.

Bacher, Klaus (Hrsg.) — Benkard, Patentgesetz. Gebrauchsmustergesetz, Patentkostengesetz, 12. Aufl., München 2023 (zit. *Bearbeiter*, in: Benkard, PatG)

Bacher, Klaus (Hrsg.) — Die Zwangslizenz nach § 24 PatG, in: Lunze, Anja/ Hohagen, Gisbert/Kamlah, Dietrich/Rektorschek, Jan Phillip (Hrsg.), Die internationale Durchsetzung von Schutzrechten. Festschrift für Sabine Rojahn zum 70. Geburtstag, München 2020, 133–139 (zit. *Bearbeiter*, in: FS Rojahn).

Bailey, Theodore C. — Innovation and Access. The Role of Compulsory Licensing in the Development and Distribution of HIV/AIDS Drugs Notes, Ill. J. L. Tech. & Pol. 2001, 193–218.

Barnett, Jonathan M. — The Great Patent Grab, in: Haber, Stephen H./ Lamoreaux, Naomi R. (Hrsg.), The Battle over Patents. History and Politics of Innovation, 2021, 208–277.

Barro, Robert J./ Sala-i-Martin, Xavier — Economic Growth, 2. Aufl., Cambridge 2004.

Baten, Joerg/ Bianchi, Nicola/ Moser, Petra — Does Compulsory Licensing Discourage Invention? Evidence From German Patents After WWI, NBER Working Paper Series No. 21442, Cambridge 2015.

Baten, Joerg/ Bianchi, Nicola/ Moser, Petra — Compulsory licensing and innovation – Historical evidence from German patents after WWI, JDE 2017, 231–242.

Bayoumi, Tamim/ Coe, David T./ Helpman, Elhanan — R&D spillovers and global growth, J. Int. Econ. 1999, 399–428.

Beck, Hanno — Behavioral Economics, Wiesbaden 2014.

Beier, Friedrich-Karl Zukunftsprobleme des Patentrechts, GRUR 1972, 214–225.

Beier, Friedrich-Karl Das Patentwesen und seine Informationsfunktion – gestern und heute, GRUR 1977, 282–289.

Beier, Friedrich-Karl Ausschließlichkeit, gesetzliche Lizenzen und Zwangslizenzen im Patent- und Musterrecht, GRUR 1998, 185–195.

Beckendorf, Ingo/ Ehlers, Jochen (Hrsg.) Benkard, Europäisches Patentübereinkommen, 4. Aufl., München 2023 (zit. *Bearbeiter*, in: Benkard, EPÜ).

Berthet, Elizabeth/ Dhenne, Matthieu/ Vial, Lionel COVID-19: Comment mettre en oeuvre la licence d'office, Editions de Boufflers, Nancy 2020.

Billette de Villemeur, Etienne/ Dequiedt, Vianney/ Versaevel, Bruno Pool patents to get COVID vaccines and drugs to all, Nature 2021, 529–529.

BIO Deutschland Stellungnahme zum Kommissionsvorschlag für eine EU-Zwangslizenzverordnung, 2022, abrufbar unter https://www.biodeutschland.org/de/positionspapiere/stellungnahme-des-bio-deutschland-e-v-legislativvorschlag-zur-revision-des-eu-arzneimittelrechts-der-europaeischen-kommission.html (zuletzt abgerufen am 18.5.2025).

Bird, Robert C. Developing Nations and the Compulsory License: Maximizing Access to Essential Medicines While Minimizing Investment Side Effects, J. L., Med. & Ethics 2009, 209–221.

Bird, Robert C./ Cahoy, Daniel R. The Impact of Compulsory Licensing on Foreign Direct Investment: A Collective Bargaining Approach, Am. Bus. L. J. 2008, 283–330.

Bodewig, Theo Einige Überlegungen zur Erschöpfung bei Zwangslizenzen an standardessentiellen Patenten, GRUR Int. 2015, 626–634.

Bohnet, Ilja Wie Grundlagenforschung als Sprungbrett für Innovationen dient, Helmholtz-Gemeinschaft, 2.5.2022, abrufbar unter https://www.helmholtz.de/newsroom/artikel/wie-grundlagenforschung-als-sprungbrett-fuer-innovationen-dient/ (zuletzt abgerufen am 18.5.2025).

Bollyky, Thomas J. Balancing Private Rights and Public Obligations: Constitutionally Mandated Compulsory Licensing of Hiv/Aids Related Treatments in South Africa, S. Afr. J. Hum. Rts. 2002, 530–569.

Bond, Eric W./ Saggi, Kamal Compulsory licensing, price controls, and access to patented foreign products, JDE 2014, 217–228.

Bopp, Thomas/ Kircher, Holger (Hrsg.)	Handbuch Europäischer Patentprozess, 3. Aufl., München 2025 (zit. *Bearbeiter*, in: Bopp/Kircher, EurPatentprozess-HdB).
Borowski, Samuel Mark	Saving Tomorrow from Today: Preserving Innovation in the Face of Compulsory Licensing, Fla. St. U. L. Rev. 2009, 275–316.
Bottazzi, Laura/ Peri, Giovanni	Innovation and spillovers in regions: Evidence from European patent data, Eur. Econ. Rev. 2003, 687–710.
Böttger, Fabian	Zwangslizenzen im Patentrecht – Eine systematische Bewertung der neueren Praxis insbesondere im Bereich der öffentlichen Gesundheit, GRUR Int. 2008, 881–891.
Bound, John/ Hall, Bronwyn/ Jaffe, Adam/ Griliches, Zvi/ Cummins, Clint	Who Does R&D and Who Patents?, in: Griliches, Zvi (Hrsg.), R&D, Patents, and Productivity, Chicago 1984, 21–54.
Brachtel, Rudolf	Die Gruppenfreistellung von Know-how-Vereinbarungen. Entwicklung von Wettbewerbsregeln und Kommissionspraxis im Lichte der strukturellen Schwäche des Geheimnisschutzes, München 2006.
Branstetter, Lee G.	Do stronger patents induce more local innovation?, JIEL 2004, 359–370.
Brebeck, Stephan	The failure of compulsory licensing of pharmaceuticals in least developed countries, Duisburg/Essen 2014.
Bühling, Jochen	Patentrechte und COVID-19 – Blütezeit oder Quarantäne?, in: Lunze, Anja/Hohagen, Gisbert/Kamlah, Dietrich/Rektorschek, Jan Phillip (Hrsg.), Die internationale Durchsetzung von Schutzrechten. Festschrift für Sabine Rojahn zum 70. Geburtstag, München 2020, 141–155 (zit. *Bearbeiter*, in: FS Rojahn).
Büscher, Wolfgang (Hrsg.)	Gesetz gegen den unlauteren Wettbewerb. Mit GeschGehG und PAngV, 2. Aufl., Hürth 2021 (zit. *Bearbeiter*, in: Büscher, UWG).
Büscher, Wolfgang/ Dittmer, Stefan/ Schiwy, Peter (Hrsg.)	Gewerblicher Rechtsschutz, Urheberrecht, Medienrecht. Kommentar, 3. Aufl., Köln 2015.
Buhrow, Astrid/ Nordemann, Jan Bernd	Grenzen ausschließlicher Rechte geistigen Eigentums durch Kartellrecht, GRUR Int. 2005, 407–419.
Bundesrechtsanwaltskammer	Stellungnahme zum Kommissionsvorschlag für eine EU-Zwangslizenzverordnung, 2023, abrufbar unter https://www.brak.de/fileadmin/05_zur_rechtspolitik/stellungnahmen-pdf/stellungnahmen-deutschland/2023/stellungnahme-der-brak-2023-34.pdf (zuletzt abgerufen am 18.5.2025).

Bundesverband der Deutschen Industrie	Stellungnahme zum Kommissionsvorschlag für eine EU-Zwangslizenzverordnung, 2023, abrufbar unter https://bdi.eu/publikation/news/patentpaket-eu-kommission-eu-regime-fuer-zwangslizenzen (zuletzt abgerufen am 18.5.2025);
Burr, Wolfgang/ Stephan, Michael/ Soppe, Birthe/ Weisheit, Steffen	Patentmanagement. Strategischer Einsatz und ökonomische Bewertung von technologischen Schutzrechten, Stuttgart 2007.
Busche, Jan	Vom Wert des Patents oder: Ist der Patentschutz absolut?, GRUR 2021, 157–161.
Busche, Jan/ Stoll, Peter T./ Wiebe, Andreas (Hrsg.)	TRIPs. Internationales und europäisches Recht des geistigen Eigentums. Kommentar, 2. Aufl., Köln 2013.
Bußmann, Joachim	Die patentrechtliche Zwangslizenz, Frankfurt a.M. 1975.
Calabresi, Guido/ Melamed, A. Douglas	Property Rules, Liability Rules, and Inalienability. One View of the Cathedral, Harv. L. Rev. 1972, 1089–1128.
Calliess, Christian/ Ruffert, Matthias (Hrsg.)	EUV, AEUV. Das Verfassungsrecht der Europäischen Union mit Europäischer Grundrechtecharta. Kommentar, 6. Aufl., München 2022.
Cameron, Gavin F.	Innovation and economic growth, London 1996.
Challú, Pablo	The Consequences of Pharmaceutical Product Patenting, World Competition 1991, 65–126.
Chatterjee, Chirantan/ Kubo, Kensuke/ Pingali, Viswanath	The consumer welfare implications of governmental policies and firm strategy in markets for medicines, J. Health Econ. 2015, 255–273.
Chien, Colleen	Cheap Drugs at What Price to Innovation: Does the Compulsory Licensing of Pharmaceuticals Hurt Innovation?, Berk. Tech. L. J. 2003, 853–908.
Clement, Reiner/ Terlau, Wiltrud/ Kiy, Manfred/ Gehringer	*Agnieszka*, Angewandte Makroökonomie: Makroökonomie, Wirtschaftspolitik und nachhaltige Entwicklung mit Fallbeispielen, 6. Aufl., München 2023.
Cohen, Wesley M./ Nelson, Richard R./ Walsh, John P.	Protecting Their Intellectual Assets: Appropriability Conditions and Why U.S. Manufacturing Firms Patent (or Not), NBER Working Paper Series No. 7552, Cambridge 2000.
Cohen, Wesley M./ Nelson, Richard R./ Walsh, John P.	Links and Impacts: The Influence of Public Research on Industrial R&D, Man. Sc. 2002, 1–23.
Contreras, Jorge L.	The Open COVID Pledge: Design, Implementation and Preliminary Assessment of an Intellectual Property Commons, Utah L. Rev. 2021, 833–924.

Contreras, Jorge L./ Eisen, Michael/ Ganz, Ariel/ Lemley, Mark/ Molloy, Jenny/ Peters, Diane M./ Tietze, Frank	Pledging intellectual property for COVID-19, Nat. Biotechnol. 2020, 1146–1149.
Correa, Carlos M.	Protection of Data Submitted for the Registration of Pharmaceuticals: Implementing the Standards of the TRIPS Agreement, Genf 2001.
Correa, Carlos M.	The Use of Compulsory Licences in Latin America, in: Hilty, Reto M./Kung-Chung, Liu (Hrsg.), Compulsory Licensing. Practical Experiences and Ways Forward, Berlin u.a. 2015, 43–60.
Cugno, Franco/ Ottoz, Elisabetta	Static Efficiency of Compulsory Licensing: The Role of Limit Pricing, J. Interdiscip. Econ. 2007, 19–33.
Czychowski, Christian/ Dworschak, Sebastian	Durchsetzung von technischem Know-how – Parallelen zu patentrechtlichen Verfahren und Besonderheiten am Beispiel der Düsseldorfer Besichtigungspraxis, GRUR Pat. 2023, 20–25.
Dam, Kenneth	Die ökonomischen Grundlagen des Patentrechts, in: Ott, Claus/Schäfer, Hans-Bernd (Hrsg.), Ökonomische Analyse der rechtlichen Organisation von Innovation, Tübingen 1994, 283–321.
Danzon, Patricia M./ Towse, Adrian	Differential Pricing for Pharmaceuticals: Reconciling Access, R&D and Patents, Int. J. Health Care Finance & Econ. 2003, 183–205.
Davey, Neil	Overcoming Patent Barriers To Increase Access to Medicines: A New Path Forward for Compulsory Licensing, Harv. J. L. & Tech. 2022, 689–714.
Deller, Anthony William	Fortschritt durch Forschung, Erfindungen und Patente, GRUR Int. 1967, 317–329.
Demary, Vera/ Schaefer, Thilo	Mit Digitalisierung zu klimaneutralem Wachstum und Wohlstand, Wirtschaftsdienst 2023, 450–453.
Denison, Edward F.	Trends in American Economic Growth, 1929–1982, Washington 1985.
Dereli, Deniz	The relationship between high-technology exports, patent and economic growth in Turkey (1990–2015), Pressacademia 2019, 173–180.
DeRoo, Pier	Public Non-Commercial Use' Compulsory Licensing for Pharmaceutical Drugs in Government Health Care Programs, Mich. J. Int. L. 2011, 347–394.

Deutsche Bundesbank	Monatsbericht Oktober 2024. Internationale Verflechtung Deutschlands über Direktinvestitionen: aktuelle Entwicklungen, 22.10.2024, abrufbar unter https://publikationen.bundesbank.de/caas/v1/media/941662/localSettings%2CreferenceDoc/09e9bd8379ae358bd48d939e1e828a0e (zuletzt abgerufen am 18.5.2025).
Deutscher Anwaltsverein	Stellungnahme zum Kommissionsvorschlag für eine EU-Zwangslizenzverordnung, 2022, abrufbar unter https://anwaltverein.de/de/newsroom/sn-20-2022-folgenabschaetzung-der-kommission-zwangslizenzierung (zuletzt abgerufen am 18.5.2025).
Diebolt, Claude/ Hippe, Ralph/ Jaoul-Grammare, Magali	Bildungsökonomie. Eine Einführung aus historischer Perspektive, Wiesbaden 2017.
Drexl, Josef	Intellectual Property and Antitrust Law – IMS Health and Trinko – Antitrust Placebo for Consumers Instead of Sound Economics in Refusal-to-Deal Cases, IIC 2004, 788–808.
Duguet, Emmanuel/ Lelarge, Claire	Does Patenting Increase the Private Incentives to Innovate? A Microeconometric Analysis, Annals of Economics and Statistics 2012, 201–238.
Ehrnsperger, Jonas Fabian/ Tietze, Frank	Patent pledges, open IP, or patent pools? Developing taxonomies in the thicket of terminologies, PLoS One 2019, 1–18.
Eidenmüller, Horst	Effizienz als Rechtsprinzip. Möglichkeiten und Grenzen der ökonomischen Analyse des Rechts, 4. Aufl., Tübingen 2015.
Enders, Theodor	Know How Schutz als Teil des geistigen Eigentums, GRUR 2012, 25–31.
Engel, Christoph	Geistiges Eigentum als Anreiz zur Innovation – Die Grenzen des Arguments, in: Eifert, Martin/Hoffmann-Riehm, Wolfgang (Hrsg.), Geistiges Eigentum und Innovation, Berlin 2008, 43–72.
Eppinger, Elisabeth	Patentpools. Eigenschaften, Motive und Implikationen, Wiesbaden 2015.
Epstein, Richard/ Kieff, F.	Questioning the Frequency and Wisdom of Compulsory Licensing for Pharmaceutical Patents, U. Chi. L. Rev. 2011, 71–93.
Europäischer Wirtschafts- und Sozialausschuss	Stellungnahme zum Kommissionsvorschlag für eine EU-Zwangslizenzverordnung, 2023, abrufbar unter https://eur-lex.europa.eu/legal-content/DE/TXT/HTML/?uri=OJ:C_202300865#ntc1-C_202300865DE.000101-E0001 (zuletzt abgerufen am 18.5.2025).

EPA Compulsory licensing in Europe. A country-by-country overview, 2018, abrufbar unter https://www.epo.org/en/learning/learning-resources-profile/judges-lawyers-and-prosecutors/compulsory-licensing-europe#:~:text=In%20some%20cases%2C%20national%20authorities,consent%20of%20the%20patent%20owner (zuletzt abgerufen am 18.5.2025).

EPA Patents, trade marks and startup finance. Funding and exit performance of European startups, Oktober 2023, abrufbar unter https://link.epo.org/web/publications/studies/en-patents-trade-marks-and-startup-finance-study.pdf (zuletzt abgerufen am 18.5.2025).

Fackler, Thomas Patentschutz: Zwischen Forschungsanreiz und Hindernis für Nachfolgeinnovationen, ifo Schnelldienst 2021, 9–12.

von Falck, Andreas Der Kommissionsvorschlag für eine Zwangslizenzverordnung, GRUR Pat. 2023, 74–75.

Falvey, Rod/ Foster, Neil/ Greenaway, David Intellectual Property Rights and Economic Growth, Rev. Dev. Econ. 2006, 700–719.

Fechner, Simon Regulierungsprinzip Effizienz. Maßstäbe und Grenzen einer effizienzorientierten Regulierung im Telekommunikations- und Energiesektor, Baden-Baden 2020.

Feldman, Jamie Compulsory Licenses: The Dangers Behind the Current Practice, JIBL 2009, 137–167.

Fisch, Alan M. Compulsory Licensing of Pharmaceutical Patents: An Unreasonable Solution to an Unfortunate Problem, Jurimetrics 1994, 295–315.

Fitzner, Uwe/ Kubis, Sebastian/ Bodewig, Theo/ Metzger, Axel (Hrsg.) Beck'scher Online-Kommentar Patentrecht, 34. Aufl., München 2024 (zit. *Bearbeiter*, in: BeckOK PatR).

Flynn, Sean/ Hollis, Aidan/ Palmedo, Mike An Economic Justification for Open Access to Essential Medicine Patents in Developing Countries, J. L., Med. & Ethics 2009, 184–208.

Foss-Solbrekk, Katarina The IP waiver and COVID-19: reasons for unwavering support, JIPP 2021, 1347–1359.

Fowler, David J./ Gordon, Myron J. The Effect of Public Policy Initiatives on Drug Prices in Canada, Can. Pub. Pol. 1984, 64–73.

Fuchs, Andreas Die patentrechtliche Zwangslizenz – neue Perspektiven nach der Entscheidung des Bundesgerichtshofs im Fall »Raltegravir«?, in: Ahrens, Hans Jürgen/Bornkamm, Joachim/Fezer, Karl-Heinz/Koch, Thomas/McGuire, Mary-Rose/Würtenberger, Gert (Hrsg.), Festschrift für Wolfgang Büscher, Köln 2018, 621–637 (zit. *Bearbeiter*, in: FS Büscher).

Gadebusch Bondio, Mariacarla/ Marloth, Maria Die »historische Studie« SOLIDARITY als Antwort der Forschung auf die Sars-CoV-2 Pandemie, N.T.M. 2020, 219–225.

Galasso, Alberto/ Schankerman, Mark Patents and Cumulative Innovation: Causal Evidence from the Courts, QJE 2015, 317–369.

Galindo, Miguel-Ángel/ Méndez, María Teresa Entrepreneurship, economic growth, and innovation: Are feedback effects at work?, J. Business Res. 2014, 825–829.

Gaviria, Mario/ Kilic, Burcu A network analysis of COVID-19 mRNA vaccine patents, Nat. Biotechnol. 2021, 546–548.

Gerhard, Markus Mehr Schutz vor ausländischen Direktinvestitionen?, Wirtschaftsdienst 2018, 814–820.

Gilbert, Richard J./ Shapiro, Carl An Economic Analysis of Unilateral Refusals to License Intellectual Property, PNAS 1996, 12749–12755.

Gillat, Adi Compulsory Licensing to Regulated Licensing: Effects on the Conflict Between Innovation and Access in the Pharmaceutical Industry, Food & Drug L. J. 2003, 711–740.

Göcke, Matthias Learning-by-doing und endogenes Wachstum, Heidelberg 2000, 6–19.

Goddar, Heinz/ Tönhardt, Marion Konfliktlösung durch Patentlizenzverträge, Mitt. 2002, 337–342.

Gollrad, Markus Die neue Ausnahmeregelung der Erschöpfung – Was sind berechtigte Gründe?, GRUR Pat. 2023, 242–249.

Gordon, Wendy J. Fair Use as Market Failure: A Structural and Economic Analysis of the »Betamax« Case and Its Predecessors, Col. L. Rev. 1982, 1600–1657.

Gordon, Wendy J. Systemische und fallbezogene Lösungsansätze für Marktversagen bei Immaterialgütern, in: Ott, Claus/ Schäfer, Hans-Bernd (Hrsg.), Ökonomische Analyse der rechtlichen Organisation von Innovation, Tübingen 1994, 328–369.

Gorecki, Paul K./ Henderson, Ida Compulsory Patent Licensing of Drugs in Canada: A Comment on the Debate, Can. Pub. Pol. 1981, 559–568.

Götting, Horst-Peter Das EU-Einheitspatent, ZEuP 2014, 349–370.

Goyal, Yugank Economic and procedural constraints of compulsory licences for medicines, in: Hilty, Reto M./Kung-Chung, Liu (Hrsg.), Compulsory Licensing. Practical Experiences and Ways Forward, Berlin u.a. 2015, 437–458.

Grabinski, Klaus Injunctive Relief and Proportionality in Case of a Public Interest in the Use of a Patent, GRUR 2021, 200–203.

Grabinski, Klaus	Das Einheitliche Patentgericht öffnet seine Pforten – eine Zeitenwende im europäischen Patentrecht?, GRUR 2023, 761–762.
Graham, Stuart J. H./ Merges, Robert P./ Samuelson, Pamela/ Sichelman, Ted M.	High Technology Entrepreneurs and the Patent System. Results of the 2008 Berkeley Patent Survey, Berk. Tech. L. J 2009.
Greif, Siegfried	Ausübungszwang für Patente – Ökonomische Möglichkeiten und Grenzen unter besonderer Berücksichtigung der Entwicklungsländer, GRUR Int. 1981, 731–745.
Grömling, Michael/ Hammermann, Andrea/ Kauder, Björn/ Matthes, Jürgen/ Stettes, Oliver	Ein Wachstumspfad für mehr Produktivität, Innovation und Beschäftigung in Deutschland, Köln 2021.
Guennif, Samira	Evaluating the Usefulness of Compulsory Licensing in Developing Countries: A Comparative Study of Thai and Brazilian Experiences Regarding Access to Aids Treatments, Developing World Bioethics 2017, 90–99.
Guennif, Samira	Is Compulsory Licensing Bad for Public Health? Some Critical Comments on Drug Accessibility in Developing Countries, Appl. Health Econ. & Health Pol. 2017, 557–565.
Gurgula, Olga	Strategic Accumulation of Patents in the Pharmaceutical Industry and Patent Thickets in Complex Technologies – Two Different Concepts Sharing Similar Features, IIC 2017, 385–404.
Gurgula, Olga/ Hull, John	Compulsory licensing of trade secrets: ensuring access to COVID-19 vaccines via involuntary technology transfer, JIPP 2021, 1242–1261.
Haase, Martin S.	Einschränkungen des Patentschutzes für Arzneimittel in besonderen Notsituationen – Auf der Suche nach geeigneten rechtlichen Kriterien zur grundrechtskonformen Abwägung der kollidierenden Interessen, InTer 2021, 154–158.
Haedicke, Maximilian	Patentrecht, 6. Aufl., Köln 2022.
Haedicke, Maximilian	Patentrecht, 7. Aufl., Köln 2025.
Haedicke, Maximilian	Absoluter Stoffschutz – Zukunftskonzept oder Auslaufmodell?, GRUR 2010, 94–99.
Haedicke, Maximilian	Innovationssteuerung durch Patente im Bereich der Biotechnologie, in: Depenheuer, Otto/Peifer, Klaus-Nikolaus (Hrsg.), Geistiges Eigentum: Schutzrecht oder Ausbeutungstitel?, Berlin/Heidelberg 2008, 111–120.

Haedicke, Maximilian/ Timmann, Henrik (Hrsg.) Handbuch des Patentrechts, 2. Aufl., München 2020.

Haedicke, Maximilian/ Stief, Marco/ Wünsche, Annelie Rechtshandbuch Chemie-, Pharma- und Life-Sciences-Patente, München 2024.

Halajian, Dina Inadequacy of TRIPS & the Compulsory License: Why Broad Compulsory Licensing is Not a Viable Solution to the Access Medicine Problem, Brooklyn J. Int. L. 2013, 1191–1231.

Hall, Bronwyn H. Patents and patent policy, Ox. Rev. Econ. Pol. 2007, 568–587.

Hall, Bronwyn H./ Griliches, Zvi/ Hausman, Jerry A. Patents and R and D: Is There a Lag?, Int. Econ. Rev. 1986, 265–283.

Harhoff, Dietmar Geistiges Eigentum als Anreiz zur Innovation – Die Grenzen des Arguments, in: Eifert, Martin/Hoffmann-Riehm, Wolfgang (Hrsg.), Geistiges Eigentum und Innovation, Berlin 2008, 73–80.

Harnisch, Sandy Die Zwangslizenz im südafrikanischen und deutschen Patentrecht. Ein Rechtsvergleich unter besonderer Berücksichtigung der Arzneimittelerfindungen, Berlin 2006.

Harris, Donald TRIPS After Fifteen Years: Success or Failure, as Measured by Compulsory Licensing, JIPP 2011, 367–400.

Hasan, Iftekhar/ Tucci, Christopher L. The innovation–economic growth nexus: Global evidence, Res. Pol. 2010, 1264–1276.

Hauck, Ronny Gibt es die »Know-how-Zwangslizenz«?, GRUR-Prax 2021, 333–335.

Heermann, Peter/ Schlingloff, Jochen (Hrsg.) Münchener Kommentar zum Lauterkeitsrecht, Bd. 2, 3. Aufl., München 2022 (zit. *Bearbeiter*, in: MüKo UWG).

Heinemann, Andreas Immaterialgüterschutz in der Wettbewerbsordnung. Eine grundlagenorientierte Untersuchung zum Kartellrecht des geistigen Eigentums, Tübingen 2002.

Heinze, Christian Patent Law and Climate Change – Do We Need an EU Patent Law Directive on Clean Technology?, GRUR Int. 2021, 554–561.

Heller, Michael The Tragedy of the Anticommons: Property in the Transition from Marx to Markets, Harv. L. Rev. 1998, 621–688.

Heller, Michael/ Eisenberg, Rebecca S. Can patents deter innovation? The anticommons in biomedical research, Science 1998, 698–701.

Herrmann, Christoph/ Niestedt, Marian (Hrsg.)	EU-Außenwirtschafts- und Zollrecht, 24. Aufl., München 2024 (zit. *Bearbeiter*, in: Krenzler/Herrmann/ Niestedt, EU-Außenwirtschafts- und Zollrecht).
Hidalgo, César A./ Hausmann, Ricardo	The building blocks of economic complexity, PNAS 2009, 10570–10575.
Hilty, Reto M./ Batista, Pedro/ Carls, Suelen/ Kim, Daria/ Lamping, Matthias/ Slowinski, Peter R.	Covid-19 and the Role of Intellectual Property, Stellungnahme des Max-Planck-Instituts für Innovation und Wettbewerb, 7.5.2021, abrufbar unter www.ip.mpg.de/fileadmin/ipmpg/content/stellungnahmen/ 2021_05_25_Position_statement_Covid_IP_waiver.pdf (zuletzt abgerufen am 18.5.2025).
Hilty, Reto M./ Jaeger, Thomas/ Lamping, Matthias/ Ullrich, Hanns	The Unitary Patent Package: Twelve Reasons for Concern. Max Planck Institute for Intellectual Property and Competition Law Research Paper Series 12–12, München 2012.
Ho, Cynthia	Patent Breaking or Balancing? Separating Strands of Fact from Fiction Under Trips, N.C. J. Int. L. & Com. Reg. 2009, 371–469.
Ho, Cynthia	Current controversies concerning patent rights and public health in a world of international norms, in: Takenaka, Toshiko (Hrsg.), Research Handbook on Patent Law and Theory, 2. Aufl., Cheltenham/Northampton 2019, 419–452.
Hoffmann, Jan Felix	Die so genannte »Leerübertragung« im Immaterialgüterrecht, ZGE 2014, 1–47.
Hohendorf, Thomas	Know-how-Schutz und Geistiges Eigentum, Tübingen 2020.
Holtorf, Marc L./ Traumann, Julia	Einstweilige Benutzungserlaubnis an europäischem Patent erteilt, GRUR-Prax 2017, 105.
Holtorf, Marc L./ Traumann, Julia	Neuer Fokus auf der patentrechtlichen Zwangslizenz: Was folgt aus der jüngeren Rechtsprechung von BPatG und BGH?, GRUR-Prax 2018, 295–297.
Holzapfel, Henrik	Das öffentliche Interesse bei Zwangslizenzen gem. § 24 Abs. 2 PatG, Mitt. 2004, 391–396.
Horn, Wolfgang	Das öffentliche Interesse an Zwangslizenzen, Mitt. 1970, 184–186.
Hu, Albert/ Png, I.P.L.	Patent rights and economic growth: Evidence from cross-country panels of manufacturing industries, Ox. Econ. Papers 2013, 675–698.
Huber, Michael/ Voßkuhle, Andreas (Hrsg.)	Grundgesetz, Bd. 1, 8. Aufl., München 2024.
Hüttermann, Aloys	Zwei Thesen über Patente, Mitt. 2013, 181–187.

Ifo-Institut für Wirtschaftsforschung — Patentwesen und technischer Fortschritt. Teil 1: Die Wirkung des Patentwesens im Innovationsprozess, Berlin/München 1974.

Igbokwe, Ezinne Mirian/ Tosato, Andrea — Access to Medicines and Pharmaceutical Patents: Fulfilling the Promise of TRIPS Article 31bis, Fordham L. Rev. 2023, 1791–1847.

IWF — World Economic Outlook, Steady but Slow: Resilience amid Divergence, 30.4.2024, abrufbar unter www.imf.org/-/media/Files/Publications/WEO/2024/April/English/text.ashx (zuletzt abgerufen am 18.5.2025).

Jabbusch, Wolfgang — Begrenzung der konzentrationsfördernden Wirkungen des Patentschutzes durch Erweiterung des Instituts der Zwangslizenz, Köln 1977.

Jackson, Tim — Wohlstand ohne Wachstum – das Update: Grundlagen für eine zukunftsfähige Wirtschaft, München 2017.

Jacob, Meredith — Best practices for making patent pledges, in: Jacob, Meredith/Contreras, Jorge L. (Hrsg.), Patent Pledges, Cheltenham/Northampton 2017, 317–322.

Jaeger, Thomas — The EU Patent: Cui Bono et Quo Vadit?, CMLR 2010, 63–115.

Jaeger, Thomas — System einer Europäischen Gerichtsbarkeit für Immaterialgüterrechte. Grundlagen – Struktur – Verfahren, Berlin/Heidelberg 2013.

Jaeger, Thomas/ Hilty, Reto M./ Drexl, Josef/ Ullrich, Hanns — Comments of the Max Planck Institute for Intellectual Property, Competition and Tax Law on the 2009 Commission Proposal for the Establishment of a Unified European Patent Judiciary, IIC 2009, 817–838.

Jaeger, Thomas/ Lamping, Matthias — Fehlstellungen im europäischen Recht, in: Jaeger, Thomas/Hilty, Reto M. (Hrsg.), Europäisches Immaterialgüterrecht. Funktionen und Perspektiven, Berlin/Heidelberg, 2018.

Jaffe, Adam B. — The U.S. patent system in transition: policy innovation and the innovation process, Res. Pol. 2000, 531–557.

Jalles, João Tovar — How to measure innovation? New evidence of the technology–growth linkage, Res. Econ. 2010, 81–96.

Janssen, Bernd — Zwangslizenzen an technischen Schutzrechten in Deutschland und der Europäischen Union, IWRZ 2023, 265–270.

Josheski, Dushko/ Koteski, Cane — The Causal Relationship between Patent Growth and Growth of GDP with Quarterly Data in the G7 Countries: Cointegration, ARDL and Error Correction Models, MPRA Paper 33153, München 2011.

Jung, Peter	Die Zwangslizenz als Instrument der Wettbewerbspolitik, ZWeR 2004, 379–411.
Jungmittag, Andre	Internationale Innovationsdynamik, Spezialisierung und Wirtschaftswachstum in der EU, Heidelberg 2006.
Kaesling, Katharina	The European Patent with Unitary Effect – A Unitary Patent Protection for a Unitary Market?, UCLJLJ 2013, 87–111.
Kaesling, Katharina	Einheit und die Vielfalt der Rechtsquellen des EU-Patents, ZGE 2024, 330–386.
Kanwar, Sunil/ Evenson, Robert	Does Intellectual Property Protection Spur Technological Change?, Ox. Econ. Papers 2003, 235–264.
Karres, Natalie	Das Spannungsfeld zwischen Patentschutz und Gesundheitsschutz aufgezeigt am Beispiel der patentrechtlichen Zwangslizenz, Frankfurt a.M. 2007.
Kaufer, Erich	Patente, Wettbewerb und technischer Fortschritt, Bad Homburg 1970.
Kessler, Tobias	Diebe sind Täter und keine Opfer, Mitt. 2020, 108–113.
Keukenschrijver, Alfred/ Kaess, Thomas/ McGuire, Mary-Rose/ Tochtermann, Peter/ Werner, Georg/ Maute-Nguyen, Lena (Hrsg.)	Patentgesetz unter Berücksichtigung des Europäischen Patentübereinkommens, der Regelungen zum Patent mit einheitlicher Wirkung und des Patentzusammenarbeitsvertrags mit Patentkostengesetz, Gebrauchsmustergesetz und Gesetz über den Schutz der Topographien von Halbleitererzeugnissen, 9. Aufl., Berlin/Boston 2020 (zit. *Bearbeiter*, in: Busse/Keukenschrijver, PatG).
Khan, B. Zorina	Premium Inventions: Patents and Prizes as Incentive Mechanisms in Britain and the United States, 1750–1930, in: Costa, Dora L./Lamoreaux, Naomi R. (Hrsg.), Understanding Long-Run Economic Growth. Geography, Institutions, and the Knowledge Economy, Cambridge 2008, 205–234.
Kieff, F. Scott	Property Rights and Property Rules for Commercializing Inventions, Minn. L. Rev. 2001, 697–754.
Kieff, F. Scott	On the Economics of Patent Law and Policy, in: Takenaka, Toshiko (Hrsg.), Patent Law and Theory. A Handbook of Contemporary Research, Cheltenham/ Northampton 2008, 3–65.
Kilchenmann, Christoph	Die Wirkung des Patentschutzes auf Innovation und Wachstum, WWZ Forschungsbericht No. 15/05, Basel 2005.
Kirchhoff, Bruce A./ Newbert, Scott L./ Hasan, Iftekhar/ Armington, Catherine	The Influence of University R&D Expenditures on New Business Formations and Employment Growth, ETP 2007, 543–559.

Kitch, Edmund W. The Nature and Function of the Patent System, J. L. & Econ. 1977, 265–290.

Koikkara, Sonia Elisabeth Der Patentschutz und das Institut der Zwangslizenz in der Europäischen Union, Tübingen 2010.

Köhler, Helmut/ Feddersen, Jörn (Hrsg.) Gesetz gegen den unlauteren Wettbewerb, 43. Aufl., München 2025 (zit. *Bearbeiter,* in: Köhler/Feddersen, UWG).

Königs, Martin Patentpools. Ökonomische und kartellrechtliche Untersuchung von Vertragsklauseln, Baden-Baden 2014.

Kopacek, Ingrid/ Mowek, Wolfgang Aus der Rechtsprechung des BPatG im Jahr 2018, GRUR 2019, 553–569.

Koppel, Oliver Die volkswirtschaftliche Bedeutung von Innovationen, in: Institut der Deutschen Wirtschaft (Hrsg.), Wachstumsfaktor Innovation. Eine Analyse aus betriebs-, regional- und volkswirtschaftlicher Sicht, Köln 2006, 29–46.

Kordić, Robert Patentpools. Ein Beitrag zur Korrektur wettbewerbsrechtlicher Fehlstellungen, Berlin 2023.

Korenko, George G. Intellectual Property Protection and Industrial Growth, JWIP 1999, 47–75.

Kraßer, Rudolf Der Schutz des Know-how nach deutschem Recht, GRUR 1970, 587–597.

Kraßer, Rudolf/ Ann, Christoph Patentrecht, 7. Aufl., München 2016.

Kremer, Michael/ Glennerster, Rachel Strong medicine: creating incentives for pharmaceutical research on neglected diseases, Oxfordshire/Princeton 2004.

Krimphove, Dieter Ein neues Innovationsrecht in Europa? – Eine ökonomische Analyse europäischer Rechtsentwicklungen, InTer 2023, 123–129.

Kripapuri, Dora Reasoned Compulsory Licensing: Applying U.S. Antitrust's Rule of Reason to TRIP's Compulsory Licensing Provision, New Eng. L. Rev. 2001, 669–706.

Krishnan, Awasthy G. Public Health Management: The Way Forward through Patent Pools, Indian J. L. & Just. 2022, 364–385.

Krüger, Carsten/ Sander, Axel Der Unterlagenschutz im Arzneimittelrecht – Rückblick und Ausblick auf das EU-Pharma-Package, PharmR 2024, 156–163.

Krugman, Paul The Age of Diminished Expectations: U.S. economic policy in the 1990s, 3. Aufl., Cambridge 1997.

Kügel, Wilfried/ Müller, Rolf-Georg/ Hofmann, Hans-Peter (Hrsg.) Arzneimittelgesetz, 3. Aufl., München 2022.

Kühnen, Thomas	Handbuch der Patentverletzung, 16. Aufl., Hürth 2024.
Kumar, Sapna	Compulsory Licensing of Patents During Pandemics, Conn. L. Rev. 2022, 57–104.
Kunczik, Niclas	Geistiges Eigentum an genetischen Informationen, Baden-Baden 2007.
Laibson, David I.	Hyperbolic Discount Functions, Undersaving, and Savings Policy, NBER Working Paper Series No. 5635, Cambridge 1996.
Lamping, Matthias	Patentschutz und Marktmacht, Köln 2010.
Lamping, Matthias	Innovationsförderung nach TRIPS Zwischen progressiver Liberalisierung und regulativem Fundamentalismus, in: Hilty, Reto M./Jaeger, Thomas/Lamping, Matthias (Hrsg.), Herausforderung Innovation. Eine interdisziplinäre Debatte, Berlin/Heidelberg 2012, 119–144.
Lamping, Matthias/ Batista, Pedro Henrique D./ Correa, Juan Ignacio/ Hilty, Reto M./ Kim, Daria/ Slowinski, Peter R./ Steinhart, Miriam	Revisiting the Framework for Compulsory Licensing of Patents in the European Union – Reflections on the European Commission's Initiative, GRUR Int. 2023, 471–482.
Landes, William M./ Posner, Richard A.	The Economic Structure of Intellectual Property Law, Cambridge 2003.
Lange, Steffen	Macroeconomics without growth. Sustainable economies in Neoclassical, Keynesian and Marxian theories, Weimar 2018.
Lanjouw, Jean O./ Cockburn, Iain M.	New Pills for Poor People? Empirical Evidence after GATT, World Development 2001, 265–289.
Leistner, Matthias/ Simon, Philipp	Auswirkungen des Brexit auf das europäische Patentsystem, GRUR Int. 2017, 825–834.
Leitzen, Mario/ Kleinevoss, Tim	Konfliktlösung durch Patentlizenzverträge, Mitt. 2005, 198–205.
Lemley, Mark	Ex Ante versus Ex Post Justifications for Intellectual Property, U. Chi. L. Rev. 2004, 129–149.
Lemley, Mark	The Myth of the Sole Inventor, Mich. L. Rev. 2012, 709–760.
Lenz, Christofer/ Kieser, Timo	Schutz vor Milzbrandangriffen durch Angriffe auf den Patentschutz?, NJW 2002, 401–403.
Lerner, Josh	Patent Protection and Innovation Over 150 Years, NBER Working Paper Series No. 8977, Cambridge 2002.
Levine, David S.	Trade secrets and the battle against Covid, JIPP 2020, 849–850.

Lexchin, Joel	After compulsory licensing: coming issues in Canadian pharmaceutical policy and politics, Health Pol. 1997, 69–80.
Licht, Georg/ Zoz, Konrad	Patents and R&D an Econometric Investigation Using Applications for German, European and US Patents by German Companies, Annales d'Économie et de Statistique 1998, 329–360.
Liebig, Klaus	Internationale Regulierung geistiger Eigentumsrechte und Wissenserwerb in Entwicklungsländern. Eine ökonomische Analyse, Baden-Baden 2007.
Lin, Xiuqin	Prior Negotiation and Remuneration for Patent Compulsory Licensing: Practice, Problem, and Proposal, in: Hilty, Reto M./Kung-Chung, Liu (Hrsg.), Compulsory Licensing. Practical Experiences and Ways Forward, Berlin u.a. 2015, 165–190.
Lindner, Fabian	Kein Wachstum ist auch keine Lösung, Wirtschaftsdienst 2023, 564–569.
Lippert, Owen	One Trip to the Dentist is Enough: Reasons to Strengthen Intellectual Property Rights Through the Free Trade Area of the Americas, Fordham Intell. Prop., Med. & Ent. L. J. 1998, 241–300.
Luginbühl, Stefan	Das europäische Patent mit einheitlicher Wirkung (Einheitspatent), GRUR Int. 2013, 305–309.
Luginbühl, Stefan/ Hüttermann, Aloys (Hrsg.)	Einheitspatentsystem. Kommentar, Köln 2024.
Lunze, Anja	Haftet der Lizenzgeber für den Bestand des lizenzierten Immaterialgüterrechts?, ZGE 2011, 282–303.
Lunze, Anja/ Rektorschek, Jan Phillip	Auswirkungen von COVID-19, PharmR 2021, 629–636.
Luttermann, Sandra	Die logistische Leistungsfähigkeit von Ländern als Standortfaktor ausländischer Direktinvestitionen, Wiesbaden 2022.
Lybecker, Kristina M./ Fowler, Elisabeth J.	Compulsory licensing in Canada and Thailand: comparing regimes to ensure legitimate use of the WTO rules., J. L., Med. & Ethics 2009, 222–240.
Machlup, Fritz	Die wirtschaftlichen Grundlagen des Patentrechts – 1. Teil, GRUR Int. 1961, 373–390.
Machlup, Fritz/ Penrose, Edith	The Patent Controversy in the Nineteenth Century, J. Econ. Hist. 1950, 1–29.
Mankiw, N. Gregory/ Taylor, Mark P.	Makroökonomik, 9. Aufl., Stuttgart 2024.

Mansfield, Edwin Patents and Innovation: An Empirical Study, Man. Sc. 1986, 173–181.

Maracke, Catharina/ Metzger, Axel Playing Nice With Patents: Do Voluntary Non-Aggression Pledges Provide a Sound Basis for Innovation?, N. C. J. L. & Tech. 2016, 483–514.

Maradana, Rana Pratap/ Pradhan, Rudra P./ Dash, Saurav/ Zaki, Danish B./ Gaurav, Kunal/ Jayakumar, Manju/ Sarangi, Ajoy K. Innovation and economic growth in European Economic Area countries: The Granger causality approach, IIMB Man. Rev. 2019, 268–282.

Marcowitz-Bitton, Miriam/ Kaplan, Yotam Recalibrating Patent Protection for COVID-19 Vaccines: A Path to Affordable Access and Equitable Distribution, UC Irvine L. Rev. 2022, 423–470.

Maskus, Keith E. Intellectual Property Rights in the Global Economy, Washington D.C. 2000.

Maskus, Keith E. The Role of Intellectual Property Rights in Encouraging Foreign Direct Investment and Technology Transfer, Duke J. Comp. & Int. L. 1998, 109–162.

Matthews, Duncan The Covid-19 Pandemic: Lessons for the European Patent System, EIPR 2022, 221–230.

Matthews, Duncan/ van Zimmeren, Esther/ Minssen, Timo Using Compulsory Licences as a Governance Tool: The Need for Greater Effectiveness and Policy Coherence, in: Frankel, Susy/Chon, Margaret/Dinwoodie, Graeme/ Lauriat, Barbara/Schovsbo, Jens (Hrsg.), Improving Intellectual Property, Cheltenham/Northampton 2023, 61–74.

Mazzoleni, Roberto/ Nelson, Richard R. The benefits and costs of strong patent protection: a contribution to the current debate, Res. Pol. 1998, 273–284.

McFetridge, Donald G. Intellectual Property, Technology Diffusion, and Growth in the Canadian Economy, in: Anderson, Robert D./ Gallini, Nancy T. (Hrsg.), Competition Policy and Intellectual Property Rights in the Knowledge-Based Economy, Calgary 1998, 65–104.

McGuire, Mary-Rose Know-how: Stiefkind, Störenfried oder Sorgenkind?, GRUR 2015, 424–436.

McGuire, Mary-Rose Der Schutz von Know-how im System des Immaterialgüterrechts, GRUR 2016, 1000–1008.

McGuire, Mary-Rose Stellungnahme zum 2. PatModG: Ergänzung des § 139 I PatG durch einen Verhältnismäßigkeitsvorbehalt?, GRUR 2021, 775–783.

McMahon, Aisling — Patents, access to health and COVID-19 – The role of compulsory and government-use licensing in Ireland, NI Legal Quarterly 2020, 331–358.

McManis, Charles R./ Contreras, Jorge L. — Compulsory Licensing of Intellectual Property: A Viable Policy Lever for Promoting Access to Critical Technologies?, in: Ghidini, Gustavo/Peritz, Rudolph J.R./Ricolfi, Marco (Hrsg.), TRIPS and Developing Countries. Towards a New IP World Order?, Cheltenham/ Northampton 2014, 109–131.

Meadows, Dennis/ Maedows, Donella/ Zahn, Erich/ Milling, Peter — Die Grenzen des Wachstums – Bericht des Club of Rome zur Lage der Menschheit, Stuttgart 1972.

Melullis, Klaus-Jürgen — Zur Einräumung von Zwangslizenzen im Patentrecht, GRUR 2021, 294–298.

Menell, Peter S./ Scotchmer, Suzanne — Intellectual Property Law, in: Polinsky, Mitchell/Shavell, Steven (Hrsg.), Handbook of Law and Economics, Bd. 2, Amsterdam/London 2007, 1473–1570.

Mercurio, Bryan — The IP Waiver for COVID-19: Bad Policy, Bad Precedent, IIC 2021, 983–988.

Merges, Robert P. — Uncertainty and the Standard of Patentability, High Tech. L. J. 1992, 1–70.

Mes, Peter — Patentgesetz, Gebrauchsmustergesetz. Kommentar, 6. Aufl., München 2024.

Metzger, Axel — Krise als Chance? – Zum Vorschlag für eine EU-Verordnung über Zwangslizenzen zur Krisenbewältigung, in: Thouvenin, Florent/Peukert, Alexander/Jaeger, Thomas/Geiger, Christophe (Hrsg.), Kreation Innovation Märkte – Festschrift Reto M. Hilty, Berlin/Heidelberg 2024, 527–537 (zit. *Bearbeiter*, in: FS Hilty).

Metzger, Axel/ Zech, Herbert — COVID-19 als Herausforderung für das Patentrecht und die Innovationsförderung, GRUR 2020, 561–569.

Mohr, Hans — Wissen als Humanressource, in: Clar, Günter/Doré, Julia/Mohr, Hans (Hrsg.), Humankapital und Wissen. Grundlagen einer nachhaltigen Entwicklung, Berlin/ Heidelberg 1997, 13–27.

Moser, Petra — Patents and Innovation in Economic History, Ann. Rev. Econ. 2016, 241–258.

Moser, Petra/ Voena, Alessandra — Compulsory Licensing: Evidence from the Trading with the Enemy Act, Am. Econ. Rev. 2012, 396–427.

Muckenfuß, Heide — Arzneimittelfälschungen im Parallelhandel, Bundesgesundheitsblatt 2017, 1208–1213.

Kämmerer, Axel/ Kotzur, Markus (Hrsg.)	Grundgesetz. Kommentar, Bd. 1, 7. Aufl., München 2021 (zit. *Bearbeiter*, in: von Münch/Kunig, GG).
Mulder, David/ Dekoninck, Christian/ England, Paul/ Lunze, Anja/ Boháček, Patrick/ Sztoldman, Agnieszka	Pharmaceutical patent law in times of crisis: a comparative study. Part 1, EIPR 2020, 556–568.
Mullin, Thomas F.	AIDS, Anthrax, and Compulsory Licensing: Has the United States Learned Anything? A Comment on Recent Decisions on the International Intellectual Property Rights of Pharmaceutical Patents Notes & Comments, ILSA J. Int. & Comp. L. 2002, 185–210.
Myszczyszyn, Janusz	The Long-run Relationships between Number of Patents and Economic Growth, Eur. Res. Stud. J. 2020, 548–563.
Nash, Duane	South Africa's Medicines and Related Substances Control Amendment Act of 1997, Berk. Tech. L. J. 2000, 485–502.
Neicu, Daniel/ Pénin, Julien	Patents and Open Innovation: Bad Fences Do Not Make Good Neighbors, J. Inn. Econ. & Man. 2018, 57–85.
Reimer, Eduard (Hrsg.)	Patentgesetz und Gebrauchsmustergesetz. Systematischer Kommentar, 3. Aufl., Köln u.a. 1968.
Nguyen, Canh Phuc/ Schinckus, Christophe/ Su, Thanh	The drivers of economic complexity: International evidence from financial development and patents, Int. Econ. 2020, 140–150.
Nieder, Michael	Zwangslizenzklage – Neues Verteidigungsmittel im Patentverletzungsprozeß?, Mitt. 2001, 400–403.
Nieder, Michael/ Kabisch, Andreas	Anmerkung zu LG München I GRUR-RS 2023, 29781 – Nachweis von Analyten, Mitt. 2024, 188–189.
Novales, Alfonso/ Fernández, Esther/ Ruiz, Jesús	Economic Growth. Theory and Numerical Solution Methods, 3. Aufl., Berlin/Heidelberg 2022.
Nowicki, Michal	Basic Facts about Biosimilars, Kidney Blood Pressure Res. 2007, 267–272.
Nuno, Maura	A Fair Return Approach to Pharmaceutical Compulsory Licensing, Case W. Res. J. Int. L. 2016, 395–415.
OECD	Benchmark Definition of Foreign Direct Investment, 4. Aufl., Paris 2008.
Oehlrich, Marcus	Know-how und Tacit Knowledge als vernachlässigte Vertragsbestandteile bei Lizenzverträgen, GRUR 2010, 33–35.

Ohlhausen, Maureen K.	Patent Rights in a Climate of Intellectual Property Rights Skepticism, Harv. J. L. & Tech. 2016, 103–152.
Ohly, Ansgar	»Patenttrolle« oder: Der patentrechtliche Unterlassungsanspruch unter Verhältnismäßigkeitsvorbehalt? Aktuelle Entwicklungen im US-Patentrecht und ihre Bedeutung für das deutsche und europäische Patentsystem, GRUR Int. 2008, 787–798.
Ohly, Ansgar	Injunctions in the UPC and the principle of proportionality, SIPLR 2022, 58–65.
Ohly, Ansgar/ Sosnitza, Olaf (Hrsg.)	Gesetz gegen den unlauteren Wettbewerb. Mit Geschäftsgeheimnisgesetz (Auszug) und Preisangabenverordnung, 8. Aufl., München 2023 (zit. *Bearbeiter*, in: Ohly/Sosnitza, UWG).
Ohly, Ansgar	Zwangslizenzen an Geschäftsgeheimnissen?, in: Thouvenin, Florent/Peukert, Alexander/Jaeger, Thomas/ Geiger, Christophe (Hrsg.), Kreation Innovation Märkte – Festschrift Reto M. Hilty, Berlin/Heidelberg 2024, 509–526 (zit. *Bearbeiter*, in: FS Hilty).
Ohly, Ansgar/ Stierle, Martin	Unverhältnismäßigkeit, Injunction Gap und Geheimnisschutz im Prozess, GRUR 2021, 1229–1241.
Olk, Julian	Deutsche Investitionsschwäche wird zum Dauerzustand, Handelsblatt, 11.4.2024, abrufbar unter https://www.handelsblatt.com/100029865.html (zuletzt abgerufen am 18.5.2025).
Oppenländer, Karl Heinrich	Die Wirkungen des Patentwesens im Innovationsprozeß, GRUR 1977, 362–370.
Oser, Andreas	The COVID-19 Pandemic: Stress Test for Intellectual Property and Pharmaceutical Laws, GRUR Int. 2021, 846–854.
Osterrieth, Christian	Patent-Trolls in Europa – braucht das Patentrecht neue Grenzen?, GRUR 2009, 540–545.
Osterrieth, Christian	Patentrecht, 6. Aufl., München 2021.
Osterrieth, Christian	Technischer Fortschritt – eine Herausforderung für das Patentrecht?, GRUR 2018, 985–995.
Pakes, Ariel/ Griliches, Zvi	Patents and R&D at the firm level: A first report, Econ. Letters 1980, 377–381.
Park, Walter G./ Ginarte, Juan Carlos	Intellectual Property Rights and Economic Growth, Cont. Econ. Pol. 1997, 51–61.
Pazderka, Bohumír	School of Business Queen's University Kingston, Ontario, Can. Pub. Pol. 1999, 29–46.
Pechstein, Matthias/ Nowak, Carsten/ Häde, Ulrich (Hrsg.)	Frankfurter Kommentar zu EUV, GRC und AEUV, Bd. 4, 2. Aufl., Tübingen 2023.

Perehudoff, Katrina/ 't Hoen, Ellen/ Boulet, Pascale — Overriding drug and medical technology patents for pandemic recovery: a legitimate move for high-income countries, too, BMJ Global Health 2021, 1–4.

Petersen, Thieß — Wohlfahrtsmessung: Inlandsprodukt versus Nationaleinkommen, Wirtschaftsdienst 2019, 725–730.

Pfaff, Dieter/ Osterrieth, Christian (Hrsg.) — Lizenzverträge. Formularkommentar, 4. Aufl., München 2018.

Pfanner, Klaus — Die Zwangslizenzierung von Patenten: Überblick und neuere Entwicklungen, GRUR Int. 1985, 357–372.

PHRMA — R&D Policy Framework, 22.1.2024, abrufbar unter https://phrma.org/policy-issues/Research-and-Development-Policy-Framework (zuletzt abgerufen am 18.5.2025).

Plagge, Michael — Der patentrechtliche Unterlassungsanspruch. Historie, Reichweite und Reform, Baden-Baden 2022.

Plagge, Michael — Der patentrechtliche Unverhältnismäßigkeitseinwand – Drittinteressen und Drittwirkung, GRUR-Prax 2022, 599–602.

Plöger, Henning — Zwangslizenzen in Kartell- und Patentrecht, in: Martinek, Michael/Rawert, Peter/Weitemeyer, Birgit (Hrsg.), Festschrift für Dieter Reuter zum 70. Geburtstag am 16. Oktober 2010, Berlin/New York 2010, 1123–1138 (zit. *Bearbeiter*, in: FS Reuter).

Pohl, Christian — Die Voraussetzungen der patentrechtlichen Zwangslizenz. Eine Untersuchung unter besonderer Berücksichtigung ihrer europarechtlichen Vorgaben, der Pariser Verbandsübereinkunft und des TRIPS-Abkommens, Frankfurt a.M. u.a. 2000.

Pregartbauer, Maria — »Open Patent« – Tautologie oder neuer Weg zur Innovationsförderung?, Mitt. 2016, 486–493.

Pretnar, Bojan — Die ökonomische Auswirkung von Patenten in der wissensbasierten Marktwirtschaft, GRUR Int. 2004, 776–786.

Preu, Albert — Zur Zwangslizenz, in: Häußler, Erich (Hrsg.), Zehn Jahre Bundespatentgericht. Festschrift, Köln u.a. 1971, 239–250 (zit.: *Bearbeiter*, in: FS 10 Jahre BPatG).

Priapantja, Cita — Trade Secret: How does this apply to drug registration data?, Jakarta 2000.

Priyan, Sherin/ Gargate, Gouri — Patent pools and innovation-based approach in global healthcare crisis, JWIP 2023, 117–141.

Qunaj, Lindor/ Kaltenboeck, Anna/ Bach, Peter B. — Compulsory Licensing of Pharmaceuticals in High-Income Countries: A Comparative Analysis, Milbank Quarterly 2022, 284–313.

Rapp, Richard T./ Rozek, Richard P. Benefits and Costs of Intellectual Property Protection in Developing Countries, J. World Trade 1990, 75–102.

Rebelo, Sergio Long-Run Policy Analysis and Long-Run Growth, J. Pol. Econ. 1991, 500–521.

Reger, Gerald Der internationale Schutz gegen unlauteren Wettbewerb und das TRIPS-Übereinkommen, Köln u.a. 1999.

Reichman, Jerome H. Compulsory licensing of patented pharmaceutical inventions: evaluating the options, J. L., Med. & Ethics 2009, 247–263.

Rich, Giles S. The Relation between Patent Practices and the Anti-Monopoly Laws, J. Pat. Off. Soc'y 1942, 159–181.

Richter, Carsten Art. 31 TRIPS – die Mutter der staatlichen Benutzungsanordnung und ihre internationale Familie, Mitt. 2021, 97–101.

Richter, Carsten Die staatliche Benutzungsanordnung in Zeiten der Corona-Pandemie, Mitt. 2021, 1–4.

Richter, Carsten IP Pledges als Instrument zur Pandemiebewältigung, GRUR Pat. 2024, 69–73.

Röhl, Klaus-Heiner/ Rusche *Christian*, Corona-Krise: Staatsbeteiligungen bleiben eine problematische Intervention in den Markt, Wirtschaftsdienst 2020, 945–951.

Romer, David Advanced macroeconomics, 5. Aufl., New York 2019.

Romer, Paul M. Endogenous Technological Change, J. Pol. Econ. 1990, 71–102.

Rose, Simone A. On Purple Pills, Stem Cells, and Other Market Failures: A Case for a Limited Compulsory Licensing Scheme for Patent Property Symposium: Intellectual Property and Social Justice, Howard L. J. 2004, 579–628.

Rothwell, Jonathan/ Lobo, José/ Strumsky, Deborah/ Muro, Mark Patenting Prosperity: Invention and Economic Performance in the United States and its Metropolitan Areas, Washington D.C. 2013.

Rozek, Richard P. The Effects of Compulsory Licensing on Innovation and Access to Health Care, JWIP 2000, 889–917.

Rozek, Richard P./ Rainey, Renee L. Broad-Based Compulsory Licensing of Pharmaceutical Technologies, JWIP 2001, 463–480.

Rudyk, Ilja The License of Right. Compulsory Licensing and the Value of Exclusivity, München 2012.

Rusche, Christian Deindustrialisierung – Aktuelle Entwicklungen von Direktinvestitionen, IW-Kurzbericht Nr. 15, Köln 2024.

Sachverständigenrat zur Begutachtung der gesamtwirtschaftlichen Entwicklung Versäumnisse angehen, entschlossen modernisieren. Jahresgutachten 2024/25 (zit. *Sachverständigenrat*, Jahresgutachten 2024/25), abrufbar unter https://www.sachverstaendigenrat-wirtschaft.de/fileadmin/dateiablage/gutachten/jg202425/JG202425_Gesamtausgabe.pdf (zuletzt abgerufen am 18.5.2025).

Sack, Rolf Die Erschöpfung von gewerblichen Schutzrechten und Urheberrechten nach europäischem Recht, GRUR 1999, 193–215.

Säcker, Franz Jürgen/ Rixecker, Roland/ Oetker, Hartmut/ Limperg, Bettina/ Schubert, Claudia (Hrsg.) Münchener Kommentar zum Bürgerlichen Gesetzbuch, Bd. 13, 9. Aufl., München 2025 (zit. *Bearbeiter*, in: MüKo BGB).

Sampat, Bhaven/ Williams, Heidi L. How Do Patents Affect Follow-On Innovation? Evidence from the Human Genome, Am. Econ. Rev. 2019, 203–236.

Santacreu *Ana Maria*, Innovation, Diffusion, and Trade: Theory and Measurement, J. Monetary Econ. 2015, 1–20.

Sarmah, Archita/ De Giovanni, Domenico/ De Giovanni, Pietro Compulsory licenses in the pharmaceutical industry: Pricing and R&D strategies, EJOR 2020, 1053–1069.

Schäfer, Hans-Bernd/ Ott, Claus Lehrbuch der ökonomischen Analyse des Zivilrechts, 6. Aufl., Berlin/Heidelberg 2020.

Scheffler, Dietrich Die (ungenutzten) Möglichkeiten des Rechtsinstituts der Zwangslizenz, GRUR 2003, 97–105.

Scherer, Frederic M. The Economic Effects of Compulsory Patent Licensing, New York 1977.

Scherer, Frederic M./ Ross, David Industrial Market Structure and Economic Performance, 3. Aufl., Boston 1990.

ders./ Watal, Jayashree Post – TRIPS Options for Access to Patented Medicines in Developing Nations, JIEL 2002, 913–939.

Scheufen, Marc Angewandte Mikroökonomie und Wirtschaftspolitik. Mit einer Einführung in die ökonomische Analyse des Rechts, 2. Aufl., Berlin/Heidelberg 2020.

Smeaton, John/ Harriss, Lydia Manufacturing COVID-19 vaccines, UK Parliament, 14.1.2021, abrufbar unter https://doi.org/10.58248/RR57 (zuletzt abgerufen am 18.5.2025).

Schmelzer, Matthias/ Vetter, Andrea Degrowth/Postwachstum zur Einführung, 3. Aufl., Hamburg 2021.

Schmidt, Oliver Jürgen Mittel des Patentgesetzes für die Benutzung von Erfindungen während einer Epidemie, Mitt. 2022, 320–324.

Schnetzer, Karsten — Verhältnismäßigkeit und Schutz Dritter gem. § 139 Abs. 1 Satz 3 PatG – zum Urteil des LG Düsseldorf vom 7.7.2022 – 4c O 18/21 – Sofosbuvir, Mitt. 2023, 102–110.

Schulte, Rainer/ Moufang, Rainer/ Rudloff-Schäffer, Cornelia (Hrsg.) — Patentgesetz mit EPÜ. Kommentar, 12. Aufl., Köln 2025 (zit. *Bearbeiter*, in: Schulte, PatG).

Scotchmer, Suzanne — Innovation and incentives, Cambridge 2005.

Scotchmer, Suzanne — Standing on the Shoulders of Giants: Cumulative Research and the Patent Law, J. Econ. Persp. 1991, 29–41.

Şehirali Çelik, Feyzan Hayal — Schutz des Know-how nach türkischem, deutschem und europäischem Recht. Ein rechtsvergleichender Beitrag, Köln u.a. 2004.

Seifert, Jacob — Welfare effects of compulsory licensing, J. Regul. Econ. 2015, 317–350.

Shapiro, Carl — Navigating the Patent Thicket: Cross Licenses, Patent Pools, and Standard Setting, Innov. Pol. Econ. 2000, 119–150.

Sinha, Dipendra — Patents, Innovations And Economic Growth In Japan And South Korea: Evidence From Individual Country And Panel Data, Appl. Econ. & Int. Dev. 2008, 181–188.

Slowinski, Peter R. — Declaration on Patent Protection: Regulatory Sovereignty under TRIPS – Bericht zum Workshop in Berlin am 11. und 12.7.2017, GRUR Int. 2018, 30–33.

Solow, Robert M. — A Contribution to the Theory of Economic Growth, QJE 1956, 65–94.

Solow, Robert M. — Technical Change and the Aggregate Production Function, Rev. Econ. & Stat. 1957, 312–320.

Son, Kyung-Bok — Importance of the intellectual property system in attempting compulsory licensing of pharmaceuticals: a cross-sectional analysis, Globalization and Health 2019, 1–8.

Sonnenberg, Marcus — Die Einschränkbarkeit des patentrechtlichen Unterlassungsanspruchs im Einzelfall, Wiesbaden 2014.

Stavropoulou, Charitini/ Valletti, Tommaso — Compulsory licensing and access to drugs, Eur. J. Health Econ. 2015, 83–94.

Stief, Marco — Der patentrechtliche Verhältnismäßigkeitsgrundsatz im Bereich Arzneimittel und Medizinprodukte, PharmR 2023, 61–67.

Stief, Marco — Verletzung von Pharmapatenten, PharmR 2024, 685–694.

Stief, Marco/ Grabow, Gisela	EU-Initiative zu Zwangslizenzen – Chance oder Wettbewerbsnachteil?, A&R 2022, 115–121.
Stief, Marco/ Grabow, Gisela	Quo vadis Arzneimittelrecht – ein Überblick zur Überarbeitung der EU-Arzneimittelvorschriften, PharmR 2023, 317–325.
Stierle, Martin	Anmerkung zu BPatG, 31.8.2016 – 3 LiQ 1/16 (EP) – Isentress, GRUR 2017, 383–384.
Stierle, Martin	Ausschließlichkeit in der (Corona-)Krise – Über Alternativen und Zugangslösungen im pandemierelevanten Innovationsermöglichungsrecht, JZ 2021, 71–80.
Stierle, Martin	Das nicht-praktizierte Patent, Tübingen 2018.
Stierle, Martin	Der quasi-automatische Unterlassungsanspruch im deutschen Patentrecht, GRUR 2019, 873–885.
Stierle, Martin	Die Effektivität des Zwangslizenzrechts, GRUR 2024, 419–428.
Stierle, Martin	Die Reform der patentrechtlichen Zwangslizenz durch die Europäische Union, GRUR Pat. 2024, 2–11.
Stierle, Martin	Diskussionsentwurf eines Zweiten Gesetzes zur Vereinfachung und Modernisierung des Patentrechts, GRUR 2020, 262–267.
Stierle, Martin	Neues von der patentrechtlichen Zwangslizenz, GRUR 2020, 30–34.
Stierle, Martin/ Hofmann, Franz	The Latest Amendment to the German Law on Patent Injunctions: The New Statutory Disproportionality Exception and Third-Party Interests, GRUR Int. 2022, 1123–1137.
Stiglitz, Joseph E./ Fitoussi, Jean-Paul/ Durand, Martine	Jenseits des BIP. Was bei der wirtschaftlichen und sozialen Entwicklung wirklich zählt, Paris 2020.
Stoll, Peter-Tobias	Technologietransfer, Internationalisierungs- und Nationalisierungstendenzen. Die Gestaltung zwischenstaatlicher Wirtschaftsbeziehungen, privater Verfügungsrechte und Transaktionen durch die Vereinten Nationen, die UNCTAD, die WIPO und die Uruguay-Runde des GATT, Berlin/Heidelberg 1994.
Stolpe, Michael	Wie könnte die weltweite Impfstoffproduktion gesteigert werden?, ifo Schnelldienst 2021, 17–20.
Streinz, Rudolf (Hrsg.)	EUV/AEUV. Vertrag über die Europäische Union, Vertrag über die Arbeitsweise der Europäischen Union, Charta der Grundrechte der Europäischen Union, 3. Aufl., München 2018.
Stumpf, Herbert	Der Know-How-Vertrag, 3. Aufl., Heidelberg 1977.

van Suntum, Ulrich — Zur Kritik des BIP als Indikator für Wohlstand und Wirtschaftswachstum. RatSWD Working Papers 208, Berlin 2012.

Sztoldman, Agnieszka — Patent pools: A licensing option for medicines and vaccines in times of a crisis?, in: Schovsbo, Jens (Hrsg.), Intellectual Property Rights in Times of Crisis, Cheltenham/Northampton 2024, 104–121.

't Hoen, Ellen F. M. — Protection of Clinical Test Data and Public Health: A Proposal to End the Stronghold of Data Exclusivity, in: Correa, Carlos M./Hilty, Reto M. (Hrsg.), Access to Medicines and Vaccines, Cham 2022, 183–200.

't Hoen, Ellen F. M./ Boulet, Pascale/ Baker, Brook K. — Data exclusivity exceptions and compulsory licensing to promote generic medicines in the European Union: A proposal for greater coherence in European pharmaceutical legislation, JPPP 2017, 1–9.

Tandon, Pankaj — Optimal Patents with Compulsory Licensing, J. Pol. Econ. 1982, 470–486.

Tetzner, Heinrich — Zwei aktuelle Fragen aus dem Patentrecht, GRUR 1973, 62–63.

Tilmann, Winfried/ Plassmann, Clemens (Hrsg.) — Tilmann/Plassmann, Einheitspatent, Einheitliches Patentgericht, München 2024.

Timmann, Tobias — Das Patentrecht im Lichte von Art. 14 GG, Tübingen 2008.

Tönnies, Jan G. — Erfindungen – ein Kollektivgut oder die Gedanken sind frei, GRUR 2013, 796–798.

Tzimas, Andreas — Die Zwangslizenzen an internationalen Patenten und an Gemeinschaftspatenten und der freie Warenverkehr im Binnenmarkt der Europäischen Union, Saarbrücken 1995.

Ullrich, Hanns — Die Schattenseite des Einheitspatents, ZGE 2024, 293–329.

Ullrich, Hanns — Patent Dependency under European and European Union Patent Law – A Regulatory Gap, GRUR Int. 2023, 1107–1124.

Ullrich, Hanns — Patents and Know-How, Free Trade, Inter enterprise Cooperation and Competition Within the Internal European Market, IIC 1992, 583–621.

Ullrich, Hanns — Select from Within the System: The European Patent with Unitary Effect. Max Planck Institute for Intellectual Property and Competition Law Research Paper Series 12–11, München 2012.

Urias, Eduardo/ Ramani, Shyama V. — Access to medicines after TRIPS: Is compulsory licensing an effective mechanism to lower drug prices? A review of the existing evidence, J. Int. Business Pol. 2020, 367–384.

Välimäki, Elli — Calculation of Royalties in Compulsory Licensing of Pharmaceutical Patents in Europe – How Much is Justified?, Nord. J. Comm. L. 2011, 1–27.

Valtere, Laura — The Interaction Between Exclusivity Rights Systems: A Comparative View on Patents and Regulatory Exclusivities, in: Thouvenin, Florent/Peukert, Alexander/Jaeger, Thomas/Geiger, Christophe (Hrsg.), Kreation Innovation Märkte – Festschrift Reto M. Hilty, Berlin/Heidelberg 2024, 741–752 (zit. *Bearbeiter*, in: FS Hilty).

Valtere, Laura — The Interface Between Patents and Regulatory Exclusivities and the View on the New EU Proposals Concerning Patent Compulsory Licensing and Regulatory Exclusivities, GRUR Int. 2024, 617–630.

van Dyck, Walter/ Luyten, Jeroen/ Janssens, Rosanne/ Barbier, Liese/ Simoens, Steven — Compulsory licensing for expensive medicines. KCE Reports 356. Economic Consequences, Brüssel 2022, abrufbar unter doi.org/10.57598/R356C (zuletzt abgerufen am 18.5.2025).

van Kleeff, Robin — The unintended effect of compulsory licenses, Intellectual Property Expert Group, 2022, abrufbar unter https://www.ipeg.com/the-unintended-effect-of-compulsory-licences/ (zuletzt abgerufen am 18.5.2025).

van Overwalle, Geertrui — Will Covid Patents Save the World?, GRUR Int. 2020, 883–884.

van Zimmeren, Esther/ Minssen, Timo/ Liesbet, Paemen — Compulsory licensing for expensive medicines. KCE Reports 356. Legal Study, Brüssel 2022, abrufbar unter doi.org/10.57598/R356C (zuletzt abgerufen am 18.5.2025).

van Zimmeren, Esther/ Vanneste, Sven/ Matthijs, Gert/ Vanhaverbeke, Wim/ van Overwalle, Geertrui — Patent pools and clearinghouses in the life sciences, Trends in Biotechnol. 2011, 569–576.

Vandermeulen, Bruno/ Mangal, Natasha/ Guichardaz, Rémy/ Dagher, Julie/ Ligonnière, Samuel/ Peeters, Roel — Compulsory licensing of intellectual property rights. Study commissioned by DG GROW, Brüssel 2023, abrufbar unter doi.org/10.2873/514 (zuletzt abgerufen am 18.5.2025).

Vandermeulen, Bruno/ Moyersoen, Johan/ Mallaerts, Randy — Report on the feasibility and analysis of »Impact Licensing Initiative« (ILI) for technology access during a health crisis, Brüssel 2020, abrufbar unter https://op.europa.eu/s/z1g8 (zuletzt abgerufen am 18.5.2025).

Vaughan, Susan — Compulsory Licensing of Pharmaceuticals under TRIPS: What Standard of Compensation, Hastings Int. & Comp. L. Rev. 2001, 87–110.

Verband der Chemischen Industrie — Stellungnahme zum Kommissionsvorschlag für eine EU-Zwangslizenzverordnung, 2023, abrufbar unter https://www.vci.de/ergaenzende-downloads/230718-vci-stg-eu-vo-e-zwangslizenzen.pdf (zuletzt abgerufen am 18.5.2025).

Verbeure, Birgit/ van Zimmeren, Esther/ Matthijs, Gert/ van Overwalle, Geertrui — Patent pools and diagnostic testing, Trends in Biotechnol. 2006, 115–120.

Vincent, Nicholas — TRIP-ing Up: The Failure of TRIPS Article 31bis, Gonzaga J. Int. L. 2020, 1–38.

Viniol, Jeannette — Zwangslizenzen an Patenten, Baden-Baden 2013.

Wagner, Stefan — Patente – das schlechteste Anreizsystem für Innovationen, abgesehen von allen anderen?, ifo Schnelldienst 2021, 6–9.

Wallinger, Michael — Einheitliches Patentgericht – Mai bis Oktober 2024, Mitt. 2024, 525–542.

Walsh, Karen/ Wallace, Andrea/ Pavis, Mathilde/ Olszowy, Natalie/ Hawikns, Naomi/ Griffin, James — Intellectual Property Rights and Access in Crisis, IIC 2021, 379–416.

Wang, Richard Li-dar — Ancillary Orders of Compulsory Licensing and Their Compatibility with the TRIPS Agreement, in: Hilty, Reto M./Kung-Chung, Liu (Hrsg.), Compulsory Licensing. Practical Experiences and Ways Forward, Berlin u.a. 2015, 191–205.

Weder, Rolf/ Schläpfer, Alain — Der Effekt von Parallelhandel auf die regulierten Medikamentenpreise, WWZ Forschungsbericht No. 11/09, Basel 2009.

Weiden, Henrike — Aktuelle Berichte – August 2021, GRUR 2021, 1036–1038.

Wernick, Alina	UPC – Substantive Aspects of Compulsory Licenses, in: Desaunettes-Barbero, Luc/de Visscher, Fernand/Strowel, Alain/Cassiers, Vincent (Hrsg.), The Unitary Patent Package & Unified Patent Court. Problems, Possible Improvements and Alternatives, Mailand 2023, 515–524.
Whitmore, Emma	A Patent Pool-Party: Changing the Current Use of Patent Pools for Treatment Innovation in Public Health Emergencies, JIPP 2024, 354–377.
Wielsch, Dan	Zugangsregeln. Die Rechtsverfassung der Wissensteilung, Tübingen 2008.
Wiggins, Steven N./ Maness, Robert	Price Competition in Pharmaceuticals: The Case of Antiinfectives, Econ. Inquiry 2004, 247–263.
WIPO	COVID-19-Related Vaccines and Therapeutics. Preliminary insights on related patenting activity during the pandemic, 2022, abrufbar unter doi.org/10.34667/tind.45030 (zuletzt abgerufen am 18.5.2025).
Wolff, Christian	Zwangslizenzen im Immaterialgüterrecht, Göttingen 2005.
Wong, Hilary	The case for compulsory licensing during COVID-19, J. Glob. Health 2020, 1–5.
Yu, Helen	Proactively ensuring access to essential medical solutions: Lessons learned from the COVID-19 pandemic, in: Schovsbo, Jens (Hrsg.), Intellectual Property Rights in Times of Crisis, Cheltenham/Northampton 2024, 83–103.
Yu, Peter K.	The COVID-19 TRIPS Waiver and the WTO Ministerial Decision, in: Schovsbo, Jens (Hrsg.), Intellectual Property Rights in Times of Crisis, Cheltenham/Northampton 2024, 1–25.
Zheng, Cindy/ Wang, Angelia Jia	Two decades after Doha: Compulsory licence and the Waiver Proposal under the COVID-19 pandemic, in: Schovsbo, Jens (Hrsg.), Intellectual Property Rights in Times of Crisis, Cheltenham/Northampton 2024, 26–58.
Zimmermann, Daniel	Die Zwangslizensierung von Immaterialgüterrechten nach Art. 82 EG: Schutz vor Wettbewerb oder Schutz des Wettbewerbs?, Basel 2005.

Sachregister

Die Zahlen beziehen sich auf die Randnummern.

Heymanns Schriften zum Patentrecht (HSP)

Herausgegeben von
Prof. Dr. Maximilian Haedicke, Prof. Dr. jur. Dipl.-Biol. Herbert Zech

Band 1
Die Harmonisierung von Patentverletzungs- und Patentnichtigkeitsverfahren
Dr. iur. Simon Adam
2014. XX, 437 Seiten. Kartoniert. ISBN 978-3-452-28232-3

Band 2
Verschuldenshaftung im Patentrecht
Dr. iur. Maximilian Wosgien, LL.M. (University of Virginia)
2015. XIX, 326 Seiten. Kartoniert. ISBN 978-3-452-28555-3

Band 3
Die Entwicklung der Patentgerichtsbarkeit in Düsseldorf
Dr. iur. Alexander Wiese
2015. XIV, 184 Seiten. Kartoniert. ISBN 978-3-452-28635-2

Band 4
»Springboard« im Patentrecht
Dr. iur. Martin Adrian Koch
2016. XV, 370 Seiten. Kartoniert. ISBN 978-3-452-28783-0

Band 5
Die Bestimmung angemessener Gebühren für FRAND-Lizenzen an standardessentiellen Patenten
Eine Analyse und Bewertung der Rechtslage in Deutschland und den USA
Dr. iur. Jan-Martin Kleindienst
2016. XIX, 276 Seiten. Kartoniert. ISBN 978-3-452-28807-3

Band 6
Giftige Teilanmeldungen und Teilprioritäten
Dr. iur. Stefan G. Fuchs
2016. XVI, 258 Seiten. Kartoniert. ISBN 978-3-452-28804-2

Band 7

Die Rechtsfolgen unberechtigter Grenzbeschlagnahmen nach der Verordnung (EU) Nr. 608/2013

Dr. iur. Teresa Schriebl

2017. XIII, 208 Seiten. Kartoniert. ISBN 978-3-452-29025-0

Band 8

Der Schutzbereich von Patenten auf eine zweite medizinische Indikation im Falle eines *cross-label-use*

Eine rechtsvergleichende Analyse unter Begutachtung der deutschen, englischen und niederländischen Rechtsprechung

Dr. iur. Ulrike Zorr

2018. XIX, 302 Seiten. Kartoniert. ISBN 978-3-452-29088-5

Band 9

Technischer Sachverstand im modernen Patentprozess

Eine rechtsvergleichende Untersuchung unter besonderer Berücksichtigung des Rechts des Einheitlichen Patentsystems

Dr. iur. Roman Würtenberger

2018. XIX, 271 Seiten. Kartoniert. ISBN 978-3-452-29090-8

Band 10

Die Patentverletzung durch additive Fertigung (3D Druck)

Unter Berücksichtigung informationstheoretischer Betrachtungen

Dr. iur. Lukas Abegg-Vaterlaus

2018. XVI, 136 Seiten. Kartoniert. ISBN 978-3-452-29220-9

Band 11

Die kollisionsrechtliche Anknüpfung des Patentvindikationsanspruches

Dr. iur. Lukas Wollenschlaeger

2018. XV, 246 Seiten. Kartoniert. ISBN 978-3-452-29221-6

Band 12

Der Neuheitsbegriff des Europäischen Patents mit einheitlicher Wirkung

Probleme und Lösungen neuheitsschädlicher nationaler Nachveröffentlichungen

Dr. iur. Michael Engelhardt

2019. XVII, 251 Seiten. Kartoniert. ISBN 978-3-452-29222-3

Band 13

Die Patentierung des Genome-Editing-Verfahrens CRISPR/Cas9

Eine Bestandsaufnahme der Situation in den Vereinigten Staaten und Europa

Dr. iur. Christoph Schnettler

2019. XIX, 200 Seiten. Kartoniert. ISBN 978-3-452-29309-1

Band 14
Patentierung von Simulationen
Dr. iur. Vera Vallone
2019. XV, 170 Seiten. Kartoniert. ISBN 978-3-452-29568-2

Band 15
Rechtliche Probleme des ergänzenden Schutzzertifikats für Arzneimittel
Am Beispiel von medizinischen Indikationen, Hilfsstoffen und Wirkstoffkombinationen
Dr. iur. Marco Stief, LL.M. (University of Chicago)
2020. XIII, 161 Seiten. Kartoniert. ISBN 978-3-452-29582-8

Band 16
Die Wirkung der Patentregistereintragung
Dr. iur. Christian Schulze
2020. XVI, 294 Seiten. Kartoniert. ISBN 978-3-452-29267-4

Band 17
Personalised medicine as a challenge for patent law
Dr. iur. Inesa Fausch
2020. XVII, 194 Seiten. Kartoniert. ISBN 978-3-452-29597-2

Band 18
Arrow Declaration – Rechtsschutz gegen zukünftige Patente
Dr. iur. Lisa Schneider
2020. XV, 198 Seiten. Kartoniert. ISBN 978-3-452-29598-9

Band 19
FRAND-Lizenzierung & Transaktionskosten
Individuelle Lizenzverträge durch Smart Contracts auf der Basis der Blockchain-Technologie
Dr. iur. Jonas Block
2021. XVII, 180 Seiten. Kartoniert. ISBN 978-3-452-29651-1

Band 20
Die rechtsgeschäftliche Übertragung des Prioritätsrechts bei europäischen Patenten
Wirksamkeitsanforderungen bei grenzüberschreitenden Fallkonstellationen
Dr. iur. Laura Maibaum
2021. XIII, 164 Seiten. Kartoniert. ISBN 978-3-452-29899-7

Band 21
Der Auslegungszeitpunkt von Patentschriften
Die Auswirkungen des Verhältnisses zwischen Erfindungsgegenstand, Offenbarung und Schutzbereichsbestimmung
Dr. iur. Anselm Gripp
2022. XXIII, 475 Seiten. Kartoniert. ISBN 978-3-452-29844-7

Band 22
Strategische Patentübertragungen von standardessentiellen Patenten (SEPs)
Patent Privateering
Dr. iur. Nina Belbl
2022. XV, 264 Seiten. Kartoniert. ISBN 978-3-452-29900-0

Band 23
Verantwortlichkeit und Haftung für die Verletzung von Second Medical Use Patenten
Eine Untersuchung im Lichte der aktuellen Rechtsprechungsentwicklung zur herrichtungsfreien Haftung
Dr. iur. Sonja Bühler, LL.M. (Edinburgh)
2022. XX, 307 Seiten. Kartoniert. ISBN 978-3-452-30065-2

Band 24
Dogmatik und Voraussetzungen der patentrechtlichen Erschöpfung
Plädoyer für eine Reform des Zustimmungsmerkmals
Dr. iur. Markus Gollrad
2022. XVII, 250 Seiten. Kartoniert. ISBN 978-3-452-30066-9

Band 25
Die Änderung von Patentansprüchen
Dr. techn. Dr. iur. Michael Stadler
2023. XV, 401 Seiten. Kartoniert. ISBN 978-3-452-30277-9

Band 26
Patent Dance – eine Chance für Deutschland und Europa?
Beilegung von Patentverletzungsstreitigkeiten vor dem Markteintritt eines Biosimilars
Dr. iur. Melanie Strobel
2024. XV, 197 Seiten. Kartoniert. ISBN 978-3-452-30435-3

Band 27
Dosierungspatente
Eine Untersuchung der Patentierbarkeit anhand der deutschen und europäischen Rechtsprechung
Dr. iur. Franziska Schmitz
2024. XVI, 312 Seiten. Kartoniert. ISBN 978-3-452-30409-4

Band 28
Die Bedeutung von Compliance im Patentrecht
Eine Analyse der Haftungsrisiken für Geschäftsleiter im Innen- und Außenverhältnis
Dr. iur. Jannika Seidl
2025. XXI, 480 Seiten. Kartoniert. ISBN 978-3-452-30479-7

Band 29

Die patentrechtliche Zwangslizenz auf dem Prüfstand: Effektivität, Effizienz und Reformoptionen

Dr. iur. Hannes Huber

2025. XVIII, 246 Seiten. Kartoniert. ISBN 978-3-452-30606-7